国家重大出版工程项目
"十二五"国家重点图书

国家出版基金项目
NATIONAL PUBLICATION FOUNDATION

中国古建筑丛书

◎ 张鹏举 编著

内蒙古古建筑

中国建筑工业出版社

审图号：GS（2015）2780号

图书在版编目（CIP）数据

内蒙古古建筑／张鹏举编著．—北京：中国建筑工
业出版社，2015.12
（中国古建筑丛书）
ISBN 978-7-112-18175-9

Ⅰ．①内… Ⅱ．①张… Ⅲ．①古建筑－介绍－内蒙古
Ⅳ．①K928.71

中国版本图书馆CIP数据核字（2015）第122865号

责任编辑：李东禧　唐　旭　吴　绫　杨　晓
书籍设计：康　羽
责任校对：姜小莲　赵　颖

中国古建筑丛书

内蒙古古建筑
张鹏举　编著

*

中国建筑工业出版社出版、发行（北京西郊百万庄）
各地新华书店、建筑书店经销
北京锋尚制版有限公司制版
北京顺诚彩色印刷有限公司印刷

*

开本：880×1230毫米　1/16　印张：26½　字数：696千字
2015年12月第一版　2015年12月第一次印刷
定价：398.00元
ISBN 978 - 7 - 112 - 18175 - 9
　　　　（25807）

《中国古建筑丛书》总编委会

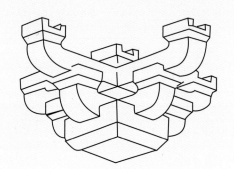

《内蒙古古建筑》

总　序

　　中国历史悠久，地大物博，人口众多，是一个多民族的国家，文化遗产极为丰富。中国古建筑是世界建筑史上的四大体系之一，五千年来，光辉灿烂，独特发展，一脉相传，自成体系。在建筑历史发展过程中，从来都没有中断过，因而，积累了大量的极为丰富的优秀建筑文化遗产。中国古代建筑的实践经验、创作理论、工艺技术和艺术精华值得总结、传承和发扬。

　　中国古代建筑具有强大的生命力，首先是独特的地理环境。中国位于亚洲东方，北部有长白山、乌苏里江高山河流阻挡，西有天山、喀喇昆仑山脉和沙漠横贯，西南有喜马拉雅山脉，东南则沿海，形成封闭与外界隔绝的地域，加上地处热带、温带和寒带，宽阔的地理和悬殊的气候，促进建筑与环境的巧妙和谐结合。

　　其次，独特的民族性格。中国是以汉族为主的多民族所组成。以中原文化为主的汉族人民团结、凝聚着居住和生活在各地的少数民族。由于各民族的历史、文化、宗教信仰、生活习俗与审美爱好的不同，以及他们所处地区的自然条件和地理环境的差异，长期的劳动实践，形成了各民族独特的性格和绚丽灿烂的建筑风貌。

　　其三，文化的独特体系。中国文化是以黄河流域中原文化为中心，周围有燕赵文化、晋文化、齐鲁文化、吴越文化、楚文化、秦文化和巴蜀文化所烘托，具有历史渊源长久、人类智慧集中、思想资源丰富的特点。中国传统文化思想的集中表现是以儒学、道学为代表，其后，佛教的传入与中国传统文化的结合，形成以儒学为主的儒、道、释三者合一的中国传统文化思想。归纳起来，就是天人合一的宇宙观念，以人为本、和为贵的人文思想，整体直觉的思维方式，真善美相结合的美学观念。

　　封闭而独特的地理环境，团结凝聚而又富于创造的民族性格，以儒学为主的文化独特体系，创造了中华民族的雄伟壮丽的建筑工程。长期的经验积累，独树一帜，虽经战争的炮火，民族之间的斗争与融合，外来文化之传入及本土化，但中华民族建筑始终一脉相传，傲然生存下来，顽强发展，独树一帜而不倒，在世界建筑史发展中是罕见的、独有的。

　　中国古代建筑发展经历了原始社会、奴隶社会和封建社会三个历史阶段。

　　旧石器时代，原始人群利用天然崖洞作为居住场所。南方湿热多雨，虫害兽多，出现巢居。1973年，在浙江余姚河姆渡村发现大约建于6000～7000多年前的、长约23米、进深约8米的木构架建筑遗址，推测是一座长方形、体量相当大的干阑式建筑，这是我国最早采用榫卯技术构筑房屋的一个实例。

原始社会晚期，黄河流域有广阔而丰厚的黄土层，土质均匀，含有石灰质。黄河中游的氏族部落，在利用黄土层作为壁体的土穴上，用木架和草泥建造简单的穴居，逐步发展到浅穴居，再到地面上的房屋，形成聚落。

奴隶社会，夯土技术逐步成熟，宫室建于高大的夯土台上，木构建筑逐步成为中国古代建筑的主要结构方式。等级制度出现。工程管理有了专职的"司空"，以后各朝代沿袭发展成为中国特有的工官制度。

封建社会初期，高台建筑盛行，修建了长城、驰道和水利工程。东汉时代，建筑中已大量使用成组的斗栱，木构楼阁增多，城市和建筑类型扩充，中国古代独特的木构建筑体系基本形成。

两晋南北朝是我国历史上充满着民族斗争和民族融合的时期，佛教的传入，宗教建筑大量兴建，高大的寺庙、壮丽的塔幢，石窟中精美的雕塑和壁画，这是我国古建筑吸收外来文化使之本土化的创造时期。

隋、唐统一全国，开凿贯通南北的大运河，促进了我国南北物资和文化的交流和发展。唐代的长安、洛阳成为世界上最大的城市。木构建筑的宫殿、楼阁和石窟、塔、桥，无论布局或造型都具有较高艺术和技术水平，唐代建筑已发展到成熟的阶段。

宋、辽、金时期，南方在经济和文化方面居于先进地位。由于手工业分工更加细致，国内商业和国际贸易活跃，城市逐渐开放，改变了汉以来历代都城采用的封闭式里坊制度，形成沿街设店的方式。建筑的设计和施工达到一定程度的规格化、制度化，公元12世纪初在总结经验的基础上编写了《营造法式》这一部重要文献。

元代大都建立，喇嘛教和伊斯兰教建筑影响到各地。明、清时期官式建筑已经达到完全程式化、定型化阶段。明代后期出现资本主义萌芽，清代在城市规划上、建筑群体布局和建筑艺术形象上有所发展，例如北京城、故宫、天坛等。民居、园林和民族建筑遍布各地，呈现一片繁荣景象。

中国古建筑有明显的特征。在城市规划上，严谨规整、对称宏伟，表现出庄重威武的中华民族性格。单体建筑中，雄伟的飞檐屋宇、大红的排列柱廊、高大的汉白玉台基，呈现出崇高壮丽又稳定的形象。黄河流域盛产的木材资源，形成了中国古建筑木构架体系的特色。室外装饰的富丽堂皇、金碧辉煌，室内陈设装修的华丽多样、细腻雕饰，体现了中国古建筑绚丽多彩的民族风格。

聚居建筑方面，包含民居、祠堂、家庙、书院等遍布全国各地，它们与人民生活息息相关。各地各族人民根据自己的生活习俗、生产需要、经济能力、民族爱好和审美观念，结合本地的自然条件和材料，因地制宜、因材致用地进行设计与营造。他们既是设计者，又是营建者、使用者，可以说设计、施工、使用三位一体，因而，这种建造方式所形成的民宅民间建筑，既实用简朴，又经久美观，并富有民族风格和地方特色。

中国古园林的特征。以自然山水即中国山水画为蓝本，并以景区、景物和建筑、山水、花木为构件，由景生情，产生意境联想，达到艺术感受。皇家园林因其规模大、范围广，其园林布局自秦、汉时期的一池三岛，到唐、宋以山水画为蓝本，明、清仍沿袭池中置岛古制，但采用人工造山置水的方法。

明、清私家园林因属民间，士大夫文人常在宅后设园休闲宴客，吟诗享乐，其特点是以最小的场所造成无限的景色为目的。因其规模小，常以叠石或池水为主，峰峦洞壑、峭壁危径或曲径通幽取胜。在情景中则采用巧于因借、精在体宜的手法。

我国是一个人口众多的多民族国家。相传秦汉以前，中华大地上主要生存着华夏、东夷、苗蛮三大文化集团，经过连年不断的战争，最终华夏集团取得了胜利，上古三大文化集团基本融为一体，历史上称为华夏族。春秋、战国时期，东南地区古老的部族称为"越"，逐渐为华夏族所兼并而融入华夏族之中。秦统一各国后，到汉代都用汉人、汉民这个称呼，直到隋、唐，汉族这个名称才固定下来。

由于各民族的历史文化、宗教信仰、生活生产、习俗性格的不同，又由于各族人民所处地区的自然条件和环境的不同，导致他们各自产生了富有特色的建筑和民宅，如宏伟壮丽的藏族布达拉宫，遍布各族聚居地的寺院庙宇、寨堡围村、楼阁宅居，反映了绮丽多彩的民族风貌。

中国传统文化渗透了中国古建筑，中国古建筑深刻地体现了中国文化。

新中国成立后，作为全国性有领导有组织地编写中国古代建筑史，第一次是1959年，由原建筑科学研究院组织"编写三史"开始。当时集中了全国高等院校、科研部门分工编写，1962年由中国工业出版社出版《中国建筑简史》第一册（古代部分）。随后，又组织有关院校、文化、历史、考古等单位对古代建筑史有研究的人员，经多次修改，由刘敦桢教授执笔主编的《中国古代建筑史》，于1966年完成。由于"文化大革命"，未能出版，1980年才由中国建筑工业出版社正式出版。作为高等院校的中国建筑史教材则由全国高校教师编写，参考了上述专著，由中国建筑工业出版社1982年出版。

作为系统的、全面的、编写中国古建筑丛书是从1984年开始，当时作为《中国美术全集》中的一个门类——建筑艺术，称为《中国美术全集·建筑艺术编》，共6辑，包含宫殿、坛庙、陵墓、宗教建筑、民居、园林，1988年完成出版。

第二次编写从1992年开始，编写的原因是《中国美术全集·建筑艺术编》6辑出版后，各界反映良好，但感到篇幅不够，它与我国极为丰富的建筑文化遗产大国不相适应。于是，再次组织编写《中国建筑艺术全集》丛书30辑，其中古建筑24辑，近现代建筑6辑。古建筑部分仍按类型编写。该丛书中的24辑于1999年5月出版。

由于这两次丛书都是全国性编写，按类型写，又着重在艺术，因此，一些地方特色和民族特色的、中型的优秀古建筑就难于入选。为了弘扬和传承优秀传统建筑文化体系，总结经验和规律，保护我国优秀传统建筑文化遗产，因此，全面地、系统地、按省（区）来编写古建筑丛书是非常必要的、合时宜的。

本丛书编写的主要特点是：其一，强调本省（区）古建筑的民族特色和地方特色；其二，编写不限于建筑艺术，而是对本省（区）古建筑的全面叙述，着重在成就、价值、特色、技术和经验、规律等各个方面，这是我国民族和地区的资料比较全面和丰富的传统建筑文化丛书。

陆元鼎

2015年1月10日

前 言

内蒙古古建筑是中国古建筑中一个特殊的组成部分。在生成和发展的过程中，内蒙古古建筑形成了较为丰富的建筑类型，并具有自己的特色。

本书内容构成按类型分为城镇聚落、宗教建筑、衙署府第、传统民居、敖包、塔幢和建造技艺等。

在城镇聚落方面，内蒙古地域大量现存的城镇和乡村聚落都是在清代形成的。由于受政治制度、宗教文化、经济贸易、边疆移民等多种因素的影响，内蒙古地域的城镇聚落呈现出都城、政治经济文化中心、王府型城镇、宗教中心型城镇、经济贸易型城镇以及乡村聚落等多种类型。这些城镇聚落在生成和发展过程中都呈现出蒙、汉、藏相结合、多种文化交融渗透的特征。

在宗教建筑方面，内蒙古地区形成了以藏传佛教召庙建筑为主，其他寺庙杂陈其中的情形。藏传佛教召庙建筑传自藏区和中原，经蒙古人改造而形成了较为鲜明的地域特色。在明清的盛期曾有1800多座召庙，是内蒙古地区一种独有的历史文化遗产。

在传统民居方面，蒙古包是一个特殊的形式，是本土成熟的一种居住建筑形态，具有生态、低价、便于搬迁、冬暖夏凉等特征。其他传统民居主要有东北地区的仙人柱、木刻楞等，也属于土生土长的生态建筑。另外，靠近中原的合院民居、窑洞民居、其他生土建筑以及分布各地的藏式喇嘛居所等，因属于中原和其他地域影响下的植入性建筑，

且目前已不再大量使用，本书没有收录。

在衙署府第方面，内蒙古地区的衙署和府第是一种与朝廷政权密切关联的特定阶级的特定建筑，是一种典型的外植入型建筑。这类建筑的功能构成通常是办公与居住并用，受到中原皇宫、衙署、民宅、园林等不同类型建筑的影响。目前保存较为完好的衙署府第建筑均为清代所建。

在敖包方面，从北方游牧族群的建筑历史看，可以说敖包是游牧民族亲手创建的另一种本土建筑形态。作为一种草原地域性建筑形态，敖包承载了游牧民族特有的简易且富有智慧的营造技艺，以及最大限度使用室外空间的场所理念。敖包无供人使用的显明的内部空间，却为人们营造了一种室外空间与行动的秩序。

在塔幢方面，由于宗教传播的原因，内蒙古自治区境内发现或发掘许多塔幢和经幢，它们的成型年代主要集中在辽、金、元时期，其中，以佛塔为多。

在建造技艺方面，原生型的建筑发展了自己的本土手段，演变得十分成熟、精炼，如蒙古包等。域外植入的建筑类型，在经过地域化的过程中，发生了一定的变异，如藏传佛教建筑等。

纵观这些古建筑类型，相对于中国其他地区，表现出一定的共性特征，总体上可概括为：丰富的类型、广散的分布、外地域的建筑类型植入、简朴粗放的建造技艺、生态集约的本土用材、临近其他

地区影响下的近地域性特征，同时，与中原同类型的建筑相比表现出规制式微的倾向等。

关于本书的编写，凝聚了编委会成员近三年的劳动。于笔者本人，也实现了多年的一个愿望。事实上，自参加工作始就有整理内蒙古传统建筑的愿望。然而，较浅的阅历、有限的学术视野，加上继之而来的教学、科研、设计、管理等多重工作，二十多年来这项工作仍然停留在愿望阶段。2010年，在中国建筑工业出版社启动"十二五"国家重大出版工程《中国古建筑丛书》之际，我有幸得到了总编委会和出版社的信任，被邀编撰《内蒙古古建筑》分册。鉴于内蒙古地区的古建筑以前较少有人研究的现状，编撰工作必须在调查研究的基础上进行，因而，这项工作实质上成了我们全面展开研究内蒙古传统建筑这个愿望的一个适宜的切入点。

基于内蒙古地域广袤、古建筑种类丰富且分散，加之没有完整系统的资料可供参考等现状，自感此项任务重大，认识到仅靠个人的有限精力在规定的时间内是不可能完成的。因此，从接受任务开始，立即以内蒙古工业大学地域建筑研究所的团队成员为主并吸纳相关人员成立编委会，同时，聘请内蒙古相关方面的专家和领导组成顾问委员会，商讨编写大纲，确定编写内容，制订编写计划。

经过最初几次的实地调研后，我们发现收集资料的难度还是远远超出了预期：资料零星分散、路途遥远、季节限制以及建筑损毁严重、资金缺乏等。所幸的是，我们的团队在既往的传统建筑研究中已经积累了一定的素材和经验。同时，凭着他（她）们的热情和执着，在随后的不懈努力下，使得这项任务在不到三年的时间内最终顺利完成。

关于本书的作用，中国建筑工业出版社在启动这一出版计划时定位为系统总结古建筑精粹，传承古建筑文化和建造技术等。除此之外，本书还希望至少在以下两个方面具有意义。

第一，内蒙古的传统建筑蕴含自身独特的内涵：那种"草原—敖包"般永恒的"时空之场"、那种"原生态"蒙古包中的全面"可持续性"、那种喇嘛教召庙中以"文化为中心"的城市"原型"，等等，都可以成为今天地域性建筑创作所应该汲取的养分。它们将启示我们置身于一种文化的根基和历史的视野上，去挖掘和总结前人的建造智慧和哲学思想。因而，希望本书的努力具有现实意义。

第二，历史建筑的研究有着无限的空间，正如开始所认识的，本书的编写出版仅仅是一个切入点，希望这次编写成为我们团队持续研究的一个开端，更希望它能成为后续其他研究者进行深入挖掘内蒙古传统建筑内涵的一个基础。

张鹏举

2015年5月4日

目　录

总　序

前　言

第一章　绪　论
第一节　内蒙古自然环境状况 / ○○二
一、地理 / ○○二
二、气候 / ○○二
第二节　内蒙古历史与文化 / ○○三
一、历史沿革 / ○○三
二、文化特性 / ○○六
第三节　内蒙古古建筑的发展、类型与
　　　　特征 / ○○九
一、建筑发展 / ○○九
二、建筑类型 / ○一一
三、建筑特征 / ○一四

第二章　城镇聚落
第一节　内蒙古城镇、聚落的形成与发展 / ○二三
一、早期的城市、聚落 / ○二三
二、辽、金、西夏城市遗址 / ○二七
三、元代城镇聚落 / ○二九
四、明代、北元时期的城镇聚落 / ○三二
五、清代城镇聚落 / ○三五

第二节　内蒙古城镇聚落的类型和实例 / ○三六
一、内蒙古城镇聚落的类型 / ○三六
二、内蒙古城镇聚落实例 / ○三九
第三节　内蒙古城镇聚落的基本特征 / ○五七
一、城镇聚落影响因素的多元化特征 / ○五七
二、大量城镇形成时间的一致性特征 / ○五八
三、草原都城形态的多民族融合特征 / ○五八
四、藏传佛教寺庙主导聚落格局的特征 / ○五九
五、王公府第促成城镇脉络的特征 / ○六二

第三章　宗教寺院
第一节　藏传佛教建筑 / ○六八
一、呼和浩特地区的藏传佛教建筑 / ○六八
二、包头地区的藏传佛教建筑 / ○七八
三、鄂尔多斯地区的藏传佛教建筑 / ○九五
四、阿拉善地区的藏传佛教建筑 / 一○○
五、通辽地区的藏传佛教建筑 / 一○七
六、乌兰察布地区的藏传佛教建筑 / 一一一
七、锡林郭勒地区的藏传佛教建筑 / 一一六
八、赤峰地区的藏传佛教建筑 / 一二三
九、巴彦淖尔地区的藏传佛教建筑 / 一二七
第二节　汉传宗教建筑 / 一三三
一、呼和浩特财神庙 / 一三三

二、丰镇金龙大王庙 / 一三六

三、呼和浩特魁星楼 / 一三七

四、多伦碧霞宫 / 一三八

五、丰镇牛王庙 / 一四〇

六、丰镇正觉寺南阁 / 一四二

七、呼和浩特观音寺 / 一四三

八、呼和浩特文庙大成殿 / 一四四

第三节　伊斯兰教建筑 / 一四六

一、呼和浩特清真大寺 / 一四七

二、包头清真大寺 / 一五一

三、赤峰红山清真北大寺 / 一五三

四、额济纳旗黑城子清真寺 / 一五五

五、乌兰察布市丰镇隆盛庄清真寺 / 一五五

第四节　天主教建筑 / 一五七

一、呼和浩特市天主教堂 / 一五八

二、包头萨拉齐二十四顷地天主教堂 / 一六二

三、巴彦淖尔市磴口县三盛公天主教堂 / 一六五

四、赤峰林西大营子天主教堂 / 一六七

五、乌兰察布市凉城县天主教堂 / 一六八

第四章　衙署府第

第一节　呼和浩特清将军衙署 / 一七五

一、建筑总体布局 / 一七五

二、主要建筑特征 / 一七六

三、价值评析 / 一八〇

第二节　和硕恪靖公主府 / 一八〇

一、建筑的形制及特点 / 一八〇

二、价值评析 / 一八四

第三节　喀喇沁亲王府 / 一八五

一、建筑总体布局和空间结构 / 一八六

二、主要单体建筑 / 一八六

三、建筑特点分析 / 一八九

四、价值评析 / 一九一

第四节　阿拉善王府 / 一九二

一、建筑总体布局 / 一九二

二、重要建筑组群及其特征 / 一九二

三、价值评析 / 一九四

第五节　奈曼王府 / 一九四

一、建筑总体布局 / 一九四

二、单体建筑及其特征 / 一九六

三、价值评析 / 一九七

第六节　苏尼特德王府 / 一九八

一、建筑总体布局 / 一九八

二、单体建筑特征 / 二〇〇

三、价值评析 / 二〇一

第七节　伊金霍洛旗郡王府 / 二〇二

一、建筑总体布局 / 二〇二

二、单体建筑及其特征 / 二〇二

三、价值评析 / 二〇五

第五章　传统民居

第一节　蒙古包 / 二〇八

一、蒙古包的演变 / 二〇八

二、蒙古包的类型 / 二一八

三、蒙古包的构成 / 二三〇

四、解读蒙古包的空间 / 二四五

第二节　其他民族传统民居 / 二五〇

一、达斡尔族传统民居 / 二五一

二、斜仁柱 / 二五八

三、木刻楞 / 二六三

第六章　敖　包

第一节　敖包文化史探源 / 二七七

一、神秘的石堆——文献中的敖包 / 二七七

二、敖包形态探源 / 二七九

三、敖包——草原时空坐标 / 二八一

四、敖包的重建模式 / 二八五

第二节　敖包的类型 / 二八八

一、敖包概念及构成关系类型 / 二八八

二、形态类型 / 二八九

三、数量类型 / 二九二

四、布局类型 / 二九三

五、其他类型简述 / 二九五

第三节　特殊的建筑形态 / 二九六

一、敖包作为建筑 / 二九六

二、单体敖包的结构 / 三〇二

三、敖包与环境 / 三〇六

第四节　解读敖包空间 / 三〇九

一、敖包与草原空间 / 三〇九

二、敖包的仪式空间秩序 / 三一二

第五节　敖包个案分析 / 三一四

一、脑木更敖包 / 三一四

二、博格达乌拉敖包 / 三一六

三、柴达木巴音敖包 / 三一九

四、都音海尔汗敖包 / 三二一

第七章　塔　幢

第一节　辽代佛塔 / 三二七

一、赤峰巴林左旗辽上京遗址内的南塔、
　　北塔 / 三二八

二、赤峰元宝山辽代静安寺塔 / 三三二

三、赤峰敖汉旗武安州塔 / 三三四

四、赤峰敖汉旗五十家子塔 / 三三五

五、赤峰宁城辽中京遗址内大塔、小塔、
　　半截塔 / 三三七

六、赤峰巴林右旗辽庆州释迦
　　如来舍利塔 / 三四一

七、呼和浩特辽代万部华严经塔 / 三四四

第二节　西夏—元时期佛塔 / 三四七

一、阿拉善盟额济纳旗黑城遗址塔林 / 三四七

二、阿拉善盟额济纳旗绿城遗址塔林 / 三五〇

三、通辽开鲁县元代佛塔 / 三五〇

第三节　明清佛塔 / 三五一

一、呼和浩特金刚座舍利宝塔 / 三五一

二、呼和浩特席力图召喇嘛塔 / 三五二

第八章　建筑营造工艺

第一节　土工建筑工艺 / 三五八

一、夯土版筑工艺 / 三五八

二、土坯工艺 / 三六〇

三、土窑洞工艺 / 三六一

四、民间房屋土工工艺 / 三六一

第二节　木结构建筑工艺 / 三六三

一、木结构工艺 / 三六三

二、木装修工艺 / 三七二

第三节　砖结构建筑工艺 / 三八〇

一、墙体砌筑工艺 / 三八〇

二、砖顶结构工艺 / 三八二

三、铺瓦工艺 / 三八二

第四节　石结构建筑工艺 / 三八三

一、石材砌筑工艺 / 三八三

二、石构件工艺 / 三八五

内蒙古古建筑地点及年代索引 / 三九二

参考文献 / 三九六

后记 / 四〇五

作者简介 / 四〇六

内蒙古古建筑

第 一 章　绪　论

内蒙古古建筑

内蒙古高原地域辽阔狭长，多种地貌共存，自然气候丰富，历史源远流长。这些特征投射到建筑的生成和发展过程中，形成了较为丰富且特殊的建筑类型，成为中国古建筑中独特的组成部分。

内蒙古土地上的主体住民曾经长期过着游猎和游牧生活，自身并没有形成流传至今且成熟的定居建筑形制，除蒙古包、仙人柱等内生性非定居建筑外，大多定居性的建筑类型都属于来自域外的植入型建筑。因此，内蒙古古建筑中主体部分的发展，并不像中国许多其他地区的传统建筑那样一脉相承，也没有呈现出明显清晰的演变过程。然而，同时发生的却是一种无可避免的融合，即：这些外植入型的建筑在其发展过程中不同程度地融入了本土的地域特征。

第一节　内蒙古自然环境状况

一、地理

内蒙古自治区位于中华人民共和国的北部边疆，由东北向西南斜伸，呈狭长形。经纬度西起东经97°12′，东至东经126°04′，横跨经度28°52′，相隔2400多公里；南起北纬37°24′，北至北纬53°23′，纵占纬度15°59′，直线距离1700公里；全区总面积118.3万平方公里，占全国土地面积的12.3%，居全国第3位。东、南、西依次与黑龙江、吉林、辽宁、河北、山西、陕西、宁夏和甘肃8省区毗邻，跨越三北（东北、华北、西北），靠近京津；北部同蒙古国和俄罗斯联邦接壤，国境线长4221公里（图1-1-1）。

内蒙古自治区土地总面积为118.3万平方公里。2010年统计耕地面积为781.23万公顷，森林面积2337.60万公顷，草原总面积8666.7万公顷，占土地总面积的73.3%；淡水总面积105.05万公顷，占土地总面积的0.7%。从内蒙古自治区土地利用状况看，林牧用地是全区的主要土地利用方式，两者占土地总面积的85%以上。内蒙古自治区可利用耕地781.23万公顷，人均占有0.36公顷，是全国人均耕

地的4倍。

内蒙古自治区的地貌以蒙古高原为主体，具有复杂多样的形态。除东南部外，基本是高原，占总土地面积的50%左右，由呼伦贝尔高平原、锡林郭勒高平原、巴彦淖尔—阿拉善及鄂尔多斯等高平原组成，平均海拔1000米左右，海拔最高点贺兰山主峰3556米。高原四周分布着大兴安岭、阴山（狼山、色尔腾山、大青山、灰腾梁）、贺兰山等山脉，构成内蒙古高原地貌的脊梁。内蒙古高原西端分布有巴丹吉林、腾格里、乌兰布和、库布其、毛乌素等沙漠，总面积15万平方公里。在大兴安岭的东麓、阴山脚下和黄河岸边，有嫩江西岸平原、西辽河平原、土默川平原、河套平原及黄河南岸平原。这里地势平坦、土质肥沃、光照充足、水源丰富，是内蒙古的粮食和经济作物主要产区。在山地向高平原、平原的交接地带，分布着黄土丘陵和石质丘陵，其间杂有低山、谷地和盆地分布，水土流失较严重。全区高原面积占全区总面积53.4%，山地占20.9%，丘陵占16.4%，河流、湖泊、水库等水面面积占0.8%。

二、气候

内蒙古自治区地域广袤，所处纬度较高，高原面积大，距离海洋较远，边沿有山脉阻隔，气候以温带大陆性季风气候为主。有降水量少而不匀，风大，寒暑变化剧烈的特点。大兴安岭北段地区属于寒温带大陆性季风气候，巴彦浩特—海勃湾—巴彦高勒以西地区属于温带大陆性气候。总的特点是春季气温骤升，多大风天气；夏季短促而炎热，降水集中；秋季气温剧降，霜冻往往早来；冬季漫长严寒，多寒潮天气。全年太阳辐射量从东北向西南递增，降水量由东北向西南递减。年平均气温为0～8℃，气温年差平均在34～36℃，日差平均为12～16℃。年总降水量50～450毫米，东北降水多，向西部递减。东部的鄂伦春自治旗年降水量达486毫米，西部的阿拉善高原年降水量少于50毫米。蒸发量大，部分地区都高于1200毫米，大兴安岭山地

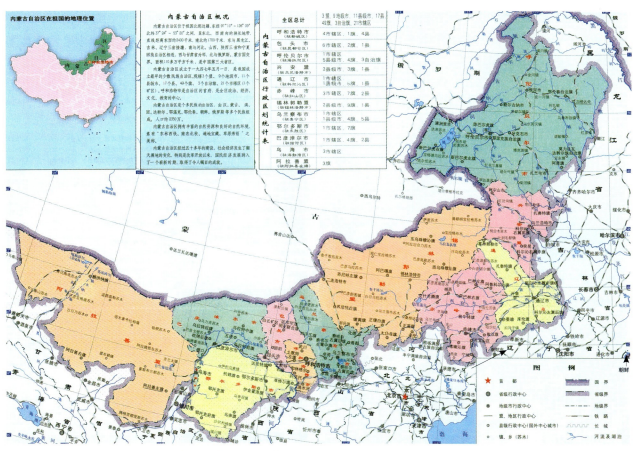

内蒙古自治区在祖国的地理位置

内蒙古自治区概况

内蒙古自治区位于祖国北部边疆，东经97°10′～126°09′，北纬37°24′～53°20′之间，呈东北、西南向的狭长地带，直线距离东西约3400千米，南北约1700千米。东与黑龙江、吉林、辽宁三省接壤，南与河北、山西、陕西三省和宁夏回族自治区相连，西与甘肃省为邻，北与俄罗斯、蒙古国交界，面积110多万平方千米，是我国第三大省区。

内蒙古自治区成立于一九四七年五月一日，是我国成立最早的少数民族自治区。现辖9个盟、3个地级市，11个县级市、17个县、49个旗、3个自治旗，21个市辖区、1个矿区。呼和浩特市是自治区的首府，是全区政治、经济、文化、教育的中心。

内蒙古自治区是个多民族的自治区。由汉、蒙古、回、达斡尔、鄂温克、鄂伦春、朝鲜、俄罗斯等多个民族组成，人口约2350万。

内蒙古自治区拥有丰富的自然资源和良好的自然环境。素有"森林西有、草原北有、通地宝藏、草原秀丽"之美称。

内蒙古自治区经过五十多年的建设，社会经济发生了翻天覆地的变化，特别是改革开放以来，国民经济发展跨入了一个崭新时期，取得了令人瞩目的成就。

全区总计		3盟、9地级市，11县级市、17县，49旗、3自治旗、21市辖区		
呼和浩特市 (驻新城区)	4市辖区	1县、		4县
包 头 市	6市辖区	1旗、		1县
呼伦贝尔市 (驻海拉尔区)	1市辖区	5县级市、	4旗	3自治旗
兴 安 盟 (驻乌兰浩特市)		2县级市、	1旗	3旗
通 辽 市 (驻科尔沁区)	1市辖区	1县级市、	5旗	1旗
赤 峰 市 (驻红山区)	3市辖区		7旗	2县
锡林郭勒盟 (驻锡林浩特市)		2县级市、	9旗	1县
乌兰察布市 (驻集宁区)	1市辖区	1县级市、	4旗	5县
鄂尔多斯市 (驻东胜区)	1市辖区		7旗	
巴彦淖尔市 (驻临河区)	1市辖区	2县级市、	1旗	4县
乌 海 市	3市辖区			
阿拉善盟 (驻阿拉善左旗)			3旗	

图1-1-1　内蒙古自治区地理位置图　（资料来源：中国地图出版社行政地图）

年蒸发量少于1200毫米，巴彦淖尔高原地区达3200毫米以上。内蒙古日照充足，光能资源非常丰富，大部分地区年日照时数都大于2700小时，阿拉善高原的西部地区达3400小时以上。全年大风日数平均在10～40天，70%发生在春季。其中锡林郭勒、乌兰察布高原达50天以上；大兴安岭北部山地，一般在10天以下。沙暴日数大部分地区为5～20天，阿拉善西部和鄂尔多斯高原地区达20天以上[①]。

第二节　内蒙古历史与文化

一、历史沿革

　　蒙古，明时称鞑靼，大元之后裔。居地东起兴安岭，西越阿尔泰山，北抵贝加尔湖，南以万里长城为界。操蒙古语，其语系属阿尔泰语系蒙古语族。蒙古源于东胡之鲜卑，《旧唐书》始称其族名为"蒙兀室韦"。"蒙兀"者，"蒙古"之音转，"室韦"者，"鲜卑"之另音也，盖元魏君主，以此区别入主中原之鲜卑。"蒙兀室韦"以及其他室韦部落，南倚俱轮泊，北傍望建河而居，或称"室韦—鞑靼"，是为原蒙古人。唐开成年间，回鹘汗国灭于黠戛斯，不久，黠戛斯又被契丹逐回叶尼塞河故地。"室韦—鞑靼"人便利用群雄无首之机向西发展，进入蒙古高原，与留居蒙古高原的突厥语族居民相融合，成为真正的草原民族，始称"蒙古"。辽、宋、金时代，部落繁衍，以萌古、毛褐、蒙古里、盲骨子、朦骨、朦辅等译名见于记载，或被辽金泛称为"阻卜"。其时，由尼鲁温蒙古和迭列列斤蒙古两大支组成合木黑蒙古（全体蒙古人）。他们对辽金王朝，时附时叛，经常遭受其残酷的镇压和杀戮。金正隆年间，蒙古由盛转衰，被其他部落兼并攻杀。蒙古乞颜部博尔只斤氏贵族铁木真，历经艰辛，统一蒙古诸部，兼并其他蒙古化突厥部落，于金泰和六年（1206年）建立大蒙古国，被拥戴为蒙古大汗，号成吉思汗。成吉思汗为蒙古国制定军事、政治和法律制度，发展和完善北方游牧民族的万户、千户、百户划分制度，创立大汗直接掌握的护卫军，实行按等级身份分配牧地与人口的分封制，颁行《大札撒》法典，创制畏兀体蒙古文字，将"黄金家族"的统治确立起来。大蒙古国的建立，标志着一个具有共同语言、共同地域、共同文化的蒙古民族的最终形成。

成吉思汗建立蒙古国后，开始了大规模的对外扩张的军事活动。蒙古成吉思汗六年（1211年）至十年间，几次南下攻金，占领金中都。成吉思汗十三年至十八年（1218～1223年）间，率兵西征，灭西辽和花剌子模，并西越高加索，大败俄罗斯和钦察突厥，把蒙古国领土扩展到中亚和南俄罗斯。成吉思汗二十一年至二十二年（1226～1227年），率兵南下灭西夏，病逝军中，三子窝阔台继承汗位。窝阔台汗六年（1234年）灭金国。翌年再次西侵，窝阔台汗十三年（1241年），征服俄罗斯，军锋直达波兰、德意志境，攻下马札儿首都布达佩斯。蒙哥汗三年至八年（1253～1258年），蒙古军第三次西侵，灭亡木剌夷国，攻下黑衣大食都城报答（今伊拉克首都巴格达），将蒙古国领土扩展到西南亚。至此，大蒙古国成为横跨欧亚的大国，将首都建立在蒙古本土鄂尔浑河谷地的哈剌和林。蒙哥汗三年，忽必烈攻入云南，灭大理，同时招降吐蕃。忽必烈汗中统元年（1260年），忽必烈自立为蒙古大汗，建都开平。至元八年（1271年），定都大都，建立大元王朝。至元十六年（1279年）灭南宋，统一全中国，结束了唐末以来长期分裂的局面，奠定了中国统一多民族国家的基础。

在长期的征战过程中蒙古统治集团内部的矛盾冲突也日益加剧，致使大蒙古国逐渐进入分裂阶段。成吉思汗子孙各自在分封的领地上建立大小诸汗国，忽必烈时期，蒙古本土以外已形成四大汗国[②]——钦察汗国、伊利汗国、察哈台汗国、窝阔台汗国。

1271年，忽必烈将大蒙古国统治中心由漠北南移到中原，建立年号，改国号为"大元"，设立汉式官僚机构，定都汉地，实行中央集权的行省制度和宗教信仰自由政策，发展生产，尊崇儒学，使元朝成为繁荣发达的世界强国，为东西方的经济文化交流作出了巨大的贡献。由于统治民族与被统治民族之间巨大文化差异，元朝的统治在中原地区未能长久持续下去，不久便呈现衰退之势。元朝中后期，朝廷腐败，权臣专权，民族矛盾激化，于元顺帝至正二十八年（1368年），明军逼近大都，元顺帝北走开平，蒙古中心势力退居草原，继续以"大元"称国，史称"北元"。

大蒙古国从建立到元朝灭亡仅仅延续了160多年，但它在世界历史中写下了光辉的一页。蒙元时代所创造的历史，成为人类历史的奇迹流传于世。蒙古铁骑打破了欧亚之间的铁壁界限，使东西文化的交流畅通无阻；蒙古帝国横跨欧亚，使东西方生产方式得以互通，极大地促进了人类生产力的发展；随着军事技术的交流，火药、大炮的使用真正成为可能。13～14世纪的蒙元帝国，代表着世界最先进的科学技术和生产力，代表着世界文明的主流。蒙元时代所创造的文化，更是人类文明宝库中的经典。多种族、多民族、多元文化竞相争妍；多语言、多文化、多宗教平等存在。蒙元时代创造的物质和精神财富，至今仍影响着人类。

北元与明朝对峙，形成新的南北朝。明太祖、成祖两朝，多次深入草原征伐北元势力，却始终未能使其就范。明朝修长城防御蒙古的南侵，同时想隔断南北经济联系。双方时战时和，长达300多年。北元政权长期处于内部纷争之中，后又形成西蒙占瓦剌部与东蒙古之间的矛盾冲突。明正统年间西蒙古瓦剌部曾经短暂统一东西蒙古，并俘虏明英宗。明成化年间，属于成吉思汗黄金家族正统的达延汗统一东蒙古，将蒙古分为左右翼各3万户。即：左翼3万户为察哈尔、乌梁哈、喀尔喀；右翼3万户为鄂尔多斯、土默特、永谢部。明嘉靖年间，土默特部俺答汗强盛，西逐西蒙古瓦剌部于杭爱山以西，占领青海。隆庆年间（1567～1572年）与明朝修好，接受明廷"顺义王"封号，在丰州滩筑板升，营库库和屯城，引进藏传佛教格鲁派。从此，喇嘛教在蒙古广为传播，古老的萨满教被强势排斥。

明朝末年，以瀚海为界，蒙古分为三部：漠南蒙古、漠北蒙古和漠西蒙古。漠南蒙古，亦称东蒙古。大兴安岭以南、以西山阴地带，包括呼伦贝尔草原直到克鲁伦河下游一带地区分布着阿鲁（蒙古语，"山阴"之意）蒙古各部，包括成吉思汗诸弟后裔所统阿鲁科尔沁、乌拉特、茂明安、四子、翁牛特、喀喇车里克、伊苏特、阿巴嘎、阿巴哈纳尔等部落。嫩江流域是长期独立于蒙古6万户之外的科尔沁部。相邻而牧的则是分布于西辽河和辽河流域的内喀尔喀五部。控制西部山西、大同边外归化城和土默川地区的是俺答汗后裔所属土默特部。处于察哈尔和土默特中间的是喀喇沁万户，包括喀喇沁、东土默特和原来辽东地区的兀良哈三卫所属部落，即原"山阳万户"。占据黄河河套地区的是鄂尔多斯部。其实力最强为蒙古大汗直属的察哈尔部，分布于老哈河以东、广宁以北的辽河河套地区。明万历三十二年（1604年），年少的林丹汗继蒙古正统大汗位，称呼图克图汗。在位期间，他致力于强化汗权，试图用武力与强权统一蒙古。长期的割据助长了蒙古各部的离心倾向，各部封建主纷纷称汗，蒙古汗权更加衰微，林丹汗实际上成为只能驾驭察哈尔部的蒙古大汗。

此时的漠北蒙古高原是外喀尔喀部的世界，其地东自黑龙江，西至阿尔泰金山，南接瀚海，北壤俄罗斯，分三部：土谢图汗部居中、车臣汗部居东，扎萨克图汗部居西，与额鲁特部为邻，亦称外喀尔喀。西蒙古亦称额鲁特蒙古，在明中期分为四部：和硕特、准噶尔、杜尔伯特和土尔扈特，统称四额鲁特。在达延汗以及土默特部俺答汗的打击下，退居杭爱山以西，游牧于巴尔喀什湖以东和以南地区。后和硕特一部移牧青海、西套，是为青海和漠西蒙古各部的起源。后金天聪年

间（1627～1635年），土尔扈特部西迁至伏尔加河流域，清乾隆年间（1736～1795年），部分返回原牧地外，其余成为俄罗斯境内的卡尔梅克人。大蒙古国时期的"林木中百姓"的一部，此时还居住在贝加尔湖周围，成为俄罗斯境内的布里雅特人。

明末，明建州女真首领努尔哈赤统一女真各部，建立后金。邻近蒙古诸部如科尔沁、内喀尔喀五部、喀喇沁、阿鲁蒙古以及部分察哈尔部纷纷投附。后金天聪八年（1634年），蒙古末代大汗林丹呼图克图病死青海大草滩，林丹汗子额哲被爱新国军俘获。至清崇德元年（1636年），漠南蒙古全部被降服。清廷在蒙古强大兵力和大量物资的支援下完成了入关灭明，统一全国的大业。卫拉特准噶尔汗国噶尔丹汗于康熙中叶进攻外喀尔喀诸部，清廷出兵干预，噶尔丹败亡，外喀尔喀投附清朝。乾隆年间，清廷武力征服准噶尔汗国，蒙古诸部全部进入清朝统治。

清朝逐步征服、统一蒙古各部后，蒙古原有的鄂托克、爱马克等众多封建贵族领属集团之绝大部分被整编为由扎萨克世袭统治的旗。其中，漠南即内蒙古地区的称为内扎萨克蒙古，漠北、漠西等其他地区的称为外扎萨克蒙古，统称为外藩蒙古或藩部。每个旗的所辖地域被固定下来，不允许越界游牧。若干扎萨克旗组成盟，形成会盟制度，并且以固定的会盟地点命名。这种扎萨克旗制，也称为盟旗制度。盟旗制度成为清代蒙古的最基本的政治和社会制度。外藩蒙古盟旗：内蒙古有6盟49旗；喀尔喀4部各为1盟，共有86个旗；新疆旧土尔扈特蒙古分为东、西、南、北4路10个旗，组成4个盟；青海额鲁特等部29个旗组成2个盟；此外还有内属都统旗和喇嘛旗。旗是清代蒙古最基本的社会组织单位。清朝对蒙古王公扎萨克实行优待收买政策，封爵定级，联姻赏赐，使其成为清廷忠实的臣仆。蒙古王公台吉虽然身份地位高下悬殊，但只要是一旗扎萨克，均直隶皇帝，互不统属。清朝还在中央设立理藩院，在各地设立驻防将军、都统、大臣，对蒙古实施严格有效的统治管辖。清朝的各种治蒙政

策和制度，使蒙古族为清朝统治者起到了"屏藩朔漠"的历史作用。但另一方面，蒙古落后的封建领主性统治制度也因此得以延续以至强化，由于互不统属的分割统治和民族隔离性蒙禁政策，销蚀了蒙古民族的凝聚力，人为阻滞了社会经济结构和生产力，以及社会的发展和提高。特别是优待、扶植喇嘛教的政策，使蒙古民族精神愚钝，不事种族繁衍和社会生产的喇嘛越来越多，人口和劳动力递减。所有这些，成为晚清以来蒙古民族在政治、经济、社会、文化和民族精神等方面全面衰颓的重要历史原因。晚清时期，随着清朝的衰弱，蒙古民族盟旗失去以往的特权，大片土地被开垦，大量的府厅州县等管理汉族移民事务的机构在蒙地成立，蒙古民族的生存受到极大威胁。

终清一代，蒙古族又为大清王朝屏藩朔漠，保证了国家的安全与统一。清初，满蒙建立政治联盟，进而建立了清王朝；嗣后蒙古民族协助清朝建立了对全国的统治。蒙古族在清朝的统治下，其社会、经济、文化发生了重大的转变，随着清朝统治体系的建立，形成了全新的部落和地域布局。

二、文化特性

文化是人类创造的奇迹，每种文化都是特定历史时期的产物，都有其存在的必要性和合理性。

草原游牧文化是古代中华文化主源之一，是在以蒙古高原为中心的亚洲北方草原特定的自然地理环境中，由阿尔泰语系三大族系的匈奴、突厥、鲜卑、契丹、蒙古、女真、满族等草原民族，在其形成、发展过程中创造的生产和生活方式的总合。

公元6～9世纪，室韦—鞑靼等原蒙古人的势力日益增长，并从呼伦贝尔草原不断西迁，进入蒙古高原核心地区，对大漠南北民族布局的变化产生了重大影响。原来布满突厥语部落的蒙古高原，从此开始了蒙古化进程，蒙古人开始走上草原历史舞台。成吉思汗统一草原各部，在蒙古高原中心建立大蒙古国，全面继承和发展了几个世纪以来所创建的北方游牧民族的历史文化。在此基础上，成吉思

汗及其继承者们经过几十年的征战，建立了横跨亚欧大陆的蒙古帝国，进而统一中原，建立大一统的元王朝，将草原文化的影响扩大到东西方。蒙古人继承了草原文化的所有遗产，蒙元时期把草原文化推向巅峰，蒙元文化成为整个草原文化中最具影响力的文化。

草原文化作为具有鲜明地域特点的文化类型，在漫长的历史年代中与中原农耕文化共存并行和互为补充，为中华文明的演进不断注入生机与活力。随着社会的发展，草原文化经过多次转型，有些文化形态得以保存和发展，形成传统文化，至今还在推动着人类文明的发展。

草原文化具有鲜明的特点。从精神层面上看，草原文化具有天人合一、崇尚自然的宇宙观；敬畏大自然，与大自然和谐相处的自然观；合理取舍、永续利用的生态观；描摹自然、歌颂自然的文化观。

从自然层面上看，其生物的多样性、生态景观的丰富性和环境条件的平衡性体现得最为完美。

从历史层面上看，这里是人类先祖的栖息地，人类文化的发源地，历史上的许多北方民族的发祥地；汉民族与北方少数民族的融合地，东西文明的交汇地。

草原文化有物质层面和精神层面之分。其基本精神中的崇尚自然、以人为本等，在建筑中体现得十分直接。

（一）物质文化

1. 建筑文化。

首先是毡帐，也叫"穹庐"，到清代称作"蒙古包"。蒙古包是游牧生产生活的产物，是蒙古族和亚洲游牧民族最具代表性的建筑。蒙古包合起来是一个整体，分开来是几个部件，是一种组合房屋，可以伸缩折叠，搬迁轻便，搭盖容易，拆卸简单，运载科学，建材可以反复利用，部件可以随意修理。千年的经验所造就的圆形结构和斜面原理，减轻了负荷，加大了强度，包顶封闭以后变成球形，减少风的阻力、雪的压力、雨的渗透力。哈纳

和围绳可以调节蒙古包的高低和容积，以满足生活所需和应付各种不同的天气。其外部的毡子可薄可厚，可以自由调节室温，冬暖夏凉，不用易地过冬消夏。

其次是藏传佛教召庙建筑。清代，蒙古地区建造了数千座寺庙，其建筑风格有藏式的、汉式的、蒙藏混合式的和汉藏混合式的。这期间出现了大批蒙古族建筑师，有不少寺庙是由他们设计和建造的，充分显示了他们的才华，如归化城著名的蒙古族工匠希库尔达尔汉和贝勒达尔汉设计建造了西乌苏图召；包头昆都仑召也是由该寺一世活佛嘉木苏容布自行设计修造的；伊克昭盟准噶尔召的设计也是出自蒙古族建筑师之手，等等。

2．以驯马养马为主的马文化

作为马背民族，调养出适应蒙古高原严酷气候草场条件的蒙古马，将蒙古马在生产、生活和战争中的作用发挥到极致。蒙古男人用自己的一生积累，毫不吝啬地装饰自己的坐骑和马鞍马具。出于爱马和欣赏马的心理，非常讲究马鞍的造型和外观，用珍贵的材料，用最美的艺术工艺装饰自己的马鞍，使之成为一件艺术品。清代各旗都有各自特点的马鞍造型和装饰，雕花的、鲨鱼皮的、骨雕的、贝雕的、金银装饰的马鞍比比皆是，呈现出异常的气派和韵味。

3．奶食肉食为主的饮食文化

在蒙古高原自然和气候条件下生成的富有营养的植物和经过几千年自然淘汰和选择的蒙古高原独有的蒙古"五畜"——马、牛、驼、绵羊、山羊，构成蒙古高原食物链的基础。以上"五畜"产出的奶、肉等成为蒙古人的饮食来源，滋养着他们的身体，造就了蒙古民族独有的体魄，谱写了蒙古民族发展变化的历史。

4．毛皮、金银首饰为特色的服饰文化

珍稀的野兽毛皮和蒙古家庭饲养牲畜，为蒙古人提供着衣物，从而形成独具特点的服饰文化。蒙古众多的部落，各自形成袍服和头饰特色。大量的珍贵宝石、珊瑚、金银都用在妇女的头饰上，佐以

精美的工艺，透出秀美的草原风格。

5．多元的草原城市文化

成吉思汗统一蒙古，建立蒙元大帝国，将东西文化连接起来，使草原城镇的文化多元。哈剌和林、元上都都是世界级历史文化遗产。在内蒙古草原，最大的草原有形文化遗产就是元朝的上都遗址，再就是辽金时期的上京、中京等京城遗址。其他珍贵的历史遗迹，如从集宁路遗址揭示的草原丝路，再如从红山文化遗存到金界壕，从成吉思汗陵到清代的寺庙更是数不胜数。

（二）精神文化

草原文化的无形精神文化，尤其丰富多彩。从人类文化的活化石英雄史诗到近代蒙古文文献，从草原民族优美的歌舞到传统的风俗习惯，从传统的生态知识到丰富的游牧文化，从草原习惯法到成吉思汗大扎撒等。此类精神文化，作为非物质文化形态，具有深远的影响力。在草原文化转型的关键时期，由于游牧生产方式的改变，其中的优秀文化形态也在面临被遗忘的命运。

蒙元时代蒙古族文化最重要的成就是蒙古族有了自己的文字。成吉思汗时期，用畏兀文字母记写蒙古语，从而产生了畏兀体蒙古文。用畏兀体蒙古文写出《蒙古秘史》，译写出《甘珠尔经》等不朽著作。元朝时期又创制了八思巴蒙古字。有了本民族的文字，蒙古族的历史与文化就有了载体。蒙古文字在发展民族文化、保存蒙元时期丰富的文化遗产方面起到了重要作用。

清朝自征服漠南蒙古各部开始，对外藩部落采取了"因俗而治"、"分而治之"的政策，在内蒙古地区全面推行分封扎萨克及"盟旗制度"。将原先的兀鲁思、土绵、鄂托克、爱玛克等彼此间具有领属关系的大游牧领地，分割成彼此隔离的许多小块领地——旗。

清朝的各种治蒙政策和制度，及其对多民族统一国家的有效统治，使蒙古民族的传统游牧业得到保障和发展，政治、社会相对稳定，也起到了"屏藩朔漠"的历史作用。

同时，文化是动态的，是在不断发展的。随着民族历史的变迁，民族文化中不断补充进新的内涵，旧的不适应的内容则逐渐被淘汰或遗弃。

清代，由于蒙古社会以及生产关系的变化，导致了内蒙古草原文化的首次变迁。

在语言上，蒙古语进入清代，产生了巨大的变化。随着漠南、漠北和卫拉特蒙古诸部逐一归附，明末形成的蒙古语方言布局被彻底打破。清廷"众建以分其势"，大力推行盟旗制度，每旗形成一个独立的社会实体，互不统属，各自发展，最终形成清代蒙古语方言的新布局③。

入清以后，畏兀体蒙古文进一步完善、定型，成为清朝主要文字之一。还纂修过大量辞书，这对蒙古语词汇的发展起到了积极的作用。同时所创造的阿里嘎里字母，为翻译藏文佛经时准确地记写梵藏文佛教名词术语开辟了捷径；托忒蒙古文，为记写额鲁特方言提供了便利；"索永布文"，为自然便捷地记录佛经语言创造了可能。蒙古族文学创作和历史编纂学空前发达，极大地丰富了蒙古文化遗产。寺院教育与清末的新式教育，为蒙古民族的发展和草原文化的弘扬，发挥了巨大的作用。

蒙古族民间艺术具有悠久的历史和广泛的群众基础。它与蒙古族人民日常生活的方方面面都有联系，在蒙古包、服装、马具、荷包、褡裢、刀具、乐器、头饰以及饮食上，具有民族特色的民间美术图案的美化装饰无处不在。

蒙古族民间美术，有各种固定的美术图案形式，如狮、虎、五畜、花草、鸟、云彩、日月及佛教八宝等。民间美术的工艺方法也多种多样，刺绣、雕刻、绘制、镶嵌等都是常用的工艺方法。所用的材料根据用途而设，有木头、金属（金、银、铜、铁等）、皮革、泥土、布料、绸缎、毡呢、石料等。从其用途来看，有单纯的艺术或工艺品，有装饰性的生活用品，更有宗教用品。

民间美术创作与人民风俗习惯和生活理想有关。民间美术在蒙古族民俗中起着重要的作用。每逢新年、红白喜事、鄂博祭祀、那达慕等重大节日，人们的服饰、用品的工艺装饰成为表达特定场合气氛的重要因素。各种美术装饰的图案是一种象征语言，如虎、狮、鹰等动物表示着英雄气概；云纹和八宝寓意吉祥和因果报应；花鸟代表幸福安宁等。民间美术创作中常用的颜色也含有象征意义。蒙古人认为，蓝色（青色）象征永恒、坚贞和忠诚，是蒙古民族色彩；白色是纯洁、美好、善良的代表符号；红色是愉快的颜色，代表胜利和热情；黑色则代表者不幸与灾难。这一切反映着蒙古民族在长期的历史过程中所形成的独特审美趣味和观念。

蒙古族善于雕刻，尤以木雕最甚。马头琴、胡琴、蒙古象棋等都是精美的雕刻作品。清代蒙古金属工艺与雕刻大有发展。蒙古金属工艺品一般用金、银、铜、铁等原料制作，包括桶、碗、壶、勺、酒器、头饰、马具、火镰、刀子等生活用品和佛像、察木舞道具等宗教器皿。蒙古金银匠主要采用锤揲与錾雕手艺，在金属制品上錾出精美的各式纹样和图案。佛教寺院供养的佛像和所用法器都是精致的艺术品，比如，五当召雄踞殿内的十米高的黄铜弥勒佛像、额尔德尼召内的二十一度母像等等都很著名。

蒙古民族能歌善舞，创作了极其丰富的音乐舞蹈作品。内蒙古各盟旗，直到苏木、巴嘎，都有各具特点的歌舞音乐。民间有民歌，王府有王府音乐。每当婚宴大喜，举行盛大筵宴，欢歌美酒，终夜不散。婚宴时，有专门的送亲、接亲歌，每举行婚宴的一个仪式和节目，就有专门的歌曲唱颂。民间歌曲更是丰富多彩，欢快的、忧郁的、凄凉的、委婉的曲调，应有尽有，加上优美的歌词，美妙无比，使人产生强烈的美感和无比的舒适感。最有代表性的有鄂尔多斯的婚宴歌曲，锡林郭勒的长调歌曲，科尔沁的叙事歌曲等。

蒙古乐器除了传统的民族乐器马头琴、蒙古筝等以外，还新添了汉族的二胡、四胡，藏族的长号角，哈萨克族的冬不拉等。

蒙古民间舞蹈有了新的发展。集体舞"安代"在内蒙古东部各盟旗中普遍流行。藏传佛教影响到蒙古音乐舞蹈领域，西藏寺院在法会上表演的一种化装舞剧——"察木"在蒙古地区的广为流行。在"察木"的启发下，19世纪30年代开始出现了蒙古歌舞剧的萌芽。在内蒙古东部地区出现了新的说书风气。

说书，是蒙古民间艺人一边拉四胡，一边说唱"本子故事"。"本子故事"一般都是蒙译并经改编的汉族长篇小说，诸如《封神演义》、《隋唐故事》等。

到了清末，随着新政的推行，蒙禁被取消，大量的内地移民涌入蒙地，大片牧场被开垦，致使在内蒙古地区形成农业、半农业区域，民族和人口构成发生了质的变化，蒙古族成为少数民族，进而导致内蒙古地区的草原文化的再次转型——纯粹的游牧经济，除了部分地区外，代之以半农半牧的经济形态；纯粹的蒙古族聚居区，有一大部分成为蒙汉混居区；大量的牧民，转而从事农耕；接近内地的地区产生了许多以汉民为主的城镇，旅蒙商遍布草原腹地。各民族间的融合和交流加快，近代的内蒙古草原文化形成如下布局：

——东部科尔沁、喀喇沁文化区，首先在满族文化、然后在汉文化的影响下，形成了独特的科尔沁、喀喇沁文化形态。

——中部游牧文化区，由于受满汉文化影响较小，基本保持着蒙古游牧文化形态。

——西部蒙汉混合文化区，少有满文化影响，然而接受汉文化影响较深，形成蒙汉文化混合形态。

清代形成的内蒙古草原地域文化，经过民国时期，再传承到今天，在新的社会制度和新的生产关系条件下，随着社会的发展，内蒙古草原地域文化的形态再一次得到新发展，如草原生产和游牧生活方式正在发生着根本的变化，游牧已经成为历史，定居性房屋代替了毡包等。

第三节　内蒙古古建筑的发展、类型与特征

一、建筑发展

考古证明：广袤的草原自古便是北方少数民族世代生息之地。在这一地域，先民的主体主要过着游牧生活，因而，就整体而言，本地域没有发展出十分成熟的定居性建筑形制，同时，也没有表现出十分清晰的演变过程。总体上，内蒙古地域的古建筑由原生型和植入型两类构成。

四五万年前，内蒙古地区就有了原住居民。据历史记载，早在公元前五千年到一千年前，匈奴、鲜卑等族群就在此地区的西部和东北部过着畜牧和狩猎生活。但自秦筑长城到公元916年契丹部建辽以前，北方少数民族一直被中原政权拒于长城以外，南北文化交流相隔，其原生态建筑实物形态不详，应较少受中原定居性建筑形态的影响。从辽建国至金、元，北方少数民族逐渐以强大军事侵入的方式占据了中原地区。其间，因政治统治和佛教传播的需要，在包括内蒙古的中国北方地区广泛建起陪都、行政军事城堡和佛教寺庙。明清政权同样出于对内蒙古地区的控制需要，在内蒙古地区扶持、倡导宗教，清末又在内蒙古地区的重要军事区域实施新的行政建制，导致大量藏传佛教寺庙的建设和中原民居类型引入。整体看，内蒙古地区古建筑的发展可以粗略地从内生型建筑和植入型建筑两个方面进行考察。

（一）内生型建筑的发展

对于内生型建筑，主要集中在居住建筑方面，大体可分为两类：草原文化型居住形式和森林文化型居住形式。

在草原居住文化中，传统的民居从窝棚与帐篷类居所到蒙古包的演变经历了以下发展历程：

据考证，在远古时期，蒙古草原遍布窝棚与帐篷类居所。由于技术的制约，各类居所的结构、材料有着很多相似之处。这类简易居所是蒙古包的原型，如在内蒙古地区，曾有仙人柱和各类帐篷等多种居所类型。

在蒙古包兴起之前，北方游牧族群一直以穹庐毡帐作为其居所，虽无法推测穹庐的细部结构，但可以断定此时的穹庐不止一种类型。从天窗的设置到室外空间布置，与今日蒙古包有着明显的区别。

随着游牧族群的南迁西移，穹庐扩布至整个欧亚大陆，并与本土建筑形态相融合，产生了突厥化、蒙古化的各类毡包形态。

13世纪的帐幕已发展至结构成熟、形制完善的程度。巨大的金帐与车载帐幕是这一时期的典型帐幕类型。与中西亚和中原的频繁文化交流促使蒙古工匠的技艺更加精湛多元，可容数百人的帐幕见证了帐幕建筑的高端水准。

14~16世纪，帐幕建筑在体积与装饰上显然有所式微，但总体上保持了原有结构。

17世纪，蒙古各部相继归附于清朝。之后的3个世纪蒙古包依然承袭原有形制，主要借助装饰语言来区分阶层之差别。历经数千年演变的帐幕在清朝时期正式得名"蒙古包"，成为世界建筑史上被冠以族名的独特居住建筑类型。从此，草原帐幕有了自己的正式名称。

当世界被卷入现代化浪潮，世界各地建筑形态日益变化，各种建筑思潮此起彼伏而传统建筑退出主流的时候，蒙古包依然活态地延续着其数千年的营造模式与结构，其生命力似乎毫无削减。

20世纪70年代末，内蒙古中西部牧区开始出现砖瓦房，固定式建筑逐渐成为草原牧区主要居所类型。但至今蒙古包仍然是夏营地及临时牧点的主要居所类型。在冬季，蒙古包被用作储存食物的仓库。在砖瓦房旁搭建蒙古包成为新时期的草原牧区景观。

在森林居住文化中，斜仁柱是一个代表。斜仁柱又称"仙人柱"，是鄂伦春人对这一居住形式称呼的音译，满族人俗称其为"撮罗子"。斜仁柱是鄂伦春族、鄂温克族、达斡尔族等北方少数狩猎民族主要使用的、原始的、可移动的居住形式。历史上，这种居住形式在黑龙江两岸中下游直到库页岛的广大区域内的民族中也曾出现过，甚至在内蒙古阿拉善盟的古代岩画中也发现过斜仁柱式的建筑岩刻。

"逐水草为居，以射猎为业"的鄂伦春族在历史上经历了漫长的具有原始特征的狩猎文化时代，直到17世纪中叶还停留在氏族公社的历史发展阶段。在漫长的原始社会中，狩猎生产一直是社会内部的支柱产业。他们在冬季的住地比较固定，春、夏、秋季随着主要狩猎对象栖息地的不同而迁徙。因此，"迁徙无常，居无定处"是鄂伦春人在长期狩猎生涯中所形成的一个非常显著的特点。

斜仁柱的形式是特定历史时期、特定自然环境的产物。由于结构简易，取材方便，不曾有过太大的变化。现在，随着现代定居生活的需要，已基本消失。

此外，从北方游牧族群之建筑史看，敖包可以说与穹庐一样是游牧民亲手创建的本土建筑形态。其形成与发展此不赘述，详见第六章相关内容。

（二）植入型建筑的发展

在植入型建筑方面，辽金以前由于没有实物性的植入建筑遗存且记载资料不详，故此处的叙述从辽金以后本地区开始大量引进汉地建筑文化的时期开始。

初始，契丹统治者们在吸收汉族文化的同时，强烈而又鲜明地保持着本民族的人文内涵，这从辽金城市遗址便可看出。到了元代，随着城镇的兴起，越来越多的蒙古人向着城镇的物质文明迈进，同时，随着城镇地区的文化生活逐渐向蒙古草原渗透，建筑艺术方面的知识也开始向蒙古草原地区传播，出现了诸多蒙古人的定居点。据考古调查，在今内蒙古正蓝旗地区，元代城市遗址计有20多处，元上都故城即是一个突出的代表。1256年，忽必烈时期，在刘秉忠的筹划下，经过3年的时间兴建了上都城，是规模仅次于大都的政治中心，其中的景明宫便是辉煌的汉式宫殿。据《元史》统计，城内有大小官署六十所，佛寺一百六十余座，以及孔庙、道观、城隍庙、三皇庙、清真寺等各种宗教寺院，其形制风格皆为中原建筑式样。如，成吉思汗时期所建应昌路故城等，早已是"金碧上下、辉映绚烂"汉式建筑面貌。事实上，蒙古帝国在汉地建立元朝以前，蒙古人就和中原汉地、中亚和欧洲地区的文化交流极为频繁，蒙古汗廷利用从被征服地区俘获来的许多擅长建筑工艺的匠人，为合罕、诺颜在蒙地建造汉式的壮丽宫殿，制作富丽堂皇的宫殿装饰。在明代——北元时期，由于长期战争的因素，元代城池几乎全部毁灭。明朝政府在明蒙交界处修建长城，建立了大量以军事防御为主要目的的城镇聚落，使得明后期明蒙之间的互市贸易在这些边城发展起来。从16世纪初期开始，阿拉坦汗为了经济的发展和必要的粮食补给，开始吸收大批汉族农民进入蒙古地区，促进农业的发展。到16世纪末，人们把草原部落出现的这种特殊的定居聚落称为"板升"（固定式房屋）。它是内蒙古土默特地区城镇及乡村的前身。关于板升的特点、规模及分布状态，史料比较零散，没有全面、专门的记载。据明代《赵全谳牍》中的描述可知，明代中后期，在阿拉坦汗驻牧的丰州滩由被掳汉人修筑的板升数量众多，其建筑形制具有明显的军事色彩，有防御的功能。

事实上，16世纪以后，阿拉坦汗从1545年开始就派人到明朝边境地区招募技艺娴熟的木匠、铁匠和画工，到蒙古地区施展才华。《赵全谳牍》书中描写的这种早期修建的城堡布局极似汉式宫城，或者说就是按中原城市模式建立的。而从所建朝殿开间数量（九间、七间）及屋顶形制两滴水（重檐）、三滴水（楼分两层，下一重屋檐上两重屋檐），内有朝殿、寝殿及龙凤图案可以看出，建造者试图按皇家、王侯等级模式营建宫城。

不过，尽管早期为阿拉坦汗修建的城堡具有汉式宫城特点，但游牧民族的生活习俗和传统使得阿拉坦汗后来建立的归化城却注定具有草原都市半农半牧的特色。因此，在板升基础上建立的归化城在空间形态、建筑形制及布局密度上有别于中原城市。

明朝时期，藏地和汉地的建筑文化在政治因素的作用下，被内蒙古地区的藏传佛教召庙直接接纳。此期，植入型建筑的代表——大召成为明清时期蒙古地域藏传佛教的第一名寺，蒙古各部均派人来此膜拜，请僧取经，而其建造模式也成为蒙古地域众多召庙模仿的经典。例如：公元1586年在漠北喀尔喀蒙古鄂尔坤河中游右岸建造的额尔德尼召就完全采用了大召的建造样式。

清前期，地方行政建制的官吏们在农耕区域选择地理位置适中之地设立衙门，日久发展为城镇、政治中心和商贸中心，如内蒙古中部的萨拉齐、清水河、丰镇等。清末实施新政，放垦蒙地，同时设置新的府厅州县，由朝廷派官修建衙署，修筑城墙、城门，出售街基，修建文庙，成为四周的政治、商贸中心。因此，从清前期以来，随着农业经济的发展，在内蒙古兴起了许多城镇，同时，清朝对蒙的宗教政策，也对蒙古近代城镇的兴起，起到了一定的作用。在内蒙古，由宗教中心转变为城镇的有多伦诺尔、小库伦、大板升等。当然，在城镇形成过程中，王府也起到了奠基作用，如喀喇沁郡王府、定远营（被称为"小北京"）等。可见，植入型建筑形制对内蒙古城镇建筑的发展起着重要的引领示范作用。

经上述发展，内蒙古地区的居住方式也就从游牧向定居发展，逐渐开始出现土木结构的蒙古包和由于邻近地域影响的汉地民居形式。放垦区的蒙古人，由于定居已久，逐渐习惯于居住汉式平房，有土木建筑的，有砖木结构的，也有砖木结构顶有苇子的大草房。这样草原上逐渐形成了农区、半农半牧和牧区三种生产方式的定居村落和相应的民居。

综上，外植入式建筑逐渐成了内蒙古古建筑的主体，但都不同程度地融入了本地民族的特征。如清代初期，为"驭藩"之目的，在今呼和浩特、多伦及北部大草原上建立了许多雄伟壮丽的藏传佛教寺庙，虽然具有强烈的政治背景和拥有明确的雪域蓝本，但蒙古民族文化的影响，使其在独特的自然地理气候条件下仍然表现出独特而显著的本土面貌。

二、建筑类型

内蒙古地区在漫长的历史发展过程中所留存下来的建筑遗迹较为丰富，但保留至今的并不多，正如前面总结，大体分为两类：一类是从草原游牧、游猎民族生活中形成的内生型建筑，典型的有草原上天地间的敖包、游牧建筑蒙古包等；另一类是来自域外的植入型建筑，主要有各类宗教建筑、衙署府第、塔幢等。关于它们，前面已有从传统文化角度切入作了粗略的介绍，下面将在现代建筑理论语境内对其进行新的类型界定④。

（一）"草原—敖包"——具有永恒感的时空之场

除草原上的蒙古人以外，人们对敖包的普遍认识来源于蒙古民歌"敖包相会"。敖包是人们头脑中对草原意象的浪漫物证。实际上，敖包崇拜来源于远古时期蒙古族以"泛神论"自然崇拜为特征的萨满教。蒙古人自古崇尚自然——敬天为父、敬地为母，敖包是祭祀大地母亲的场所。原始宗教时期，祭拜敖包的仪式由萨满教巫师"告天人"主持，当16世纪佛教被蒙古统治者立为"国教"后，祭祀敖包的习俗也按佛教的宇宙观被改造，喇嘛成为敖包祭祀的法定主持者。但是，无论其外延如何变化，敖包在蒙古人的心目中永远是神圣的象征；无论何时何地蒙古人在路过敖包时，都要按俗行礼，祈求大地神灵的护佑。

每年的祭祀敖包节是蒙古游牧生活的新起点。神圣庄严的祭祀仪式以向大地母亲祈福为主题，其后进行各种各样的比赛——敖包"那达慕"，以此增添欢乐吉祥的气氛。每个敖包都有其特定的供奉者，或属某一区域、或属某一特定人群（儿童、妇女或青年人等），严格分别、互不混淆。因此，草原上的蒙古游牧民族虽四季迁徙、居无定所，但由于有了"敖包生活"，游牧部落的动态社区便有了明确的坐标与联系。

恒久以来，由于敖包从时间和空间等多种维度渗透在草原蒙古人的生活中，无论是作为指向定位的作用，还是作为神灵的住所或崇拜祭祀的对象，敖包对于每个草原蒙古人都暗含着神圣、神秘、祥和，联系着节日、聚会、公共生活。在古往今来的时空转换中，敖包是永恒的象征，如蒙古人心目中的长生天，见证着草原人民的生生不息。

草原—敖包，所体现的场所感正如人类建筑环境的高层次意义——宇宙论、文化图腾、世界观、哲学体系以及信仰等，在当代文明中，逐渐代之以个性自由、平等、健康、舒适和控制自然或与之共处。关于敖包的其他内容将在第六章中详述。

（二）蒙古包——具有全面"可持续性"的原生态建筑

蒙古包是"游牧文明"可持续建筑的经典案例。如果说建筑是人和自然讲和的结果，那么，蒙古包就是草原游牧人民和自然经过最周到最细致的谈判后获取的生活空间。蒙古包是蒙古族游牧文化中生命活动和生活方式的集中体现，是游牧文明对自然生息规律的尊重，是"居无定所"生活方式的必然形式选择。

蒙古包是一种适于游牧生活的可移植性的装配式建筑。蒙古包的建筑材料是草原上易得的细木杆、粗羊毛毡、牛毛绳和牛皮绳等。构成蒙古包的这些建筑材料都可回收利用，从建造到废弃的全过程都是完全生态的。

蒙古包形态与草原之间具有有机共生的关系，它的体形因抗风需要而产生，其唯一的色彩——白色是草原上蓝天、绿草之间的纯洁点缀。因此，有了蒙古包和畜群，草原的自然景观过渡为一种怡情的人文景观。关于蒙古包的其他更多内容将在第五章中详述。

（三）藏传佛教建筑——游牧文明以文化为中心的城市原型

藏传佛教中尊重众生尊重自然的理论和蒙古民族对自然的崇拜和谐地相互契合。同时，由于佛教"众生平等"和"普度众生"的教义高于萨满教神秘落后的成分，加之，藏传佛教客观上对政治统治极其有利，因此，藏传佛教得历代蒙古可汗和明清政府的大力扶持，在蒙古地区广泛传播。一时间，内蒙古地区建起了大量的召庙建筑。据记载，明清盛期有1800多座召庙建筑群。

本地域现存的召庙基本上是明清大规模建造时期的建筑遗存。大量的资料查阅和实地调查显示，这些召庙建筑表现出一定的形态共性。就宏观的整体而言，明清之际，当藏传佛教继元朝之后再度传入蒙古大地的时候，是在一种政治力量自上而下的推动下完成的。因而，在一个较短的时期内，内蒙古藏传佛教召庙建筑是在植入中草创完成的，除了那些完整的汉地官式建筑形制以外，许多建筑形制的植入处于不太成熟的状态。而文化与宗教两方面的互补、相融，以及邻近地域的影响，使其进入了一个较漫长的演化时期。

在植入初期，内蒙古东部以清朝康熙的多伦会盟为始大多植入的是汉地官式建筑形制，西部则以明末阿拉坦汗引入的藏汉结合式为主。因此，西部藏传佛教召庙建筑的演化更为突出。但无论怎样，明末至清中叶的200多年间，政治的因素持续强大，文化的作用尚不够明显，宗教方面的融合也因强弱相差悬殊，不能从形态上撼动相对成熟的外来建筑形制，仅在装饰层面上有所表现。

在共性特征方面，由于不同时期不同类型形态的植入，加上周边地域成熟文化的影响，本地域藏传佛教召庙建筑呈现出较丰富的形态类型；由于植入时的单一规模和随之持续的政治优礼下不断增加的喇嘛队伍，加之复杂的地理气候，本地域藏传佛教召庙建筑形成多元布局；与此同时，上述草创式的植入加上快速的传播使得原本较成熟的建筑规制呈一种式微状态；总体上较短的时间因素，加上草原上本无成熟的建造传统和工匠，以及材料的缺乏，导致本地域藏传佛教召庙建筑普遍粗放的建造技艺；当然，基于蒙古草原处于藏传佛教外层文化易受其他文化影响的现实，辅以该地域版域狭长的地理特征，其与众多文化地域接壤并表现出多种形态的近地域性特点；以及，不论怎样变化，藏传佛教的基本仪轨未变，且明末以藏式传入时的先入为主，以及藏地与蒙古草原的地域一致性，使得藏式的建筑形制仍是一种基本的形态母本。

（四）衙署府第——中原宫廷、宅院式建筑的草原变异

衙署府第是清朝政府"联蒙制汉"、"屏藩朔漠"等稳定边疆政策在内蒙古古建筑中留下的一种特殊类型。内蒙古衙署府第的建筑依照其建造目的主要分为三类：一是为了加强对蒙古地区的统治，参照满族的八旗制度，授予蒙古各部封建主王公爵位而建的王府；二是为下嫁到蒙古的清朝公主建造的"公主府"；三是为了巩固控制边疆，在蒙古地区建造以军事和行政服务为目的的衙署建筑。

清朝对于衙署府第中重要建筑的形制有着严格的规定，其主要依据均来自于《大清会典》。早期建造的衙署府第由朝廷出资拨款，参照京城的王府严格按规制而建，形制较为严谨，建筑造型较为单一。而到了晚清时期，受邻近中原汉地及早期殖民城市建筑的影响，蒙古王府的建筑风格更加趋于多样化。

在布局方面，建筑群遵照礼制，采取前堂后寝、轴线统领、左右对称等制度布列，并以四合院空间组织，形成丰富的空间序列。

事实上，这一类建筑中，府第是办公与居住并用的建筑。因其办公需求与衙署类似，而居住需求则与四合院式的住宅类似。因此在建造时无可避免地受到衙署、民宅、园林等不同类型建筑的影响。

内蒙古的衙署府第建筑融满、汉、蒙、藏建筑风格于一身，尤其是到了清朝后期表现得更加明显。但这种相融大多不是体现在布局、结构、形制等方面，而是表现在装饰和附属建筑上。如，不少王府在正殿屋顶天花上用喇嘛教中称为"佛八宝"的图案；在门屋脊上镶嵌佛教六字真言；而天花的大量出现是受满、蒙民族习俗的影响所做的抹灰天花"硬海墁"；在个别王府中还有雕纹饰彩的藏传佛教楼阁，以及在布局中融进蒙古族的宗教信仰而形成的"前厅堂、后佛殿"的例子等，都体现出了蒙古族的宗教特色。还有的王府在其次要院落中布置有蒙古族传统的蒙古包，正殿后面竖立着"苏鲁锭"，侧院布置拴马桩等，体现了蒙古族文化的成分，如苏尼特德王府就是一座既有藏传佛教建筑风格，又有清朝末年汉族宫廷建筑风格的建筑群。

衙署府第这一特殊的建筑类型既有见证了清廷与蒙古诸部维护国家统一、稳定和巩固北疆的历史

事实的社会文化价值；又有从布局到结构、装修等构成的整体建筑的科学艺术价值；同时，还具有植入类建筑在地区中融合变异的文化交流价值。关于衙署府第的其他内容将在第四章中详述。

当然，内蒙古土地上还有其他形式的居住建筑和其他宗教建筑，它们也有一定的分量。此外，其他建筑方面，如塔、长城等在内蒙古古建筑中也占有一席之地。

三、建筑特征

综观内蒙古地区的古建筑，总体上呈现如下特征：类型丰富、分布分散、生态简朴、外植入性、近地域性、规制式微以及粗放的建造技艺。下面以内蒙古的藏传佛教建筑为例，试加以分析。

（一）类型丰富

在长期的发展中，内蒙古历史上，社会动荡、政治多变、制度更替频繁、宗教信仰兼容且不断发生变化，这一切均在建筑上有所表现，直接的呈现就是建筑类型多样化。从功能类型上看，居住建筑有内生型的蒙古包、仙人柱，也有来自中原汉地的合院式住宅和窑洞式居所，以及来自外域的木刻楞住房等；宗教建筑有藏传佛教召庙建筑，也有萨满教的敖包，还有来自中原的道教建筑、儒学建筑和汉传佛教建筑，以及来自外域的天主教堂和清真寺；从形态类型上看，有中原汉地的木结构房屋，有藏式的碉楼建筑，也有毡帐式建筑蒙古包，还有生土类建筑窑洞以及原生态型的仙人柱、木刻楞；从规制上看，从最高级别的宫殿到普通的民房，一应俱全。

同时，就同一种类型而言，也有着丰富的变化，如藏传佛教建筑。藏传佛教建筑从总体布局到单体建筑形态大致概括为藏式、汉式和藏汉混合式三种。而这种概括仅是一种粗放的风格归类，其中的每一类形态又极其丰富。从基本类型上看，内蒙古地域藏传佛教召庙主体建筑大致有两类："都纲法式"空间加汉式屋顶和"副阶周匝"平面加藏式檐墙（表1-3-1）。它们之间不同的融合方式又呈现出极为丰富的形态，前者较为典型的实例有包头的美岱召、呼和浩特的大召，后者有包头市的希拉穆仁召等。同时，本地域的召庙建筑仅屋顶类型本身就十分丰富（图1-3-1、表1-3-2）。

（二）分布分散

内蒙古地域宽广，同其他地区相比，古建筑分布十分分散，不论是逐水草而居的蒙古包和指向定位、划分领域的敖包，还是藏传佛教召庙等，只要是蒙古人到达的地方，都建有这些能满足他们基本物质和精神需求的场所。以藏传佛教建筑为例，从西部的沙漠、戈壁到东部的草原、森林，都建有不同规模的召庙群（图1-3-2）。

（三）生态简朴

从古至今，内蒙古这一土地上以游牧游猎民族为主，由于环境、气候、取材以及动态生活等原因，他们长期以来过着一种简朴生态的生活，这种适应自然的生活状态逐渐形成了一种相应的世界观，即：天人合一、崇尚自然的宇宙观；敬畏大自然，与大自然和谐相处的自然观；合理取舍、永续利用的生态观。这一崇尚"自然"的世界观直接导致了相应的建筑观，即生态简朴，绝无"非壮丽无以重威"的倾向。传统的原生型建筑自不必说，就连从外域植入的建筑类型也在随后的发展过程中走向了简约，原生型建筑如敖包和蒙古包就是突出的代表。就拿蒙古包来说，无华丽装饰，合起来是一个简单整体，分开来仅几个部件，搬迁轻便，搭盖容易，拆卸简单，运载科学。千年的经验所造就的圆形结构和斜面原理，减轻了负荷，减少了风的阻力、雪的压力、雨的渗透力，既简约又生态；植入型的建筑如藏传佛教召庙建筑，在其许多经堂佛殿的建造中，木构做法都被简化，常有不施彩饰，直接采用不做加工的自然状木材的做法，生态质朴。

（四）外植入性

传统蒙古的原生型建筑由于简易、尺度小、舒适度差，加之内蒙古广阔地域上的原住民多以游牧生活为主，逐水草而居，没有较为固定的聚居地，

内蒙古地区典型召庙经堂佛殿等平面与形式对照表　　　　　　　表 1-3-1

寺庙名称	经堂佛殿平面图	经堂佛殿照片	寺庙名称	经堂佛殿平面图	经堂佛殿照片	寺庙名称	经堂佛殿平面图	经堂佛殿照片
广宗寺（南寺）			巴丹吉林庙			达里克庙		
沙日扎庙			宗乘庙（阿贵庙）			咸华寺（善代古庙）		
吉祥如意寺（陶亥召）			阿日赖庙			查干庙	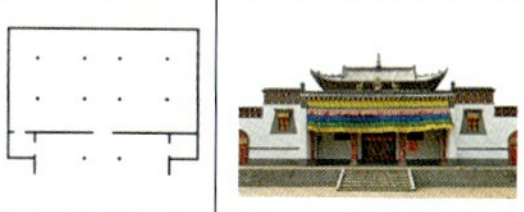	
兴源寺（锡勒图库伦）			沙日特莫图（菩提济度寺）			准格尔召		
昆都仑召（法禧寺）			梅力更召（广法寺）			希拉穆仁召（兴源寺）		
美代召（灵觉寺）			大召寺			乌素图召庆缘寺		
希拉木仁庙			杨都庙			荟福寺（东大庙）		
法轮寺			梵宗寺（北大庙）			福会寺（大庙）		

（图片来源：《内蒙古藏传佛教召庙建筑的一般特征》）

内蒙古召庙典型屋顶形式列表　　　　　　　表 1-3-2

寺庙名称	大殿立面图	大殿剖面图	寺庙名称	大殿立面图	大殿剖面图
梅力更召		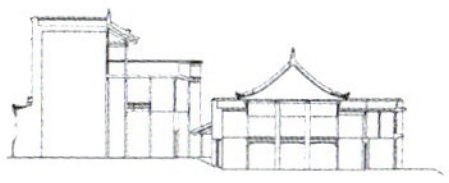	希拉木仁庙	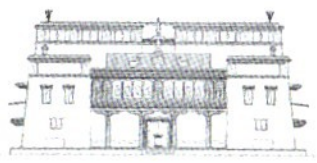	
梵宗寺	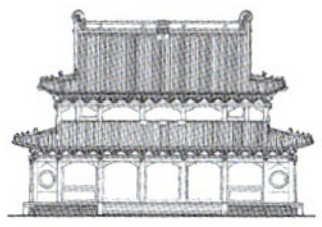		延福寺		
百灵庙		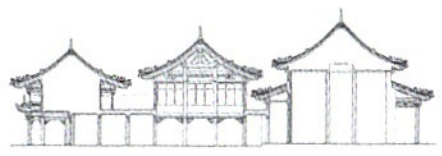	席力图召	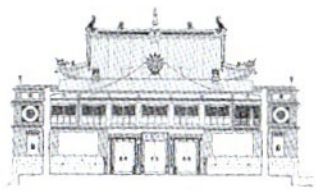	

（图片来源：《内蒙古藏传佛教召庙建筑的一般特征》）

图1 锡林郭勒盟多伦汇宗寺大殿

图2 赤峰法轮寺大殿

图3 阿拉善巴丹吉林庙大殿

图4 巴彦淖尔盟善代古庙大殿

图5 包头市美代召大殿

图6 呼和浩特市大召大殿

图7 包头市希拉穆仁召大殿

图1-3-1 内蒙古召庙典型屋顶形式选例 （资料来源：张鹏举，高旭.《内蒙古藏传佛教召庙建筑的一般特征》）

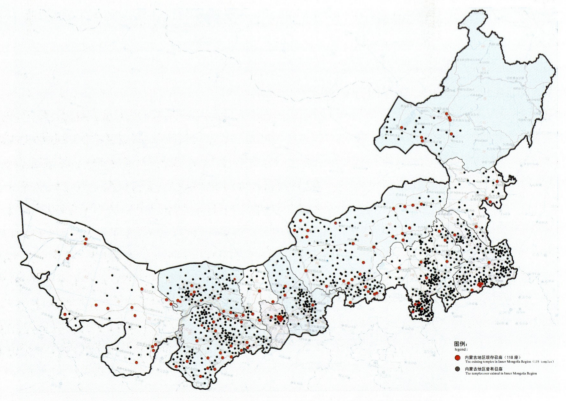

图1-3-2 内蒙古自治区各盟市解放初期寺庙地理位置分布示意图 （资料来源：《内蒙古藏传佛教建筑》）

这种生活方式决定了他们不具备掌握较为先进建造技艺的客观条件。因而这种原生型的建筑不能很好地适应社会的发展。明清后，随着城镇聚落的出现，加之中原汉民的移入，定居后的主体生活建筑无一例外地选择了从域外植入的固定房屋为主。其他功能类型的建筑更是由于政治宗教等原因，从一开始就是一种植入的状态。以藏传佛教召庙建筑为例，明末清初，植入的方式有两类，一是移植明清中原官式建筑形制和汉地民间丰富多彩的建筑风格，较为典型的实例是多伦汇宗寺、赤峰法轮寺；二是移植藏区召庙风格，其单体建筑形制有一层碉房和多层都纲法式。实例有阿拉善的巴丹吉林庙、巴彦淖尔的善岱古庙和包头的五当召等。

（五）近地域性

与外植入性相伴生的是近地域性。内蒙古地域呈狭形分布，东西2400多公里，内与中原许多省份临接，外与俄罗斯、蒙古接壤，历史上不论民间自发的还是自上而下的政治行为，外域的居民都曾多次进入到邻近的蒙古地域，随着他们的定居，无疑地带来了相应的建筑文化。这不仅表现在不同的建筑类型上，如合院民居、窑洞民居、木刻楞民居等；也表现在同类建筑中，如藏传佛教召庙建筑。内蒙古藏传佛教召庙建筑就大体而言是藏地佛教建筑文化、汉地官式建筑文化和自身萨满教文化的融合体。但在发展过程中，除了受到藏传佛教发源地西藏、甘青地区寺庙建筑形态以及汉地官式建筑的影响外，更有来自临近汉地（宁夏、山西、陕西、河北、北京、吉林、辽宁等地区）建筑文化对其产生的直接影响，在建筑形态上呈现出明显的近地域性。

首先，周边汉地建筑文化在环境的组织方式和空间的认知方面都影响着内蒙古藏传佛教建筑的整体及细部表现；其次，调研显示，本地区藏传佛教召庙的建筑形态特征由西部向东部逐渐呈现出由藏地建筑趋同于汉地建筑的特征；同时，携带着技艺的工匠自古就是建造技艺和方法传播的主要途径，而召庙的建造大都是聘请周边汉地工匠进行，所建

寺庙也因其所处地理位置、建寺缘起、财力支持以及建设周期等的不同，在建造技术方面存在着较大的差异，但都十分清楚地受着邻近地域的影响。

（六）规制式微

规制式微是相伴生的另一特征。从中原植入的建筑，尤其是官式建筑和大多宗教建筑，一般而言都有明确的组织规制，尤其在总体布局、殿堂形制和建筑形式方面表现得较为突出。但在随后的发展演变中，这种规制逐渐变弱，甚至从植入初期就已呈现弱化的倾向。如内蒙古的藏传佛教召庙建筑，尽管以藏式的平面特征为核心母本，但其规制同影响它的藏地佛教建筑和中原官式建筑相比明显较弱，呈现多元化的变通。在布局方面，不论藏式格鲁派寺庙，还是中原的"伽蓝七堂"制，都有十分清晰的规制，但在内蒙古地域却表现得十分灵活。在形式方面，上述两方面成熟建筑文化也有着十分清楚的规制，但在政治力量将其植入草原大地后，发展的过程却使这种清晰的规制式微化，如阿拉善的广宗寺主殿，在建筑外围增加了柱廊，从而改变了竖向三段、下实上虚的典型格鲁派立面特征，而其两实夹一虚的横向特征也变得模糊。同时，改变中原官式建筑规制的召庙建筑更是比比皆是（表1-3-3）。

（七）粗放的建造技艺

内蒙古古建筑，尤其是其原生性建筑是一种自然生态观下的自然形构，其建筑技艺虽理性但也粗放。受这种价值观影响，植入性建筑也呈现出技艺粗放的建造表现。仍然以藏传佛教召庙建筑为例。通过现状实地调研可知，寺庙建造过程中工匠们并没有严格地遵循青藏地区和中原汉式的传统建造技艺，而是采用了较为粗放实用的建造方式来灵活应对实际情况。就藏式风格召庙而言，建造大体可以分为土工、木工、砖石瓦工和构造装饰几个主要部分。在西藏地区寺院建筑各部分所用材料都有较为严格的限制，但在内蒙古地区因自然环境差异较大，建筑所用材料不尽相同。例如墙体材料，在西藏地区一般用石材砌筑墙体，在内蒙古有些地区

寺庙名称	贝子庙	寺庙名称	吉祥福慧庙	寺庙名称	福会寺

寺庙名称	杨都庙	寺庙名称	法轮寺	寺庙名称	梵宗寺

（图片来源：《内蒙古藏传佛教召庙建筑的一般特征》）

（沙漠、草原地区），因石料不易选取，而会选用更加方便运输的砖来代替，在一些偏远地区的寺庙更是运用土坯来代替石材或砖；再如作为藏传佛教寺院建筑重要特征的边玛墙，在青藏地区都是用晒干后捆扎的红柳堆砌而成，在内蒙古大部分地区的寺庙并没有完全采用传统的做法，而是在保持基本形态不变的情况下将边玛墙的做法大大简化，一般都是用墙体材料连续砌筑到顶，在边玛墙的位置将墙体涂成红色以与下部墙体区分开来。这种"假冒"边玛墙的简化做法在本地区运用极为广泛，成为一种普遍的地方建筑语言。就汉式风格召庙而言，木作、石作、屋顶相对于中原汉地都有不同程度的简化，如斗栱、柱础等。因此，不论是哪种建造方式，从整体到细部，做工普遍较为粗放。当然，也有少数建造考究的例子，如清雍正五年（1727年），在多伦所建的善因寺，由宫廷样式房"样式雷"设计，又出自汉族工匠之手，仿故宫中和殿建造，制作考究，显示出皇家寺庙的气派。但相对于多伦善因寺等少数皇帝钦赐的大型寺院外，在内蒙古广袤的土地上，更多的藏传佛教召庙建设则是采用一种粗放的建造技艺来完成[5]。

注释

① 参见孙金铸. 内蒙古地貌区划［J］. 内蒙古师范大学学报（自然科学汉文版）. 呼和浩特：内蒙古师范大学学报出版社，1963：53—73.

② 四大汗国包括：1. 钦察汗国：亦称金帐汗国或术赤兀鲁思，系成吉思汗长子术赤之次子拔都继承其父领地，扩建而成。疆域东起额尔齐斯河，西至俄罗斯，南起巴尔喀什湖、里海、黑海，北至北极圈附近。俄罗斯

公国均为其藩属。拔都在伏尔加河下游建萨莱城为都城。中统元年开始脱离元朝，与埃及马穆鲁克王朝建立紧密的关系，与拜占庭、威尼斯和蒙古伊利汗国经常发生冲突。统治阶层很快突厥化，宗教全面伊斯兰化。元末，开始衰落，大片土地被中亚帖木儿汗国占领。明初，汗国分裂，明成化年间（1465～1487年）俄罗斯彻底摆脱其统治，进而被克里木汗击溃，弘治十五

年（1502年）钦察汗国灭亡。2．伊利汗国（伊儿汗国）：蒙哥汗二年（1252年），蒙哥汗派同母弟旭烈兀出征波斯，统兵攻灭木刺夷及报答哈里发等国，于蒙哥汗六年（1256年）建立伊利汗国。都城桃李寺，奉大元帝为宗主。第七代伊利汗合赞改奉逊尼派伊斯兰教。元至正十五年（1355年），伊利汗国被钦察汗国扎尼别汗灭亡。3．察哈台汗国：察哈台汗国由成吉思汗次子察哈台所建，最盛时疆域东至吐鲁番，西至阿姆河，北至塔尔巴哈台山，南越兴都库什山，汗帐设在阿力麻里附近的虎牙思。听命于蒙古大汗，汗位继承亦须由大汗认可。曾经与元廷对抗，几经分裂与统一。元末明初，河中地区被中亚帖木儿占领，东部仍在察哈台后裔统治之下一直到明中叶，治所在别失八里。4．窝阔台汗国：窝阔台汗国由成吉思汗三子窝阔台子孙在其封地金山之西及叶密立、霍博地区所建立。元朝初年，窝阔台孙海都与忽必烈对立，夺取察哈台汗国部分地区建立汗国，屡与元朝征战。元大德五年（1301年），海都死，汗国被元军征灭。

③ 清代蒙古语方言的新布局是：1．内蒙古方言，包括察哈尔、巴林、鄂尔多斯、乌兰察布、额济纳阿拉善、科尔沁、喀喇沁、土默特等土语；2．喀尔喀方言；3．额鲁特方言，包括土尔扈特、额鲁特、和硕特等土语；4．巴尔虎布里亚特方言，包括陈巴尔虎、新巴尔虎、布里亚特等土语。各方言之间的区别主要表现在语音方面，但语法和词汇方面各个方言也有自己的特点。

④ 参见张鹏举，白丽燕．草原·城市·建筑——内蒙古地域建筑古今漫谈［M］．北京：中国建筑工业出版社，2006：36—38．

⑤ 参见张鹏举，高旭．内蒙古藏传佛教召庙建筑的一般特征[J]．武汉：新建筑，2013年，01期：152—157．

内蒙古古建筑

第二章　城镇聚落

内蒙古古建筑

内蒙古城镇聚落分布图

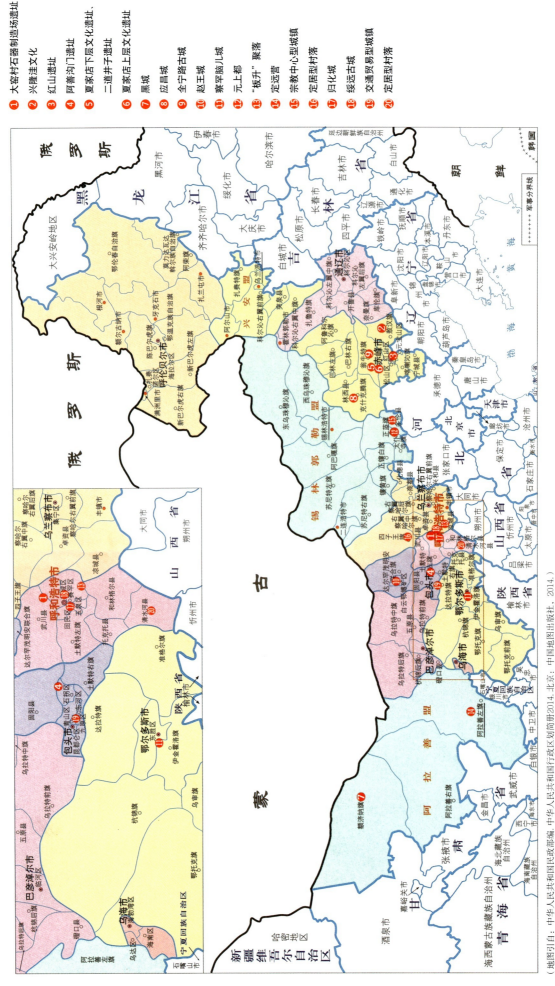

图例：
1. 大窑村石器制造场遗址
2. 兴隆洼文化
3. 红山遗址
4. 阿善沟门遗址
5. 夏家店下层文化遗址、二道井子遗址
6. 夏家店上层文化遗址
7. 黑城
8. 应昌城
9. 全宁路古城
10. 赵王城
11. 蔡军脑儿城
12. 元上都
13. "板升"聚落
14. 定远营
15. 宗教中心型城镇
16. 定居型村落
17. 归化城
18. 绥远古城
19. 交通贸易型城镇
20. 定居贸易型村落

（地图引自：中华人民共和国民政部编．中华人民共和国行政区划简册2014．北京：中国地图出版社，2014．）

内蒙古地区曾经居住过许多北方少数民族，主要有匈奴、鲜卑、柔然、突厥、薛延陀、回鹘、契丹、女真、蒙古等，这些游牧民族同中原汉地民族在长期战争的过程中，也促进了文化方面的相互交流和发展。城郭制度本是汉族等农业文化的一种形态，但北方游牧民族统治者为了学习先进的农耕文化，引进中原汉地的城镇文明，也开始建造起自己的城镇。

从考古发掘的成果来看，内蒙古地区早在新石器晚期就已经出现了聚落。自秦汉历北朝至隋唐，均有不同规模的城镇建制。辽代契丹族建造的上京城、中京城，以及各个方州军城；元代蒙古族建立的上都城和行省下辖的城镇等，都是结合游牧民族生活的实际创造性地发展我国的城郭制度，形成了并列型、环套型，以及环套型外设四向关厢等独特的城市格局，体现了农耕和游牧二元文化的有机融合。

内蒙古地区现存的大量性传统聚落，是在清至近代开始形成。清代内蒙古城镇的兴起，有着深远的历史原因。1840年鸦片战争爆发后，在资本主义列强的侵略下，中国边疆地区普遍出现危机。与此同时，国内阶级矛盾、民族矛盾愈演愈烈，蒙古地区日益动荡不安，各民族的反抗斗争与日俱增。严重的内忧外患，迫使清政府对蒙古地区逐步废除"封禁"政策，放垦蒙地，从此，大量汉族移民像潮水般涌入内蒙古。农业经济发展和农业定居点的出现和不断扩大，为内蒙古城镇的兴起奠定了基础。清政府为加强管理不断扩大的农耕区，处理蒙古人和汉人之间的纠纷，将内地的地方行政建制推广到内蒙古。地方设置是促使政治中心型城镇形成的重要原因。除此之外，内蒙古原有的政治中心、宗教中心、军事中心以及交通要冲，也为城镇聚落的形成起到了推动作用。

内蒙古城镇聚落兴起于蒙古草原上，多数是由内地移民所创建。从起初的农业村落、集镇，或者以庙会集市、王府或军事中心为基础形成的居住点，最终发展成为大小不一的城镇。

从村镇聚落方面来看，草原农区的扩大和商品经济的发展，日益影响到蒙旗原有的经济生活。蒙旗内有了牧区、半农半牧区和农区的划分，同时促进了以汉族为主导的定居型村落的形成。

因此，内蒙古城镇聚落也根据其形成的主导原因不同而分为以下六种基本类型：都城；地方性政治、经济、军事、文化中心；王府型城镇；宗教中心型城镇；交通贸易型城镇；定居型农牧业聚落。

综上，内蒙古城镇聚落的形成和发展具有多元化、多样性的基本特征；清代形成大量性城镇聚落也是内蒙古地区特有的历史现象；内蒙古游牧文化和农耕文化的不断碰撞融合形成了独具特色的草原都城；宗教寺庙成为影响城镇形成和城镇形态的一个主导因素；由于大量王府和公主府邸而形成的王府型城镇也是内蒙古地区城镇聚落的独特特点。

内蒙古地区由于长期的游牧文化的主导和后期破坏性建设等多种因素，目前遗留下来的传统城镇聚落较少。因此，本章的实例分析也较为薄弱。但本文对内蒙古城镇的形成原因、特点，以及基本类型加以分析，一方面能展示内蒙古这个独特历史地域城镇聚落的鲜明特点；另一方面，对于本地域城镇聚落的进一步研究、规划和保护工作都将具有重要意义。

第一节　内蒙古城镇、聚落的形成与发展

一、早期的城市、聚落

（一）旧石器时代

在遥远的古代，蒙古高原就是人类劳动、生息、繁衍的重要地区之一。

呼和浩特市保合少乡大窑村石器制造场遗址的发现，将本地域的人居历史提前到距今50万年的旧石器时代早期。大窑遗址有力地说明了呼和浩特地区也是中华民族古老文明的发祥地之一；鄂尔多斯市伊金霍洛旗旧石器时代中期的乌兰木伦遗址，共发掘4200多件石制品，其遗址文化内涵中反映出的一些具有西方旧石器时代中期莫斯特文化特点的石

器，表明鄂尔多斯地区曾是中西方旧石器文化交流的重要地区；鄂尔多斯市乌审旗萨拉乌苏河畔出土人类化石23件，其年代距今5万～3.5万年，属晚期智人。此外，清水河，托克托县和准格尔旗的黄河沿岸，卓资县的火石窑沟、武川县的二道洼村、翁牛特旗老虎洞山等地都发现了旧石器时代的遗址。

（二）新石器时代

在东北部扎赉诺尔发现人头骨化石，定名"扎赉诺尔人"。学者多认为扎赉诺尔人及其遗物距今一万年左右。兴隆洼文化遗址位于赤峰敖汉旗兴隆洼村的台地上，距今约7000年。其房址排列整齐，多为圆角方形或长方形，半地穴式，屋内设置储物窖穴。遗迹表明，这里有相当大的一片森林，人们从事农业，兼营采集和狩猎。

红山文化由赤峰红山遗址而得名，分布内蒙古东南部、辽宁西部和河北北部，以及吉林西北部地区，包括辽河、大小凌河、西拉木伦河、老哈河、教来河流域，测定年代为公元前3500年。目前考古发现的红山文化遗迹主要有聚落、房址、灰坑、窑址、积石冢、石棺墓等，它们是研究红山文化聚落形态的重要资料。

红山文化时期以居住址为中心的聚落形态有如下特点：红山文化时期聚落遗迹分布范围较广，在大凌河、老哈河、西拉木伦河流域都有发现。遗迹种类丰富，主要有房屋居住址、灰坑、聚落、环壕聚落、墓地等，除了一般的居址外，还出现了专业性生产中心窑址。依据布局和使用功能，大致可分为三种类型[①]：第一类只具有单一的居住功能，包括一般居住址、无壕聚落、环壕聚落、集中分布的聚落群等不同的形态（图2-1-1）；第二种类型是制陶窑址，陶器的制作及使用，与定居生活有密切的关系，因此，独立存在的窑址，作为手工业作坊遗迹，也是聚落的一个主要组成部分（图2-1-2）；第三种类型是在居住址和墓地组成的聚落中，墓地位于居住址附近，是聚落的一个组成部分（图2-1-3）。聚落选址主要是便于居住、易于生产生活，居住址多选择在河流分布地区的临河高地或向

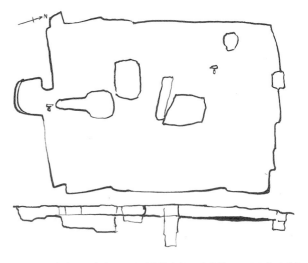

图2-1-1　赤峰西水泉遗址平面（资料来源：崔岩勤《红山文化聚落探析》，张宏宇绘）

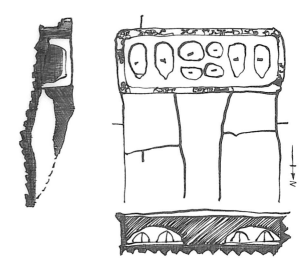

图2-1-2　四稜山窑址　Y6平面、剖面图（资料来源：崔岩勤《红山文化聚落探析》，张宏宇绘）

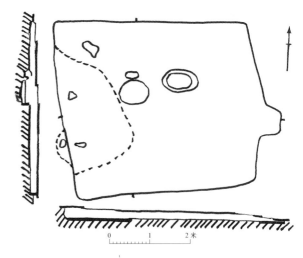

图2-1-3　白音长汗遗址　BF67平剖面图（资料来源：崔岩勤《红山文化聚落探析》，张宏宇绘）

阳地带，适宜居住、饮水方便。房屋皆为半地穴式，基址平面形制多样，有长方形、近方形、圆角方形、凸字形，少数为圆形。在红山文化早期，遗址规模小，为单一的房屋建筑；中期以后不仅出现了大规模的聚落群、环壕聚落，而且在聚落附近还有墓地；到晚期出现了中心聚落。从聚落考古现状推测，可能存在过一个从聚落形态上看具有三级结构的社会集团，按照西方的概念，这种集团是典型的"酋邦"[②]，这是红山文化时期社会不断进步和发展的表现。

位于乌兰察布市凉城县岱海北岸的圆子沟遗址，是目前全国所发现的原始社会时期窑洞式房屋遗址中规模最大、保存窑洞最多，并且是保存最完好的遗址。该遗址共发掘清理出房址87座，灰坑14个，陶窑址6座，出土文物200件。在圆子沟遗址中，房子又分为三个小区，在每一个小区内又依地形的高低程度，将房子建在层层台地上，大致分为5排左右。这种聚落内部的划分，可能反映了圆子沟的先民们存在着不同层次的社会结构。圆子沟遗址中的每一座窑洞式房屋大致都分为前后两个部分，前室是半地穴式的房屋，有灶和生活用品陶器或生产工具等，是炊事、就餐和其他家事活动的场所。后室是凸字形窑洞式房屋，地面抹有白灰，房屋中间设火塘，窑洞洞壁也用白灰抹约1米高的墙裙，显得窑洞内很光洁而又舒适，这应是专供寝卧用的。这种房屋结构可以说是中国古建筑中前堂后室的原型。这些窑洞式房屋的建造方法，已经体现出明显的社会专业分工的迹象，木构与夯土的发现说明先人们已经有了较高的施工工艺和朦胧的结构构造概念。此外，陶制的抹刀和角搂是圆子沟遗址中人造施工工具的有力见证。

另外，位于包头东阿善沟门遗址的阿善一期文化相当于中原仰韶文化早期；二期相当于仰韶文化中晚期，三期相当于仰韶文化和龙山文化之间，有石墙房子和窑穴。同类文化在清水河白泥窑也有发现。

（三）青铜时代

赤峰市夏家店下层文化遗址具有明显的青铜文化特征，距今年代约为3965年或3550年，分布在老哈河流域、辽西、燕山南北、锡林郭勒盟东南，北越西拉木伦河，西至张家口、宣化。从出土的青铜器来看，当时人们已经掌握了冶铜、铸铜技术。石锄、石铲、石刀等工具说明农业生产的存在。驯养大量动物。聚落多在河岸高地，房址数十乃至百余座不等，以围墙、壕沟为防御，墙用石砌和夯筑。墓地大者近千座。聚落特点以三座店石城遗址和二道井子聚落遗址最具代表性。在石城遗址中，石城由大小两城构成，小城紧傍大城东侧，略呈长方形，南北长50米、东西宽40米，面积近2000平方米。大城城墙形制特殊，整座城址看上去更像是一个凸起的高台。在城墙外侧共发现15个"马面"，城内有南北两条主干道，一条通向中心院落，院落南部有石砌的关门。城内有单圈、双圈石砌房址及半地穴房址等几种建筑形式。在城址内还存在若干条不同走向的石墙，它们把众多房址和窑穴划分成20余处相对独立的建筑单元——院落，诸多院落呈现出由高到低呈阶梯状分布的特点[③]（图2-1-4）。

赤峰市二道井子遗址的发掘，是夏家店下层文化遗址的一项重大考古发现。2009年4月，内蒙古文物考古研究所组队对赤峰市二道井子遗址进行了考古发掘，揭露面积5200平方米，清理城墙环壕、院落房屋道路、窑穴灰坑、墓葬等遗迹305处。二道井子遗址是发现房址数量最多的夏家店下层文化的聚落，清理的绝大多数房址均保存得非常完整，房址内发现的排气口（瞭望孔）、尚存过梁的门道及其他附属设施（图2-1-5）。特别是遗址普遍存在的诸多房址在同一位置相互叠压的现象，即反映了其建筑方式的特殊性。以房址为中心构建的土石混筑院落尚属首次发现，院落间布局合理。遗址属于夏家店下层文化中小型聚落，环壕与城墙是其重要的防御设施。环壕的修筑与城墙密切相关，为适应城墙修筑的需要不断拓宽加深环壕的现象，目前仅见于二道井子遗址。

二道井子遗址文化内涵单纯，堆积深厚，建筑遗迹保存完整，是目前所见保存最好的夏家店下层

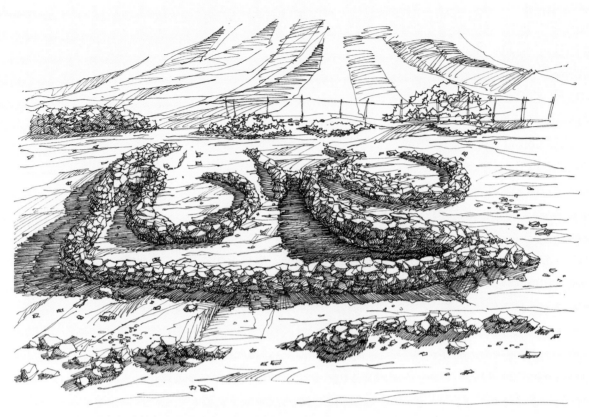

图2-1-4　三座店石城遗址院落钢笔画（资料来源：内蒙古文物考古研究所，郭厉子绘）

图2-1-5　赤峰二道井子遗址全景钢笔画（资料来源：内蒙古文物考古研究所，郭厉子绘）

文化遗址。由环壕、城墙、院落、房址、窖穴、道路等遗迹入手，可考察该遗址不同时期聚落形态的变化，进而复原整个遗址始建、修缮、扩建、重建直至最终废弃的过程。

赤峰地区多为山地丘陵地带，在早期农业阶段，这种地貌较大河平原地区更适宜进行农业生产，生产的发展也更快。夏家店上层文化遗址的年代相当于公元前1000～前300年。青铜器种类较多，具有地域特色。陶器制作粗疏。居址为地面建筑和地下建筑两种，设袋形穴窖。墓葬在聚居村落附近，墓葬情况反映了夏家店上层文化的多种社会等级。出土大量的动物骨骼和青铜马具，反映了当时经济日趋畜牧化。从地物、年代和出土器物特点来看，夏家店上层文化与中原文化关系密切。

二、辽、金、西夏城市遗址

新石器时代末期到青铜器时代初，蒙古高原及其附近地区分布着许多支被称为"狄"、"胡"、"戎"的游牧部落群体。随着历史的发展他们逐渐形成部落联盟。前者逐渐占领蒙古高原并以它为中心，不断扩张势力，于秦二世元年（公元209年）建立了蒙古高原第一个较为成熟的政权匈奴单于国。从而打开了北方游牧民族文明的大门，统治蒙古地域长达两个半世纪之久。其后，直至蒙古汗国前，我国北方民族鲜卑、柔然、突厥、薛延陀、回鹘和契丹，在历史的潮流下，先后建立了规模各异，但都很强大的政权。从匈奴单于国到辽朝各政权之间，并非完全衔接，有的间隔数十年乃至百余年。这些政权因其民族性很强，故以"民族政权"或"民族国家"称之。以牛马羊为主要产品的游牧业是各政权的经济命脉。狩猎、捕鱼、采集等是畜牧业的必要补充。农业比重很小，手工业、商业大体都围绕畜牧业、狩猎业而存在和发展。随着社会的进步，各种经济的比重有所调整和改变。因此，基于以上经济构成，这一时期老百姓的生活方式以游牧业为主，没有形成大量性农业聚居地，而是以统治者主动建设的都城和行政建制的城镇为主。

（一）辽、金城市遗址

契丹族是中国历史上一个贡献多和影响大的古代民族，它兴起于今内蒙古东部的昭乌达草原，以习鞍马善骑射著称于世。如果从见于文书的北魏算起直至元朝，有1000多年的历史。契丹族在中国北方建立了长达200余年的辽王朝，与北宋形成中国历史上的第二次南北朝。金灭辽后，部分契丹人到了西域和中亚，建立了长达80多年的西辽王朝。蒙古汗国灭西辽后，又有部分契丹人在今伊朗南部建立了长约80余年的起儿曼王朝，史称后西辽，直至14世纪结束，可以说契丹族不但在中国，而且在世界史上也占有一席之地。

辽国极盛时期，疆域辽阔。据《辽史》地理志云："东至于海，西至金山，暨于流沙，北至胪河，南至白沟，幅员万里。"大体上北跨今蒙古国，包括俄罗斯贝加尔湖地区，东临日本海，包括今伯力、海参崴，南达京津地区，由天津向西包括霸州市、容城、涞源、五寨偏关（山西灵丘、应县、朔县、神池等地），河北包括唐山、承德、北京、张家口等，山西包括今大同市在内，西至今内蒙古西部地区，包括准格尔旗、东胜以西的广大地域。

金兴灭辽，复承继辽之疆域，于长城以北之政区、城市、人民亦大体相沿，但仍有其特色与相异之处。金代于长城以北之东北、内蒙古地区置为各级之政区城市，大体系沿辽旧，新建者甚少；亦可说明辽代建置政区与筑城之城市化基础为金代所沿用。因此，目前所发现的城市遗址，均称之为辽金城市遗址。

辽国地处北疆草原，地域辽阔、交通不便，人口分布疏密不均，境内部族众多，除主体民族契丹和大多数汉族外，尚有奚、渤海、高丽、女真等十余个民族杂居相处，经济结构类型多，社会发展不平衡。因此，辽在政治体制上始终奉行"因俗而治，各得其宜"的原则，在城镇聚落类型上集中体现了契丹民族风格和独特的创造性。契丹统治者们，在吸收汉族文化的同时，强烈而又鲜明地保持着本民族的人文内涵，辽建国后兴建的数百处城镇聚落散布在北疆各地，构成了一个恢宏博大的城镇网络。现存城镇，大体有八种类型：皇都（陪都）、头下城、斡鲁朵、（官卫）城、奉陵邑、边防城、五国部城、方州军城④。

《辽史·地理志》记载"太宗以皇都为上京，升幽州为南京，改南京为东京，圣宗城中京，兴宗升云州为西京，于是五京备焉……总京五，府六，州、军、城百五十有六，县二百有九，部族五十有二，属国六十。"

辽代城址的形制多样化，总体形制特点为单城型、双城型、多城型。辽朝五京之中的东京、西京、南京系在原旧城基础上扩建而成，而分布在契丹本土上的上京和中京都为契丹人新筑，并且这两京是辽代最为重要的政治中心，其建筑特点反映了契丹统治阶级的思想。辽代的都城分布在内蒙古地区有两座。上京城分为南北两城，南为汉城，北为皇城，两城相连，平面呈"日"字形，分别居住着汉人、契丹人。汉城的规模小于皇城的规模，城墙上没有马面或其他防御设施；而皇城城墙高大并且筑有马面、敌楼等防御设施。皇城呈不规则六角形，由外城和大内（内城）组成。上京皇城四面城门内各有一条大街，只有南街较宽且长，大街两侧布满建筑，没有中原城市的中轴线。靠近皇城西墙的日月宫等主要建筑台基，都是东向，反映了契丹人早期崇尚东方的习俗。外城南部分布坊市区，建筑采用南北向，从外城正中的朱夏门到闾阖门，为一条中央直线大道，大道两侧的建筑对称布局，形成了中轴线（图2-1-6）。中京城的设计和上京区别很大，倾向于中原都市的布局特点，反映了辽人在其统治后期开始学习和吸收中原汉族文化的历史过程（图2-1-7）。

（二）黑城遗址

黑城，位于今内蒙古阿拉善盟额济纳旗，始建于西夏大庆元年（1036年），为黑水镇燕军司所在地。1232年，西夏被蒙古所灭，此后，黑城一直被蒙古所辖，是元代亦集乃路总管府所在地。

考古发掘查明，黑城遗址为早、晚两座城址叠

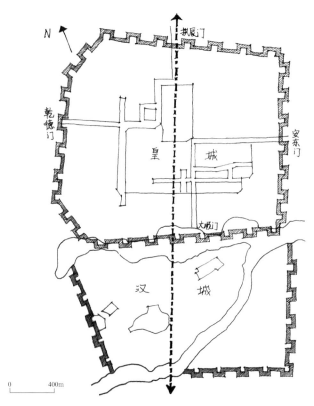

图2-1-6　辽上京遗址平面图（资料来源：内蒙古文物考古研究所，张宏宇绘）

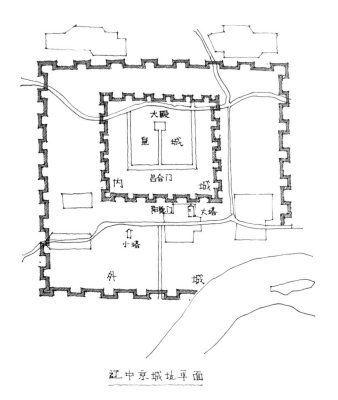

图2-1-7　辽中京遗址平面图（资料来源：内蒙古文物考古研究所，张帅绘）

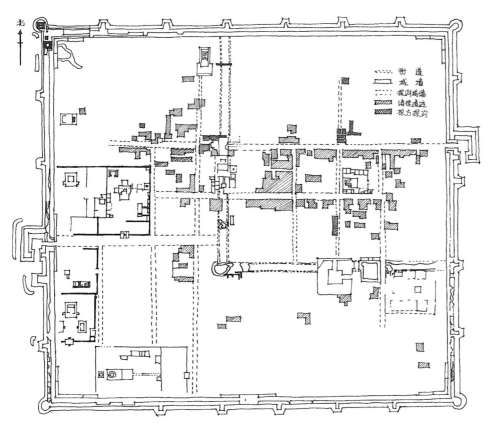

图2-1-8 黑城遗址平面图（资料来源：内蒙古文物考古研究所，张宏宇绘）

压在一起（图2-1-8）。外围大城是元代扩建的亦集乃路故城，也就是我们现今所见黑城的规模。小城被圈围在大城内东北隅，东、北两面墙体压在大城城垣之下，修筑大城时作为基础使用；西、南两面城垣被元代居民改造利用，分解为不相连属的数段，有的元代居址即建于这些残墙之上或傍墙修筑。根据文献推断，它应为西夏时期建筑的黑水城址[5]。

小城的平面呈方形，边长约238米。城夯筑坚实，夯层清晰，厚约8厘米。南垣现存五段墙体。根据考古结果，推断小城建制，城的平面呈正方形，正南设城门，有瓮城、马面、角台等设施。利用额济纳河为天然屏障，未设护城壕。城墙平地起筑，墙土系由别处运来，这些特点与辽、金、元三代边堡关防城市有许多相似之处，具有明显的军事性质。

大城平面呈长方形，东西长421米，南北宽374米。四周城垣保存较好，基宽12.5米，顶宽4米左右，平均高度达10米以上。东西两侧设错对而开的城门，城门外拱卫正方形瓮城。城外另有羊马城遗迹，土墙夯筑，厚约2米，残高2.4米。大体随城外马面、角台等形势曲折，在城垣外的西、南部，尚有断续的残垣。

城内有东西向主要大街4条，南北向经路6条。已经发掘、清理的房屋基址287间（所），总面积达10759平方米。小城大街两侧多集中店铺和民居。总管府、广积仓等路府司属的官衙和住宅，主要分布在元代扩建的大城以内。佛寺遗址散见于城中。城外东关也分布大片密集的居址，多见土屋小院，为庶民百姓的住所。清真寺与墓地分布于城外西南傍城处。古城外围的戈壁滩上，还发现了多处墓地。

三、元代城镇聚落

随着蒙古汗国战争不断扩大，高级贵族俘虏来的工匠、农民越来越多，于是在他们的驻地周围形成一些聚落。这些高级贵族广泛而长期接触封建城市文明，向往这种方便、舒适的生活，开始利用俘虏来的工匠建设城镇。蒙古帝国的首都哈剌和林之建筑艺术成就，即是蒙古人向着城镇的物质文明迈进的一大标志。

随着城镇的兴起，越来越多的蒙古人向着城镇的物质文明迈进，随着城镇地区的文化生活逐渐向蒙古草原的渗透，建筑艺术方面的知识开始向蒙古草原地区传播。由于蒙古人居住区的扩大和发展，其结果出现了诸多蒙古人的定居点。

到元代，蒙古统治者已经建立了大量城池。据考古调查，在今内蒙古地区，元代城市遗址计有20多处，分别是：元上都故城、全宁路故城、应昌路故城、大宁路故城、集宁路故城、净州路故城、德宁路故城、砂井总管府遗址、察右后旗察汉不浪古城、察右后旗红崖子古城、兴和县魏家村古城、凉城县淤泥滩城卜子古城、丰州故城、和林格尔小红城古城、东胜州故城、准格尔旗大石拉沟古城、包头古城湾古城、乌拉特中后联合旗新忽热古城、清水河县下城湾古城、兴平市台基庙古城、多伦县白城子古城、松州故城、额济纳旗黑城、元亦集乃路故城等。主要城市遗址分述如下：

（一）应昌路故城

早在成吉思汗时期弘吉剌部的鱼儿泊附近就已有人烟聚落，后来又在该处修建起一座面积多于两平方公里的公主离宫，离宫的东、西是农民和工匠屯聚的村落。元至元七年（1270年），弘吉剌领主斡罗陈万户和其妃囊加真公主向朝廷请求在答儿海子（达里泊）建城邑。1271年开始动工兴建，其城名应昌城。应昌城的故址，在今内蒙古赤峰克什克腾旗达赉诺尔湖西南约两公里处，当地牧民称为"鲁王城"。

城呈正方形，东、西、南三面正中各设一门。东西街与南北街在城中相交呈丁字形。鲁王府故址就位于丁字街的北面，也就是城北的中央部分。鲁王府由11座建筑物组成坐北朝南，四周绕以围墙，呈长方形院落，东西约200米，南北约300米，几乎占据了该城北部的三分之一。应昌城内有儒学府，

多座佛教寺院，西南土岗上有高约10米的藏式残塔一座，西40公里的曼陀山上建有龙兴寺。城内的报恩、罔极寺等著名佛教建筑今虽不存，但据元人程钜夫撰的《应昌府报恩寺碑》和元人刘敏中撰的《应昌府罔极寺碑》的铭文记载，这两座寺的建筑是"金碧上下、辉映绚烂"，可以想见当年是何等雄伟壮观（图2-1-9）。

（二）全宁路故城

元元贞元年（1295年），弘吉剌部领主在驻冬之地兴建全宁城（故址在今内蒙古赤峰市翁牛特旗所在地乌丹镇），与应昌城南北相隔70余里。全宁城所在地，金代称全州，辖安丰县。城附近有潢河（即西拉木伦河）、黑河（即喀剌木伦河）。全宁城位于两河的汇合点。元大德元年（1297年）十一月，升府为路。弘吉剌领主济宁王蛮子台吉在该城修建佛寺。元泰定年间（1324～1328年），又在这里兴办儒学。元仁宗延祐四年（1317年），曾国大长公主用鲁王分地的"汤沐之资"，在原来的大永

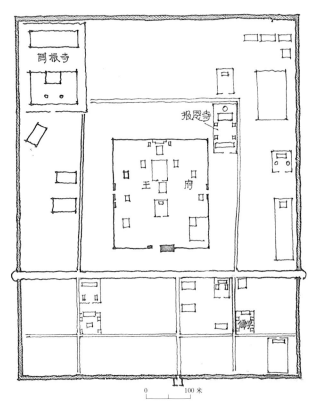

图2-1-9　应昌路故城平面图（资料来源：内蒙古文物考古研究所，李新飞绘）

庆寺之东修建了三皇庙。第二年，大长公主在城西南八里处又修建护国寺。可见该城当时亦有许多宗教建筑物。元代文人描绘应昌、全宁这两座城池的繁华盛况时写道：“置官署，开巷陌，立社稷、府库、宫殿，大其制度。人民日众，车马第舍，填浮溢廓。两路南北相去七十余里，冬夏以避寒暑，在京师者尤为壮观。”⑥

（三）赵王城

在汪古部的领地内，金朝曾在天山县（内蒙古四子王旗）和集宁县（内蒙古集宁市东南）设有同北边互市的榷场。元朝时分别将天山、集宁两县升为净州路和集宁路。净州路往北通往和林的驿道上有砂井城（今内蒙古四子王旗红格尔乡），是砂井总管府的治所。汪古部贵族居住在今内蒙古达茂联合旗时艾不盖河北岸阿伦斯木地方，他们曾在这里修建了一座王府，至今遗址仍存，当地居民称为赵王城。城墙遗迹暴露于地表，东、西、北三面今尚称完好，其最高处离地表4米多高。全城为长方形，东两宽1200米左右，南北长560米左右。门朝正中开，东、西、北三门的瓮城至今尚依稀可辨。城的外壕形迹清楚，城之东北角有一汉白玉石碑首（今已搬迁），上刻篆文两行：“王傅德风堂记”六个大字，碑身已佚。这块牌是为颂扬赵王王傅而立在王傅府内厅堂正中的。王傅府类似于皇帝的相府，只能做在王府所在地，可见此城中央的宏大建筑遗迹就是当年的赵王府。此城是净州和砂井以西唯一的古城（图2-1-10）。

（四）察罕脑儿城

在今内蒙古鄂尔多斯地区，曾是忽必烈第三子安西王忙哥剌的领地，安西王在西夏的夏州东北新建了一座察罕脑儿城和宫殿。元武宗没收了安西王的领地，在察罕脑儿设立宣慰司都元帅府作为这一地区的政治、军事和驿道的中心。

（五）元上都

蒙哥汗时，忽必烈因受命负责“漠南汉地军国庶事”，乃常驻今锡林郭勒盟南部。1256年，在刘秉忠的筹划下，选择桓州东、滦水北一带修筑城郭

宫室，经过3年，兴建起开平城（遗址在今内蒙古正蓝旗东20公里闪电河北岸）。忽必烈继位并定都大都（今北京）后开平改为上都，作为每年夏初至秋末常驻的夏都。根据《元史·谢仲温传》的记载，上都城的建筑始建于蒙古宪宗六年（1256年），“丙辰，城上都，仲温为工部提领，董其役”。

上都的交通四通八达，南有四条驿道通大都，北通和林，东通辽阳行省，西经丰州、宁夏、河西走廊通向中亚。上都不仅是蒙古地区最大的城市，同时也是仅次于大都的政治中心（图2-1-11）。上都还是个避暑胜地，金代时称这一地区为金莲川，

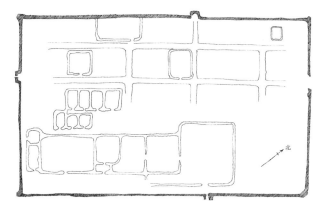

图2-1-10　赵王城遗址平面图（资料来源：内蒙古文物考古研究所，郭厉子绘）

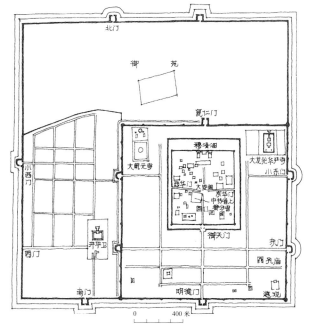

图2-1-11　元上都遗址平面图（资料来源：内蒙古文物考古研究所，李新飞绘）

图2-1-12　元上都遗址航拍图　（资料来源：张晓东提供）

筑有景明宫，是金朝皇帝避暑的地方。到了元朝，上都建筑群的壮观令人震惊，元人周伯琦的《上京途中纪事》一诗，描写当年上都的富丽景象时说："行官临白海，金碧出微茫。"胡助《纯白斋类稿》亦称："都城百万户，丧车日暄阗。"上都城市的繁荣可以概见了。外城是市街区，仅就《元史》所载统计，区内有大小官署六十所，手工艺管理机构和厂局一百二十余处，佛寺一百六十余座，以及孔庙、道观、城隍庙、三皇庙、清真寺等各种宗教寺院。还有鳞次栉比的商肆，达官和平民的住宅等（图2-1-12）。

（六）元代村镇聚落

漠南地区，辽、金就已广设州县，城堡也有很多。元朝建立以后，由于驿站和屯田的需要，使蒙古地区的农业迅速发展，在农耕民族的影响下，"筑室而居，不逐水草迁徙"的牧民日趋增多，形成了零星的聚落。这些聚落多数在战争中毁掉。大部分地区仍以游牧生活为主，其居住方式也主要以移动式毡帐为主。

四、明代、北元时期的城镇聚落

由于长期战争的因素，到北元时期内蒙古地域的元代城池几乎全部毁灭。明代内蒙古城市聚落的成因主要以后期的统治者建立城池为主：达延汗建立庭和林，阿拉坦汗建立大板升城。另一方面，明朝政府为了有效防御蒙古人入侵，在明蒙交界处修建长城，并建立了大量以军事防御为主要目的的城镇聚落。到明后期，明蒙之间的互市贸易促进了这些边城的发展。

明代内蒙古地区的村镇聚落，主要形成于土默特地区。顺义王阿拉坦汗为了发展农业，吸收大量明朝逃亡的汉人进入蒙古，形成了以农业为主的"板升"[⑦]聚落。

（一）明代中原政权建立的"九边"、"三卫"

明朝建立以后，退回到漠北草原的蒙古贵族鞑靼、瓦剌诸部仍然不断南下骚扰抢掠；明中叶以后，女真族又起于东北地区，也不断威胁边境的安全。为了巩固北方边防，明朝200多年的统治中几乎没有停止过对长城的修筑工程。为了加强长城的

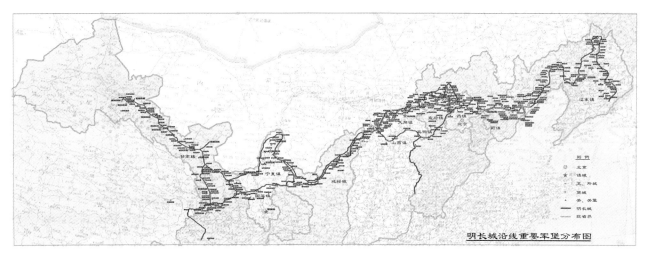

图2-1-13　明长城沿线重要军堡分布图　（资料来源：张玉坤，李严.《明长城九边重镇防御体系分布图说》）

防务和指挥调遣长城沿线的兵力并方便经常修缮长城关隘工程，中原汉地在长城沿线设置了辽东、大同、宣府、榆林、蓟州、太原、宁夏、甘肃、固原九个重镇，合称"九边"。大宁卫（凌源市境），开平卫（多伦县境）、东胜卫三个军事重点，称"三卫"。每镇设总兵领辖，沿九镇有星罗棋布的卫所、关隘和城堡，处处设兵，屯田防守（图2-1-13）。每镇几万人到十几万人不等，总兵力常达百万人左右。其防卫之严密为以前各朝各代所未有。

明长城的防御工程体系是由关城、城墙、墙台、烟墩、营、寨和城堡等要素组成（图2-1-14）。明朝将沿北方边疆长城的修筑作为守备的主要内容，"修葺城池，严为守备"作为战略方针——砌筑高墙以防敌、修建房舍以屯兵、经营军镇以保障，形成一个既有经济基础，又有物质、人力防御设施的强大边疆保卫体系。通过先后18次，历经200余年的修缮和修筑，筑起了东起鸭绿江边，西至嘉峪关，全长1.34万余里举世罕见的巨大国防工程——万里长城；通过屯田开发、徙民实边、互市贸易，充实着防御的人力、物力资源，做到了五里一堡，十里一屯，烽火相接，攻守可以相互支援。此外，明朝施行的"宽乡"移民政策和屯田政策——鼓励私人到边境地区开垦荒地；开中政策——吸纳商人参与到军事供给流通系统中，使长城沿线军事聚落的范围和内涵都得以扩大，长城沿

线广大地区在战略上起到军事缓冲区的作用，堡寨也成为边墙以南很大纵深范围内主要的聚落形式，大小不等的墩堡也在长城沿线广大地区星罗棋布，与寨、营、隘口、墙壕、关等防御工事一起构成严密的内部防御网络。

根据魏保信《明代长城考略》记载，上述九边分别位于今辽宁省、河北省、山西省、陕西省、宁夏回族自治区，以及甘肃等省区境内。三卫中的开平卫在今内蒙古地区的元上都遗址境内，而东胜卫遗址在内蒙古托克托县境内。

上述明蒙边境的边城、卫所大多在今内蒙古区域范围以外各省分布，但这些边关卫所都围绕内蒙古边境设置。明代后期，明蒙之间互市贸易活动都在这些边城开展。清军入关之后，蒙汉之间的边城贸易迅速发展，极大地促进了这些边城聚落的发展。

（二）明代"顺义王"阿拉坦汗建立的"板升"

1. 板升农业聚落

北方游牧民族从16世纪初期开始，阿拉坦汗为了经济的发展和必要的粮食补给，开始吸收大批汉族农民流入蒙古地区，进一步促进了农业的发展。到16世纪末，土默特万户内已经"开良田千顷，村连数百"。人们把草原部落出现的这种特殊的定居聚落称之为"板升"。

板升，它是内蒙古土默特地区城镇及乡村的前身。关于板升特点、规模及分布状态，史料比较零

图2-1-14 明代长城遗址 （资料来源：张晓东提供）

散，没有全面、专门的记载。在俺答汗建城之前，丰州滩地区板升的分布状况、密度以及规模，可从史料的只言片语中得知大致轮廓。据明代《赵全谳牍》中的描述可知，明代中后期，在俺答汗驻牧的丰州滩由被掳汉人修筑的板升数量众多，并具备一定的规模。其大者周回五里，且周围分布着不同规模的小板升，由大小板升构成的村落，不但为定居耕种提供了居所，而且还具备一定的防御功能。其多数外设城墙、城楼，内设宫殿、粮仓。这些板升的存在为归化城的建立提供了充分的物质经济准备，也是城市形成的重要社会基础之一。

这种现象是在特定历史条件下出现的，是蒙古族统治者根据经济需要、允许汉人进入这一地区从事农业生产的产物。农业人口习惯定居生活，但存在于丰州滩地区的板升却有别于中原地区的普通村庄。其建筑形制方面都具有明显的军事色彩，有防御功能。另外，在组织管理上，根本命脉掌握在蒙古族统治者手中，这点与板升的建立者所处的被统治地位是一致的。而从经济学角度看，板升本身又有经济功能，它在蒙古政权统治下扮演了补充单一游牧经济和在一定程度上推动蒙古社会发展的角色。

2．大板升城

15世纪，达延汗曾建庭和林。16世纪以后，蒙古地区各封建领地之内，先后都兴建了一批规模大小不等的城市。阿拉坦汗从1545年开始就派人到明朝边境地区招募技艺娴熟的木匠、铁匠和画工，到蒙古地区施展才华。1557年，汉族能工巧匠们在丰州滩上建造了"五塔和八座大板升"城。被明总兵毁掉，后又重建"大板升城"。

据史料记载，早期赵全、丘富等率领汉人在黑河流域开垦良田，蓄备积粟，营建板升，已经为俺答建立归化城奠定了基础。《赵全谳牍》书中描写的这种早期由赵全为俺答修建的城堡布局极似汉式宫城，或者说就是按中原城市模式建立的。在建城布局方面，以前后为顺序，辅以东西对称建筑，明显的是在强化南北向轴线；而从所建朝殿开间数量（九间、七间）及屋顶形制两滴水（重檐）、三滴水（楼分两层，下一重屋檐上两重屋檐），内有朝殿、寝殿及龙凤图案可以看出，建造者试图按皇家、王侯等级营建；再有城堡围以具有军事防御性质的城墙，周围又以城堡及大小板升环绕，都体现了中原城市布局特点，即以宫城为中心，其他建筑围绕着宫殿沿南北轴线两侧展开的思路。

　　不过，尽管汉人早期为俺答汗修建的城堡具有汉式宫城特点，但游牧民族的生活习俗和传统使得俺答汗后来建立的归化城注定具有草原都市半农半牧的特色。有学者推测，日本学者和田清著《东亚史研究·蒙古卷》卷首所附顺义王贡马表图中，北靠青山，南临平川的城即是归化城。图中描述俺答汗坐于帐内，帐外有城楼、城墙环绕，城内有墩堡和七孔桥。城中设有营帐的这一特点，与明朝汉人"咏归化"诗中描绘的"宴罢白沉千帐月，猎回红上六街灯"那样的半农半牧的城内外景观极为相近，且从时间及建城位置上基本能够与归化城吻合。利用城内的大量空地，设置毡帐，以适应不习惯定居屋内的蒙古部落首领宿营，归化城这种鲜明的草原都市特色，是由蒙古族统治者统治思想中浓厚的游牧统治传统决定的。因此，在板升基础上建立的归化城在空间形态上、建筑形制及布局密度上有别于中原城市。至于城的规模，历时4年之久的兴建，又主要是由汉人工匠参与，可以估计到归化城兴建的难度及规模。另外，明朝兵部尚书郑洛撰写的《抚夷纪略》谈到，归化城能容军民入城贸易，同样说明了归化城的规模相当可观。

　　随着喇嘛教在蒙古的传播，蒙古各个封建领地之内部相继建造了规模不等的寺庙。寺庙一般都是砖瓦结构，有的呈楼形，故称"楼子"。在蒙古左翼地区，封建主的住帐一般都设置在寺庙近旁。寺庙和封建主的住帐约三四十里外为佃户的板升房。这种建设布局大概就是当时蒙古城郭的一种特色。寺庙往往也是蒙古人学习和交流文化的场所，这些以寺庙为中心的同板升房连为一体的城郭，是那些过着游牧生活的蒙古人进行精神和物质交流的基地。

　　这些"板升"聚落目前是呼和浩特城中村的一部分，然而多数聚落已不复存在，但它们的名字仍然被沿用下来，例如：攸攸板、麻花板、刀刀板、塔布板、沟子板、辛辛板等。

五、清代城镇聚落

　　从17世纪开始，内蒙古地域已不再是游牧人和游牧社会独占天下的局面，而是逐步变成农耕普及、商业交易活跃、定居村落密布的地方。从此，数世纪以来在蒙古高原过游牧生活的蒙古人的生活习惯、生产方式、传统风俗、文化意识等都面临新的挑战，蒙古社会迎来了前所未有的变化。

（一）清廷对蒙古政策的转变

　　清前期，中原和西、北边疆大统一局面形成。

蒙古地区实行盟旗制度，统称外藩蒙古。盟各旗互不归属，通过会盟处理事务，有较高的自主、自理权力。各民族相互隔离，禁止自由往来。17世纪以后，俄国、日本不断入侵北部边境，蛊惑各蒙古王公叛乱；英国侵略西藏。鸦片战争以后，边疆出现严重危机。清朝政府的边疆政策出现重大转变，实行新政。废除封禁政策，放垦蒙地，增设州县，筹划设省。蒙古东三省"沃野腴壤"，市镇、乡村星罗棋布。到清代末期，边疆地区逐渐与内地出现一体化的趋势。内蒙古的大量城镇和乡村聚落就是在这一时期形成。

（二）清代城镇聚落的形成

清前期，地方行政建置的官吏们在农耕区域选择地理位置适中之地设立衙门，日久发展为城镇，乃至政治中心和商贸中心。中西部包括萨拉齐、托克托、和林格尔、清水河、宁远、丰镇等。东部主要有平泉、丰宁、建昌、朝阳、八沟、塔子沟、三座塔、赤峰、长春、昌图、海拉尔等。

清朝对蒙宗教政策也对蒙古近代城镇的兴起，起到了一定的推动作用。寺庙每逢宗教传统法会，举行各种宗教仪式，蒙古人从四面八方前来朝拜，开展交易活动，促进定居，推动了蒙古城镇的形成。在内蒙古，由宗教中心转变为城镇的有多伦诺尔、小库伦、大板升等。城镇形成过程中，王府起到了奠基作用。这类城镇有喀喇沁郡王府、公爷府镇（喀喇沁右翼旗）、大沁他拉（奈曼旗札萨克王府）、土默特左翼札萨克王府（土默特左翼西部，大凌河上游，蒙名昭伦塔拉）、定远营（被称为"小北京"）等。巴林右翼旗大板即由公主王府发展最终形成村落。

另外，由于蒙汉经济的互补性，极大地促进了内蒙古地区商业贸易的发展，其重要标志之一就是商业市镇的形成。蒙汉之间以粮食交易和牲畜皮毛交易为主，其商业中心的分布一般都靠近产品产地和销售市场的交通要冲，逐渐形成商业市镇，如经棚、包头、满洲里等。还有矿业发展形成城镇：扎赉诺尔（满洲里以东，巴尔虎左翼旗游牧地）、吉

拉林等（室韦，额尔古纳河岸）。

（三）农耕、半农半牧和游牧村落的形成

由于放垦蒙地，一批批农民像潮水一样涌入内蒙古地区。人口的大量流入和耕地面积的日益扩大，成为不可遏止的洪流，使内蒙古社会的政治、经济发生了重大变化。垦区农业的大发展，迫使许多蒙古族人民不得不放弃以牧为主的经营方式，逐渐转向以农业为主或半农半牧的生产经营方式，蒙古属地相继出现了农区和半农半牧区。而少部分的牧民则被迫迁往更加偏远的北部草原进行放牧。

蒙、汉族人民在共同的生产劳动中，通过相互学习，提高了农牧业生产的技能。蒙古族人民以牧业为主，也少种一些"靠天田"，从汉族人民那里学到了兴修水利、掌握农时、开畦培垄等田间管理技术，居住方式也就从游牧改为定居，或走向半定居的形态。内蒙古地区逐渐出现了土木结构的蒙古包。放垦区的蒙古人，由于定居已久，逐渐习惯于居住汉式平房，有土木建筑的，有砖木结构的，也有砖木结构顶有苫子的大草房。一般的蒙古人居住土平房，有权有势的蒙古人住砖瓦房。有些地主、官僚、王公则大动土木，建筑大院墙的大瓦房，有正房、东西厢房，也有三合大院的正、东、厢房等建筑。草原上逐渐形成了农区，半农半牧和牧区三种生产方式的定居村落。

据1921年的资料，东蒙农耕带占5/10，农牧带占3/10，纯牧区只占2/10，反映出农业区已居于主导地位。到解放初，居住在纯牧区的蒙古族人口只占内蒙古蒙古族总人口的1/3，绝大多数蒙古族都在半农半牧区与汉族居住在一起，这说明蒙汉杂居是大规模的。[8]

第二节　内蒙古城镇聚落的类型和实例

一、内蒙古城镇聚落的类型

（一）都城

历史上，游牧民族统治者建立城池，主要包括以下几个方面的原因：首先，游牧民族征服了中原

汉地，受其先进文化的影响较大。统治者们不仅开始学习中原汉地的州县制度，引导游牧民族学习农耕，对汉地宏伟、壮丽、豪华的都城也羡慕不已，纷纷带回大量汉族和回族工匠、技师建造城市；其次是统治的需要。游牧民族统治者征服了汉地之后，对中原地区的农耕民族都采取"分俗而治"的策略，按照中原汉地的传统建立都城。第三，游牧民族占领部分或全部中原地区后，其疆域辽阔，国事盛大，庶事浩繁，急需固定的办公和觐见场所，以满足政治、军事、商业发展，以及生活娱乐的需要。

辽代契丹统治者曾先后建立了辽上京临潢府、辽东京辽阳府、辽中京大定府、辽西京大同府、辽南京析津府等都城。

蒙古汗国窝阔台汗在鄂尔浑河支流哈剌和林河畔建立蒙古国的第一个都城哈剌和林。其后，忽必烈汗建立元朝时，又在金中都东北方大宁宫周围新建都城，并命名为"大都"。至元中统四年，忽必烈汗将原驻地开平府升为上都，成为皇帝避暑的夏都。

这些都城遗址虽然有部分不在目前内蒙古行政区划范围内，但都属于历史上活跃在蒙古地域的游牧民族所建，也成了中国历史上蒙古地域最特殊的城镇类型。

（二）地方型政治、经济、军事、文化中心

受都城建设以及相应的政治制度和文化的影响，各分封地的王公贵族也分别在自己的领地建设城市，这些城市逐渐成为周边的政治、军事、经济和文化中心。

例如，辽代除了五京都城之外，还在各地建立了大小不等的方州军城，如头下城、斡鲁朵、奉陵邑、边防城、五国部城等，这些大小城镇后来多数都发展成为地方的政治、经济、军事和文化中心。元代除皇都、陪都外，在漠南地区还建筑了新的草原城镇，例如应昌路故城、全宁路故城、鄂伦苏木（赵王城）、察罕脑儿城、哈拉浩特等。明代阿拉坦汗建立大板升城、归化城等。

清代为了解决移民流入内蒙古后所发生的各种社会问题，统治阶级不得不采取新的统治措施，将内地中央集权制统治下的地方行政建制推广到蒙古。新的行政建制在农耕区域选择适中之地设立衙门，以厅治为中心，日久发展成为城镇，成为周边地域的政治、经济、军事、文化中心。清代前期设置形成的城镇有萨拉齐厅城、托克托厅城、和林格尔厅城、清水河厅城、宁远厅城、丰镇厅城、平泉州城、丰宁县城、建昌县城、朝阳府城、赤峰州城、长春府城、昌图府城、呼伦厅城等，这些城镇后来都发展成为当地的政治、经济、军事和文化中心。

内蒙古地域现存的政治、经济、文化中心，以呼和浩特最具代表性。

（三）王府型城镇

内蒙古地域王府型城镇多数都是在清代形成。这些王公府第建筑的形成与发展和清王朝对蒙政策有极其密切的关系。清朝为了加强对蒙古地区的统治，在蒙古族地区建立了盟旗制度，并授予蒙古各部封建主王公爵位，同时为地位较高的蒙古贵族（受封亲王）建造府第。清代北疆共建有48座蒙古王府，每座王府作为蒙古王公行政与起居之所，享有政治、经济、司法与军事统治大权，成为当地（蒙旗）的政治中心。这些府邸王府建筑群之外，还有一系列附属建筑，如王府寺庙、下人住所、喇嘛住所、花园以及狩猎场所等。由于王府日常用品需求量大，王府周边寺庙庙会又能吸引周边牧民，逐渐有旅蒙商开始入驻王府周边，极大地促进了当地商业和经济的发展，形成了辐射周边的中心城镇。另外还有皇室公主下嫁到蒙古地区，公主府邸逐渐发展形成城镇。

清代内蒙古因王府而形成的城镇数量较多，其城镇的规模也因王府的等级而略有差别。例如喀喇沁郡王府形成了喀喇沁旗王爷府镇，阿拉善王府形成了阿拉善定远营，喀喇沁右翼旗的公爷府形成了公爷府镇，奈曼旗札萨克王府形成了大沁他拉镇，土默特左翼旗札萨克王府形成了王府镇。巴林右翼旗的大阪镇就是由公主府邸逐渐发展而成。

从目前保存的现状来看，阿拉善盟的定远营是目前保存最好、最典型的王府型城镇。

（四）宗教中心型城镇

17世纪前半叶清朝征服蒙古之后，将宗教政策视为对蒙政策的重要组成部分，鼓励藏传佛教在蒙古地区更为广泛地传播。这一政策的大力推行，使喇嘛教在蒙古人的日常生活和社会生活中占有绝对统治的地位。同时，清政府大力鼓励和提倡兴建喇嘛教寺庙，把蒙古地区的财力、物力、人力，完全耗费在兴建寺庙上。据统计，清代中期，内蒙古地区有近半数牧民为寺庙喇嘛[①]，共有寺庙1800多座；清朝末期，仍有喇嘛教寺庙1600多座；这些寺庙建筑规模，绝大多数都宏伟壮观、金碧辉煌，其形式多分为汉式、藏式、汉藏混合三种，形成独树一帜的建筑形式。除此之外，还规定蒙古地区凡喇嘛之辖众者，皆可设立喇嘛旗，确认和扎萨克一样的封建特权。清代共设立7个喇嘛旗，位于内蒙古境内的只有锡勒图库伦喇嘛旗一个。

历史上，蒙古人逐水草而居，没有固定的定居点，清代初期，草原深处建造的大量藏传佛教寺庙，不仅是草原深处蒙古牧民出行的风向标，更是该地域内分布范围最广、数量最多、人口最多、建筑规模最大的地方。不仅充当着政治中心、商业中心、医疗中心、教育中心，同时也是蒙古牧民的精神中心。由于这些寺庙聚集了蒙古近一半的人口和大量财富，同时居住集中，消费量大，在草原上逐步形成消费集群，他们对产自中原地区的粮食、布匹、绸缎、烟茶等生活日用品的需求极为迫切，这就导致了在大寺庙附近通常驻有一些坐商。另外，寺庙每逢宗教传统法会，举行各种宗教仪式，蒙古人便从四面八方前来朝拜，而庙会期间的集市也相继出现。这种形式的交易活动长期延续下来，刺激和推动了宗教中心型城镇的形成，而寺庙及其建筑群就成为这些早期集镇最重要的地域性建筑群。

内蒙古地区因宗教中心而形成的城镇主要以多伦、库伦喇嘛旗、大阪、美岱召镇、乌审召镇等为代表，最早形成的城镇是多伦诺尔。

（五）交通贸易型城镇

1644年，清军入关，长城南北被统一。清前期由于西部战事所需，在内蒙古安设五路驿站，从北京出发，越过长城中部五个关口进入内蒙古境内，同时，各驿站又以关口命名。五个关口，由东向西分别为喜峰口、古北口、独石口、张家口和杀虎口。以上五口驿站分别是中原地区进入蒙古必经的通道，同时也承载了蒙古贵族进京朝觐、朝廷传达政令、官吏奏折递送等军政要任。清末新政，导致大量人口流动和贸易的发展，也使上述五口驿站也成为重要的交通要冲，而逐渐形成城镇。

除此之外，内蒙古地区农区、牧区以及农牧交错地带的分布，使农牧产品之间形成极大的互补性，促进了交通贸易型商业城镇的形成和发展。由于集散和辐射功能有限，县城及以下商业中心的分布一般尽量靠近产品产地及销售市场，具体表现为接近牧区、接近粮食主产区和接近边区（即靠近内地）。因此，在地理布局上，这类中小商业市镇可大体分成南、中、北三路。南路市镇地处农区，朝向内地市场，以销出粮食、皮张及牲畜为主，如隆盛庄、丰镇、张皋、宁条梁等；中路市镇处于农牧区腹地，主要功能是进行区内贸易，如集宁、喇嘛湾、隆兴长、马道桥等；北路市镇朝向蒙旗牧区，以向牧区销粮和购进牲畜、皮毛为主，如包头、乌兰脑包、磴口等。

（六）定居型村落：清代以来的大量农牧业定居聚落

清雍正、乾隆年间，清朝政府为了缓和社会矛盾，在内蒙古卓索图盟和昭乌达盟南部各蒙旗推行"借地养民"政策，"放垦蒙地"。由此，大批汉族移民像潮水一样涌入内蒙古地区，致使内蒙古地区的人口结构发生了彻底改变，而居住方式也由原来的游牧形式改变为定居、半定居形式。

汉族移民进入蒙地后，打乱了蒙古原有的游牧社会秩序，引起蒙古游牧社会的深刻变化。草原农区的扩大和商品经济的发展，日益影响到蒙旗原有的经济生活。蒙旗内有了牧区、半农半牧区和农区的划分，蒙民的职业也发生了相应的变化，由原来的单一的牧民职业也变为农民、牧民、车夫、手工业者、商人等多种职业。蒙汉人口比例也由初期的蒙古族占大多数演变为后期的汉族占大多数的新格局。

德国旅行家波兹德涅耶夫的著作《蒙古及蒙古人》中，详细介绍了草原上的赤峰巴林右旗蒙古族，其居住建筑由游牧转向定居的过程："巴林右旗人几乎全已定居。但有意思的是没有一个巴林人是从毡篷（蒙古包）直接过渡到汉式土房子的。他们是这样过渡的：当毡篷破损时，从事农业的巴林人已经不用新毡来加以更新了，而是在木架子周围造一道芦苇篱笆，用泥抹住。这样，他就有了土房子了，只不过形状像帐篷，天窗和门仍然是毡做的。这时，巴林人在自己的帐篷里仍然保留用铁支架做成的可移动的灶。在过渡的第二个阶段，巴林人已不做木架，即作为帐篷的基础和骨架的可移动的格子，而是打下牢固的木桩，用钉子将横檩牢牢地钉在木桩上。房子这时仍保留其原先的帐篷原型，不过此种帐篷的不动骨架的四周已围上芦苇篱笆，抹上泥，有时换用石灰刷白。这些房子的屋顶也是搭在檩子上，用芦苇或草覆盖，门口设置帐幔。房子周围有一定的围墙，墙内往往栽种树木。帐篷里面仍然保持原来的结构，不过灶已固定安装，用砖砌，抹上泥。在第三阶段，巴林人盖的已纯粹是汉式土房子，有炕和炉子，总之与平常汉人所住毫无区别。"

从居住格局来看，蒙、汉两族总体上是相对分离的，汉族主要分布在南部农区，蒙古族主要集中在北部牧区。但在农业区内部和农牧交错地带，蒙、汉两族则是插花杂居和混合分布的。其民居建筑形态也因移民来源、地理条件和民族构成的不同呈现出多元化的格局。例如由山西移民为主导的土默特地区，其居住形式以传统山西合院式建筑为主；由山西部分地区和陕北移民为主的清水河地区则以窑洞为主要居住形式；靠近西北宁夏的阿拉善盟，其居住建筑形式则以西北民居建筑为主；而东北地区鄂伦春、鄂温克等少数民族则以撮罗子为主要居住形式，俄罗斯族则以木刻楞为主要居住形式等。

二、内蒙古城镇聚落实例

（一）都城——元上都

1．元上都选址

元上都在建城时，选择了"龙岗蟠其阴，滦江经其阳，四山拱卫，佳所葱郁"的山川形势，是金莲川草原上风景、气候最宜人的地方。元上都就选址在滦河河套的北岸，水源最丰盛的地方，因三面环山，南望燕山，故云"四山拱卫"。上都城北部地形隆起，东西横列为岗阜，从山上向下俯视，这段岗阜"形曲似蛇，其东头前有一个小山，似游龙戏珠，因而有龙岗之名。"而元上都外城的北部，正好躺卧在龙背上。此即"龙岗蟠其阴，滦江经其阳，四山拱卫，佳气葱郁"的形胜之地。

2．基本布局

在此河山之间设计都城，按《周礼·考工记》记载："匠人建国，辨方正位"的都城设计思想，元上都的外城轮廓取正方形，四方四正，经实测，每边长度为2200米。外城的北部地势稍高，出北门又与卧龙山相邻，山清水秀，景色佳丽，是设计苑囿区的最佳位置。游牧民族喜欢居住的毡宫、毡帐，即蒙古包群，也可以架设于此（图2-2-1），这是蒙古民族吸收汉文化后，建设的草原都城特点。由此，皇城与宫城只能设计在整个城址的南半部，以东南部向阳、向明为宜，皇城在外，宫城在内。皇城也取正方形，经实测，每边长为1400米，皇城的

图2-2-1 游牧民族的毡帐群 （资料来源：王大方《走进元上都》）

北墙，又横列在地势稍高的龙岗背上。宫城居皇城的中部略偏北，略呈纵向长方形，经实测，南北长620米，东西宽570米。宫城的南墙外有小片广场，是当初众大臣在此聆听御诏的地方。出外城，围绕城墙外侧，四周有一道宽约20米的护城河环绕。城外，出东、南、西三面的城门，各有关厢。西关西北部，由北向南延伸的是拦洪坝遗址、铁幡竿渠遗址。

围绕上都四郊，或更远一些，尚有离宫别馆、祭祀场地、墓葬群等。离宫有两处，元代称东凉亭、西凉亭。东凉亭遗址在上都城遗址东25公里的滦河岸畔，现属锡林郭勒盟多伦县，原有城垣和建筑台基等遗迹。西凉亭遗址在今河北省沽源县，也是滦河的发源地。祭祀遗址一处，位在元上都城址西北方35公里的羊群庙。已作清理，出土有祭坛、汉白玉石人雕像等，附近还有墓葬。墓葬群两处，一处在元上都遗址东南方9公里的砧子山，一处在元上都遗址东北12公里的一棵树。另外，在卧牛石也有墓地。

3. 构成要素

元上都由里向外，宫城三门，纵横交会为"丁"字街，南部开放，北部封闭；皇城六门，东西各两门，南北各一门，门内相连的纵横街道均取正方向，即正东西或正南北。据文献记载，元上都宫城内有大安阁、穆清阁、洪禧殿、水晶殿、香殿、宣文阁、睿思阁、仁春阁等宫殿楼阁建筑。现在宫城内的建筑台基有20处左右，有的未被记载下来。

皇城在全城的东南部，宫城的四围，起到保卫宫城的作用。城墙用黄土夯筑，外包片石，基宽12米，残高6米，上宽2.5米。四角有高大的角楼台基。南北各设一门，有方形瓮城门。东西各设两门，有马蹄形瓮城门。皇城内建有寺庙、国学等大型建筑，西北部是乾元寺，东北部是大龙光华严寺，东南部是国学孔庙。

外城除了东南部为皇城与宫城所占之外，剩下的部分呈折磬形，即北部与西部。城墙用黄土夯筑，基宽10米，现存高约5米，上宽2米。北墙有两

座城门，方形瓮城门，西墙现存一座城门，马蹄形瓮城门。外城西部有建筑与街道遗迹，北部是皇家苑囿和金顶大帐"棕毛殿"的建筑所在，蒙语称之为"失剌斡耳朵"，是一座可以移动的金帐，也称为"行宫"。西部则是和西门外相连的繁华商业区（图2-2-2）。

在城外，关厢的范围较大，百姓民居和商肆店铺主要集中在关厢地带。北关建有大片的兵营，是上都守军"虎贲四千"（即四千名武士）的驻所。东关长约1000米，西关向西延长约1000米，南关长约600米。西关为羊、马市和商业区，东关为觐见皇帝的宗王和使团居住的帐房区，南关则为酒肆、客栈和店铺林立的繁华商贸区。上都城东西各有一座规模巨大的粮仓，东边的叫广济仓，西边的叫万盈仓，加上城内外的几座小型粮仓，每年可收贮粮食40万石（约6万吨）。

4. 元上都的价值

首先，元上都遗址清晰地展示了蒙古游牧民族和中原汉地农耕文化的交融和冲撞以及对全球文化

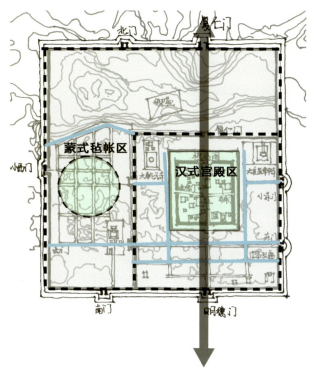

图2-2-2　上都遗址功能分区（资料来源：内蒙古文物考古研究所，张帅绘）

的影响；"元上都遗址"属于"特定自然条件下，更主要是人文历史背景下两种文明人群的共同的作品"，体现的是不同民族在生活方式和价值观方面是如何进行融会交流与结合，并由此创造出一种亚洲北方具有农耕文明与游牧文化相结合的城市典范，对于研究蒙元帝国的社会结构、生活方式、文化特征等具有重大意义。同时，它的遗产背景环境对此典范的形成过程提供了清晰的、有机的物证，与遗址本体共同构成了完整的遗产价值。其次，无论从物质遗存还是生活方式上，都见证了蒙古民族随着时间不断发展的文化传统。再次，元上都遗址展现了元代的生活方式和特点。最后，元上都遗址深刻地影响了欧亚大陆的城市性质和功能。通过对比分析不仅可以通过与蒙古帝国的其他都城对比来诠释蒙汉文化融合的独特性，还能通过与其他被蒙古征服后重建的欧亚大陆城市中心对比来理解蒙古文化融合的状况。

总之，元上都遗址不仅见证了游牧民族从游牧式的军事征略活动转向农业文明的王朝治理的重要转折，还见证了蒙元帝国所造就的国际多元文化兼容并蓄的奇迹般的盛况；并作为横跨欧亚大陆的重要交通线路——丝绸之路东方世界的重要端点之一，对东西方文明的交流与发展影响深远。

（二）政治、军事、文化中心——呼和浩特

1．概况

呼和浩特的蒙语含义是青色的城，多处出土文物证明，早在2000多年前的汉朝就有人类居住于此地，战国时的云中、辽代的丰州和明朝的归化城都建于此地并大大地推进了城市的发展，1986年被国务院命名为第二批国家历史文化名城。

据市区东北33公里的大窑村旧石器早期制造场的发掘证明：远在50万年以前就有人类在这里生息。战国时期（公元前306年），赵武灵王在阴山脚下建筑了长城，在黄河畔建造"云中城"（遗址在今托县古城）。之后，从两汉到隋唐在该地区建的城堡更是星罗棋布。公元12世纪初（1115年），在市区东15公里的地方建立了"丰州城"（今东部白

塔村西南），城内西北隅砖筑七层楼阁式"万部华严经塔"（白塔）仍巍然屹立至今。当时的"丰州城"不仅是军事重镇，同时，也是居民云集的繁华城镇。据《金史》记载，当时丰州有居民22683户（约10万人左右）从事农牧业生产。并有诗曰："出边弥弥水西流，夹路离离禾黍稠……，晴空高显寺中塔，晓日平明城上楼……"据《马可·波罗游记》所载："境内环以墙垣之城村不少……"这些充分说明，元代丰州已是人烟较为稠密的繁华地区。公元15世纪中叶，正统年间由于战争使"丰州城"及"妥妥城"（今托县）和"黑城"等先后内迁，繁华的丰州滩变成了城空、村废、土地荒芜、人烟稀少的地区。

2．归化、绥远格局

（1）归化城

16世纪初，蒙古族首领达延汗统一蒙古各部。他的孙子俺答汗于明嘉靖年间率土默特部迁徙"丰州滩"驻牧。丰州滩又逐步恢复和发展成为蒙汉杂居的半农半牧区。明隆庆六年（1572年）俺答汗在大青山脚下的山前冲积平原上开始兴建呼和浩特城，到明万历三年（1575年）基本建成。明代《万历武功录》有载，万历三年："其十……俺答汗请城名，上以贡事积功劳，会五年法当赏，于是赐金币，名其城曰归化。"当时命名为"归化城"，蒙古语称为"库库和屯"，明朝译为"呼和浩特"。

"归化城"为正方形，土筑，东西南北各距300米，城周长1200米，城墙高8米，该古城旧址坐落在今玉泉区内，南门的位置在今人民电影院东口处，北门在今大北街口（友谊服装厂大楼东侧），北门内路西是"土府"。率门内路东是议事厅，该厅为土默特十二参领集体办公的地方（现为玉泉区法院、检察院等单位）。该城是当时的权力机关驻地，同时在该城的周围建了许多召庙，以后道路的发展以召庙为中心修建，南北道路与召庙的大门相对，东西向道路连接着各召庙，道路布局自由无序（图2-2-3）。

归化城的城池建设，主体仿照元大都的建城模

式，可称之为典型的府城。归化城城西百米为扎达盖河，城池的规模不大，呈正方形，每边长约为300米，城周2里许，城墙高两丈四尺，八座楼亭，其中包括四个角楼，东西望楼及南北城门楼，但无瓮城。城内建筑傍街而建，以大北街、大南街为城市中轴线，大北街路西土默特左翼都统府即顺义王府，副都统府位于原市政府，大北街路东侧是旗务衙门——土默特议事厅，而右翼都统府位于现今的恒昌店小学。

明万历九年（1581年）春，俺答汗和他的妃子三娘子决定对归化城进行扩建，计划扩建方圆20里的归化城外城，气魄可谓宏大，规模堪称空前，可惜财力、物力、人力不足，最终只对归化城进行了部分扩建和维修而已。

清康熙二十二年（1684年），在原三娘子城外增筑了一道外城。在原有城池的基础上，北门楼和北城墙保持不变，只是扩展东、南、西三面城墙，扩展后的平面呈"凸"字形（图2-2-4）。扩建后的归化城东西宽500米，南北长440米，城墙用土夯筑，高约5米，底宽约5米。同时在东、西、南二面各增设城门，城门由两座变为了四座，分别为：东门"承恩"、南门"归化"、西门"柔远"、北门"建武"（图2-2-5）。原南门位置新建鼓楼。另外，清康熙二十年，修整旧城时，还在归化城的四门外，将东、南、西三面进行外扩，城墙以外设置有供官员休息的驿站——东茶坊、南茶坊、西茶坊、北茶坊，当地民众称其为"茶坊"。至今还保留着南茶坊和西茶坊。

外城的加建对归化城的街巷影响并不是很大，城市仍然以大北街、大南街为中轴线。归化城经过1684年的增筑后，逐渐形成了内外两城的形制，以城中心鼓楼为界，内城里面多为衙署、议事厅等官府机构的所在地；外城则主要是蒙古官吏的居住区；一般平民百姓的住宅多散居在外城城墙的周围，尤以南门外一带最为集中。汉族商贾们在南门外大道两侧竞相占据地盘，租赁或兴建房舍，开设买卖字号，逐渐形成了城外最繁华的街道。即今天

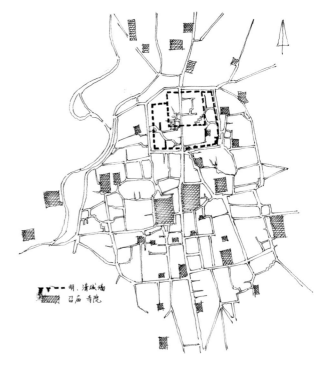

图2-2-3 明、清归化城(旧城)的发展及召庙分布示意图（资料来源：《呼和浩特的形成发展与城市规划》，张宏宇绘）

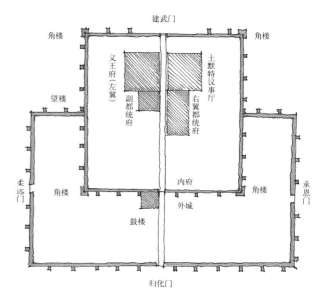

图2-2-4 归化城城池总体格局示意图（资料来源：杨天娇《呼和浩特城市空间演变研究（1912-1958）》，张帅绘）

图2-2-5　归化城老照片（资料来源：张晓东提供）

的大南街的雏形。

（2）绥远古城

清政府为镇守边疆，进一步巩固西北地区的统治，从清雍正十三年（1735年）到乾隆四年（1739年）在当时的归化城西北2.5公里处新建一座军事驻防城，命名为"绥远城"。该城为正方形，面积2.5平方公里，四边各长1570米，城垣周长6280米，城墙高9米多，四面再各设一城门（图2-2-6），四门外各筑瓮城，城四角均有箭楼，城外有石桥和护城河。城内有间距为200～235米的六条南北向道路，有间距为140～180米的八条东西向道路，形成南北窄、东西宽的长方形街坊。在每一个街坊中又以两条东西向的小巷划分成两条地段，靠南部的较宽，其他两条较窄。各条地段前后布置两户宅院，每户宅院的大小按官职大小而定，房屋均按行列式排列，形成规则的棋盘式结构（图2-2-7）。

绥远城南北向主干道偏向东部，东西向主干道偏向北部，四面各有一座城门，南门和西门与主干道直通，北门和东门与主干道错位布置，形成"拐脖"的布置形式，体现了驻防城在防守上的特殊需要。城中主干道宽度为28米，街坊间道路宽8～10米，小巷宽为5米，城的最高衙署——将军府位于西街路北的南北中轴线上，体现了它是城市的主宰和统治中心。城的南北与东西干道的中心建有钟鼓楼。与将军衙署相对称的东街路北建有万寿宫（供奉皇帝牌位）。城市神祠按主次分布于城内。此外，还建有仓库、铺面房、学堂、教武场等设施。除城墙和军事设施外，共建有各种房屋近2万间。由此可见，绥远城的建设是在我国"匠人营国"的城市规划思想影响下，采用空间格网的城市规划方法建成的。衙署和鼓楼是心脏，道路是动脉，凭借着道路网系统把各部分组织起来。军事目的是绥远城及其街巷

图2-2-6 绥远城城门老照片（资料来源：杨天娇．《呼和浩特城市空间演变研究（1912-1958）》）

所具有的突出特点。绥远城的形制很特别，筑有四城门、四城楼、四箭楼、四瓮城、四角楼、四面马面，马面依城附筑四十，布四面，每面十台，护城河环绕，四门外筑四桥（西、南为石桥），城防设施完备，与北京内城相似。城内棋盘式街坊，有四大街、二十四小街、四十六小巷、市场一处。

3．布局特点

呼和浩特建城经历了明嘉靖年的归化城到清朝政府的绥远城，形成了特色鲜明的"双城"城市空间格局（图2-2-8），时称"归绥"。归化城是仿元大都的模式建城，呈正方形，开四门，大北街为城中轴线，是典型的府城。绥远城是由于军事需求建城，由满蒙汉八旗二军联合驻防，军事地位权力显著，是典型的军事驻防城。双城结构的形成原因，主要是两城建设的目的不同，生活在两个城市的人主要来源各不相同，其生活习俗、生活方式也截然不同，因此在城市的布局、形态和功能上存在着差别。归化城作为重要的商业贸易中转地，联系中原与蒙古、新疆和俄国的商路要冲。同时呼和浩特是内地与北方草原联系的战略要地，绥远城的建设一方面可以捍卫北方疆域，另一方面可以保护归化城正常的商业运转。这也反映呼和浩特贸易城和军事要塞的双重性质。

近代以来，随着京绥铁路的开通，以火车站为中心形成服务、居住区。以上的各种经济及政治活动，导致归绥地区所特有的以喇嘛寺院区域为核心的买卖城（归化城）、火车站片区、满洲八旗城（绥远城）构成呼和浩特的近代城市空间结构。

（三）王府型城镇——定远营

1．概况

定远营古城位于内蒙古自治区阿拉善左旗巴彦浩特王府街北侧的旧城区。坐落于贺兰山西麓的低山丘陵区，北靠营盘山（低山丘陵），南面距王府大门10米处是宽10米的柏油马路（王府街），马路南方有三条自东向西的地下泉水涌流形成的宽约6～10米的河沟，古城海拔高度1490～1509米，是巴彦浩特城内唯一保存下来的一片古建筑群（图2-2-9）。

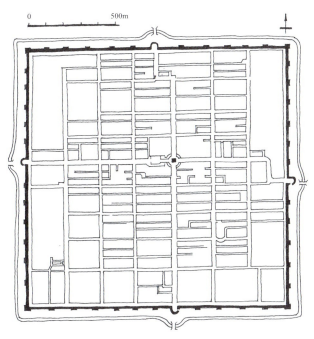

图2-2-7 绥远城（新城）平面图（资料来源：《呼和浩特的形成发展与城市规划》，张宏宇绘）

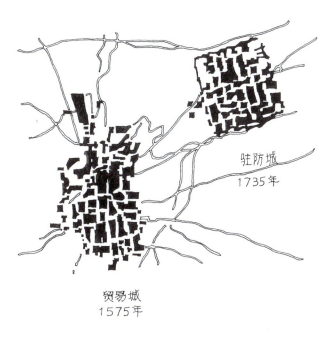

图2-2-8 归化、绥远双城格局（资料来源：《呼和浩特的形成发展与城市规划》，张宏宇绘）

图2-2-9 定远营全景图（资料来源：孟祎军摄）

定远营的营建，依山取势，"爰相地形高下，固山筑城，气势轩昂，设武彝、置屯兵"。夯土筑城，外包青砖，城垣周长3.3里，建南门，东门两座城门，城垣西北建有望楼，北城垣居中建有关帝庙。

古城格局保存基本完整。以城隍巷为主干，两侧巷道鱼骨状排列的格局基本清楚。西北传统建筑少，格局不完整，应为后发展的区域。

2. 建城历史沿革

定远营其地汉代为北地郡西部地，晋为南凉、后凉及北凉，唐隶属于河西节度使，广德初（公元763年），为西番所据，到宋景德中，（1006年）陷于西夏，后来西夏入主，元属甘肃行中书省，明末为蒙古鄂鲁特部所据，清代这里一度成为清军的军马场，并有"御马圈"之称。直到清雍正八年（1730年）、九年（1731年），清政府为了控扼蒙古各部落往来道路，同时便于长期征讨准噶尔部叛乱，命将军岳钟琪建筑定远营。《定远营碑记》记载：定远营"形势扼瀚海往来之捷路，控兰塞七十二处之隘口，奉旨特设一营，名曰定远。爰相地形高下，因山筑城，气势轩昂，设武彝，置屯兵。西接平羌，遥通哈密、巴里坤等处，东接威镇，远连三受降城、两狼山要地。内外联络，边疆安谧，良田赞谟广运，神武远施，亿万斯年，咸戴帝德之高深矣，特纪盛事而镌之石。"故定远营又俗称为王爷府，为本旗的政治权力中心。定远营建成，清廷赏赐给阿拉善和硕特旗札萨克阿宝，后来，阿宝及其后世子孙追随着清军转战到西北，定远营及阿拉善旗一直处于西北战事的前沿。

3. 布局特点

定远营城依山取势，东高西低。城垣大部分为夯土筑成，表以青砖砌就，周长三里三，置南门、东门两座（无西门、北门），西北隅有城楼，北城墙居中置有关帝庙一座，城垣置有马面等军事防御设施，城之南门可达南梁（今巴彦浩特南大街）。

城内街衢巷舍，甚为整齐，旗下官吏，上层蒙民（如王府近支）及喇嘛所住房屋商肆店铺等，位于城西，皆效仿北京四合院形式，且依本地气候条

件统为厚墙平顶式，既有西北特有的传统民居保暖简洁的特征，又有北京四合院装修华丽的特色。而最为壮观者首属王府及延福寺（图2-2-10~图2-2-12）。

王府位于城内中东部，系按《大清会典》郡王府第等级营建，纵深三进，分三路横向布列，中路为札萨克公务办公之所，西路为仓廪后勤执事所用，王府东侧依山而建王府花园。

定远营又为一驻兵（屯兵）之所，但驻军重点不在城内，按清同治二年（1863年）史载，王府当局在定远营周围建立五座营盘设防，后山头、察库尔山头、南梁山等处，其城内平时只是以守卫王府及城防为主的职责而布。

定远营古城内西部有大量传统民居。主体部分以城隍庙所在的城隍巷为轴线，分东西两部分，每部分又以东西走向分多条巷道，巷内并排建有数十户居民院。这些建筑早期为王爷近支、王府官吏、上层喇嘛的居所，民国后开始有商贾入住。

城隍巷西部民居分四道巷，每巷11处院落，主要为王府官吏、上层喇嘛住所。城隍巷东部民居分为四道巷，每巷有5~6户居所不等，主要为王爷近支和上层喇嘛居所。

巷内民居格局基本相同。各院设门楼，正房三间，较大一些的建有耳房，东西厢房各三间（图2-2-13）。建筑带前廊，木质土坯墙，平顶，属于典型的西北地区民居式样（图2-2-14）。

定远营古城面积之小，远不足一平方公里，实际上它仅为一座扩大了的王府城堡，一般平民不能于此居住。定远营古城的规划早期已把发展重点放在城南的三道河沟地带，后来逐步形成土街道，联络城区内外。在城西南，还建有西花园、四合园、西南养鹿山——鹿圈山一带也有景观营建，清代开始到民国时期定远营扩展的种种举措直接影响到后来巴彦浩特镇的发展。

4. 价值评估

定远营是清政府为平定新疆地区蒙古准噶尔汗部的分裂，控制西北草原地区而建立的军事城堡，

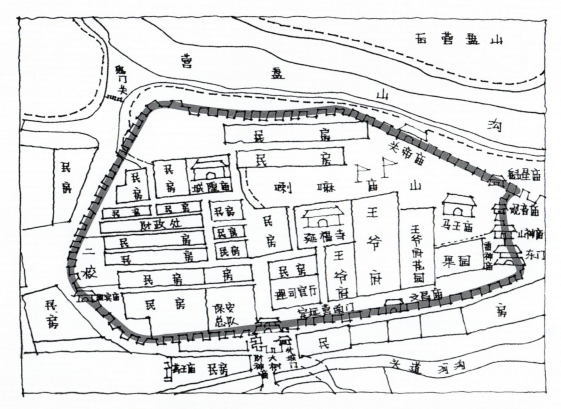

图2-2-10 定远营平面（资料来源：孟祎军摄）

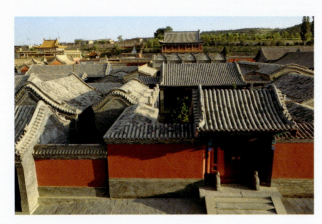

图2-2-11 定远营王府（资料来源：孟祎军摄）

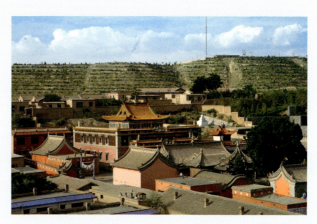

图2-2-12 定远营延福寺（资料来源：孟祎军摄）

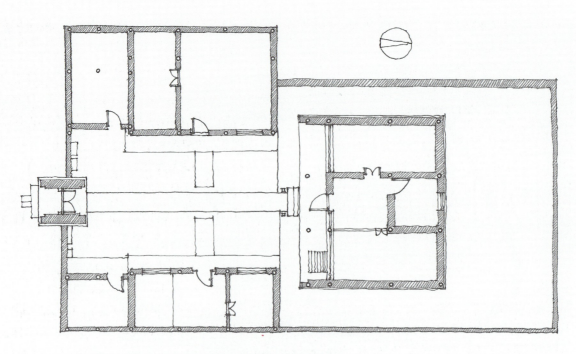

图2-2-13　定远营民居37号院总平面图（资料来源：阿拉善盟文物局，张帅绘）

图2-2-14　定远营37号民居正房（资料来源：孟祎军摄）

是我国清代历史上反分裂军事行为的历史见证，对祖国统一的历史有重要的研究价值。

阿拉善和硕特部落，不但未参加西扎地区分裂祖国的独立活动，反而东达贺兰山以北地区，主动与清朝政府联系，并参加反分裂的军事斗争，为维护国家统一，作出重要贡献。

定远营王府建筑，既有中原汉式建筑传统，又吸收了西北地区民族建筑的风格，同时有些近代建筑还吸收了西洋建筑艺术，反映了阿拉善蒙古族接受同源和外来文化的能力，是研究西部蒙古族建筑艺术的重要物质载体，也是研究我国西北草原地区文化交流的实物标本。

当前阿拉善城市建设快速发展，定远营作为地区历史文化的代表，其保护与发展受到各级政府的高度重视。定远营是地方社会进步和变化的参照点，向人们展示了西部地区多样性和社会的特征，具有很高的社会文化价值。

（四）宗教中心型城镇——多伦诺尔古城

1. 概况

多伦诺尔，原为蒙语，译为"七个水沼"，它是清代漠南草原上一座重要的城镇，位于锡林郭勒大草原腹地，上都河与额尔敦河之间，距离北京仅700余里，距漠北的乌兰布通不足100公里，是内地通往蒙古草原的交通要冲。故这里自古以来就是中原汉族政权与北方少数民族政权争夺之地，战乱频繁。明代，朱元璋在此建置开平卫，也是隶属于军府，将其视作抵挡蒙古铁骑的最前沿。入清后，朝廷与蒙古之间的斗争已基本熄灭，多伦诺尔不再是各方争夺的焦点，而成了连接内外蒙古，沟通中国、蒙古国、俄罗斯三方的孔道，逐渐引起清朝统治者的注意。

1690年，清康熙皇帝为平息厄鲁特准噶尔部的叛乱，三次亲征噶尔丹。在乌兰布通之战后，康熙皇帝来到多伦诺尔会见喀尔喀部各首领，史称"多伦会盟"。此行目的是为了安抚他们，并此兴建汇宗寺、善应寺两座寺庙，以增强凝聚力，统一蒙古各部。

康熙帝攻打噶尔丹的时候，为了解决清军粮草供应，一些随军而行的商人在多伦诺尔不断增加，但毕竟人数较少，交易范围狭窄。多伦会盟中决定建立多伦诺尔庙后，朝廷派来了许多工匠，聚于多伦诺尔。康熙帝为了笼络蒙古封建主，放宽对蒙古地区的经济封锁，允许内地商人到蒙古进行贸易，同时清廷还派遣京城的鼎恒生、庆德正、聚长城、大利等八家大商号到多伦诺尔设立铺面。直隶、山西、山东等地的商人蜂拥进入多伦诺尔。到康熙四十年（1701年），已经形成了"南北长四里，东西广二里的市区和街道十三条"⑩。康熙四十九年（1710年），多伦诺尔原有市场区已发展成为汉商市镇，初名"兴化镇"，即旧买卖营子。每年春夏之际，内地商人组织驼队，满载盐、茶、铁器等蒙古地区需要的产品前往多伦诺尔。秋冬之际，赶着换回的牲畜，驮载着畜产品返回。交易时，商人搭起帐篷，牧民搭起蒙古包，编街列阵。人则来自内外蒙古、京津燕晋；畜则驼马牛羊；货则金玉锦绣、布帛菽粟，烟酒糖茶，轮舆鞍鬐。毡庐环绕，烟火上腾，周围数十里，支帐于野，连车为营。蒙言汉语，驼啸牛鸣⑪。由于旅蒙商人的大规模增加，贸易范围日益扩大。这样，多伦诺尔逐渐形成旅蒙贸易商品集散地（图2-2-15），多伦诺尔城市其他职能也开始出现，成为一座新兴的草原城镇。

从康熙朝修建汇宗寺开始，至清代中期，多伦诺尔达到了历史上的全盛，从昔日的不毛之地而成为新兴的草原城镇。其宗教地位可以和归化城相较高下，商业贸易额在全盛时超过归化、包头两地之和，人口也位居地区前列。就连康熙帝本人也十分惊叹多伦诺尔的迅速发展，发出了"俨然一大都会也"的感慨。清雍正十年（1732年），清廷在多伦诺尔设理事厅，至清乾隆元年（1736年），同知衙门建成。至此，多伦诺尔厅归直隶省口北道管辖，成为长城以北著名的三厅之一。

2. 布局特点

多伦诺尔是围绕寺庙而兴起的新兴城市。随着商业的繁盛和人口的增加，形成了包括寺庙城和新旧买卖营子在内的城市格局。

当汇宗寺兴建完毕后，汉族商人即向多伦诺尔会集。至清康熙晚期，已形成"南北长四里，东西广二里"的市场区，包括有十三条街道。清乾隆时期，又形成"南北长一里，东西广半里"的新市场区，共有五甲五街。后两市相连，达到"东西宽四里，南北长七里，分十八甲，十八条街"的大市场区。城里还有几十条小一些的街巷，里面主要是住房（图2-2-16）。另外，还有一个很大的部分即寺庙区，它分布在额尔敦河右岸，与买卖城隔河相望。汇宗寺和善因寺共有13个活佛仓，十几处当子房。最盛时，两庙共有130多处四合院，近千间房屋，俨然一个寺庙城。但由于历史的原因，多伦诺尔的城市化是相当初级和落后的，城市公共设施几乎没有，城市布局也不甚讲究，更谈不上合理。

多伦诺尔城市的扩张是一种缺乏规划的自然扩张过程，故其城市布局不同于作为行政中心而发展起来的城市。城市建设受政治的影响较小，没有很强的规划性，甚至连城门和城墙都没有，这样就避免了高墙环绕、内部整齐规划的政治型城市给人带来的封闭感。另外，多伦诺尔作为转口贸易中心，与外界经济联系密切，经济功能对外性很强，不同于单纯的政治型城市，经济对内服务性强，与外界贸易往来则很少。

《蒙古地志》：多伦诺尔属于察哈尔，多伦县城所在地，位于热河西北五百里、张家口东北五百里，元朝上都遗址正东七十里。康熙、雍正两帝敕建了硕大的喇嘛庙以后，这里通称为"喇嘛庙"。城市南北长4里，东西宽2里，城市周围长13里，上都河的一个支流流经城区，河的北面有新旧喇嘛庙与城市遥相呼应。城市的街道布局不规则，且相当肮脏。路面凹凸不平，居民房屋粗糙，街道比较稠密。

3．价值评估

多伦诺尔的发展，具有明显的中国古代城市发展的特点，即政治性较强，其发展肇因始终有政治因素的参与。但多伦诺尔与其他古代城市又有不

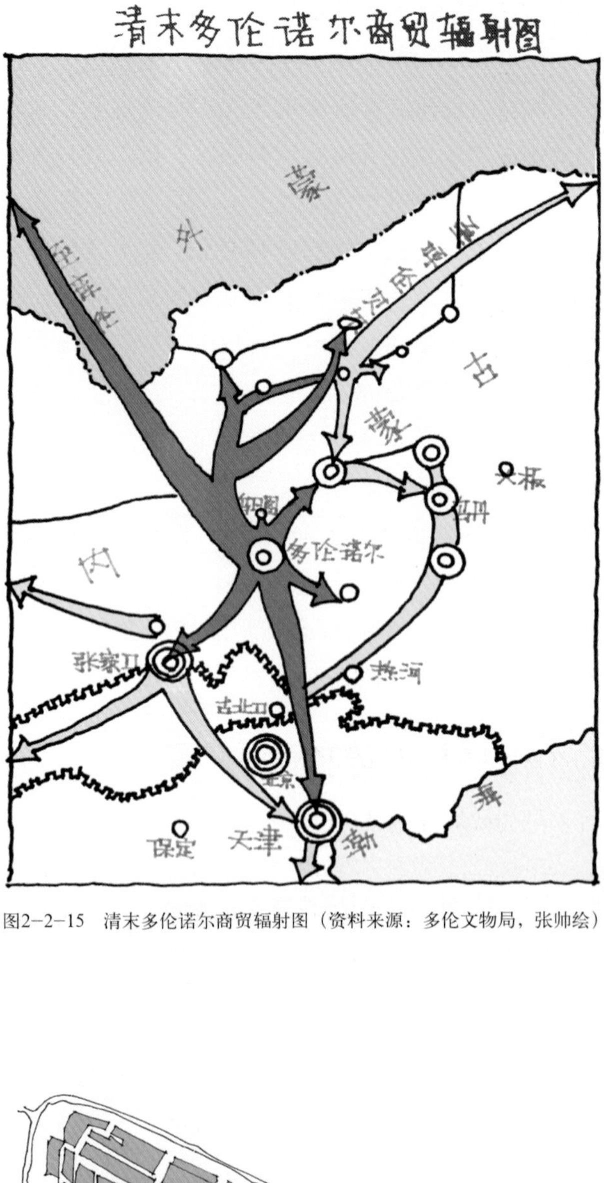

图2-2-15 清末多伦诺尔商贸辐射图（资料来源：多伦文物局，张帅绘）

图2-2-16 清代多伦诺商贸城街区格局图（资料来源：多伦文物局，张帅绘）

同，在其发展历程中，宗教地位和经济因素的影响非常鲜明，它们与政治因素交织在一起共同发挥作用，并且越到后期，经济因素的作用就越发明显，远远超过了政治的影响。

多伦诺尔只是众多宗教中心型城镇中一个典型实例。它不仅见证了清朝政府为安抚蒙古，维护国家统一的关键性政治举措。另一方面它也见证了内蒙古地区由宗教起源而形成的独特城镇类型。

目前，多伦诺尔商贸城格局保存完好，传统民居建筑破坏较严重，整个城市肌理保持较好。城中山西会馆（图2-2-17、图2-1-18）建筑群现状保存较完整。其他如清真南寺、古佛殿、碧霞宫等建筑现状保存较完整，而曾经最有历史地位的汇宗寺，仅剩下佛爷府部分。善因寺也只保留了钟鼓楼，其余部分已经全部被拆除。

（五）交通贸易型城镇——包头

1. 历史背景

包头是清代末期在内蒙古中部兴起的商业城市。包头城的发展经历了较长的过程。

在清代初期还没有"包头"这一地名。最初，这里仅是归化城土默特右翼旗，以及达拉特旗和乌拉特三公旗三旗交界之地，是清朝理藩院管辖下的内藩蒙古的一部分，当时还只是蒙古民族的游牧之所，并没有统一明确的辖属。

清代初期，康熙帝第三次亲征准噶尔部噶尔丹时，于康熙三十六年（1697年）从宁夏乘船沿黄河东下，船经包头时，这里还只有少数随军做买卖的旅蒙商贩，在西脑包、井儿坪、西水沟一带进行贸易活动。后来经商的人在这一带的多了，并且开始租种农民土地，逐渐形成一个固定的村落。因为多是些山西代州人，也就被称为代州营子。由于经商和垦殖的人口聚居，牵涉到管理事务，有关机关商定，于清乾隆六十年（1795年）在西脑包建立一块界碑，界碑以东归萨拉齐厅管辖，以西属于乌拉特三公旗辖境，由于界碑不是用石刻成，而是用砖垒砌，于是群众称为"大照壁"。确立了包头村的管辖范围后，街区便在西脑包以东发展起来。同治元年（1862年）在太平天国革命运动影响下，西北

图2-2-17　多伦诺尔山西会馆

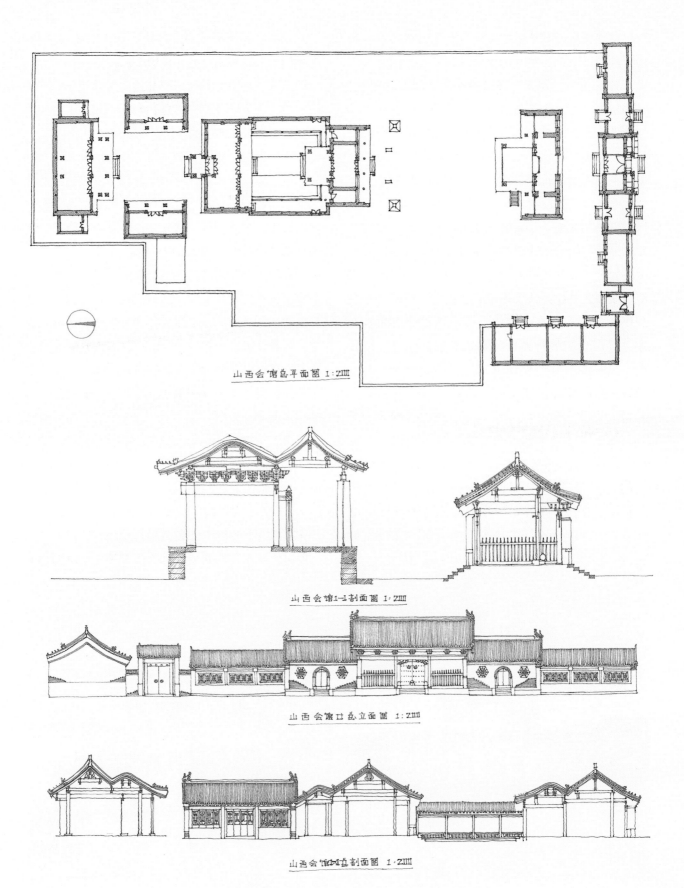

山西会馆总平面图 1：2000

山西会馆1-1剖面图 1：2000

山西会馆北总立面图 1：2000

山西会馆北总剖面图 1：2000

图2-2-18　多伦诺尔山西会馆平面、立面、剖面图（资料来源：多伦文物局，陈屹童绘）

地区的回族人民纷纷起义，以马化龙为首的宁夏金积堡回民起义，声势波及内蒙古地区。同治五年（1866年）清王朝调大同总兵马升率军进驻包头，西征回民起义军。为了战备的急需，由马升主持兴筑了包头城墙，开始兴筑于同治九年（1870年），竣工于同治十二年（1873年）。这座仓促筑成的土城垣，光绪九年（1883年）曾经增筑，光绪二十七年（1901年）又加工重修，基本维持到新中国成立以前。同治十年（1871年）正式设置了包头镇。光绪二十八年（1902年）清王朝任命贻谷为绥远城将军并督垦务事宜，在包头设立了垦务分局，办理伊克昭盟和乌兰察布盟的垦务事宜。光绪三十一年（1905年）改垦务分局为西盟垦务公局。直至清王朝灭亡，地方行政仍属于萨拉齐厅管辖。

包头城墙全用土夯筑，高约5米，基宽约7米，顶宽3米许，周长约7公里。城墙加筑有土煤，即通称做女儿墙。全城北半部在土梁上，依地貌兴筑的城墙，四面都不呈直线，形成不规则的四方形（图2-2-19），共开设有六个门，东门、南门、新南门、西门、西北门、东北门。各门内部有街巷通入城内，东门、新南门、西门和西北门内的大街为主要街道，四条大街道均微弯曲，在城中心相交成为大十字。东北门内只有小巷通至东街，南门内有短巷通至南街。其他衙巷都是不规则布局（图

2-2-20）。城内西部有吕祖庙，城东部有清真寺，东门外有转龙藏等庙宇。城内南部为官署、店铺、作坊分布区域，北半部山坡上多是民居，茶楼、酒肆、钱庄、百货等店铺都集中在大十字附近，是城内最为繁华的街区。

自清代后期的同治年间起，包头以其地理位置的优越性而日趋繁华，逐渐成为内蒙古中部地区的商业城镇。南面渡过黄河便是鄂尔多斯地方，北面翻越大青山便是广阔的蒙古高原，宁夏和后套一带的商品可从黄河上运输，东临土默川平原，位于水陆交通的枢纽，南北和东西往来的十字路口，因此经营旅蒙商业的商人们便以包头为据点，将内地长途贩运的各种生产和生活资料，供应给伊克昭盟和乌拉特三公旗等地，再将这些地方的畜产品运回内地销售。城镇商业繁荣发达，手工业生产也随着发展起来，原来在呼和浩特开设的大商号，逐渐迁移至包头开设分店或总店，伊克昭盟和乌兰察布盟境内的商品集散地转移到了这里，而且西至宁夏、甘肃北部以至新疆，北至蒙古国，远至俄罗斯地方，都是来自包头的商人进行贸易活动，取代了呼和浩特的地位，到清王朝末年，已成为内蒙古中部最大的商业城市。

2. 空间格局

包头城内部空间结构的总体性特征，是同包头城自身的移民聚居地的地域特征紧密相关的。包头

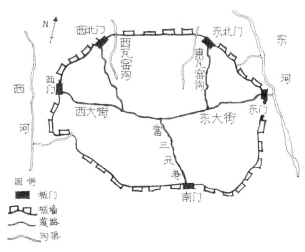

图2-2-19 同治包头城垣水系示意图（资料来源：《包头旧城历史地理研究》，张宏宇绘）

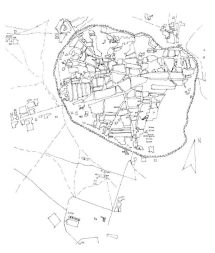

图2-2-20 1948年包头城区图（资料来源：《内蒙古自治区地名志·包头分册》，张宏宇绘）

地区由最初内蒙古土默特右旗的牧地，到由口内汉族商民聚居的几处分散的居民点，逐步发展到彼此联系的居民点成为包头村，再因军事上的需要而上升为镇，直至同治年间建造城墙，成为一个真正意义上的城镇。这一切，都是源于当地的不断开发以及当地商业贸易的不断发展，吸引着内地诸省人口的不断迁入和汇集所致。因此，包头城作为一个商业性的移民城镇，在当地的政治、经济、文化等许多方面都具有移民性的特征，仅从城镇内部空间构成这个角度来看，包头城的移民性特征就较为明显。

首先，包头城形成较晚，发展历史不长，是一个从清前期才开始发展起来的新兴城镇，但发展势头相当迅猛。从清乾隆年间正式在包头地区建立行政建制（1739年）起至清末，包头先后的发展时间也不过200多年的历史。然而就在这不是很长的时间里，包头却从一个小村一跃发展成为当时内蒙古乃至华北地区比较知名的商业城镇，并建立了城垣，形成了相对完备的城镇内部空间结构。这当然同商业利益驱动下的口内各省移民对这里的开发建设紧密相关。

其次，作为移民城镇的包头城，其内部空间发展有着明显的无秩序性，如图2-2-20所示。街衢与归（化）、丰（镇）两县情形相同。当时自由建筑，漫无规度，大街小巷，参差不齐。由于各地来此定居的移民，在修建房屋时没有统一计划，仅仅是为了生活方便，因地形地势之便自行修造房屋，因此导致后来街巷、居民区形成的自发性与无秩序性；此外，依山而建的城镇区域，决定了城内各部分的布局必须迁就复杂地形，以致大多数的民居建筑的朝向不能够取得统一。因为包头城先有人口聚居区，在此基础上围建城圈，故城内建设毫无规章法度，因此城内各部分的功能分区混杂，商业区、居住区以及宗教场所彼此交错，没有能够形成专业性的分区。

第三，包头城内部城镇的核心不够明确，从严格意义上说，包头城没有其自身的城镇核心。一直以来，包头城内的街巷、建筑等空间要素始终没有

图2-2-21　包头传统民居建筑（资料来源：殷俊峰摄）

出现一个极具本地特色的代表物，使得当地缺乏作为城镇核心的拥护对象。其次，包头当地的政府机构在包头城内强有力的商会组织面前，显得黯然失色。在包头这个商业城镇中，由于商会组织的巨大影响力，使得政府机构在包头城中的权力和威望远不及其他城市，因此它无法承担起包头城镇的核心这一重任。

第四，城镇内部民居、庙宇等建筑特色呈现多样性以及融合性。来源于各地的口内移民，在迁居包头之时，随之带来了多个民族特性、不同的宗教信仰、多种职业特点等，这就导致了在包头建筑的民居及宗教建筑的多样性和复杂性特征。所以会出现诸多不同信仰和宗派的宗教建筑，以及不同地域特征样式的民居。但随着时间的流逝，上述诸多差异性会随着彼此之间的交流而日趋一致，并且会形成具有本地特色的新的风格和个性。因此，包头城内会出现融儒、释、道为一庐的妙法禅寺，并出现具有本地特色的民居建筑（图2-2-21）。

3. 价值评估

作为商业性城镇的包头城，其自身的空间要素受到商业性的影响极大；同时，当地商品经济的快速发展，又推动着包头这座新兴的城镇快速发展。无论是包头的城墙，还是城内的街巷、民居，以及其他城镇设施，从一定意义上说，无不是在为包头城内的商业发展服务着。这些设施和建筑的存在，从主观或客观上都在保护和推动着城镇内部商业的健康发展与稳步前进。反之，正是当地快速发展的商贸经济，对包头城内部景观的变化起到巨大的推

图2-2-22　老牛湾堡

动作用。同时，经济的发展对包头地区的行政建制的发展演变也起到极大的促进作用。由此可见，包头城市的形成和发展见证了清代内蒙古地区的交通要冲发展成为贸易型城镇的历史过程。

包头城镇空间格局，是内蒙古地区特定的历史条件下，形成的本地区独特的城市类型。这对于研究其他交通贸易型城镇具有典型的代表意义。

（六）定居型村落——清水河县老牛湾村、黑矾沟村

1．老牛湾村

老牛湾位于山西、内蒙古交界处。位于山西的老牛湾村是明长城防御性聚落的一部分，目前留有老牛湾堡（图2-2-22）、明城墙、明代烽火台等遗址。

位于内蒙古清水河的老牛湾村肇始于清乾隆时期清水河招民垦种，黄河对岸的山西村民不断迁居此地，形成了现在内蒙古的老牛湾村。在老牛湾村庙沟畔建有龙王庙、观音庙、五道庙，因沟中有一泉水，故名庙泉，现已干涸。久之，以庙区为中心的区域已渐成村落，并命名为庙区（图2-2-23）。此后逐渐发展，又形成了上村、下村等几个小的聚居区，由上述几个片区形成了老牛湾村的基本形态。

老牛湾村是清水河厅境内十四处黄河渡口之一。因此，清代黄河水运的发展和繁荣逐渐促进了老牛湾村的发展。老牛湾上承白头浪，下接狮子拐等黄河险要，环境优越，不仅是往来船只的泊区，而且称为蒙晋之间河运的第一大站口，其重要地位日益显现。至清乾隆、嘉庆以后，老牛湾已形成以船运为生的聚落。

因老牛湾地处黄土高原丘陵地带，其建筑受地形限制较大。因此，民居建筑分布在道路两侧一层层台地上，形成层层叠叠的建筑群落。这些聚落与周边环境完美融合，浑然一体，在树木的掩映下，分外壮美。窑洞民居，取法自然，融于自然，适应气候和生活需要，既有利于环境保护，又有浓郁的乡土文化特征。

老牛湾村的窑洞村落是沿古道发展而来的，这在周边环境保持相对完好的庙区最为典型，是黄河文化的又一缩影。由黄河石壕盘桓而上，东行五道庙至单跨石拱桥，在沟沿北侧，一些早期的窑洞依山就势布列，错落有致，与基石、石径等环境相得

图2-2-23　老牛湾传统窑洞民居

益彰。总体来看，老牛湾传统聚落民居，巧妙运用地形地貌，处理居住环境方位等方面，都使整个聚落与环境和谐自然。漫步其间，道路回环，步移景异，使人有常看常新的感觉。

老牛湾窑洞民居是从靠崖式窑洞发展而来的。目前得知，初迁此地的村民由于经济力量和石砌窑洞建筑周期长等多种因素的考虑，首先选择在黄土崖壁上开凿窑洞，暂以栖身，上村北部郝家窑即此。后来，由于居住人口增多，黄土覆盖较薄而石材丰富，逐步向石砌窑洞发展。"石庄王"，意为石头的宅院，就是有别于固有黄土窑洞的建筑形式（图2-2-24），因此而作为特有的地名流传至今。久之，形成了内涵丰富的民居文化景观。

老牛湾村单体窑洞院落布局紧凑，功能分区明确，空间构图完整，装饰手法凝练，达到了协调统一的效果。其外观轮廓刚劲，石材质感强烈，配以多个曲线拱洞，形成这一地区独特的建筑形态。

巧于运用石材是当地的一大特色，老牛湾村的白云岩石板石质细腻，厚度均匀，块形大，村民不仅用于砌筑石窑，铺装地面、灶台、炕群，而且广泛用于搭建畜圈、厕所、石径道牙等（图2-2-25）。窑脸部分，常常采用"剁斧石"，即以斧凿在石面上精心錾满直线，然后有规律地摆砌，形成浓重的装饰效果。

2．黑矾沟村（古窑遗存）

黑矾沟地处今清水河县，其在汉代建有宁边州城，置桐过县。至宋元时期该地利用天然资源始开烧造业。明朝后期，今山西保德县、临县等地汉人逃荒来到窑沟、黑矾沟一带种地求生。到清乾隆年间，经过代代相传，了解这里的矿藏，发现耐火土（即瓷土）和煤炭等矿物，于是就地打崖、挖泥、掏炭，开始烧制陶瓷产品（有的人在原居住地就是做瓷匠工），陶瓷业在这里逐渐发展起来。当时的陶瓷产品主要有黑瓷和白瓷两种。黑瓷产地在挂罗嘴，新产品有缸、罐、盆、钵等；白瓷产地在黑矾沟，产品有碗、盘等餐具。产品销往托克托厅、河口、包头、河套地区。工匠艺人为康、周、薛、张四家族人，都来自山西省保德县、临县一带。

黑矾沟全长2500米，弯曲曲折，坡陡沟深，海拔高程1100米。古瓷窑遗址群就坐落在黑矾沟这条季节性河谷内，坐北面南，依坡而建。窑沟地区瓷土储量大，土质细腻，胶性大，是生产陶瓷产品的极好原材料。黑矾沟内现遗存明清古窑址25座，大部分保存完整，2009年被国务院"三普"办公室列为2008年度全国"三普"重大新发现之一。同时，也成为第3次全国文物普查工作中，内蒙古自治区评选出"20大新发现"之一。经专家认定：黑矾沟古瓷窑址群是一处保存完好的明清时期烧造瓷器的

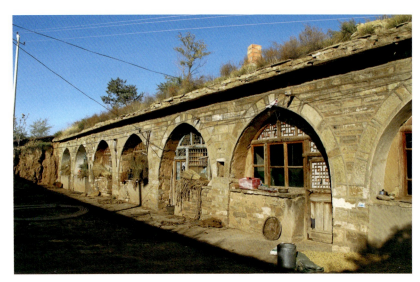

图2-2-24　山西老牛湾堡遗址

图2-2-25　老牛湾传统白云岩石砌墙

图2-2-26 黑矾沟窑址聚落（资料来源：孟祎军摄）

图2-2-27 黑矾沟馒头窑（资料来源：孟祎军摄）

图2-2-28 黑矾沟窑洞内部砌筑形式（资料来源：孟祎军摄）

民窑作坊遗址（图2-2-26）。

　　该古瓷窑址群依坡而筑。多数窑址坐北朝南，多为单座、双座或多座等形式，建造为圆形圆顶状，俗称馒头窑[12]（图2-2-27）。高者12~13米，低者6~8米。窑身为上、下结构。上有窑口，底部有出灰口。连接上下部分间有台阶，左右两侧为生产作坊石砌窑洞（图2-2-28），也是生产工人的住房。

　　因该村所处地理位置与老牛湾相近，其资源和地形地貌同老牛湾相似，因此其建筑材料和建筑营造做法同老牛湾基本相同，只在建筑形态方面差别较大。黑矾沟村是居住建筑和手工产业结合为一体的特殊的窑洞聚落，其聚落单体建筑由居住型的石砌窑洞和以烧瓷为主要功能的馒头窑结合为一体。由于其特殊的功能要求，其建筑也呈现出极其特殊的形态特征，这种特殊群体形态和特殊的古代作坊窑址，在整个内蒙古地区也实属少见。

　　黑矾沟现遗存明、清古瓷窑25座，大部分保存完整。该聚落群见证了我国北方民窑"磁州窑"系列在晋蒙交界处的传承与发展，这对研究明清时期北方瓷系陶瓷生产历史、发展脉络，以及蒙、汉交界处人们的生活习惯、饮食文化、民族风情等诸多方面都具有重要历史价值。

第三节　内蒙古城镇聚落的基本特征

一、城镇聚落影响因素的多元化特征

　　由于不同的历史阶段政治、经济特点，民族构成和宗教信仰等差异较大，使内蒙古地域的城镇在不同时代呈现出截然不同（多元化）的特点。城镇的多元化特征加强，时代延续性较弱。尤其在纵向的时间向度上表现出来的多元化特征更为明显。不同时代受影响的因素不同，导致不同时代的城镇格局和建筑呈现出截然不同的特色。

　　例如，辽代以契丹少数民族为主体的城镇聚

落，呈现出契丹贵族和其他民族分开居住的双城格局；元代，以蒙古族为主体，蒙古族学习汉族文化，以汉法统治中原的政治策略在城镇和建筑中体现出多民族融合、多种文化兼收并蓄的特征；明清时代汉族移民使本地域民族构成发生根本性改变，形成大量性的乡村聚落。喇嘛教文化成为精神支柱，使喇嘛教建筑成为这一时代各城镇建筑的核心。商业贸易的大力发展，又使各中心城镇商铺林立，城镇的数量、规模、格局和形态都产生了较大改变。

横向的多元化特征，是以清代后期形成的聚落为代表，因其东西方向狭长的地理环境，不同的地质、气候特点、民族构成、生产方式等因素，其村镇聚落呈现出多元化的特征。例如东北地区的受森林地理条件以及朝鲜族、达斡尔族等民族影响，其建筑形态形成了撮罗子、木刻楞等民居形式，而汉族民居多受到沈阳、俄罗斯等地的民居影响较大。中部地区如托县、清水河的部分地区因其地质属于黄土高原型地质，其地理位置又接近山西、陕北等地，形成了独特的聚落和窑洞建筑形式。而西部地区，如阿拉善盟，因其位置紧邻宁夏、甘肃，其聚落和民居则形成了独特的内蒙古地域和宁夏建筑相结合的建筑形式。

二、大量城镇形成时间的一致性特征

在清代以前的历史上，内蒙古境内出现过许多城镇，这些城镇在不同历史时期曾发挥过各自的政治、经济、军事和文化等功能。但因战争等原因，这些城镇几乎全部毁灭，只剩下遗址供我们研究了。到明代，除阿拉坦汗建立的零星"板升"聚落和少数喇嘛教寺庙外，整个草原深处依然过着冬夏迁徙的游牧生活，没有大量性的固定建筑和民居。

现存的大量性城镇和乡村聚落的形成则是在17世纪以后的清代。17世纪前半叶蒙古人陆续归顺清王朝，从此蒙古高原出现了新的局面。从崇德到乾隆的百余年间，蒙古地区设立了不同性质的盟旗制，由6盟50余旗以及察哈尔八旗、归化城土默特

二旗、阿拉善额鲁特和额济纳土尔扈特二旗组成。由此，以游牧为主的清代早期内蒙古地域社会形态开始形成。

17世纪以后，清政府先后在内蒙古地区采取了"借地养民"和"移民实边"的政策，导致大量汉族移民涌入内蒙古境内，彻底改变了内蒙古地区的社会。连蒙古牧民也开始了农耕、半农半牧和游牧相结合的定居生活，由此，内蒙古地域大量性农业聚落开始形成。

大量性城镇聚落的形成是和旅蒙商人的贸易活动直接相关。17世纪后半叶，准噶尔部势力开始强盛，这严重威胁了清朝的统治。康熙皇帝分别从康熙二十七年（1688年）、二十九年（1690年）、三十六年（1697年）年三次亲征噶尔丹。在草原腹地作战，将士的用兵策略和后勤供给成为战争成败的关键。为了保证军队供给，清政府组织部分山西商人，跟随清军，贩运军粮、军马，从而有效解决军队费用浩大的采购和运输问题。随着战争的进展，商人们也开始同沿途的蒙古人进行布帛、烟茶、牲畜、皮张等交易活动。由于农耕和游牧经济产品的互补性，上述旅蒙商人在内蒙古地区很快发展壮大起来。经过不断发展壮大，旅蒙商贩所设的具有固定性质的销售网点便逐步扩大，于是"行商易为坐商"，一些旅蒙商人在蒙古地区便建立起了永久性的店铺。随着旅蒙商人的发展壮大，在漠南归化、包头、多伦诺尔，以及赤峰、经棚、小库伦、海拉尔等地，逐渐形成商贾云集的大型商业城市。此外，还形成了隆盛庄、张皋、宁条梁、集宁、喇嘛湾、隆兴长、马道桥、武川、乌兰脑包、磴口等大量性的中小型城镇。

三、草原都城形态的多民族融合特征

游牧民族早期采取非定居的生活方式，有夏营地、冬营地传统，中国北方草原民族每每南下时"不耐暑热"，因而会建立几个都城，以供冬夏迁徙。例如鲜卑族建立的北魏政权，在平城（今山西大同）和洛阳之间迁徙；而辽、金政权则分别建立

了五京；大蒙古国时期主要有哈剌和林，元代则主要有元大都、元上都等都城。

著名学者陈同滨教授，将游牧民族在汉地建立的都城按城市规划布局形式的不同分为"并列型"、"环套型"及"环套型外设四向关厢"等三类。分述如下：

"并列型"的城市以辽上京（图2-3-1）、金上京和哈剌和林为代表。其中，辽上京（公元918年）是游牧民族在中国境内建立的现存最早的城市。它采用了南、北两城并列的城市布局方式，实行胡汉分居，呈现出游牧民族接触到汉族文化早期的色彩。这一较为简易的城市形制意味着较简单的社会结构，保留了强烈的民族意识，携带着游牧民族非定居的特征。

"环套型"的城市以金中都、辽中京（图2-3-2）、辽南京为代表，这类城市体现出游牧民族统治者彻底汉化的倾向。其中，辽中京（1007年）也为北方游牧民族契丹族所建，仿照汉人城市，规模宏大，形制完备，具有宫城、皇城、外城三重城的都城格局。"环套型"的草原都城是"按地位分而治之"的策略所致。"环套型"这一较为复杂而有秩序的城市形制，意味着较高级的社会结构，反映出对帝国权力象征意义的追求，来自农耕民族历史悠久的定居文化影响。

"环套型外设四向关厢"的都城布局以元上都为代表（图2-3-3）。元上都的布局综合了按地位分治和按民族分治的策略，体现了游牧民族文化和农耕文化更为有机的融合和更具合理性的应用，是世界城市规划设计史上"二元城市文化"模式的孤例。

上述三种城市布局反映了游牧民族在征服汉地的过程中，同汉民族文化不断碰撞、融合的过程，也反映了草原游牧民族建立都城的独特特色。

四、藏传佛教寺庙主导聚落格局的特征

藏传佛教对内蒙古地域的政治、经济文化和思想领域的影响极大，尤其明清两朝更是广泛渗透到蒙古民族生活的各个方面。同时，对于蒙古地区城

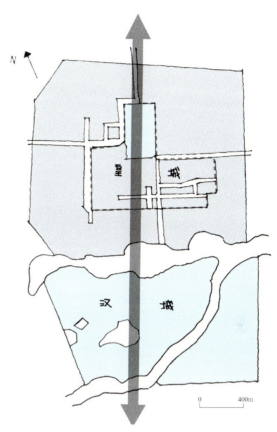

图2-3-1　辽上京城市格局分析图（资料来源：《元上都遗址突出普遍价值的对比分析研究》，张帅绘）

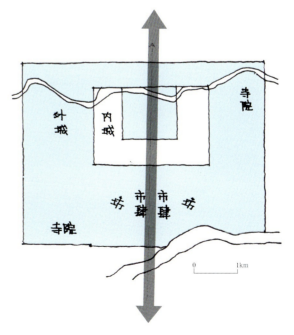

图2-3-2　辽中京城市格局分析图（资料来源：《元上都遗址突出普遍价值的对比分析研究》，张帅绘）

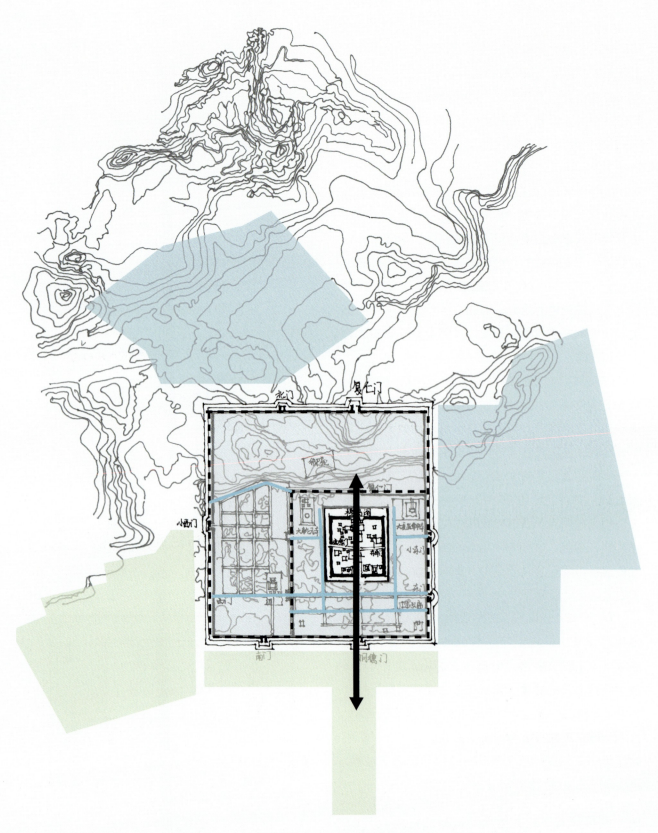

图2-3-3 元上都城市格局分析图（资料来源：《元上都遗址突出普遍价值的对比分析研究》，张帅绘）

镇的形成也起到了至关重要的作用。

清朝初期，内蒙古地区仍然以游牧生活为主，广泛建立的藏传佛教寺庙（本章下述"寺庙"均指"藏传佛教寺庙"）就成为草原深处独有的定居点。因此寺庙聚落的建筑群就成为早期草原深处的城市。每年、每季、每月的庙会活动既是寺庙的宗教活动，又成了各地区的物资交流活动。这样，各类旅蒙商人逐渐在寺庙周围定居下来，另外还有一些手工业者从牧业活动中分离出来，定居在寺庙周围。逐渐形成了寺庙、商业、手工业等聚集的城镇。

从上述城镇聚落分类来看，不论都城、王府城镇还是其他普通城镇，藏传佛教寺庙的规模大小、地理位置对城镇布局和规模的影响都很大。

例如元上都，除元世祖建大护国仁王寺之外，还建了天元寺、万安寺、南寺、开元寺、弥陀院、庆安寺、宏正寺、黄梅寺、帝师寺等寺庙，可见元代藏传佛教寺庙已经成为统治者都城中最重要的建筑群之一。

藏传佛教寺庙对城市形成与发展的影响，以归化城最为突出，归化城俗称"召城"⑬，这一地区在明末清初是藏传佛教在中西部地区发展、兴盛的中心，以号称"七大召，八小召，七十二个免名召"而闻名于世。明朝末年和清朝年间，呼和浩特地区共建立寺庙约39座，喇嘛350人。

首先，藏传佛教寺庙的建立决定了归化城初期的城市形态。阿拉坦汗在建城初期，希望将归化城营建成蒙古社会的宗教中心，故在建城之时，将寺庙作为重要的构成要素加以考虑，利用一道城垣将城分为两部分，城垣以南为开放的寺庙区及互市区，城垣以北为封闭的宫殿、官署及居民区。正是藏传佛教寺庙的存在决定了归化城初期的城市形态。

其次，藏传佛教赋予了归化城的蒙古城市风貌。而归化城的兴建又极大地促进了藏传佛教的传播，随着藏传佛教慢慢被蒙古民众所接纳，其所蕴含的深层价值意识逐渐渗透到蒙古民众生活的各方面，补充了蒙古社会从游牧到定居快速转变过程中未及自行创立的诸多文化要素，从而让归化城彰显出独特的蒙古城市风貌。

第三，藏传佛教寺庙为城南道路体系重构提供了依据。清廷在归化城采取的政治策略对其城市发展的影响至关重要。这一策略的实施造成了以官署建筑为主的北部内城发展停滞，整个归化城的中心向城南寺庙一带偏移。这一时期，城市的发展不仅体现在寺庙的扩建、增建方面，同时，藏传佛教寺庙的存在也使城南地区得以繁荣，并为城南道路体系的重构起到了定位作用。清朝初期，归化城三条南北向大街（大南街、大召街、席力图街）的起始点都与寺庙的位置有关。大南街是大召、席力图召等通往内城南门的主要道路，大召街是以大召为起点向南延伸的道路，席力图街是以席力图召为起点向东南延伸的道路。同样，构成归化城主要结构的小东街（东南—西北走向）则是席力图召与内城南门的连接线。另外，城南小街巷的产生也与寺庙的存在有关。如大召头道巷、二道巷就是以大召为起点向北发展的街巷；小召头道巷、二道巷、三道巷则是以小召为起点向南发展的街巷。类似的情况均可说明，归化城城南道路体系的形态是由清初藏传佛教寺庙所处的位置及其出行需要而决定的。

第四，喇嘛阶层参与归化城商业街区的建立。边疆的稳定使清廷在扶持藏传佛教的基础上，加大了对喇嘛阶层的限制力度，其采取的具体措施是：分散归化城喇嘛阶层的权利、限制寺庙的规模及喇嘛额缺、实行"金本巴瓶"掣签制度控制活佛转世等。上述措施使得归化城藏传佛教寺庙的建设得以暂缓。为了应对经费的不足，各寺庙只能通过加大出售出租土地的力度来增加收入，这些土地往往都出售给外来的旅蒙商人。因此，由商号建立的"买卖城"就以各藏传寺庙为核心逐步形成。商铺受喇嘛庙租售土地位置的限制，主要分布在寺庙前南北走向的道路两侧，以寺庙为起点向外延伸。另外，藏传佛教寺庙在出租土地时有一个大的区域限制，使各商铺构成的街区多呈1:2比例的长方形，商铺窄边朝向街面，目的在于增加商铺数量，便于寺庙获得更大的出租利润。最后，由于从藏传佛教寺庙租赁的铺面价格较高，加之商号主要是做批发生意，因此决定了商号院落的形制，每个商号的铺面仅三间，约10～15米，商户院落的进深都很大，约60～120米不等，院落四面都盖满房子，院落的大小、形状无规律可循，这都是由寺庙出租土地的条件限制以及边城文化特点所致。

第五，喇嘛阶层的衰败导致归化城无序的城市肌理。清乾隆八年（1743年），清廷重新划拨各寺庙领地之后，直接赐予寺庙的经费继续削减，寺庙的经济主要源自出租土地及房屋。1862年，陕甘回民起义致使归化至新疆的商路断绝，清同治元年（1862年）签订的《中俄陆路通商章程》使恰克图的旅蒙商号经济受挫，归化城从此失去了商业重镇的地位，经济随之走向了衰败。清同治九年（1870年）前后，归化城的商号大量倒闭，入不敷出的经济状况使土地所有者直接将其经济上的局促转嫁给城市，致使城市向着无序状态发展。喇嘛阶层为从土地中榨取更多的钱财偿还债务，不惜将寺庙所属空地加盖房屋出租，仅留很少的面积作为交通之用。因此，归化城除了三条南北向及一条通向城西的道路外，其余都是近两米左右的巷子，除各寺庙门前保留了举行宗教仪式的三角空场，整个城市几乎没有开放的空间，这给当时的生活及贸易带来了诸多不便。喇嘛阶层追求最大出租利润的欲望使得归化城街区呈现出众多狭窄的、不规则的街巷及纵深、封闭的院落，也导致了归化城拥挤、无序的城市肌理。

上述分析可见，藏传佛教及其建筑群对归化城城市形成、发展、演变和衰败都起到了主导性作用。对其他城镇而言，藏传佛教及其寺庙对城镇的形成和发展也起到了重要的作用。因此，藏传佛教对城市形成与发展的影响是内蒙古地域城镇聚落形成与发展的重要特征之一。

五、王公府第促成城镇脉络的特征

内蒙古地区在清代出现的以王府为中心的城镇也成为内蒙古地域城镇形态的独特特点之一。这种城镇的形成是和清朝政府对蒙古的政策密切相关的。

漠南蒙古地处明朝与后金之间，拥有相当强大的具有很高素质的军事力量。因此，满洲贵族对漠南蒙古一直采取积极争取的政策，同他们逐渐建立联盟关系。明万历四十年（1612年）努尔哈赤聘娶科尔沁部台吉明安之女为妃，开始了满蒙贵族的联姻活动。同时清廷又将清朝贵族之女下嫁蒙古各部贵族。有学者统计，清代满洲皇室公主"下嫁"蒙古王公者共计32人。与此同时，清朝又建立了一整套蒙古王公制度。陆续取消归降的漠南蒙古封建主原有的汗、王、济农称号，将其分别授予亲王、郡王、贝勒、贝子、镇国公、辅国公六等爵位。在清朝政府对蒙古各部的"众建以分其势力"原则的实施下，内蒙古被分成许多互不统属的旗。以上特殊的政策，是上述独特的王府型城镇形成的背景因素。

清政府直接出资，为各盟旗的王公贵族建造府邸，这些府邸不仅是王公贵族们居住的场所，更是他们统辖全旗、进行日常管理和办公的场所。另外，还在府邸周围建造喇嘛庙、休闲娱乐的花园、狩猎场地，以及军事训练场地等一系列附属设施。王府内使用的下人和寺庙中的喇嘛则直接在王府周边定居下来，成了王府型集镇最早的居民。随着王府日常用品需求量增大，以及王府周边寺庙庙会对周边牧民的吸引，逐渐有旅蒙商人开始入驻王府周边并逐渐定居下来，形成了最初的商业区。其他附属建筑、居民区，以及手工业、餐饮等商业街也纷纷围绕王府而形成了内蒙古特殊的集镇形式。

这种集镇的主要特点就是王府是集镇的主要建筑群，其他附属建筑和商业、居民区等围绕王府的周边展开，形成了辐射周边的政治、经济、军事和文化中心。

注释

① 崔岩勤《红山文化聚落探析》，载《赤峰学院学报》，2012（08），P6-9。

② 酋邦：美国学者塞维斯对于国家产生之前人类社会组织形态的一种称谓。美国文化人类学家塞维斯（E·R·Servise）在《原始社会的组织》（*Primitive Social Organization*）和《国家与文明的起源》（*Origins of the State and Civilization*）中认为，人类社会的政治组织经历了四个连续发展的阶段，即游群、部落、酋邦、国家。

③ 内蒙古文物考古研究所《内蒙古赤峰市三座店夏家店下层文化石城遗址》.载《考古》，2007（07），P20-22。

④ 项春松《辽代历史与考古》，内蒙古人民出版社，1996（08），p28。

⑤ 郭治中、李逸友（内蒙古文物考古研究所阿拉善盟文物工作站）.《内蒙古黑城考古发掘纪要》.1987年第7期，p2。

⑥ 张文平《内蒙古元代城址初步研究》.[硕士学位论文]呼和浩特.内蒙古大学，2004（5）p399。

⑦ 根据史载，关于板升的说法不一。《明史·鞑靼传》："时（丘）富等在敌，召集亡命，据丰州，筑城自卫，构宫殿，垦水田，号曰板升。板升，华言屋也。"《明实录》嘉靖三十九年七月庚午："有地曰丰州，崇山环舍，水草甘美。中国汉人丘富、赵全、李自馨等居之，筑城建墩，构宫殿甚宏丽，开良田数千顷，接于东胜川，虏人号曰板升。板升者，华言城也。"《大隐楼集》："所谓板升者，何也？曰板升华言堡子也。皆云晋诸道筑以自卫，非虏人所据也。"以上解释各有所偏，侧重点不同。其实板升就是明代后期前往塞外发展的汉人集居而成的聚落，指丰州滩汉人聚居的农耕区域，以区别于蒙古族的牧地。亦作"板申"。板升本义是固定式房屋的意思，来源于蒙语"白尖"一词，也借用汉语里的"百姓"，用来称呼在塞外谋生的汉人修筑的村舍、园田。

⑧ 闫天灵.《汉族移民与近代内蒙古社会变迁研究》.民族出版社2004（12），p336。

⑨ 喇嘛，音译自藏文，藏语拼音lama，藏传佛教术语，译为"上师"，"上人"、"高僧"等，为藏传佛教僧侣之尊称。汉语中多以此次语泛指出家的藏传佛教比丘。

⑩ （清）黄可润.口北三厅志[M].卷5/经费志0.乾隆二十三年石印本。

⑪ 刘爽.清代草原边城——多伦诺尔兴衰及其原因[硕士学位论文].呼和浩特，内蒙古师范大学，2007（6）p10。

⑫ 馒头窑：陶瓷窑炉的一种，亦名"圆窑"。始于战国，宋代以后烧煤，为最早以煤为炉料的陶瓷窑。古代北方广泛使用馒头窑，尤以河北的峰峰等地较多。

⑬ 召城："召"在蒙古语中意为"寺庙"。呼和浩特意为青色的城，因其召庙云集，所以又称"召城"。这里召庙云集，民间素有"七大召、八小召，七十二个免名召"之说。形成了鲜明的民族特色和塞外风情。

内蒙古古建筑

内蒙古古建筑

第三章 宗教寺院

内蒙古宗教寺院分布图

（地图引自：中华人民共和国民政部编. 中华人民共和国行政区划简册2014. 北京：中国地图出版社，2014.）

图例：

1 大召
2 席力图召
3 乌素图召
4 百灵庙
5 梅力更召
6 五当召
7 昆都仑召
8 美岱召
9 准格尔召
10 乌审召
11 延福寺
12 巴丹吉林庙
13 库伦三大寺
14 寿因寺
15 西拉木伦召
16 王府庙
17 贝子庙
18 汇宗寺
19 梵宗寺
20 法轮寺
21 阿贵庙
22 善代古庙
23 财神庙
24 大王庙
25 魁星楼
26 碧霞宫
27 牛王庙
28 正觉寺南阁
29 观音寺
30 文庙大成殿
31 清真大寺
32 清真北大寺
33 清真南寺
34 黑城子清真寺
35 隆盛庄清真寺
36 天主教堂
37 二十四顷地天主教堂
38 三盛公天主教堂
39 大营子天主教堂
40 凉城县天主教堂

内蒙古地处我国北部，幅员辽阔，历史上内蒙古各城市地区成因复杂，其城市和建筑曾受到多民族、多地域和多文化的影响，其中，各种宗教文化作用下的内蒙古宗教建筑，呈现出多样性与独特性，其中主要有藏传佛教①建筑、汉传宗教建筑、伊斯兰建筑、天主教堂建筑等。

内蒙古地区藏传佛教建筑形成于元朝至明初。这一时期，藏传佛教虽然得到了蒙古上层的大力提倡和扶持，但仅被蒙古贵族尊崇信仰，并未在广大普通蒙古民众中普及。随着元王朝的没落，蒙古藏传佛教与西藏佛教主流失去联系，甚至在元末明初时曾一度消失。这一时期蒙古地域藏传佛教召②庙及殿堂③大多建于蒙古重镇，或者将前几朝所建汉式佛寺修复利用。由于并没有藏族匠人将成熟的藏式结构大量引入，故该时期藏传佛教建筑主要以汉式与蒙古族传统建筑形式（毡包式殿堂）为主。由于各种原因，形成期的蒙古地域藏传佛教召庙建筑已不复存在或仅存遗址。

自明朝中叶至清朝，内蒙古地区伴随着藏传佛教的再次传播与发展，兴起了广建召庙的热潮，尤其在清康熙、雍正、乾隆时期，藏传佛教召庙以燎原之势遍布蒙古草原。这一过程中，鲜明的地域特征逐步形成，并积淀成为一种独有的历史文化遗产，且深化为本地域深层文化结构的重要组成部分。同时，该类建筑的广泛创建与发展曾一度促进了草原建筑从游牧文化向定居文化方向的转变。

内蒙古地区汉传宗教建筑形成于明末，据《万历武功录》④卷八《俺答汗列传》载，自明末内蒙古周边地区汉人由于战乱等原因逃亡至内蒙古境内。从嘉靖年间开始，就有山西汉民来到归化城⑤土默特部，投靠俺答汗。随着汉民迁入蒙地，汉传宗教也被带入，主要有道教、佛教、儒学。同时因为迁入的汉民大多为贫穷的农民，故该时期建造的建筑规模小，建筑材料的使用也相对节俭。

清朝时期，由于中原人口增加、灾害频发，且内蒙古地区对农产品的需求增大，清代出现了移民高峰，故此时也成为汉传宗教建筑的发展期。这一时期，内蒙古出现了来自北京、山西、直隶等地的"旅蒙商人"与"坐商"⑥，正是由于商人这一阶层的出现，内蒙古地区的汉传宗教建筑规模较明代有所扩大，建筑数量也有所增加。此时，不仅中原商人对汉传宗教建筑起到了推动作用，蒙古族统治者同样也起到了不可小觑的作用，如受汉文化影响，蒙古族统治者也主持兴建儒学建筑供培养人才，以辅助其统治。

内蒙古地区汉传宗教建筑广泛分布于内蒙古各地，但目前仅中部地区的保存较好，所以本节中主要收录的是内蒙古中部地区保存较好的几座汉传宗教建筑。

内蒙古地区汉传宗教建筑多以建筑群体为主，其选址与布局均依循了汉地各宗教的规制，所不同的是，多处汉传宗教建筑与蒙古藏传佛教建筑相邻；建筑单体平面较之中原地区也略有不同，如，多数主要宗教建筑前均有抱厦；个别汉传宗教建筑在装饰细节上也体现蒙古文化的特色等。

伊斯兰教在唐初时就曾传入我国，到7世纪中期，穆斯林商人、学者通过海陆的"丝绸之路"又将伊斯兰教传入中国。目前，内蒙古地区伊斯兰教建筑大多为清代遗存。蒙古西征以后大批穆斯林东来。由于元朝统治者对伊斯兰教较为重视，伊斯兰教的清真寺建筑在内蒙古的东、中、西部地区都有一定的发展，到15世纪末几乎遍及全区。新中国成立初期，全区有清真寺80余座，保留至今的为数不多。

内蒙古天主教建筑形成于蒙古人统一欧亚时期，但随着元代的灭亡，中国内地的天主教及其教堂建筑也完全消失了。直至明末，法国传教士才又开始将天主教传遍中国，且传入内地时间较中国沿海地区晚些。内蒙古地区始有天主教建筑应在19世纪下半叶，由于地处偏远又受到经济条件制约，其时的教堂建筑在数量和规模上都不及沿海地区，并且几乎都毁于义和团运动中。

庚子赔款⑦以后，近代天主教在深入内地的过程中，在内蒙古的东、中、西及西南部城市乃至偏远山村留下了大量的建筑遗存，它们综合着当时当地建筑艺术和建筑技术的发展状况，反映着近代中西方建筑风格、建筑形式、建筑材料、建造技术和构造方法等各方面的碰撞与融合。

这一时期的教堂建造活动从1904年庚子赔款后延续了20多年。此间，内蒙古各地区建造了很多教堂及附属建筑。其中，教堂建筑较之前的规模大且趋于富丽，平面有长方形和拉丁十字两种，圣坛平面通常是圆形，入口有高耸的钟塔，坡屋顶陡峭；立面上有典型的哥特式券窗和玫瑰窗等特征元素；建筑结构是较为纯正的西式做法，且基本上采用砖石木混合结构；而建筑细部上有时也能看到一些中国传统建筑的因素和建造技法。

第一节 藏传佛教建筑

内蒙古是我国藏传佛教建筑分布最为广泛的地区之一。据《内蒙古喇嘛教史》[8]记载：在内蒙古地区藏传佛教最为兴盛的清朝中期，全区建有召庙约1800多座，喇嘛人数约有15万人左右。新中国成立之后，根据自治区政府相关部门的调查统计，内蒙古地区约有召庙1366座，喇嘛人数约6万人左右[9]。

1958年"大跃进"时期，相关部门在编写中国建筑"三史"时曾对内蒙古地域的古建筑作过8个月的调研工作，当时保存较为完好的召庙约有500余座。"文化大革命"时期，这些召庙遭到了严重的破坏，大部分殿堂被拆毁，剩余召庙破败不堪、残缺不全。1985~1995年期间，国家筹集资金对内蒙古地域的部分召庙进行了维修与重建，其中包括重点召庙23座，普通召庙49座，同时，开放寺庙，并恢复宗教活动[10]。

据初步调研，目前，内蒙古大部分地区所存保护较好召庙数量如下：阿拉善盟15座、巴彦淖尔市5座、鄂尔多斯市18座、包头市6座、呼和浩特市7座、乌兰察布市3座、锡林郭勒盟27座、赤峰市11座、通辽市7座、呼伦贝尔市7座、兴安盟4座。

内蒙古藏传佛教召庙的选址、布局与建筑形制

等除受政治因素影响外还受多种文化的影响，如藏式中的曼荼罗式、汉式中的伽蓝七堂式、蒙古文化的敖包界定式。藏传佛教建筑单体之间往往设置藏传佛教仪式所需空间，如跳神空间、转经空间等；藏传佛教主要建筑单体多采用藏地的"都纲法式"，且此形式在内蒙古多地出现了变体；建筑装饰不仅延续了藏式风格，更在建筑中渗透了蒙古风格，如建筑外部装饰物采用苏力德形式，成吉思汗化身为大梵天并供奉于护法殿或四大天王殿等。

总体上，内蒙古地区的藏传佛教召庙建筑在政治、文化以及宗教等多重因素综合影响下，建筑表现出一定的形态共性，即：布局多元、类型丰富、藏式为母、规制式微、建造技艺粗放及近地域性等特点。

一、呼和浩特地区的藏传佛教建筑

（一）呼和浩特大召

呼和浩特大召为漠南[11]蒙古地区第一座藏传佛教格鲁派寺庙，明廷赐名"弘慈寺"。清崇德五年（1640年），清太宗命土默特都统古禄格楚琥尔扩修寺庙，御赐蒙、汉、满三体"无量寺"匾额。

明万历六年（1578年），以土默特阿拉坦汗为首的蒙古右翼诸部首领于青海湖畔新建的恰布恰庙（仰华寺）会见三世达赖喇嘛索南嘉措。阿拉坦汗从青海返回后，于次年（1579年）在归化城南门外一里处新建寺庙，习称阿拉坦汗庙、葛根汗庙。因寺中供奉银制释迦牟尼像，故称银佛寺。17世纪初，蒙古译经师们在大召将甘珠尔经译成蒙文，故也称甘珠尔庙。寺庙的建成对左右翼蒙古[12]、漠北喀尔喀[13]以及卫拉特蒙古的弘法事业影响至深，漠北喀尔喀部的第一座格鲁派寺院额尔德尼召即采用了大召的式样。

1. 组成与布局

大召由正院、东仓[14]、西仓三大院落单元组成，东西两仓各有仓门，北端互通构成环绕寺庙的甬道。正院内有天王殿、菩提过殿、大雄宝殿、九间楼等4座主殿及钟楼、鼓楼、无量佛殿、长寿佛殿、

集密佛殿、胜乐佛殿、老道房、东西耳房及其前东西配殿等殿宇楼阁。东仓内有菩萨庙、公中仓、喇嘛印务处、五间亭等建筑，西仓内有乃春庙、五间楼、东西配房等建筑（图3-1-1）。

大召整体建筑群坐北朝南，为三院串联式，且东西各设有侧院，共有殿宇20余座，占地总面积约29170平方米，是呼和浩特地区现存的最大最完整的木结构建筑群。大召的总体布局以汉式"迦蓝七堂制"为基本原则进行布置，由最南端的牌楼至最北端的藏经楼（九间楼）形成一条自南向北的主要中轴线，其上分别布置山门、天王殿、菩提过殿、大雄宝殿、藏经楼几个主要殿堂。其中，天王殿、菩提过殿以及大雄宝殿将建筑群分成了三个围合的院落，且主要中轴线的两侧都均衡对称地布置有石狮、钟鼓楼、东西配殿、东西配房等各种附属用房。但是，大召主要中轴线两侧的东西偏院却不是按照严格的对称方式来布置的，这种局部的不规则布局又体现了内蒙古地域召庙建筑布局受到藏式寺庙布局方式的影响。

2．建筑

（1）山门

独立设置的大召山门（图3-1-2）是大召最早兴建的单体建筑之一，历朝历代均有维护和修缮，位于整体建筑群主轴线的最南端，为整个召庙的主入口。坐北朝南的山门坐落在面积为165平方米（10×16.5），高45厘米的台基上，为三架梁抬梁式（图3-1-3），通面阔16米，进深9米，屋顶采用歇山式，铺灰色布瓦。

（2）天王殿

天王殿（图3-1-4）是从南至北主轴线上的第二座主要殿堂，也是大召最早兴建的建筑之一，坐落在面积为192平方米（12×16），高为30厘米的台基上，为五架梁抬梁式木构架（图3-1-5），通面阔15米，进深11米。天王殿屋顶同样采用歇山式，铺灰色布瓦。天王殿屋檐的高度明显高于山门，通过殿堂高度的变化，增大自身的建筑空间，强调了轴线上建筑单体由南至北、由次至主层层递进的关系。

（3）正殿

正殿即大雄宝殿（图3-1-6），坐落在1500平方米（25×60）、高75厘米台基之上的大召大雄宝殿位于南北主轴线上，乃全召的最主要的建筑，前后由三个部分组成，即门廊、经堂与佛殿，二者之间的组合方式为接合式，其空间模式采用变异的都

图3-1-1　大召鸟瞰（资料来源：张晓东提供）

图3-1-2 大召山门

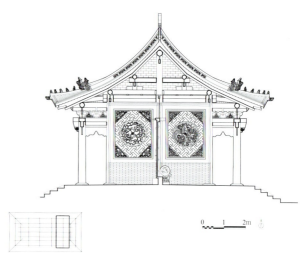

图3-1-3 大召山门剖面图

图3-1-4 天王殿

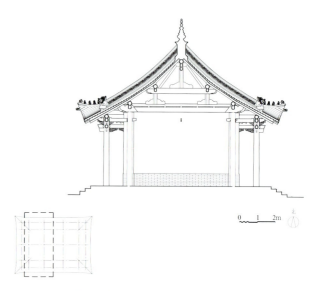

图3-1-5 天王殿剖面图

图3-1-6 大雄宝殿西南立面图

纲法式（图3-1-7）。

大召大雄宝殿正立面（图3-1-8）的构图采用典型的"两实夹一虚"[15]模式，通面阔13.4米，进深4米，高两层，采用汉式重檐歇山屋顶，铺金色琉璃瓦。

大召的经堂属大雄宝殿南侧部分，通面阔约23米，进深约24米，为九架梁木构建筑。从外观来看，经堂部分亦采用了歇山式屋顶，同门廊部分保持了一致，屋脊正中置有金色屋脊宝瓶，屋脊两侧设有吻兽。

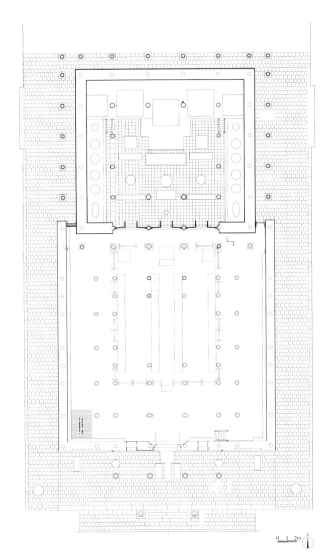

图3-1-7 大雄宝殿平面图

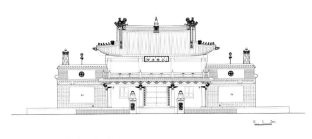

图3-1-8 大雄宝殿立面图

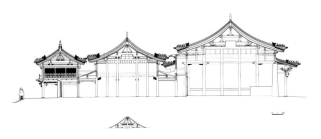

图3-1-9 大雄宝殿剖面图

（4）结构体系

以大召为代表的此类蒙古地域藏传佛教召庙建筑单体的结构结合了汉、藏两种做法。通常做法是，经堂一层采用藏式做法，即砖木或石木（区别于藏区藏式的土木或石木）混合结构，密肋平顶。这部分的木构梁架关系也基本是藏式的，即梁柱组合不使用榫卯，仅靠上下搭接，在柱头上加栌斗、替木等构件（也有不加的情况）以增大梁柱间的接触面。梁上施椽，椽、梁的另一端搭在墙上，共同承重，梁柱则组成排架。从外观看，则是厚墙、窄窗、平屋顶。经堂中部则采用汉式抬梁木构架做法，并在其上即经堂天井上部施以汉式屋顶，如歇山、卷棚等（图3-1-9）。

大召在民国年间已破败不堪，"文化大革命"中又丢失大量文物。至20世纪80年代，五间楼、菩萨庙等部分建筑被拆除。1983年起开始恢复法事，历经20余年的修缮与复建，基本恢复了寺庙往日的宏伟规模。

（二）呼和浩特席力图召

位于呼和浩特市玉泉区石头巷北端的席力图召（延寿寺），与明清蒙古地域最早建造的召庙——大召仅一路之隔。这座由土默特部阿拉坦汗之子僧格都棱汗始建于明万历十三年（1585年）的召庙是蒙古地域格鲁派著名的佛刹之一。

"席力图"，蒙古语，意为"法座"、"首席"。历史上，该召的一世活佛根据第三、第四世达赖喇嘛的意愿，成为其在内蒙古地域的代表，并坐上了尊贵的法座，因而被称为席力图呼图克图，而他所主持的召庙被称为"席力图召"，汉名"延寿寺"（1694年清康熙皇帝钦赐）。席力图召初建时仅有一座小庙，即现今西侧跨院的古佛殿，后来由于香火日盛，历世活佛不断修建该召庙，遂成今日之建筑格局。

席力图召设有显宗学部、密宗学部两大学部，密宗学部设在本召内，而显宗学部设于其属庙查干哈达召。

1. 组成与布局

席力图召共有3间的天王殿、5间的菩提过殿、

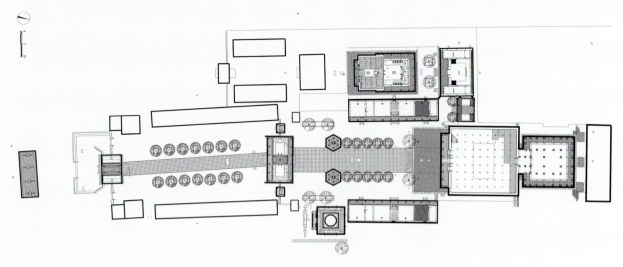

图3-1-10 席力图召总平面图

81间的大雄宝殿、大佛殿、18间的二层九间楼等5座主殿及牌楼、钟楼、鼓楼、东西廊房、东西碑亭等殿宇楼阁。大院西侧有乃春庙、前殿、丹珠尔殿3座殿宇，东侧有古佛殿、前殿、甘珠尔殿3座殿宇。大院西侧有席力图呼图克图拉卜楞[16]一座，大院东侧有汉白玉双耳白塔1座。

在布局方面，与紧邻的大召一样，席力图召的整体布局同样也采用了传统的汉式伽蓝七堂制（图3-1-10），即中轴线上排列主体建筑，其他次要建筑则排列在两侧轴线上并衬托主要建筑。席力图召内建筑群整体上分左中右三路，均以该召大经堂为核心，以中轴对称方式布置多重院落。召庙山门前建有木牌楼，以此为始的中轴线，串联汉式佛殿、大经堂。左右两路分别为活佛府邸、佛殿和喇嘛住所，基本以院落空间为主。

图3-1-11 大经堂

2. 建筑

采用汉式迦蓝七堂布局的席力图召，其建筑主体——大经堂（图3-1-11）依然是汉藏式风格。这种汉藏结合式殿堂形制在席力图召的建造中趋于成熟，相较于早期的大召大殿更为完善、精美。大经堂是席力图召的主体建筑，也是本召形制最为成熟、精美的殿堂，是位于召内轴线上的第三座建筑单体。建筑平面（图3-1-12）运用了藏式传统的都纲法式，立面一二层为藏式立面，三层顶部从前

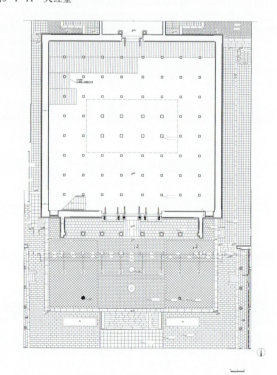

图3-1-12 大经堂平面图

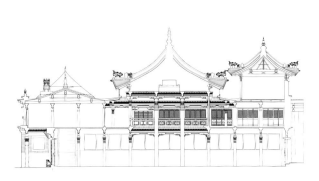

图3-1-13　大经堂剖面图

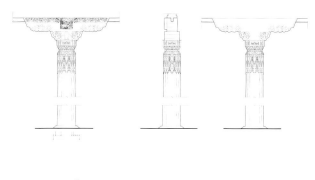

图3-1-14　大殿前廊柱大样图

至后、由低到高依次排列了两个汉式歇山大屋顶，具有很强的韵律感（图3-1-13）。

门口柱廊内的柱子（图3-1-14）均为朱红色八棱柱，柱身雕刻精美，柱顶部略有收分，柱顶雀替厚实，且绘有流畅的金色云纹图案。廊柱从雀替到檐口层层彩绘，甚是精美。廊内明间和次间置三个双扇开启的木板门，两侧梢间、尽间的墙上分别绘有佛教六道轮回图和曼荼罗[17]图，图案下方刷白的墙面上有镏金法物墙饰，而侧面向里的山墙内部则有精致的蟠龙砖雕，并在四角配有花纹图案。

经堂室内有方柱72根，柱身由厚厚的毡毯包裹，毯上绘有完整的祥龙图案，做工精美，质地优良。大经堂内部有3米×5米柱网的吹拔空间，其二层"吹拔"周围有一开间的外廊环绕。二层南部门楣上有用汉、藏、满、蒙四种文字题写的"延寿寺"匾额，为康熙皇帝御笔钦赐。三层仅后侧有一两开间佛殿，内置一佛像，是高层喇嘛诵经的场所。

3. 建筑细部

（1）柱头托木

早期的柱头托木边线简练，到后期，其装饰成分逐渐增加，有了复杂的云头图案和金色边线。格鲁派寺院建筑在后期，尤其是在五世达赖喇嘛时期，已经发展成熟，并有了明确的形制规定，形成了典型而鲜明的藏式建筑特色。据史料记载：席力图召大经堂的多棱廊柱、方形殿柱，以及殿内柱网

无减柱之制包括柱头置托木等制，皆为藏式结构的典型，为呼和浩特藏传佛教殿堂中仅见之例。柱头托木下缘曲线并列的三垂云头，按西藏诸寺院托木演变之顺序，应为五世达赖时期的流行形制。因此推知，此大殿的兴建时间应晚于17世纪后半叶，这与四世席力图呼图克图在清廷的支持下扩建本召，工程历时两年，于清康熙三十五年（1696年）基本完成的记载是一致的。

（2）屋顶及屋身装饰物

席力图召殿堂屋顶上的装饰构件很多，这些象征吉祥、荣誉、佛法和显贵的构件，犹如帽子上的装饰一样，起到了锦上添花的作用。"正吻"和"套兽"以及"博风"上的"悬鱼"、"惹草"不但有着丰富的意义，更对丰富屋顶的轮廓线产生了积极的作用。

（3）经堂内部陈设及供奉的佛像

大经堂室内中间南北向放置四列经床，经床周围形成一圈环绕式转经道，根据藏传佛教顺时针转经的原则，参拜者需沿转经道从左至右绕行参观礼佛。经堂里到处悬挂着堆绣、刺绣、唐卡，与中间吹拔部分垂下的长长的五彩经幡，共同强化了浓郁的宗教气氛。殿北侧从西到东供奉的佛像依次为：白度母、绿度母、宗喀巴大师、三世佛、本召第六世活佛（他扩建了席力图召的两座属庙，使席力图召的庙仓达到鼎盛）。中间由整块檀香木雕刻而成的释迦牟尼佛像，是本召一世活佛护送四世达赖到

西藏坐床时，西藏热振寺所赠，距今已有400多年历史，是本召佛宝之一。

1966年"文化大革命"中席力图召严重受损，召庙大面积房屋随着城市的发展，被占用或改建。1981年起，开始进行修缮，成为呼和浩特保留较完整的寺庙之一。

（三）呼和浩特乌素图召

乌素图，蒙古语，意为"有水的地方"。乌素图召位于呼和浩特西北郊外10公里处、大青山南麓的乌素图村西，始建于明万历三十四年（1606年），由第一世察哈尔迪彦其呼图克图初建，又于清代多次修缮，形成了现今殿宇巍峨、亭楼峙立、依山就势、错落有致的藏传佛教召庙建筑群。作为内蒙古地域现存的保存最为完整、规模最大的召庙建筑群之一，乌素图召的特点在于其一召多寺形制，即乌素图召一召涵括数座藏传佛教寺庙建筑群（图3-1-15）。

西乌素图召由毗邻相连的7座寺庙组成，即以庆缘寺为中心，东有长寿寺，西有东茶坊，东北有法禧寺，西北有药王寺，正北为罗汉寺，其北为法成广寿寺。清乾隆四十八年（1783年），清廷御赐满、蒙、汉、藏四体"庆缘寺"匾额。庆缘寺管辖里素召（增福寺）、乔尔吉拉然巴召（法禧寺）两座属庙。

1. 组成与布局

7座召庙中，就现状各庙的组成各不相同。总体上，乌素图召现存殿堂10座，东、西配殿、厢房、耳房等附属用房共27间，白塔一座。整个召庙

群以独立的寺为基本建造单位，占地35.5亩，总建筑面积3790平方米，其中，庆缘寺、长寿寺、罗汉寺、法禧寺四组寺院均采用汉式变异的伽蓝七堂院落式布局，相互毗邻、主次分明（图3-1-16）。各寺虽建于不同时期，但其布局呈现共性特点：

（1）轴线的运用

乌素图召寺庙建筑群中，轴线是其空间组合中运用最普遍的、最基本的方法。首先，四座寺院分别以纵深于南北的中轴线为基本对称轴布置各个殿堂，从而形成极为规律的建筑空间秩序；同时，各个寺院之间又两两组合，形成两条明显的南北轴线组，四座寺院中高低错落的院落以及主要的单体建筑作为轴线上的节点被轴线联系起来，形成一组有机的建筑空间整体。

（2）集中辐射性

庆缘寺是乌素图召的主寺，庆缘寺大雄宝殿等同于整座召庙的"措钦大殿"[18]，即庆缘寺是整个乌素图召的宗教中心，因此，宗教地位使其有了一种不可见的自我向心力，加之现存的儿座寺院均为庆缘寺之后所建，体现在建筑布局上，即为分散于庆缘寺及其大殿周围的寺院和建筑围绕着它从右侧开始逆时针方向依次建造，并呈现辐射状的空间秩序。

（3）伽蓝七堂的变异

在乌素图召的寺庙布局中，在汉式伽蓝七堂制的基础上作了一些独具特色的修改：作为伽蓝七堂第一进院落主殿的天王殿与山门相结合，乌素图召中，如庆缘寺、法禧寺皆为此做法，原本的钟、鼓楼也与第一个院落一起被取消，长寿寺原来的形制

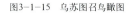
图3-1-15 乌苏图召鸟瞰图

图3-1-16 乌素图召总平面图

也与庆缘寺、法禧寺一样，后经过扩建形成现在三进院落的格局，新中国成立初在殿前的第二进院落两角还有东西钟鼓楼，而没有把钟鼓楼置于第一进院落内，也是伽蓝七堂制的一种变化。

2. 建筑

乌素图召四座寺院的四座主殿，就其空间形态及建筑风格来说，可以简单地分为两种类型，一是汉藏结合式建筑风格的庆缘寺大雄宝殿、法禧寺大雄宝殿；二是纯汉式建筑风格的长寿寺主殿、罗汉寺主殿。

(1) 庆缘寺大雄宝殿

庆缘寺大雄宝殿（图3-1-17）是庆缘寺的主殿，亦是乌素图召内规模最大的建筑物，是整个召庙的"措钦大殿"。该殿位于庆缘寺第一进院落的中部，坐北朝南，建于高约2米的石台基之上，总占地面积约为1044平方米。庆缘寺大雄宝殿为藏传佛教寺庙主殿的一种常用定制，即从南至北，前部门廊（门厅）、中部经堂、后部佛殿的空间组合（图3-1-18），建筑立面亦采用藏传佛教建筑中常用手法："两实夹一虚"。庆缘寺大雄宝殿的屋顶同样为内蒙古地域常用形制，即从前到后、由低至高，由三个歇山屋顶组成，其中佛殿屋顶为制高点，象征着佛祖的至高无上。在三座歇山顶正脊之上置宝莲刹金顶，在两端布置有"龙吻吞脊"，垂脊上做排山沟滴，戗脊上布戗兽及仙人走兽，飞椽出檐，四角起翘，明快轻盈。

(2) 长寿寺大殿

长寿寺大殿（图3-1-19）始建于清康熙三十六年，

图3-1-17 庆缘寺大雄宝殿

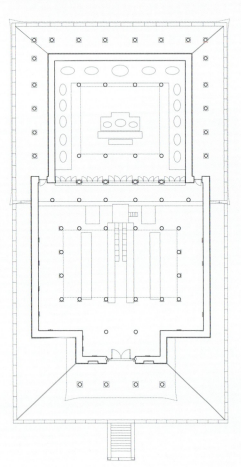

图3-1-18 庆缘寺大雄宝殿平面图

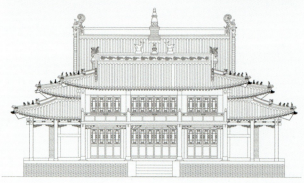

图3-1-19 长寿寺大殿外观立面图

据寺碑记载，清朝时共修葺六次，最后一次完成于嘉庆七年，原大殿在"文化大革命"时遭到破坏，残存无几，现存大殿为20世纪80年代按照大殿原样在原址上修复的。长寿寺大殿为纯汉式风格，坐落于方形麻石台基上，坐北朝南，大殿平面（图3-1-20）形制为内"金厢斗底槽"、外"副阶周匝"柱廊，面宽七间，进深六间（实际的殿身面阔五间，进深四间，加副阶周匝），屋顶采用重檐歇山顶。前廊中部四根柱子稍粗，升起二层小门楼一座，门楼面阔三间，进深两间，单檐歇山顶，形成汉式传统建筑中的"抱厦"，歇山的山面有博风板、悬鱼等。长寿寺大殿前后屋檐相交，两屋檐间又做一排水沟，巧妙地解决了屋顶凹处的积水问题，其重檐也与众不同，屋顶下檐从上檐檐口伸出，如鱼鳞一般紧紧相扣。

（3）法禧寺大雄宝殿

大雄宝殿坐北朝南，位于法禧寺的中轴线上，坐落于约1.6米高的台基之上，同庆缘寺大雄宝殿一样，是藏传佛教寺庙中常见的大殿形式，为接合式的经堂与佛殿。同样为汉藏结合式建筑，法禧寺大雄宝殿的藏式采用的模板是藏式碉楼，具体做法是：二层门楼用汉式五架抬梁结构，梁架做彻上明造，硬山屋顶，从门楼外墙升上两米余高的女儿墙遮挡硬山坡屋顶，从而形成视觉上藏式碉楼的效果，这种建筑风格在内蒙古地域较为少见。此外，结合汉式屋顶的出檐，在立面藏式横向构图的色彩层次上，形成了上下三层青绿色琉璃瓦走边，不仅在造型上独特，同时在功能上也解决了屋顶排水的问题。

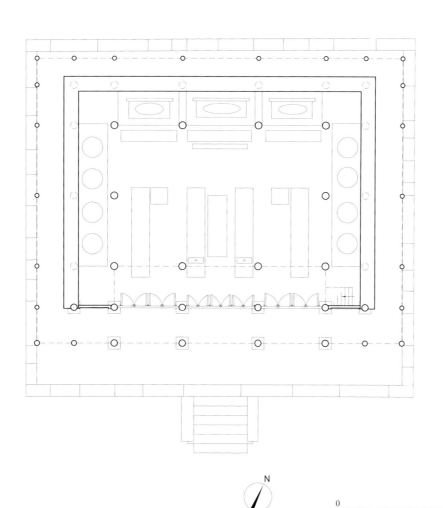

N

0   5

图3-1-20　长寿寺大殿平面图

乌素图召在"文化大革命"中严重受损，但多数建筑留存至今，成为内蒙古地区保留完好的古召庙群。

二、包头地区的藏传佛教建筑

（一）包头市百灵庙

百灵庙为原乌兰察布盟喀尔喀右翼旗（俗称达尔罕贝勒旗）寺庙，系该旗旗庙。康熙年间清廷御赐满、蒙、汉、藏四体"广福寺"匾额。该寺地处漠南通往漠北大库伦及新疆的交通要道，商旅云集，近代内蒙古史上的重要历史事件多发生于此庙。

1. 组成与布局

百灵庙盛期时的建筑由5座大殿、9顶佛塔和36处藏式结构的院落组成，总占地面积8000多平方米。

百灵庙因其地势平坦，易于轴线或者某种图示的表达，吸取了汉式寺院的"伽蓝七堂制"传统寺庙布局形式。"伽蓝七堂"历来说法不一，从现存实物看，大致是指——山门、天王殿、钟楼、鼓楼、东配殿、西配殿和大殿七座建筑，其特点是严格按中轴线布置建筑，保持着传统的宫廷、邸宅形式。百灵庙的中轴线建筑布局成为寺庙建筑总体艺术布局的骨架。为了克服三度空间的贫乏、单调，利用空间的开合、虚实变化，以及沿线建筑的体型、体量、高度、色彩变化，运用对比与调和、韵律与节奏、主与从等多种手法，形成了既统一协调又丰富多彩的寺庙建筑艺术空间（图3-1-21）。

2. 建筑

（1）朝克沁大殿

朝克沁大殿，汉语正式名称"人雄宝殿"，俗称朝格钦殿，始建于清康熙四十二年（1703年）（图3-1-22）。

全殿共分两层，建筑高约为14米，是座汉藏建筑风格结合的建筑（图3-1-23）。平面分为三部分，从南至北，依次是门廊（门厅）、经堂、佛殿。自黄教加强寺庙管理和强调习经制度之后，寺庙的管理机构、佛殿、经堂相互结合，组成一幢二三层的大型建筑，例如朝克沁大殿，其底层前廊、门厅，中部是经堂，后部是佛堂，建筑组合已经成了藏传佛教寺庙主殿的一种定制。

大殿的平面为一"凸"字形状，殿内分为经堂与佛殿两个方形柱网，前为宽敞明亮的经堂。经堂底层面阔七间（约为23.04米），进深八间（约为20米），为典型的"都纲法式"平面布局形式（图3-1-24），室内装修有彩画、井口天花、四方变八方的藻井，经堂内法座、经床、法鼓等法器俱备；经幢、经幡、帷幔、唐卡、壁画等佛教饰物丰富，很多都具有珍贵的历史价值。

佛殿与经堂以木隔扇门分开，前为大经堂，是全召性大型宗教活动举行的场所，后为两层高的佛殿，面阔三间（约为16米），进深三间（约为12米），平面中采用两排对称的四根柱子将大殿空间分为三部分。四根覆莲大柱也直通楼顶，四根大柱支撑巨大的歇山屋顶。殿外再设"副阶周匝"，形成一个重檐屋顶，这样给了佛殿一个高耸的神性空间。佛殿比经堂高一个踏步，逐渐升高的空间营造出佛殿的崇高地位。

（2）却仁殿

却仁殿是却伊拉扎仓（法学部，即显教学部）的经堂。汉语正式名称"法相殿"，俗称"却日独贡"（图3-1-25）。

却仁殿通面阔22.8米，通进深27.34米。经堂部分为两层，佛殿为两层层高。建筑高为7.4米，是座纯藏式建筑风格建筑。该建筑形态对称规整，内部平面分区明确，由南至北分别是门廊（门厅）、经堂与佛殿。像却仁殿这样底层前廊、门厅，中部是经堂，后部是佛堂的建筑组合在藏区后弘时期已经成了藏传佛教寺庙主殿的一种定制。却仁殿整体平面为凹字形，密肋平顶，砖木结构，主体墙皆为青砖砌筑而成，最底部墙体厚达1.6~1.7米，约有1/10的收分量，墙体收分强烈，室内墙体无收分。墙体内不设柱，石墙直接对梁交搭，与室内柱共同承重。

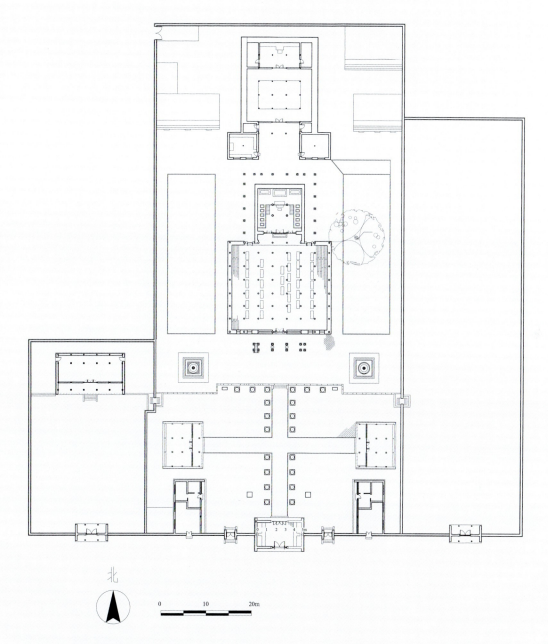

北

0   10   20m

图3-1-21　百灵庙总平面图

图3-1-22　朝克沁大殿

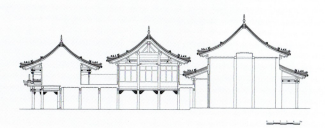

图3-1-23　朝克沁大殿剖面图

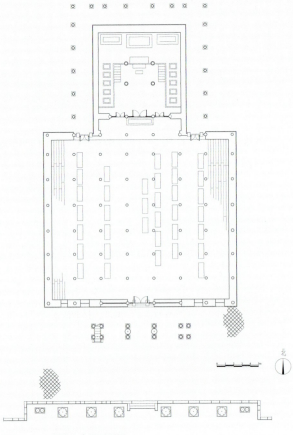

图3-1-24　朝克沁大殿平面图

（3）四大天王殿

四大天王殿面阔三间约10米，通进深约4.95米，五架抬梁式砖木结构，建筑除了用来贯通院落的门，都用青砖围合。明间正中是寺内唯一的一扇藏式正门，木雕彩绘，复杂的藏式门窗装饰，是本寺中藏传佛教建筑符号的体现（图3-1-26）。殿内屋顶梁架做彻上明造，梁、柱、枋、椽等木构件均彩画饰面，彩画风格汉藏结合。东、西两面设四大天王神像。硬山顶，正脊正中置宝顶，正脊两端置正吻，甚是精美。四大天王殿东西做侧门两座，正脊两端置正吻，檐下置石雕椽子两排。

（二）包头市梅力更召

梅力更召为原乌兰察布盟乌拉特西公旗寺庙（图3-1-27）。清乾隆三十八年（1773年），清廷御赐满、蒙、汉、藏四体"昌梵寺"匾额。寺庙管辖吉日嘎朗图庙、席勒庙、额尔顿宝拉格庙、根坯庙、查干庙5座属庙，同时作为旗庙，管理旗境内24座寺庙的法事活动。梅力更召及其管辖的西公旗寺庙以翻译藏文经典，并以蒙语诵经而著称。寺庙

图3-1-25　却仁殿

曾出现第三世梅力更活佛罗布桑丹毕贾拉森及乌格里衮达赉、诺门达赉、丹毕贾拉森等著名学者。

1. 组成与布局

寺庙建筑风格为汉藏结合式建筑。寺庙在其最盛时占地面积约4520平方米，有弥勒殿、大雄宝殿等4座大殿，大雄宝殿南有查玛舞场，东侧为膳食房，西侧为会管房，南有天王殿。梅日更活佛拉卜楞及佛仓占据寺庙中心区位，其西侧为大雄宝殿，北侧有大庙仓院、西达喇嘛仓两进院，其东侧有乔尔吉上师仓三进院、固始上师仓两进院，寺庙最北端为席勒喇嘛仓的两进院（图3-1-28）。寺庙有8座佛塔（上述规模为该庙盛期情况）。

2. 建筑

（1）四大天王殿

以前的四大天王殿被毁，现存的是新建的，该建筑为汉式歇山顶，五开间、四进深，室内供奉着

图3-1-26　百灵庙四大天王殿

图3-1-27　梅力更召鸟瞰

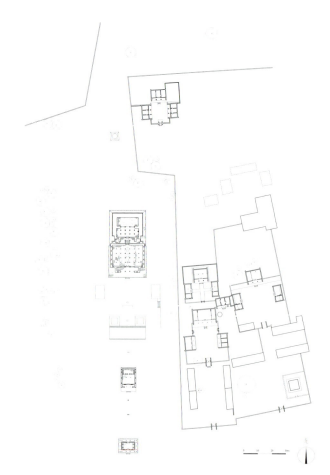

图3-1-28　梅力更召总平面图

图3-1-29　梅力更召四大天王殿

图3-1-30　护法殿

西方广目天王、东方持国天王、北方多闻天王、南方增长天王（图3-1-29）。

（2）护法殿

原有的护法殿也已被毁，现存的护法殿是1996年在原处新建的，是一个藏式平顶建筑，三开间、三进深，有一进深的门廊，室内分为南北两间，南面这间为一个较小的经堂，北面这间为佛堂，经堂部分一层高，佛堂部分两层通高（图3-1-30）。

（3）大经堂

梅力更召宗教建筑序列是由轴线组织的，经堂是其中一个较为重要的建筑，所以在整个序列较靠北的地方。

经堂是僧人日常念经礼佛和召庙定期集会的主要场所，其建在0.57米高的台基上，该台基建在高约0.6米的平台上，这样就避免了前面殿堂对经堂的遮挡，而且使该建筑显得更加雄伟（图3-1-31）。

殿前广场两侧各设一白塔，增强了各个空间的仪式性，白塔与经堂之间设有东西配殿，现为法物流通处。

据史料记载，经堂部分于1702年建造，整体风格为典型的"两实夹一虚"的藏式，其占地面积约463平方米，上下共有两层，总高度为11.8米。大殿平面为矩形，一层为七开间（约26.6米）、五进深（约为19.7米），殿内仪式空间地面由300毫米×300毫米方砖错缝拼接而成，四壁都刷大白，并无壁画。室内共有24根木柱，柱础为花岗石。正中4根为圆柱（周长510毫米）其他为方柱（210毫米×210毫米），柱子都用以金黄色和红色为主的毯子包裹。殿内正中的三个开间、三进深为经堂的宗教仪式区，这个区域二层通高，经床和法座位于这个区域，并且用彩色的旗子围了起来。该空间仅供等级较高的僧人诵经所用，其他信众围绕这个区域转经

图3-1-31　大经堂

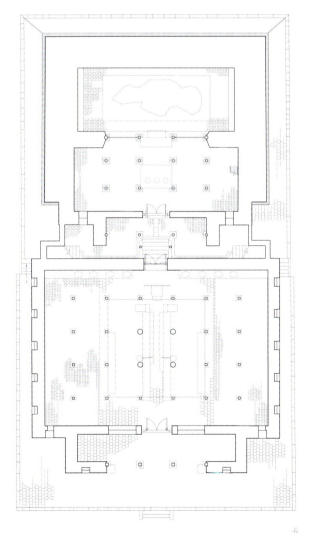

图3-1-32　大经堂平面图

（图3-1-32）。

经堂二层由经堂佛殿所夹空间的两侧的台阶进入。经堂二层大体为一个"回"字形的空间，中间部分为一层仪式空间上空，二层门廊与二层空间用木质格栅隔开。值得一提的是二层的柱子并不都是一层二层通高的，只有仪式空间如此，其他部分由24根细柱将屋顶的重量传到下面，这24根细柱将二层的东西两个空间各分成四开间、五进深的长条空间，而且这三排细柱中间的一排与下面的粗柱上下对齐。我们可以推测这样的做法可能是当时受材料的限制而采用的巧妙做法。二层顶棚为直径约15厘米的原木铺设而成的，地板为宽约20厘米、厚约3厘米的木板铺设，墙壁刷大白。

（4）佛殿（弥勒殿）

据史料记载，佛堂部分始建于1702年。但由于曾经两次遭受火灾，所以位置也就搬了三次，现在我们看到的佛殿是后来翻盖的。翻盖后佛殿的位置非常接近经堂，两者间距仅为约3.8米。佛殿又称弥勒殿，这是梅力更召供奉弥勒佛的地方，也是这个召庙宗教轴线高潮的地方。

佛殿为砖木造藏式平顶建筑。正面为典型的"两实夹一虚"的藏式，因紧邻经堂，观者通常更容易看到其背后的形式（图3-1-33）。上下共有三层，总高度约为14.7米。大殿前有一个一进深、三开间的凸形门廊，门廊内设漆红色圆柱两根，柱上雀替梁枋上有彩绘。殿门两侧并无彩画。四周墙体厚度约为2.8～2.9米，起到了良好的承重和保温作用。佛殿平面为矩形，与前面的门廊形成了"凸"字形。殿内一层为五开间、五进深，召内最大佛像——弥勒佛在此供奉，佛像高约13米，为弥勒佛坐像，佛像整体金色，佛像背后为历经百年的壁画。从剖面图中可以看出三层的光线较二层的照在佛像上更为直接、更为强烈。这样，就会使得照在佛像上的光线形成主次关系：光线由上至下逐渐变弱，在佛像面容处最强，其次佛身，拜佛处光线最弱。这样的光线设置也正强调了在这个空间中人与神的关系——人在这个空间内是渺小的（图3-1-34）。

图3-1-33　佛殿

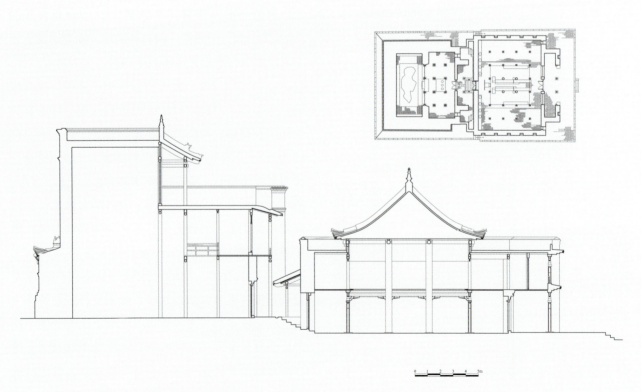

图3-1-34　佛殿剖面图

（三）包头市五当召

五当召地处原乌拉特东公旗所辖之地，系章嘉活佛属庙，蒙古地区最知名的学问寺之一（图3-1-35）。清乾隆二十一年（1756年），清廷御赐满、蒙、汉、藏四体"广觉寺"匾额。该庙无属庙，亦不受任何盟旗与喇嘛印务处管理，寺庙喇嘛管事会在寺庙辖区内实施政教合一的管理制度。寺庙初由理藩院管理，清嘉庆四年（1799年），交由绥远将军监管。

1．组成与布局

寺庙共有双层时轮殿、双层护法殿（又称黄庙）、81间的三层大雄宝殿、阿会殿、显宗殿、菩提道学殿6座大殿，洞阔尔活佛府、章嘉活佛府、甘珠尔活佛府3座拉卜楞及1座供奉历世活佛舍利塔的苏卜盖陵，僧舍94排。寺庙建筑共计2500余间，占地面积近20公顷，其中不包括已拆毁的远方殿、斋戒殿、根坯庙等殿宇。寺庙建筑因逐年扩建，殿堂式样各异，但以西藏扎什伦布寺等名寺为效仿蓝图，整体构成一个有机体系（图3-1-36）。

从总体布局上看，五当召的主体建筑都建造在山坡上，因地制宜，依山而建，布局自由，是较典型的藏式形制。此布局出自召庙的本宗性格需要，也成因于数百年间根据自身情况和地形条件逐步成型的时间因素。

2．建筑

（1）苏古沁大殿

苏古沁大殿是一座典型的藏式大殿，其正立面为"二实夹一虚"：大殿前廊深一间、面阔五间，为二层，门廊内有4根八楞柱，且柱头上为饰有藏式云纹的托木。门廊两侧实的部分为小室，小室正面开有藏式小窗，厚实的墙体与中间门廊形成强烈对比（图3-1-37、图3-1-38）。建筑的檐口部分线脚的处理较丰富，且檐部有四角经幢和苏勒德；边玛檐墙两侧均设六字真言镏金铜饰；建筑外墙上的

图3-1-35 五当召远景

图3-1-36 五当召总平面图

图3-1-37　苏古沁大殿（资料来源：张晓东提供）

黑色窗套与白色墙体形成鲜明对比（图3-1-39）。

　　与青藏地区的大殿相似的五当召藏式殿堂，同样由门廊、经堂、佛殿组成，但经堂平面多为纵长矩形，即进深大于面阔，二者平面同样之处为同呈"回"字形，中部形成吹拔，即采用典型的藏式"都纲法式"做法。殿堂内部柱网布置较密，柱距一般均在3米左右，且殿内不减柱，中间吹拔部分设长柱（俗称通天柱）用以支撑上部梁架，吹拔正面及侧面开高侧窗用以采光、通风。

　　故而，处于内蒙古地域的藏式五当召，其单体建筑形制呈现出与藏地佛教建筑共同的特征与一定程度的差异。

　　（2）却伊拉殿

　　却伊拉殿建于清道光十五年（1835年），是五当召又一座大型经殿，其规模仅次于苏古沁殿，是五当召最大的"扎仓"，为显教学部听经、诵经、祈祷、辩论之所，亦称"哲学部"。

图3-1-38　五当召匾额（资料来源：张晓东提供）

图3-1-39　局部

图3-1-40　却伊拉殿

图3-1-41　洞阔尔殿

大殿与苏古沁殿都建于同一个石台基之上，从体量和尺度上却突出了苏古沁殿的主体地位。

该殿平面形式及立面造型均与东邻的苏古沁殿有相似之处（图3-1-40）。大殿平面呈矩形，面阔九开间，亦与苏古沁殿尺度相同。殿前有一"凹"形门廊，面阔五开间，进深一间。廊内绘有四大天王及时轮金刚等壁画，天花为木质藻井。本殿结构形式亦为藏式柱梁混合承重结构。

（3）洞阔尔殿

洞阔尔殿位于苏古沁殿以北，讲经台之上的山坡上，与前方的苏古沁殿、讲经台三者居于同一条主轴线上，是五当召一世活佛于清乾隆十四年（1749年）亲自主持修建的。五当召第一个学部——时轮数学部就设立于此，该学部是学习研究天文、占卜、立法、数学等学科的学院，即洞阔尔扎仓。洞阔尔殿是五当召整个建筑群的主体建筑，位于建筑群的中心和高处，从庙前旗杆广场直上需要登百余级石阶。大殿坐北朝南、因借山势，雄踞于高约3.8米的石砌台基之上，俯瞰讲经台，更显得气势雄伟（图3-1-41）。

该殿建筑平面为矩形，正面有一"凸"形门廊，面阔三开间，进深一间，门廊内及殿门两侧墙上绘有四大天王的画像，殿门上方悬挂着清乾隆皇帝于清乾隆二十一年（1756年）御赐蒙、汉、满、藏四种文字镌刻的"广觉寺"匾额，门廊顶部设木质藻井。

（4）圪希德殿

该殿建于清乾隆十五年（1750年），殿内供奉着喇嘛教中的护法神大威德金刚、胜乐金刚等9尊神像。圪希德殿规模不大，是一座小型的两层藏式建筑（图3-1-42）。该殿面南背北，紧依洞阔尔殿西侧，殿前青石铺就并与洞阔尔殿缓坡相连。底层面阔五间，进深三间，分为前室与殿堂两部分。殿堂进深两间，高度约为前室的两倍，内部并列4根方柱，中间4根为木雕盘龙方柱，正面供奉9尊护法神像。殿堂二层平面与一层相同，有门与前室屋顶相连，亦为供佛之所。

（5）喇弥仁殿

喇弥仁殿建于清光绪十八年（1892年），是五当召中建造最晚的经殿，俗称"新庙"。该殿位于圪希德殿之后西侧的山丘上，面南背北，左邻山谷，居高临下，右为章嘉活佛府。喇弥仁殿坐落于一个高约5.7米左右的台基之上，借助山势，更显巍峨（图3-1-43）。该殿是五当召中菩提道学部(或称教义戒律学部)的经殿，内蒙古地区中只有五当召设此学部。殿前设有"凸"形三开间的木门廊，雕梁画栋、色彩艳丽，两侧的白色实墙面与中央门廊相比，比例较小，强化了中央门廊。

（6）阿会殿

阿会殿为两层殿堂，面阔五间，进深五间，是五当召中最小的殿堂，殿前亦有一"凸"形门廊，廊柱为八棱柱。门廊面阔三间，廊内殿门两侧墙上绘有佛教的六道轮回壁画。正面两侧实墙上均开有上下两个窗户（图3-1-44）。

（四）包头市昆都仑召

昆都仑召为原乌兰察布盟乌拉特中公旗（即乌拉特中旗）寺庙，系该旗旗庙及乌拉特三大名寺之一。昆都仑召为原乌拉特中公旗寺庙中唯一用藏语诵经的寺庙。历史名著《水晶鉴》的作者金巴道尔吉出自该寺。清雍正七年（1729年），两名青海游僧在地方信众的支持下初建该庙，称吉日嘎朗图庙。游僧为叔侄二人，侄嘉木桑桑宝在寺庙建成后到多伦诺尔研习佛法十余年，回到本寺后经乌拉特中公旗王公及寺庙僧人的选定，成为寺庙活佛。在其主持下经20余年的建设，该寺成为规模宏大的寺庙。因寺庙位于昆都仑河河畔，故俗称昆都勒庙，也称昆都仑召。

1. 组成与布局

寺庙建筑风格为藏式建筑与汉式建筑并存。至新中国成立前该庙建筑群占地面积近11公顷，有81间的大雄宝殿、天王殿、小黄庙、斋戒殿等殿宇23座，僧舍近60间，活佛府2座，佛塔3座，除此之外，有供旗扎萨克王公祭拜休憩的公爷府、小殿、八角亭等建筑及1座专供祭拜乌拉特部先祖哈布图

图3-1-42 圪希德殿

图3-1-43 喇弥仁殿

图3-1-44 阿会殿

哈撒尔的汗撒尔殿。该寺活佛高僧闭关修行的根坯庙位于寺北四里处阴山下，为一处四合院，有一座佛殿与两座配殿。整体布局中各殿堂相对独立，又有一定的中心（图3-1-45）。

2. 建筑

（1）曹克沁独贡

昆都仑召的主体建筑曹克沁独贡（即汉语"大雄宝殿"之意）是该召最大的建筑单体（图3-1-46）。它是纯藏式建筑形制，布局为前经堂后佛殿式，经堂两层，佛殿通高三层。大殿各方向均开九间，含明柱64根，总面积达1161平方米，是整个昆都仑召举行大型法事活动和集会的场所。

曹克沁独贡位于天王殿后，建于三步标高石板平台上，坐北朝南，建筑制高点约为16米，平房平

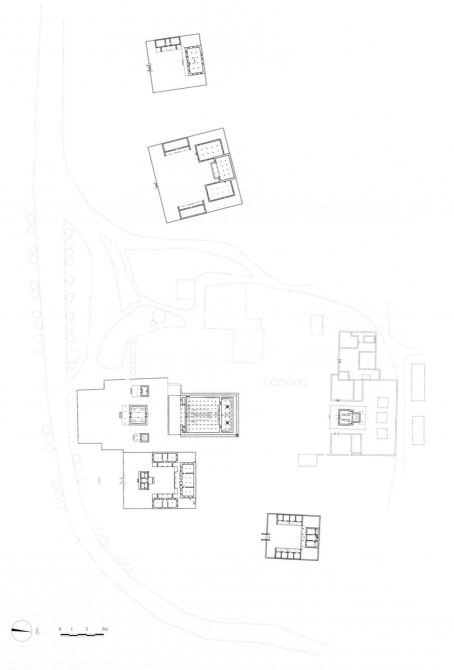

图3-1-45　昆都仑召总平面图

图3-1-46 曹克沁独贡

顶，顶盖没有瓦，殿顶的中央部装饰着金属制造的
法轮，两侧双鹿作跪伏状，四角陪衬着塔形幢幡。
以藏式独有的厚墙小窗、平顶密柱的构制为特点。

　　大殿入口处的门廊进深一间，面阔五间，与经
堂相连，门廊内设6根300毫米见方的朱红棱柱，棱
柱从下至上逐步收分，大殿的首层平面为一"吕"
字形，殿内分为经堂与佛殿，前为宽敞明亮的经
堂，后为佛殿。经堂底层面阔九间（约为25.20
米），进深九间（约为24.08米），"都纲法式"平
面布局，经堂天井间的柱间距略大于两侧柱间距，
通柱通抵二层以承屋顶之重。经堂北墙上左右各
有两扇小门通向佛殿。佛殿进深三间（约为8.22
米），面阔同经堂相同为九开间（约为25.02米），
通高6.62米，形似一个瘦高窄长的空间。二层平面
因"都纲法式"作法呈典型的"回"字形布局（图
3-1-47）。"都纲法式"是藏地佛寺一种定型化的
建筑形制，是宗教中"曼荼罗"宇宙图示的程式

化，表达了宗教上"聚集"和"道场"的意义。

　　立面处理上，曹克沁独贡高约为16米，藏式建
筑风格。经堂与佛殿相连，经堂二层，佛殿三层。
采用藏式典型的"两实夹一虚"的立面构图（图
3-1-48），重点突出了五开间的门廊和其上轻盈工
整的木构阁楼，这是藏传佛教建筑中用来处理入口
立面的常用手法。经堂顶部四面均有装饰法器，佛
殿顶北向正中是法器金黄色宝塔，四角有苏木德。

　　（2）小黄庙

　　小黄庙是昆都仑召现存建筑中，唯——座汉藏
混合式的建筑。小黄庙本名"吉日嘎朗图"庙（汉
译"造福寺"）。面阔9.06米，进深15.28米，建于
长20.60米，宽13.23米的石砖平台上。小黄庙建筑
为前经堂后佛殿式。经堂是典型的藏式碉楼风格，
门楼及佛殿部分是典型的汉式佛寺建筑风格。经堂
外墙通体涂以黄色，佛殿部分白色。相传在昆都仑
召大规模建设完工后，为了迎接皇帝来召朝佛，将

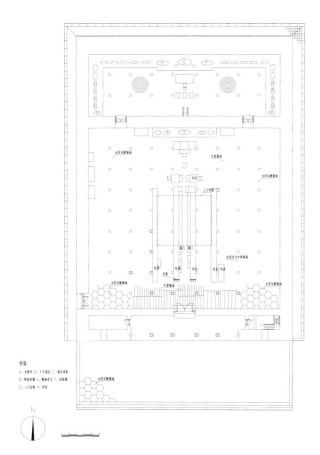

图3-1-47 曹克沁独贡平面图

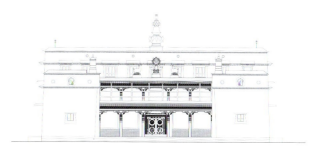

图3-1-48 大雄宝殿立面

图3-1-49 小黄庙

吉日嘎朗图庙涂成了黄颜色，随后便得俗名"小黄庙"，后来此殿多用于皇亲和各旗王爷们礼佛祈福（图3-1-49）。

小黄庙佛殿外接汉式围廊，所以它仍保存着沿佛堂外壁左绕礼拜的制度。佛殿内设两个圆拱券后门，与佛殿外围廊相通，拜佛后可以直接从后门出殿。与此相同的建筑形制还有呼和浩特大召大殿、席力图召古佛殿等。

（3）东活佛府

东活佛府始建于清朝康熙年间，占地面积2650平方米，是建在曹克沁独贡东侧的汉藏合璧式建筑。东活佛府主殿初建时为白色楼体，女儿墙仿边玛墙涂红色，1934年为了迎接九世班禅大师额尔德尼·曲吉尼玛的光临，楼体改涂为黄色，同时又在主殿正门加建四柱的飞檐抱厦门楼，使其更加绚丽夺目。现在门楼尚存，但抱厦式屋顶却已损毁，重新修建起来的屋顶只是草草地用砖垒了边缘，变成

了藏式平屋顶（图3-1-50）。

（五）包头市美岱召

美岱召位于包头市土默特右旗美岱召村，始建于明代嘉靖四十四年（1565年），距今已有440多年历史，系蒙古地区建造最早的藏传佛教格鲁派寺庙之一。该寺在明代曾为阿拉坦汗的家庙，或称汗庙，并位于"大明金国[19]"之都大板升城[20]。因此，寺庙具有城寺合一、政教一体的独特形制。后随政治中心的东移以及政权的更替，城堡逐步改扩成为寺庙，清时降为由呼和浩特喇嘛印务处管辖的召庙。该寺原名灵觉寺，清乾隆五十二年（1787年），清廷赐名"寿灵寺"。寺中珍藏巨型纪实壁画"蒙古贵族礼佛图"及美岱召现存唯一的文字资料——泰和门石匾等珍贵文物，美岱召现为全国重点文物保护单位。

1．组成与布局

美岱召占地约6.25万平方米，城内面积近4万

平方米，周长721米，由城墙和寺庙群组成。

基于特殊的文化、历史背景，内蒙古地域藏传佛教召庙庙界的划定大多借助于敖包、院墙等方式，但通过城墙界定庙宇的方式，美岱召尚属首例。美岱召城[21]寺的出现是北元政治历史的产物，作为具一定的军事防御作用的城池，其城墙围合的是阿拉坦汗统治集团行政、宗教等多方面活动内容所在的空间，并通过这样的方式限定了不同社会阶层居民的活动，使得社会等级、功能分工有所分隔。

美岱召属于轴线式与自由式相结合的布局方式，即将主要殿堂——大雄宝殿、琉璃殿井然有序地布置在同一轴线上——这是召内的唯一一条轴线，也是全城规划的主轴线；次要殿堂观音殿及罗汉堂分居轴线两侧，但此轴线方向并非正南正北朝向。八角庙与西万佛殿在大雄宝殿西北方向，乃琼庙在大雄宝殿西侧，主轴线东边从南向北分别布置有美岱召管理所（原为喇嘛伙房，现已毁）、太后庙和达赖庙，此三座建筑没有明显的轴线关系（图3-1-51）。

从总体布局上看，太后庙虽与主轴线上的主要单体建筑——大雄宝殿、琉璃殿没有直接联系，但经测绘分析：供奉弥勒佛的大雄宝殿、供奉释迦牟尼佛的琉璃殿及供奉三娘子[22]骨灰塔的太后殿，三者所处位置连点成线，即为一正三角形。

2. 建筑

（1）大雄宝殿

大雄宝殿（藏语称朝克沁独贡）（图3-1-52、图3-1-53）位于主轴线最前端，面阔19米，进深43.6米，高17.5米，由三座汉式重檐歇山顶建筑组合而成，三殿分别为前过廊、中经堂、后佛殿，外部呈勾连一体状。这种将数殿组合而成的建筑称为

图3-1-50　东活佛府

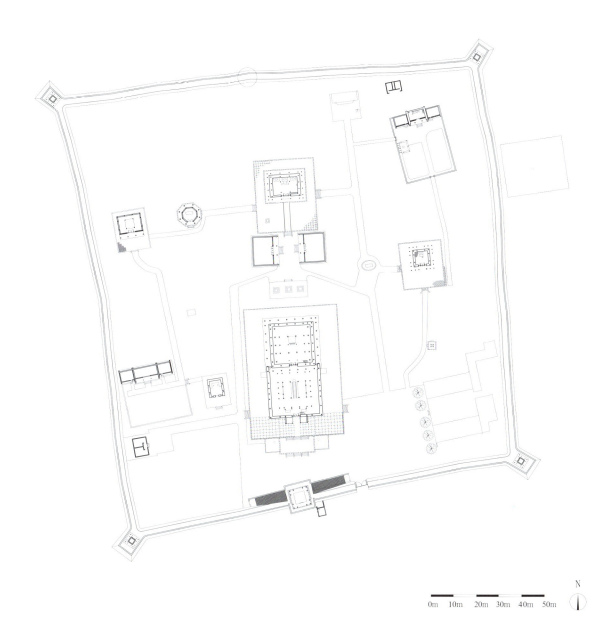

0m 10m 20m 30m 40m 50m

N

图3-1-51 美岱召总平面图

图3-1-52 美岱召老照片（资料来源：张晓东提供）

图3-1-53 美岱召大雄宝殿

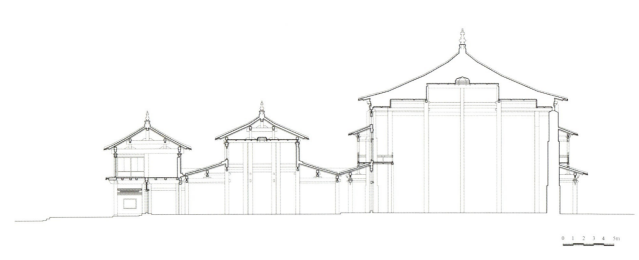

图3-1-54 大雄宝殿剖面

图3-1-55 大雄宝殿内阿拉塔汗和三娘子像壁画（资料来源：张晓东提供）

勾连搭式（图3-1-54）。单从外观侧立面，建筑高度及其体量逐渐变大，直至歇山顶三层楼阁全汉式的琉璃殿，是视觉上的过渡，也是沿着主轴线的升华。从内部空间上分析，这种形式更是做到层次分明，在渐进的空间变化中体现其层次感。佛殿的内部壁画也堪称经典（图3-1-55）。

（2）琉璃殿

整个琉璃殿坐落在22.6米×31.6米×1.07米的高大台基上。台基上为条石长方形格状铺设，每方格内满铺鹅卵石，十分精致。台基东、西两侧均有阶梯，南面阶梯径直通向底层大门，并采用条石分隔出2.5米×12.36米的直道。面阔三开间，三进

深，底层绕有一圈柱廊。大殿东南角有木质楼梯，与二三层联系沟通（图3-1-56、图3-1-57）。

整个殿内为梁架结构，外檐用斗栱挑出以承重，将屋面的大面积荷载经斗栱传递到柱上一层，檐下斗栱为"斗口两昂五踩"，三层檐下无斗栱，下层檐柱柱头上用平板枋支撑抱头梁，平板枋宽度比柱径稍窄，其上是垫板和檩。檩上铺一层长方形的转板，上承屋面。殿内右侧有木楼梯与上层沟通。没有升起、侧脚、卷杀的使用，屋顶柔和的线条轮廓消失，柱的比例略细长，建筑风格稳重、拘谨而硬朗，琉璃殿无论从立面还是结构上都是典型的明代汉式建筑。

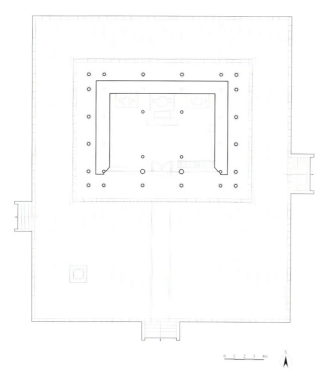

美岱召琉璃殿平面图

图3-1-56 琉璃殿平面图

图3-1-57 琉璃殿

（3）太后庙

太后庙，当地百姓也称"三娘子庙"（图3-1-58~图3-1-60）。三娘子在当地百姓心目中已经成为佛化的人物，为了表达她拥有与阿拉坦汗和佛祖具有相同影响的地位，因此建筑形式与大雄宝殿和琉璃殿保持一致性——外绕围廊、重檐歇山顶以及无窗棂的白墙。殿内原有一座3米高的覆钵式檀香木塔，上面缀有珠宝，可惜的是，"文化大革命"时塔被拆毁。当时从塔腹中发现很多珍贵文物，数十根男

女不同形式的发辫，且深挖地宫发现两小箱人骨灰和数把腰刀，以及头饰、靴帽、盔甲等文物。据此可知木塔地宫实为合葬墓，上盖发塔、发辫应是合葬者的亲属供奉的。现已用一个仿制的1.5米高的塔来代替。

该庙坐落于大雄宝殿东部，重檐歇山式建筑，整个白色檐墙为封闭式，不设窗棂，在南面明间部位设置一平板门。底层出檐深远，梁柱间没有斗栱，尽保留耍头，古朴而庄重。墙体较厚（860毫米）并有收分，外观看似二层，但并无楼梯与上层沟通，有梁架板作层间隔，底层层高5.3米。内部为了缩小尺度感，故用木质吊顶作一分隔。

三、鄂尔多斯地区的藏传佛教建筑

（一）鄂尔多斯准格尔旗准格尔召

准格尔召为原伊克昭盟鄂尔多斯左翼前旗（俗称准格尔旗）寺庙，系鄂尔多斯建造最早的藏传佛教格鲁派寺庙及准格尔旗规模最为宏大的寺庙，明廷赐名"宝藏寺"。民国12年（1923年），民国政府赐名"宝堂寺"。明天启三年（1623年），准格尔旗第一任扎萨克斯仁之祖父明盖岱青、图日布洪台吉等人从陕西神木请来工匠，在乌力吉图山之地新建黄绿色琉璃瓦重檐殿宇，初建该寺。最初称该庙为西拉召、衮额日格召、贝子召。

1. 组成与布局

准格尔召的主体建筑主要由大经堂（大独宫）、佛殿、莲花生殿、藏经阁4座主要殿宇围合组成的独立院落构成，被当地僧侣称为"大庙"。大庙在建筑、宗教、文化上都居于准格尔召的中心位置，统领着整个寺庙。大庙门前是一个小型的广场，当寺庙内举行玛尼会等集会活动时，喇嘛们多在此处跳查玛舞，同时，这个小型集散地也是人们在祭祀时燃放烟花爆竹的场地。广场上，在经过大庙大经堂、佛殿的这一南北轴线上布置有一个形状类似宝塔的香炉（新铸造）和玛尼杆，广场南侧以及东西两侧多为现今的喇嘛住所和当地民居。

以大庙为中心，紧临大庙东侧的是大常署；大

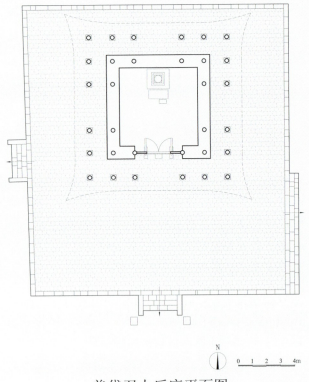

美岱召太后庙平面图

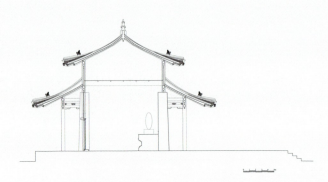

图3-1-58　太后庙平面图

图3-1-59　太后庙剖面图

图3-1-60　太后庙

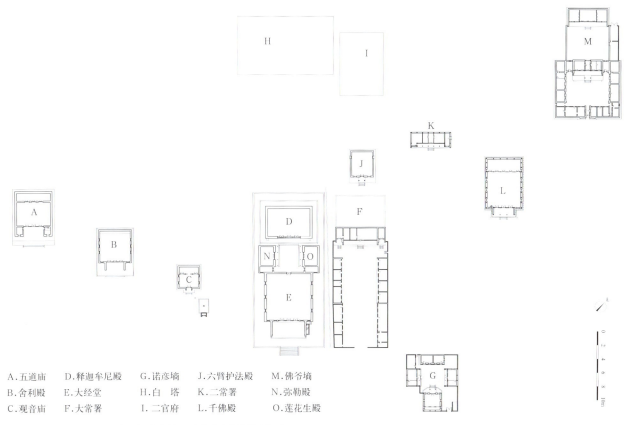

A.五道庙　　D.释迦牟尼殿　　G.诺彦墒　　J.六臂护法殿　　M.佛爷墒
B.舍利殿　　E.大经堂　　　　H.白　塔　　K.二常署　　　N.弥勒殿
C.观音庙　　F.大常署　　　　I.二官府　　L.千佛殿　　　O.莲花生殿

图3-1-61　准格尔召总平面图（图片来源：《内蒙古藏传佛教建筑》）

图3-1-62　大殿经堂正前方

图3-1-63　佛殿正前方

庙西侧，从东往西依次是观音庙、舍利殿、五道庙；大庙东南方向、广场东侧是诺彦墒；而大庙东北方向，从东至西依次是佛爷墒、千佛殿、二常署、六臂护法殿；大庙最北则是新建的白塔以及白塔东侧已经荒废的二官府。这组建筑，除已经荒废的二官府、作为库房和居住使用的诺彦墒以及佛爷墒外，其他殿堂均用于法事活动和宗教礼拜。所有建筑以大庙为中心，相对集中地分散于大庙四周（图3-1-61）。

2. 建筑

（1）大庙经堂与佛殿

大庙的佛殿与经堂分布在南北纵轴线上。大经堂居南（图3-1-62），从大经堂的后门进入后殿的院落，后殿便是准格尔召的佛殿（图3-1-63）。佛殿面阔七间，进深四间，平面形式采用副阶周匝，是典型的纯汉式独立佛殿。佛殿为全木结构，没有使用过一颗铁钉，均为纯木榫卯结构。佛殿檐下密置斗栱，这些斗栱形制复杂、木雕精美、彩画绚丽、精巧明快，是内蒙古地区明清建筑中斗栱的上乘之作。

图3-1-64 舍利殿斜前方

图3-1-66 观音庙斜前方

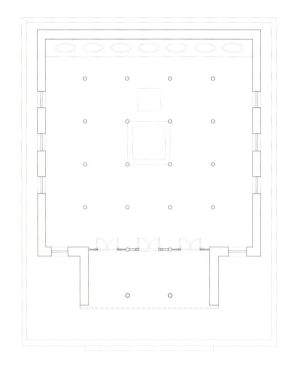

0 1 2 3 4 5m

北

图3-1-65 舍利独宫平面图

（2）舍利独宫

舍利独宫（图3-1-64）位于准格尔召西部，东临观音庙，西临五道庙。为一独幢建筑，平面呈倒"凸"字形，坐北朝南，方向基本与苏克沁独宫一致，主要供着活佛骨灰，另外还供着八大金刚（图3-1-65）。

舍利独宫面阔五间，进深五间，南向当心三间出廊。前廊进深一间，腿子平顶硬接，屋面为藏式密肋做法，前绑汉式灰筒瓦披檐。殿内梁柱构架用材较小，且较简陋，梁枋间彩绘风格系地方做法。舍利独宫显然与其他各处殿宇有所不同，较多的掺入了地方做法，用材用料也不中规矩。但它融合了蒙藏汉三方的建筑手法，亦为少见。

（3）观音庙

观音庙位于准格尔召建筑群的中部，外观为一座独栋汉藏结合式建筑，面阔三间，进深三间，明间南向前出厦，单披檐灰筒瓦屋面（图3-1-66）。观音庙东临苏克沁独宫，西临舍利独宫，建筑坐南朝北，偏东约40度。与苏克沁独宫方向基本一致，平面略呈方形，东西宽9.8米，南北深10.2米（图3-1-67）。

（二）鄂尔多斯乌审旗乌审召

乌审召为原伊克昭盟鄂尔多斯右翼前旗（乌审旗）寺庙，系该旗规模最为宏大的寺庙。清乾隆年间，安多藏区僧人囊苏喇嘛云游至乌审旗东部，并结识乌审旗扎萨克固山贝子若西斯仁。二人商定在乌审旗建庙弘法，并于乾隆元年（1736年）至乾隆五年（1740年）间，在善达河源塔本哈日陶勒盖之地新建德都庙，囊苏喇嘛驻锡于西殿，将器具存放于东殿。该庙初建时称囊苏庙，后改称甘珠尔庙。光绪四年（1878年），乌审旗阿格公察克图尔斯仁等为该寺献一尊镏金释迦牟尼像，此后寺庙被称为乌审召。

1. 组成与布局

"文化大革命"前，乌审召有49间的双层大雄宝殿、49间的双层参尼殿、44间的显宗殿、25间的双层德都庙、25间的护法殿、25间的时轮殿、9间的无量寿佛殿、9间的普明佛殿、9间的大黑天殿、9间的胜乐金刚殿、9间的密集金刚殿、9间的弥勒殿、9间的白伞盖佛母殿、4间的龙王殿、4间的法轮殿、3间的度母殿、3间的吉祥天女殿、3间的大密九尊马头

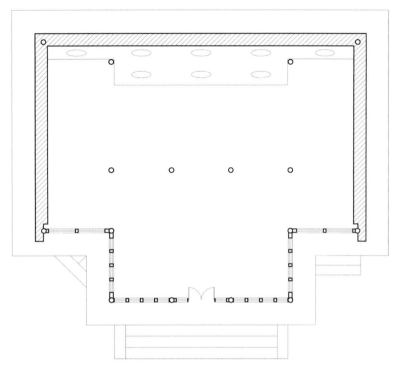

图3-1-67　观音庙平面图

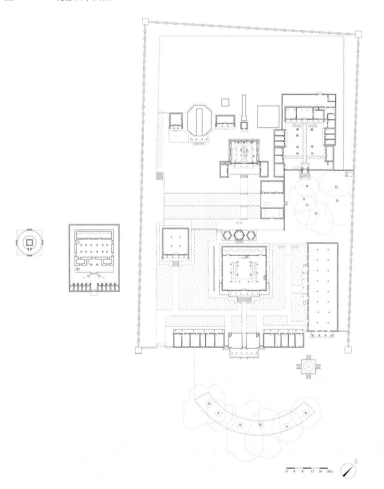

图3-1-68　乌审召总平面图

明王殿、3间的罗汉殿、3间的药师殿、3间的女神殿、3间的土地神殿、3间的罗本喇嘛大黑天殿等大小25座殿堂，18座庙仓，大小203座佛塔。

建筑群体布局紧凑，整个乌审召以大经堂德格都苏莫为起点，从它开始并围绕其以非均衡的方式不断扩大，形制各异的18个喇嘛墒自由分布于以德格都苏莫为中心直径三公里的转经道之内，而来自不同属地的喇嘛其住所又以相应的喇嘛墒为中心自由分布，形成了一个寺庙—喇嘛墒—普通喇嘛住所这样一个多层次的空间序列，主次分明，领域感明晰（图3-1-68）。

2. 建筑

大经堂德格都苏莫蒙语意为上庙热西热布占楞，是乌审召最早建造的庙宇，它的前身可以追溯到1577年囊苏喇嘛所建的三间泥土房，并且由于在"文化大革命"期间德格都苏莫被人民公社占用，成为乌审召唯一保存下来的殿宇（图3-1-69）。

此建筑为两层，底层面阔五间，上层三间，底层中间三间出抱厦，下檐顶呈大四注式（图3-1-70～图3-1-72）。二层三间装满隔扇，隔扇花饰各不

相同极其精美，屋顶为歇山式翘角顶。室内北墙上从西向东依次供奉宗喀巴大师、如来佛、白财神金刚，东西墙上绘有彩画，中间一间上下通高，于是二层空间呈回廊式。建筑室内不做天花，且木结构处理简洁粗犷，大部分梁采用月梁的形式，除部分柱子由毯子包裹或刷漆以外，其他梁柱均以原木色暴露在外。

喇嘛聚落盛期的殿宇除德格都苏莫以外，均已不复存在，其信息也只能大致从有限的资料中得到。当时乌审召主要殿宇还有弥勒殿、大雄宝殿、闻思学院、时轮学院、药王殿，现多已复建，其形制不可考。

四、阿拉善地区的藏传佛教建筑

（一）阿拉善左旗延福寺

延福寺位于今阿拉善左旗巴彦浩特市王府街北侧，与阿拉善王府为邻。该寺原为阿拉善和硕特旗寺庙，是阿拉善建立最早的藏传佛教寺院，建筑风格为汉藏结合式。清雍正九年（1731年），清廷将定远营赐予浩如来之子阿布作王府。阿布在任

图3-1-69　经堂正前方

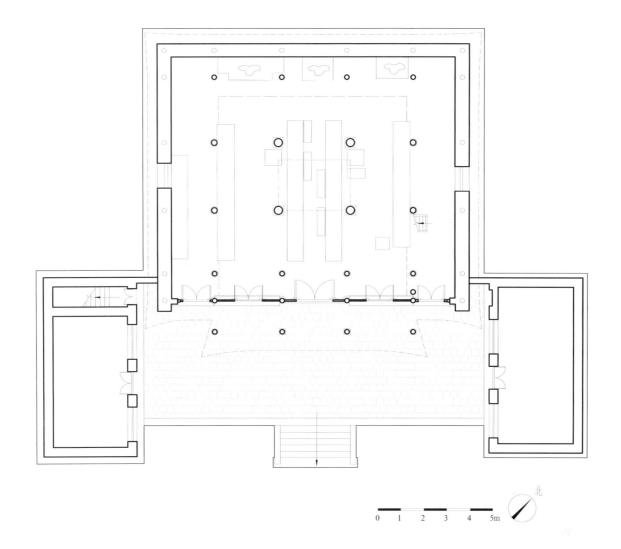

乌审召德格都苏莫一层平面图

图3-1-70 大经堂平面图

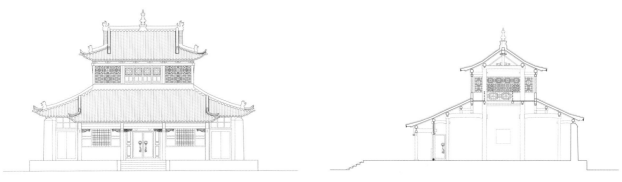

图3-1-71 大经堂立面图

图3-1-72 大经堂剖面图

期间修缮了寺庙建筑，竣工后命名为王府庙，成为扎萨克府邸专用寺庙（家庙）。乾隆二十五年（1760年），清廷御赐满、蒙、汉、藏四体"延福寺"匾额。

1. 组成与布局

延福寺在其最盛时占地面积6700多平方米，有48间的大雄宝殿、25间的药王殿、25间的密宗殿、25间的显宗殿、3间的观音殿、15间的三世佛殿、12间的藏经楼、12间的阿拉善神殿、12间的安居殿、1间的法轮殿、2间的天王殿、钟楼、鼓楼等大小13座殿堂，庙仓、僧舍550间。历史上延福寺曾有显宗学部、密宗学部、医药学部、时轮学部、菩提道学部等五大学部。

延福寺主体建筑由大经堂、三世佛殿、四大天王殿、转经阁、白哈五王殿、吉祥天女殿、阿拉善神殿、观世音殿、钟楼、鼓楼、山门等大小殿阁十多座组成（图3-1-73）。

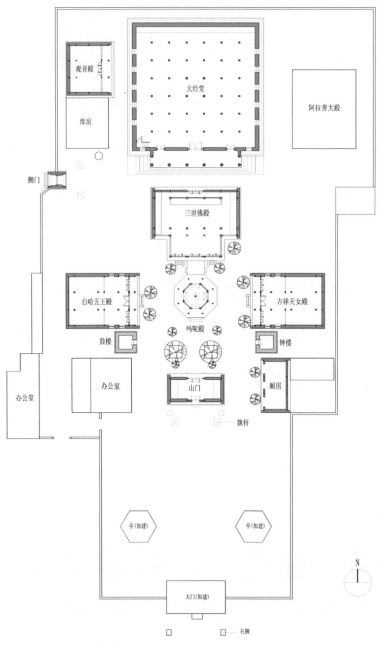

图3-1-73　延福寺总平面图（资料来源：张晓东提供）

建筑总体布局较为严谨，主要建筑沿南北中轴线展开，由南到北依次为山门、四大天王殿、转经阁和大经堂，东侧的吉祥天女殿、钟楼和西侧的白哈五王殿、鼓楼对称布置。

2. 建筑

（1）四大天王殿

四大天王殿是轴线上第二座主要建筑，延福寺的四大天王殿是原寺庙的山门，主体结构为三开间五架梁抬梁式木构架，通面阔10.5米，进深5.7米。南侧外墙为青砖砌筑，中间设拱券门，券为石质，上有"二龙戏珠"雕刻，券上悬挂乾隆皇帝赐名"延福寺"匾额。东西两间设有拱券暗窗，周边有回纹装饰。屋顶采用硬山式，上铺灰瓦。山墙墀头位置有砖雕装饰。四大天王殿是延福寺最早兴建的建筑之一，建筑尺度虽不大，但造型端庄、古朴（图3-1-74）。

（2）转经阁

转经阁位于四大天王殿与三世佛殿之间，其台基与三世佛殿的月台相连，是延福寺中极具特点的一个建筑，平面为边长2.6米的八边形，屋顶为重檐八角攒尖顶，上铺灰色瓦，主体结构为古典建筑中重檐亭双围柱结构，外侧设有一圈回廊，东西南北四面均开门，内部为一巨大转经筒。转经阁独特的造型在延福寺中独树一帜，甚至在整个内蒙古地区的藏传佛教建筑中都是绝无仅有的（图3-1-75）。

（3）三世佛殿

三世佛殿位于转经阁的北侧，是中轴线上除

大经堂之外最重要的佛殿，通面阔15.2米，进深12米，前部有三间卷棚抱厦，南侧月台则与转经阁相连。屋顶为硬山式，上铺灰色瓦，屋脊正中置有金色屋脊宝瓶，屋脊两侧设有吻兽。正脊及垂脊上都有砖雕装饰（图3-1-76）。硬山屋顶部分采用五架梁木结构，内部空间较为开阔，南侧三间抱厦采用隔扇门，其余部分为槛窗，门窗装饰采用传统样式，精致细腻。槛墙上则采用藏传佛教之传统八宝装饰。彩画部分是旋子彩画结合藏传佛教装饰符号。

（4）大经堂

大经堂是延福寺规模最大的单体建筑，位于中轴线的最北段，坐落在面宽25米，进深28.5米的高台基之上，台基高度为1.5米。建筑平面为矩形，开间及进深均为七间，前部设有凸门廊，面阔五间，进深一间（图3-1-77）。

大经堂分为上下两层，一层为诵经祈祷、举行佛事活动的空间，延福寺大经堂内没有专门的佛殿，因此在一层靠北侧墙设置佛台，用以供奉佛像。二层是用作管理或储藏的房间。大殿平面中央的九间，按照藏传佛教建筑传统的"都纲法式"建造采光天窗，天窗由二层平屋顶升起，四周设采光窗。天窗屋顶部分为汉式歇山屋顶，上铺黄色琉璃瓦（图3-1-78）。大经堂立面构图采用典型的"两实夹一虚"模式。

延福寺在"文化大革命"中严重受损，但是

图3-1-74 延福寺四大天王殿

图3-1-75 转经阁

图3-1-76　三世佛殿

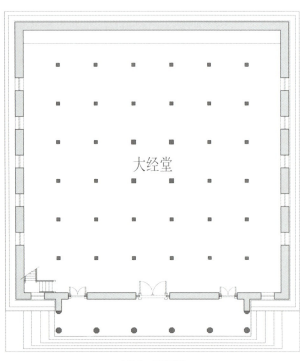

大经堂

大经堂一层平面图　1:100

图3-1-77　延福寺大经堂1层平面图

图3-1-78　延福寺大经堂侧面

一些殿堂因被用作机修厂和库房，从而幸免于难。1979年起，开始修缮殿宇座，复建大经堂、山门等重要建筑，整座寺庙得以恢复往日的风采。

（二）阿拉善右旗巴丹吉林庙

巴丹吉林庙为原阿拉善和硕特旗寺庙，系延福寺11座属庙之一。关于该庙的创建有两种不同的观点。其一为：清乾隆五十六年（1791年）堪布玛尼其喇嘛在巴丹吉林沙漠中新建一座寺庙，供奉其从家乡卫拉特带来的玛沁尼布塔格佛像，后得巴丹吉林庙之名。其二为：1830年至1855年间，由第二世玛尼其喇嘛罗布桑利格登与一名地方官员及额日博黑庙几名喇嘛在巴丹吉林沙漠忠伊和热之地新建寺庙。最初只搭建几顶蒙古包，后新建一座藏式小殿与两间膳房，因寺庙地处巴丹吉林沙漠深处，故称巴丹吉林庙，寺庙所处地方被更名为苏莫吉林。寺庙建筑风格为汉藏结合式建筑。

1．组成与布局

至民国3年（1914年），巴丹吉林庙有青瓦顶汉式大雄宝殿、藏式密宗殿、藏护法殿、青瓦顶汉式观音殿、法轮殿、3间的汉式玛尼其喇嘛拉卜楞等5座殿宇、1座活佛府，寺庙东南及东侧有2座庙仓，东北侧有1座膳房。大雄宝殿外围有近400平方米的大院。巴丹吉林庙现仅保留有大殿及活佛府两座主要建筑，大殿与活佛府东西向并列布置，相距20余米，在大殿东南处还有一座时轮金刚塔。由于地处巴丹吉林沙漠腹地，周边没有任何其他建筑，加之寺庙内原有许多建筑都已不复存在，因此建筑整体布局较为简单（图3-1-79）。

巴丹吉林庙背依高大的沙山，东侧是一片平静的湖水，南面地势开阔、平坦，零星生长的树木围绕在庙宇四周，自然环境极其优美（图3-1-80）。

2．建筑

（1）大殿

巴丹吉林庙大殿为典型的汉藏结合式建筑，平面为矩形，面阔五间，进深六间，大殿内共有20根柱子，柱网较为规整，面阔方向柱距都为3米，进深方向的柱距大小不一。大殿是经堂佛殿合一的形制，前部设有凹门廊，面阔三间，深一间。建筑采用传统的"都纲法式"，大殿中部设采光天窗，天窗伸出屋面，采用汉式歇山屋顶，出檐较为深远（图3-1-81、图3-1-82）。

大殿主体采用砖木结构，墙体皆为青砖砌筑而成，最底部墙体厚达1.5米左右，墙体垂直方向约有1/10的收分量，墙体收分强烈，室内墙体无收分。墙体内不设柱，墙体直接对梁交搭，与室内柱共同承重。

（2）活佛府

活佛府是活佛日常生活起居之处，是一座三开间单层建筑，前部设有檐廊，屋顶为类似汉式卷棚，但屋顶坡度较为缓和，檐廊部分几乎为平顶。此类做法在阿拉善及相邻宁夏、甘肃地区都较为常用，是与这一地区空气干燥、降雨较少的气候条件有密切关系的（图3-1-83）。

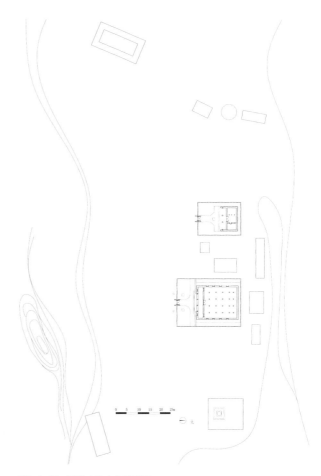

图3-1-79 巴丹吉林庙总平面图

图3-1-80　巴丹吉林庙远眺

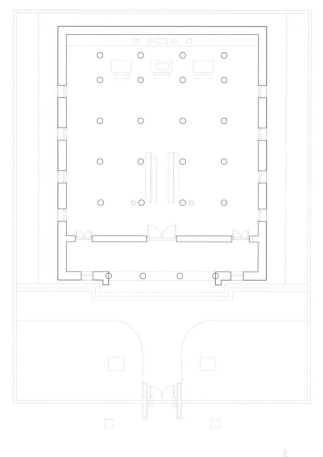

图3-1-81　巴丹吉林庙大殿院落正前方

图3-1-82　巴丹吉林庙大殿平面图

0 1 2 3 4 5m

北

图3-1-83　巴丹吉林庙活佛府斜前方

巴丹吉林庙在"文化大革命"中严重受损,大部分建筑被拆除,大雄宝殿因被用作嘎查仓库,故幸免遭到破坏。1992年起,修缮寺庙,正式恢复法会。此庙现为阿拉善地区保存较为完好的一座寺庙。

五、通辽地区的藏传佛教建筑

(一)通辽库伦旗库伦三寺

库伦三寺(兴源寺、象教寺、福缘寺)位于内蒙古自治区通辽市库伦旗旗政府所在地库伦镇,是内蒙古现今保存比较完整的一组汉藏相结合的藏传佛教格鲁派寺庙建筑群。其建筑始建于清顺治六年(1649年)至光绪二十五年(1899年),屡有改扩建,是清代内蒙古地区唯一一个政教合一体制的藏传佛教召庙建筑群。

1. 库伦三寺整体布局

库伦三寺位于库伦镇中心河北岸的台地上,依北高南低的斜坡就势而建,空间布局高低有序,主次分明,整个建筑群占地面积约为23000平方米(图3-1-84)。

库伦三寺是一组功能比较完善的藏传佛教寺院建筑群,是席勒图库伦喇嘛旗的宗教,行政、经济中心,寺院经过200年最终形成,与席勒图库伦喇嘛旗历史发展有密切关系。在寺庙建筑群中,兴源寺建于清顺治六年(1649年),是全喇嘛旗的主庙,全旗在此举行重大法会和聚会;象教寺建于1670年,是历任札萨克达喇嘛居住和办公的地方,并在寺内周围设立行政机构,管理全旗的政教事务;福缘寺建于清乾隆七年(1742年),是全旗的经济中心,掌握着全旗的财政大权。此外,其他功能用房如普通喇嘛的住房、伙房和厨房等公共用房都布置在每座寺院主、次要建筑的周围,以方便进行日常佛事活动。

库伦三寺在总体布局上以南北走向的兴源街为界分为两大部分,道路西侧为兴源寺,道路东侧为象教寺与福缘寺。兴源寺东西约84.5米、南北约152米,象教寺与兴源寺规模相当,两寺分立道路东西两侧,平面位置均衡。福缘寺紧邻象教寺南侧

布置,东西约50米、南北约86米,建筑群体轴线与象教寺呈一定角度。

2. 兴源寺

兴源寺始建于清顺治六年(1649年),是该旗建立最早、规模最为宏大的藏传佛教寺庙。建成后得顺治皇帝赐名"兴源寺",后于康熙四十九年(1710年)在其左右增建配殿各一座,在1719年又进行了大规模的扩建,在原正殿前面,沿中轴线修建了大雄宝殿,以及山门、天王殿、东西配殿、钟鼓楼等,从而奠定了兴源寺的基本格局。光绪年

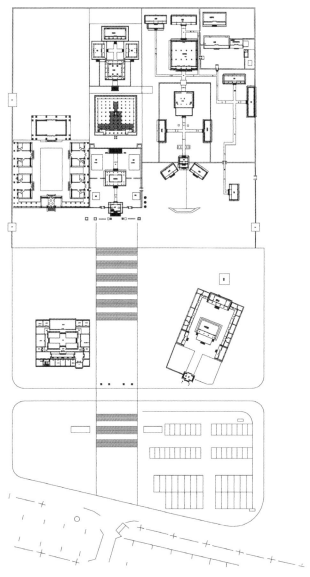

图3-1-84 库伦三大寺总平面图(资料来源:张晓东提供)

间，再次扩建寺庙，将寺庙与相邻的象教寺连成一片，形成了规模宏大的建筑群。

（1）布局

兴源寺占地面积约12000多平方米，地势北高南低，建筑总体布局以汉式"迦蓝七堂制"为基本原则进行布置，由南端的山门至北端的额和苏莫殿形成一条自南向北的主要中轴线，在中轴线上形成层层递进的四进院落。每进院落中的建筑为：第一进院内有山门、天王殿、钟楼、鼓楼；第二进院内有十八罗汉殿、护法殿；第三进院为大雄宝殿，第四进院内有玛尼殿、藏式僧房及额和苏莫殿（图3-1-85）。

（2）建筑

天王殿：建于清康熙五十八年，面阔五间，进深四间，周箍围廊，为大木构单檐歇山式屋顶汉式建筑（图3-1-86）。

大雄宝殿：汉藏结合建筑形式。正殿（大经堂）建于康熙五十八年（1719年），当时是一层建筑，现存的是于光绪二十五年（1899年）改建的二层建筑。大经堂占地1000多平方米，屹立在全寺中心的一个宽大的台基上，一层面阔九间，进深九间，前面门廊出一间，呈凸字形平面，出抱厦五间，由6根石柱支撑，柱内三间开门，两间开窗。殿内几乎呈方形，共有64根朱漆盘龙明柱，大殿中间有一进深和面阔都为一间的小天井，为都纲法式做法（图3-1-87）。

大雄宝殿正立面的构图采用典型的"两实夹一虚"藏传佛教建筑模式，立面造型上，结合了汉藏两种建筑艺术的特点：围护结构采用了藏式碉楼的收分墙，顶部采用歇山结合卷棚汉式大屋顶（图3-1-88）。

额克苏莫殿："额克苏莫"意为母寺，是兴源寺最早的正殿，修建于清顺治六年（1649年），建筑面积为152.41平方米，高台明，面阔五间，进深三间，架前檐廊，大木构硬山式汉式建筑（图3-1-89）。

新中国成立后，寺庙曾为库伦旗党政机关办公场所，后经"土地改革"及"文化大革命"，寺庙

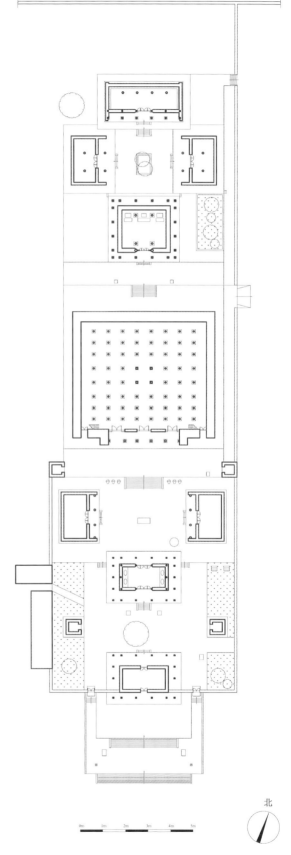

北

0m 1m 2m 3m 4m 5m

图3-1-85 兴源寺总平面图

图3-1-86　兴源寺天王殿

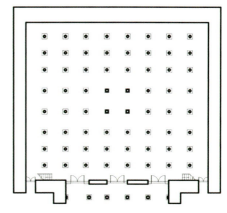

图3-1-87　兴源寺大雄宝殿平面图

图3-1-88　兴源寺大雄宝殿

图3-1-89　兴源寺额克苏莫殿

严重受损，仅存大雄宝殿与后殿。1986年起开始修缮寺庙，正式恢复了法会。

3. 象教寺

象教寺兴建于清康熙九年（1670年），寺庙为席力图库伦扎萨克达喇嘛的执政中心及全旗政教合一的掌印机构。因该寺具备了寺庙与衙门的双重职能，故称王爷府庙。由于该寺为扎萨克达喇嘛办公、居住的地方，又是喇嘛印务处所在地，俗称为上仓。

（1）布局

寺庙建筑为汉式建筑。寺庙由三进院落组成，第一进院为查玛场，南侧有一影壁，其下有炕式小台。与影壁遥相呼应的是山门，两侧各有正面敞开的圆山顶耳房，呈扇面状。第二进院内有正殿——弥勒殿，两侧有20余间僧舍与膳房，殿后有一堵花墙，第三进院为无量寿佛殿，两侧为莲花生殿和药

师佛殿，为喇嘛印务处办公的地方。无量寿佛殿的东侧有一处独立院落，内有玉柱堂、救度佛母殿及大喇嘛住所等殿堂，为扎萨克达喇嘛举行庆典及办公的场所和寝室、膳房（图3-1-90）。

寺院内有100余间房舍，东侧与北侧有三座门楼，寺院建筑的四分之一为经堂佛殿，四分之三是扎萨克达喇嘛印务处堂屋。

（2）建筑

弥勒佛殿：清康熙九年（1670年）建，建筑面积为184.9平方米，高台基，前置月台，面阔进深各三间，五踩斗栱大木构单檐歇山建筑，为象教寺主殿，供弥勒佛（图3-1-91）。

长寿佛殿：清康熙九年（1670年）建，面阔五间、进深三间。该建筑的特别之处在于，是三个卷棚式屋顶相连的汉式建筑，装饰风格为汉藏结合

（图3-1-92）。

4.福缘寺

乾隆年间，清廷御赐蒙、汉、藏三体"福缘寺"匾额。寺庙为席力图库伦扎萨克达喇嘛法定继承人的寓所，也是席力图库伦旗财务机构的驻地，俗称为下仓。

（1）布局

寺庙建筑以汉式建筑为主，兼有藏式建筑。寺庙占地面积4000余平方米，由南向北沿中轴线为两进院落，第一进院子由山门、钟鼓楼、大雄宝殿组成，第二进以中间的三世佛殿为中心，围绕着护法神殿、十八罗汉店、老爷庙及众多僧舍（图3-1-93）。

（2）建筑

三世佛殿：建于清乾隆七年(1742年)，建筑面积为207.06平方米，高台基，前置月台，面阔五间，进深三间，大木七踩斗栱重檐庑殿式，为福缘寺主殿（图3-1-94）。

（二）通辽库伦旗寿因寺

寿因寺（迈达日葛根庙）为土默特左翼部在东蒙地区始建的寺庙，系呼和浩特美岱召的分庙。清康熙元年（1662年），在席力图库伦扎萨克喇嘛旗西南部新建土默特左翼部附属旗唐虎特喀尔喀旗，迈达日葛根庙成为该旗唯一一座藏传佛教寺庙。寺庙约于清顺治年间初建。后因年久失修，殿宇破损，寺庙又处于河畔低洼处，每逢雨季便受到威胁，故

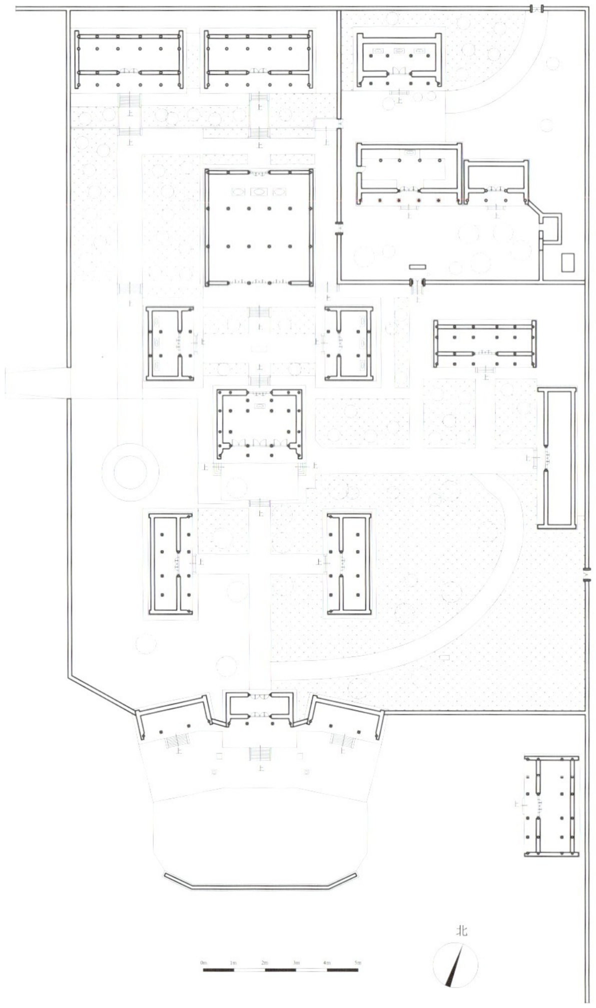

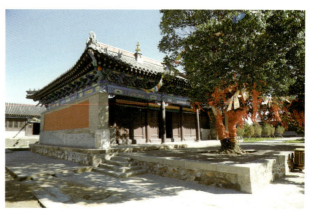

图3-1-91　象教寺弥勒佛殿

图3-1-92　象教寺长寿佛殿

图3-1-90　象教寺总平面图

北

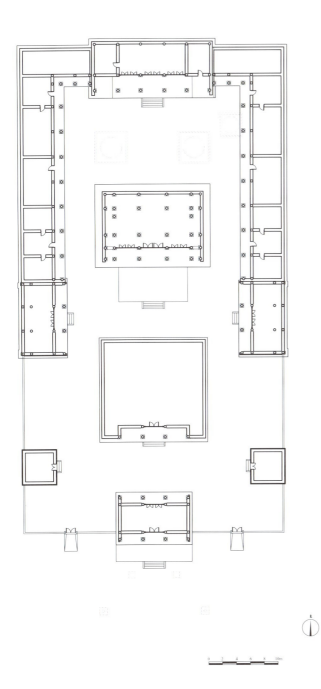

图3-1-93　福缘寺总平面图

图3-1-94　福缘寺三世佛殿

于民国10年（1921年），将寺庙迁至旧址西北1里的高处，于民国17年（1928年）竣工（另有一说为1918年始迁寺庙，1922年竣工）。因该寺寺主活佛为迈达日呼图克图，故称寺庙为迈达日葛根庙，也有文献记为东美岱召。寺庙建筑风格为藏式建筑。

1.组成

寿因寺有大雄宝殿、时轮殿、天王殿、钟楼、鼓楼、东西配殿、供佛楼及各大学部殿等殿宇。该寺在昭乌达盟阿鲁科尔沁旗诺颜庙、体布里庙及哲里木盟科尔沁左翼中旗唐格日格庙、科尔沁左翼后旗哈嘎拉嘎台庙均设有庙仓。寿因寺有显宗学部、医药学部、时轮学部、密宗学部这四大学部。寺庙有迈达日呼图克图活佛转世体系，共转8世。其第一世为达赖喇嘛派往蒙古地区掌教的第四任代表，于明万历三十四年（1606年）为美岱召主持开光仪式，在土默特、鄂尔多斯等地弘法持教20余年后东行。其后世活佛常驻锡于该寺。

现今，该寺院只存有山门和大雄宝殿一座殿宇（图3-1-95）。

2.建筑

大雄宝殿：是一座汉藏结合重檐两层大木结构藏传佛教殿堂。平面为凸形，高台基，面阔七间，进深八间，正面出抱厦五间，其中三间为门廊，室内有36根柱子，前半部分为经堂，后半部分为佛殿。

大雄宝殿正立面（图3-1-96）的构图采用典型的"两实夹一虚"藏传佛教建筑模式，立面造型结合了汉藏两种建筑艺术的特点：底层围护结构采用了藏式碉楼的收分墙，墙体厚重，颜色以白色为底，饰以红色边玛檐墙，开小窗，上为藏式密肋平屋顶。二层屋顶由前至后分别设置一个卷棚，两个歇山屋顶。

六、乌兰察布地区的藏传佛教建筑

（一）乌兰察布西拉木伦召

西拉木伦召为原乌兰察布盟四子部落旗寺庙，系该旗规模最为宏大的寺庙以及内蒙古西部规模最

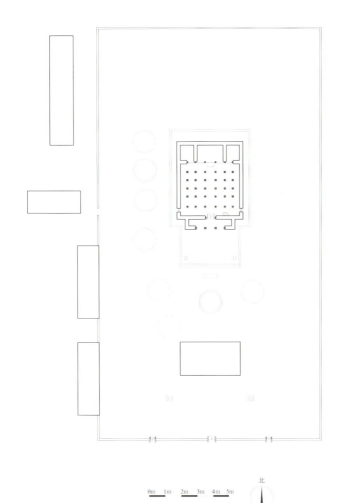

0m 1m 2m 3m 4m 5m 　北

图3-1-95 寿因寺庙总平面图

大的寺庙之一。清乾隆二十三年（1758年），四子部落旗僧人罗布桑丹巴若布杰在西藏学经归来，始建寺庙于希拉木仁河畔施主丹巴若西之冬营地，班禅赐名"若西潘迪林"，俗称希拉木仁庙。嘉庆元年（1796年），清廷赐名"普和寺"。该庙曾管辖察哈尔、绥远地区数十旗和青海部分地区的喇嘛庙事务，从而号称"塞北拉萨"。

1. 组成与布局

西拉木伦召有显宗、密宗两大学部。寺庙占地面积约270余公顷，至"文化大革命"时期有大雄宝殿、显宗殿、密宗殿、护法殿、乃唐殿等5大殿宇，活佛府、西拉卜楞、东拉卜楞、罕撒尔府等4座拉卜楞，朝克钦吉萨仓、显宗仓、密宗仓、甘珠尔仓等4大庙仓，360余座僧舍。寺庙南山壑红格尔宝拉格之地建有一座供闭关修行的日替庙，现仅存残墙断壁。

希拉木仁庙继承了藏式"自由式布局"的特点，没有主轴线，也没有院墙、山门、正殿、厢房的配置及围墙，各殿宇依地势面南修筑，错落有致而又和谐统一，形成了一组鳞次栉比的藏式建筑群。极目远眺可见殿堂重重、参差错落，雄伟壮

图3-1-96 大雄宝殿正立面

观，气势磅礴。主体建筑均采用平顶直墙和小窗的藏式殿堂建筑形制，外墙涂抹白灰，在蓝天与青山的映衬下更显得辉煌耀眼。独特的建筑布局形式与宏大的规模在内蒙古地区现存藏传佛教召庙中极具代表性（图3-1-97）。

希拉木仁庙这种自由式布局也有一定规律，即把体量高大的主体建筑布置在较高的地段上，将体量较小的次要建筑布置在前面，用众多低矮的次要建筑来衬托主体，从而突出主体，形成主次分明的大建筑群。

2. 建筑

（1）却仁殿

却仁殿，汉语正式名称"法相殿"，俗称"却日独贡"，是却伊拉扎仓（显教学部或称僧学部）的经堂，也是希拉木仁庙中现存建筑规模最大的大殿，始建于清朝乾隆二十三年（1758年）。

却仁殿整体平面为凹字形，形态对称规整，内部平面分区明确，由南至北分别是门廊（门厅）、经堂与佛殿（图3-1-98）。却仁殿通面阔23.1米，通进深26.2米，坐落于南北约50米，东西约25米，高约0.5米的石台基之上。经堂部分为两层，平面为典型的都纲法式，与最北端的佛殿由厚约1米的墙体分隔，设有三道门连通。与内蒙古地区其他藏传建筑寺庙不同的是，大殿室内没有设转经道与玛尼轮来引导寺外参拜者行进，而是用柱列与缦幢等进行隔断划分出礼佛的交通空间与僧众习经诵经的

宗教寺院

图3-1-97 希拉木仁庙总体鸟瞰

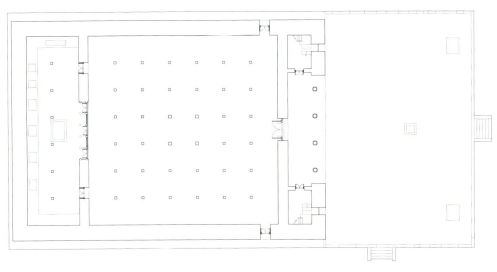

0　2　　5　　　10m

图3-1-98 却仁殿平面图

空间。

却仁殿前廊立面是典型"两实夹一虚"的纯藏式建筑风格。建筑结构为密肋平顶，石木结构，主体墙皆为规格不一的块石砌筑而成，最底部墙体厚达1.6~1.7米，室外收分强烈，室内无收分。墙体内不设柱，石墙直接与梁交搭，与室内柱共同承重（图3-1-99）。

（2）居德巴殿

居德巴殿汉语正式名称密宗殿，是希拉木仁庙密教学部（"卓特巴扎仓"）的殿堂（图3-1-100）。居德巴是现存建筑中的第二大殿，也是喇嘛每日诵经的主要场所。居德巴殿突出特点是佛殿部分。其佛殿为七开间，三进深，供释迦牟尼佛像，在供奉佛像的位置取消了两根柱子，采取了减柱造。从剖面研究，居德巴殿在礼佛流线上具有不同于其他寺庙的丰富的空间层次。

居德巴殿是纯藏式石木结构，密肋平顶。该殿通面阔约为23米，通进深约为30米，整体平面呈长方形，主体为3层，局部为4层，建筑的最高点约12.7米。

（3）地方神殿

地方神殿，俗称赛呼勒森独贡，殿内贡奉度母佛，是三殿中规模最小但却是三个殿保全最为完好的一个。该殿从内部结构、佛像、室内壁画到相当一部分建筑装饰都保持着初建时的风貌（图3-1-101）。

地方神殿通面阔16米，通进深23.4米，平面是与却仁殿和居德巴殿不同的凸字形。经堂为典型都纲法式，12根柱（面阔四根、进深三根），呈长方形（13.4米×9.3米）。与却仁殿和居德殿不同的是，通往佛殿只有中间一道门，建筑总高度约10.6米。

地方神殿用高台基化解高差，入口凹廊，进深一间，开间为三间，廊内设4根断面为270毫米×270毫米典型藏式的做工精美朱红色方柱。

地方神殿还有一个独特之处是在佛殿第三层楼上，设置了另一处小型佛殿，里面也有如经堂一层

图3-1-99　却仁殿

图3-1-100　居德巴殿外观正立面

图3-1-101　地方神殿外观正立面

的古久壁画。

整体寺庙在"文化大革命"中严重受损，仅存显宗殿、密宗殿、护法殿3座殿宇与部分僧舍。1985年起修缮两座殿宇与一座庙仓，寺庙正式恢复法会。2008年修缮显宗殿后现存3座殿宇已修葺完工。寺庙成为四子王旗境内唯一延续法事活动的寺庙以及全旗佛教活动中心。

（二）王府庙

王府庙位于乌兰察布市四子王旗红格尔苏木，为原乌兰察布盟四子部落旗寺庙，系该旗扎萨克王家庙及全旗境内24座藏传佛教寺庙中最晚建造的寺庙。

清光绪三十四年（1908年），四子部落旗第十三任扎萨克亲王拉旺诺日布在王府（1905年始建，为汉式砖瓦结构府邸）南侧主持兴建寺庙，由于寺庙无清廷御赐的匾额，且由王府出资修建，故称寺庙为王府庙。寺庙建筑风格为藏式建筑。

1. 组成与布局

王府庙建筑群主要由原有的大雄宝殿、扎仓殿以及新建的佛塔等组成，由南到北呈并列布局，依次为大雄宝殿、佛塔、扎仓殿，布局相对自由，没有院墙、山门、厢房的配置及围墙。王府庙建筑群主要建筑均坐西朝东，因只由两座主要殿宇组成，故无明显轴线关系。体量稍小的扎仓殿比大体量的大雄宝殿稍稍靠后，从而突出了大雄宝殿的主体地位。除大雄宝殿、扎仓殿和佛塔之外，建筑群中还有两殿之间的石碑、苏力德以及大雄宝殿前的香炉、玛尼杆等。到"文化大革命"前，寺庙有朝克钦殿、扎仓殿等两座大殿及独贡仓、学部仓、玛尼仓等三座庙仓，一座医药学部院落。两座大殿并排于王府南侧，殿宇与王府均朝东（图3-1-102）。

2. 建筑

（1）大雄宝殿

大雄宝殿，俗称朝克钦殿，是王府庙建筑群现存建筑中规模最大的大殿，占地面积约544平方米，始建于清光绪三十四年（1908年）。大殿为藏式风格，前经堂后佛殿，结构形式为石木结构，平面规整，整体平面为矩形。形态对称规整，内部平面分区明确，由东至西分别是门廊（门厅）、经堂与佛殿。大雄宝殿通面阔约为16.75米，通进深为32.5米。经堂部分为两层，佛殿为三层层高。大雄宝殿前廊立面是典型"两实夹一虚"的纯藏式建筑风格。建筑结构为石木结构，主体墙皆为规格不一的块石砌筑而成，最底部墙体较厚而上部较薄，室外收分强烈。殿前还设有香炉和玛尼杆等（图3-1-103）。

（2）扎仓殿

扎仓殿位于大雄宝殿北侧，体量比大雄宝殿小，大殿为藏式风格，平面规整，整体平面为矩形，形态对称规整，前部为两层，后部为三层。扎仓殿前廊立面亦是典型"两实夹一虚"的纯藏式建筑风格。建筑结构为石木结构，主体墙皆为规格不一的块石砌筑而成，最底部墙体较厚而上部较薄，室外收分强烈（图3-1-104）。

寺庙在"文化大革命"中严重受损，但两座大殿被用作粮库，从而留存至今。1989年起开始修缮一座大殿，至2011年，已修缮两座大殿，期间新建一座舍利塔。

图3-1-102 四子王旗王府庙侧景

图3-1-103 大雄宝殿外观

图3-1-104 扎仓殿外观正立面

图3-1-105 贝子庙鸟瞰

七、锡林郭勒地区的藏传佛教建筑

（一）锡林郭勒盟贝子庙

贝子庙（图3-1-105）为原锡林郭勒盟阿巴哈纳尔左翼旗寺庙，系该旗旗庙以及两座寺庙之一。乾隆三十三年（1768年），清廷御赐满、蒙、汉、藏四体"崇善寺"匾额。贝子庙有4座清廷赐匾的殿宇及章嘉活佛赐匾的2座殿宇。其中崇善寺为主庙，该旗另一座寺庙岱喇嘛庙（真济寺）为崇善寺的属庙。

乾隆八年（1743年），来自藏区的僧人巴拉珠尔隆都布与该旗札萨克贝子巴拉珠尔道尔吉商定在额尔敦敖包山下始建一座35间的大雄宝殿。据传，此处原有一座3间的小木殿。此后5年内修建配殿与红墙，并为达赖喇嘛进献耗费两千两白银的千辐金轮，达赖喇嘛为寺庙赐名"嘎拉丹却吉德玲"，俗称贝子庙。

1．组成与布局

寺庙建筑风格为汉式建筑。该庙在最盛时由并排而建的三大红墙院及其两侧的拉卜楞共10座院落组成。从东到西依次为甘珠尔庙、呼图克图喇嘛庙、时轮院、医药院、密宗院、显宗院、崇善寺、明干院、新拉卜楞、罗本喇嘛庙。

贝子庙现存建筑为四大部分，其中最西边的为明干殿，也叫活佛府，是活佛日常生活起居的地方，这里的活佛府规模宏大，堪称豪华，明干殿的

东边为朝克沁殿属行政事务部；紧挨朝克沁殿的是贝子庙的哲学部——却日殿；却日殿的东边为朱都巴殿为贝子庙的密宗学部；却日殿与朝克沁殿之间有一条石阶路通向后边的敖包山，最东边的就是现在锡林浩特市的蒙医院，也是贝子庙的曼巴殿。

每个院落根据各自的中轴线通过不同的功能选择进行院落的布局，在整体上通过对每一条轴线的分配与安排使得这样庞大的建筑群具有节奏性与规律性（图3-1-106、图3-1-107）。

2．建筑

（1）朝克沁殿寺院主殿

朝克沁殿寺院的主殿即为朝克沁殿，是执行政教两权的总部。它是贝子庙中的最高殿堂和主佛所在寺。该殿始建于1723年，属于贝子庙的早期建筑。修建之时也正是喇嘛教刚刚开始传入这一地区的时候。这座规模宏伟、富丽堂皇的大庙落成后，清赐法名为"崇善寺"。因此，朝克沁殿堪称东阿纳旗喇嘛教第一寺或旗庙。朝克沁殿的院落很大，正殿居中，前后各有一个院落与明干殿寺院布局相似，前与山门之间有院落空地用以佛事活动，后面是和佛殿相呼应，也形成院落（图3-1-108、图3-1-109）。

朝克沁殿的台基高1米左右，由于地形南低北高，所以台基距地面的高度从1.06米到0.45米不等。建筑为两层汉式结构，建筑平面呈凸字形，共

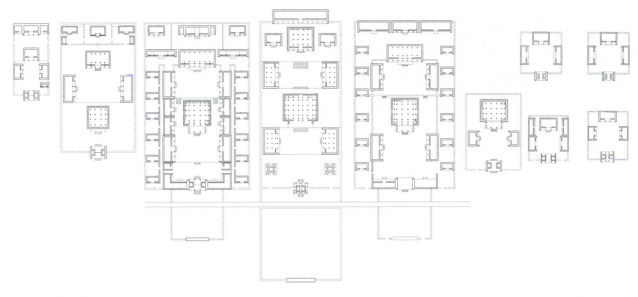

图 3-1-106 贝子庙总平面图

图3-1-107 贝子庙复原全图

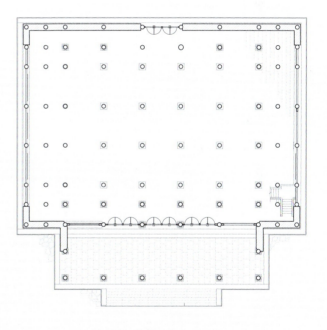

贝子朝克沁殿一层平面

图3-1-109 朝克沁殿一层平面

图 3-1-108 朝克沁殿

有九开间七进深，通面阔为24.93米，通进深为18.24米，总占地面积约为747平方米左右。建筑朝向坐北朝南，南立面中间三个开间为出入口，北立面中间一开间有一个出入口可直接通向后院的佛殿。在南面的入口处及其两层的一跨处向前伸出两跨形成了朝克沁大殿的门廊，横跨三间的台阶也显示出朝克沁殿的恢宏与大气，入口两侧的两跨为隔扇窗，最外面的四跨为石墙，这样虚实结合的立面处理手法在贝子庙中较为常见。

（2）却日殿寺院主殿

却日殿寺院亦称东庙或巴嘎·吉·斯·却日，是贝子庙的显教学部，其规模仅次于朝克沁殿寺院，主殿名为却日殿，建于1815年，清赐法名为"福源寺"。明干殿位于其所在寺院的中心位置，殿前为法事活动的场所，后面的院落由一道围墙将明干殿与其后面的被称为本庙后宫的院落分隔开，两侧开小门用以进出并用台阶平衡高差。

大殿整体位于台基之上，台基高约为6.5米，建筑朝向坐北朝南，建筑风格为纯汉式建筑，平面形式为凸字形，建筑共分两层。大殿通面阔为18.85米，通进深为18.80米，占地面积约为410平方米。开间数为七间，进深也为七间，前有门廊进深二间，开间三间，明间前为台阶。10根朱红方柱撑起门廊的歇山顶，突出于殿前，柱头、梁枋及雀替均有彩绘，但颜色已脱落（图3-1-110）。

大殿的正立面上可以看到在一层位置上两侧开窗，中间为隔扇门，二层有柱廊，向前突出的门廊为歇山顶，与后面的重檐歇山顶相互呼应，也能够凸显佛教的氛围，屋顶四角有仙人走兽，顶上有佛塔，佛塔为旧有构件。建筑两侧开窗，用以采光。

图3-1-110　却日殿主经堂

（3）朱都巴殿寺院主殿

朱都巴殿所处院落规模较小，院内仅有4座建筑，分别为山门、主殿以及东西配殿，4个建筑包围形成一个院落，朱都巴殿处于主导地位。朱都巴殿也是按照贝子庙五大学府要求所建，是喇嘛教密宗（塔尔尼·伊苏）的专学经堂，所以也被称为密教殿或密宗学部。

整座建筑处于高约0.78米的台基之上，从外部看建筑为五开间，但进入到殿内后会发现在梢间位置处进行了加柱，所以整间大殿面阔为七开间，进深为五跨，用数字度量大殿通面阔17.30米，通进深为14.35米。朱都巴殿整体也为两层，以砖木结构为主，整体建筑风格为汉式建筑。重檐歇山式的屋顶也同样体现出了朱都巴殿在寺院中的主导地位。建筑以砖木为主材料，正立面上中间的三个开间为大殿的入口，两侧为隔扇窗，在侧立面上以实体墙为主，中间开窗，虚实结合同时也达到了采光的要求（图3-1-111）。

（二）锡林郭勒盟多伦县汇宗寺

汇宗寺为多伦诺尔两大寺院之一，系清康熙帝敕建寺。康熙五十一年（1712年），清廷敕额"汇宗寺"，赐匾"声闻届远"。乾隆十一年（1746年），赐"性海真如"匾。康熙三十年（1691年），多伦会盟之后始建于察哈尔正蓝旗第二苏木辖地。寺庙最初由康熙帝为内迁的喀尔喀三部所建。10年后清廷设立喇嘛印务处，命章嘉呼图克图为札萨克达喇嘛，掌管内蒙古喇嘛教事务，制定内外蒙古各旗选派僧人到该寺礼佛的制度。寺庙建筑风格为汉式建筑。

1．汇宗寺组成与布局

寺庙在其最盛时占地面积27.5万平方米，由敕建庙、10座活佛仓、5座官仓、5座会庙及几十处当子房构成。敕建庙位于全寺中心位置，共五进院落，由山门、天王殿、钟楼、鼓楼、大雄宝殿、释迦牟尼佛殿、关帝庙、密宗殿、公阿殿、东西配殿、藏经楼等殿宇构成。院内立有"康熙会盟碑"。西侧有章嘉活佛仓、噶尔丹席力图活佛仓、甘珠尔瓦活佛仓、达赖堪布活佛仓、诺颜巧尔吉活佛仓。东侧有墨尔根诺门汗活佛仓、毕勒格图诺门汗活佛仓、济隆活佛仓、刺果活佛仓、阿嘉活佛仓。章嘉活佛仓共三进院落，康熙赐名"珠轮寺"。据传由第一世章嘉活佛本人主持其佛仓的设计与建造工作。多伦诺尔两大寺历年共有14位活佛，清廷四大呼图克图均在此两寺设仓。目前，保存最为完好的院落为章嘉活佛仓（图3-1-112）。

2．章嘉活佛仓

（1）章嘉活佛仓组成与布局

章嘉活佛仓位于汇宗寺召庙主体西侧，是活佛仓中最为华丽的建筑群。作为处理活佛经济、生活

图3-1-111　朱都巴大殿

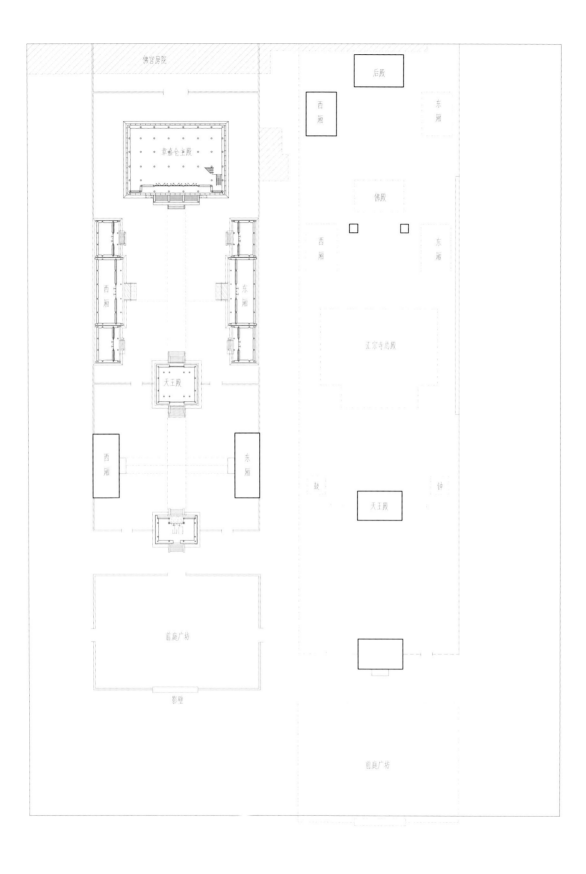

图3-1-112 汇宗寺总平面图

事务的场所，章嘉活佛仓更像是一座规制完整的寺庙，建筑规模与汇宗寺主体不相上下，而这样的模式广见于内蒙古地域各个召庙的活佛仓。此外，清康熙皇帝亲自为章嘉活佛仓赐名"珠轮寺"，像这样由皇帝亲自为作为召庙附属生活建筑的佛仓取名的情况在内蒙古地域极为少见。

从整体布局来看，章嘉活佛仓建筑群的主轴线与汇宗寺召庙主体建筑的主轴线平行相对，各个殿宇由南至北完全按照汉式迦蓝七堂式布置，包括三进院落（目前仅存两进院落）、三座殿宇、一处宫院（宫院已毁）。章嘉活佛仓内的单体建筑也完全采用汉式，例如：山门（图3-1-113）面阔三间、进深三间的硬山式建筑；过殿（图3-1-114）面阔五间、进深三间的单檐歇山建筑；东西厢房（图3-1-115、图3-1-116）为九间硬山式建筑，且居中五间出外

廊；大经堂为二层重檐歇山木构梁架建筑。

（2）章嘉活佛仓大经堂

章嘉活佛仓大经堂（图3-1-117、图3-1-118）是该院落中规模最大的建筑，始建于1691年。其建在1米多高的台基之上，面阔七间，进深五间，上下共两层。屋顶采用重檐歇山式，上铺青灰色布瓦，正脊中央设有镏金宝顶，整体显出庄严朴素之感。

经堂平面为"凹"字形，殿内空间由陈设分为三个空间：北侧为供佛空间，南侧为诵佛空间，四周为信众转经空间。殿内东侧设有较窄的直角楼梯（图3-1-119），通向二层，二层空间并不向信众开放。经堂一二层之间并没有设置藏传佛教经堂特有的形制——"都纲法式"，所以一层南侧均采用隔扇，以此来满足室内采光的需要。

图3-1-113　章嘉活佛仓山门

图3-1-114　章嘉活佛仓过殿

图3-1-115　章嘉活佛仓西厢房

图3-1-116　章嘉活佛仓东厢房

图3-1-117　汇宗寺章嘉活佛仓大经堂正前方

图3-1-118　汇宗寺章嘉活佛仓大经堂室内

图3-1-119　汇宗寺章嘉活佛仓大经堂室内楼梯

八、赤峰地区的藏传佛教建筑

（一）赤峰翁牛特旗梵宗寺

梵宗寺（查干布热庙）为原昭乌达盟翁牛特左翼旗寺庙，系该旗旗庙及唯一留存至今的寺庙。元朝年间，该庙是成吉思汗家族有关的蒙古佛教大本营之一，号称元朝的"护国寺"，后因与北京的护国寺区别，改称"护卫寺"，其后到了清乾隆八年（1743年），由乾隆皇帝赐名为梵宗寺。

乾隆八年（1743年），翁牛特左翼旗达尔罕岱青贝勒朋苏克听从旺钦托音之建议，将被洪水冲毁的查干布热庙迁至查干布热山北重建，改为旗庙。寺庙接替莲花图庙，总揽全旗喇嘛庙事务，受京城雍和宫直接统辖。寺庙俗称北大庙、贝勒庙、查干布热庙。寺庙建筑风格为汉式风格。

1. 组成和布局

梵宗寺共有大雄宝殿、弥勒佛殿两座主殿及度母殿、护法殿、罗汉殿、观音殿、金刚殿、关公殿6座配殿。现存寺庙整体布局为山门、大雄宝殿、弥勒佛殿，沿南北轴线依次展开，两厢配殿分别位于轴线两侧。大雄宝殿、弥勒佛殿将建筑群分成了两个围合的院落。寺院随山势高低呈梯式院落，布局紧凑，疏密得当（图3-1-120）。

2. 建筑

（1）大雄宝殿

大雄宝殿（图3-1-121～图3-1-123）是整个寺庙的主殿，于1998年进行了修缮。坐落在高95厘米的台基上，为藏式砖木混合结构，汉藏结合装饰风格。平面呈凸形，通面阔20米，进深28.11米。大雄宝殿屋顶采用前后两个卷棚屋顶结合重檐歇山屋顶的形式，铺灰色布瓦。室内供有三世佛像，并设有法座、经床、诵经桌、法鼓、坛城等陈设。室外装饰有祥麟法轮、宝顶、经幡等。

（2）弥勒殿

弥勒殿（图3-1-124、图3-1-125），为汉式砖木混合结构，汉藏结合装饰风格。采用前廊式平面形式，通面阔14.96米，进深11.72米。采用单檐歇山式屋顶，铺灰色布瓦。室内供有弥勒佛像，设有

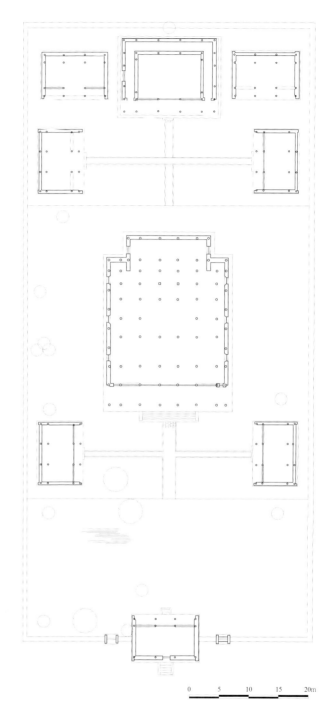

图3-1-120　梵宗寺总平面图

唐卡、柱毯、经幢等陈设。室外同大雄宝殿一样，设有石狮和香炉。

"文化大革命"中寺庙严重受损，仅存山门、大雄宝殿、弥勒殿。1998年起修缮寺庙建筑，并正式恢复法会。寺庙现有房屋115间，占地5000多平方米。

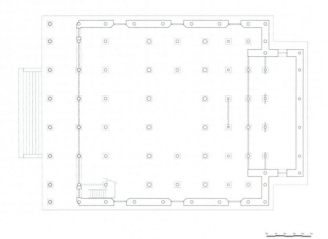

图3-1-121 梵宗寺大雄宝殿平面图

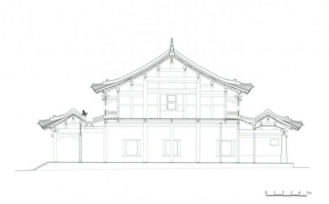

图3-1-122 梵宗寺大雄宝殿剖面图

图3-1-123 梵宗寺大雄宝殿

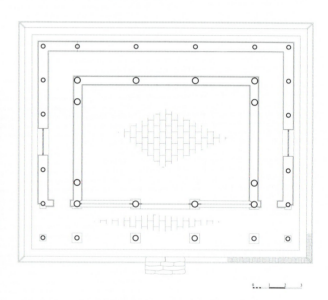

图3-1-124 梵宗寺弥勒殿平面图

图3-1-125 梵宗寺弥勒殿

（二）赤峰宁城法轮寺

法轮寺为原卓素图盟喀喇沁中旗（俗称喀喇沁贝子旗）寺庙，系该旗扎萨克家庙及旗境内规模最为宏大的藏传佛教寺庙。清乾隆十年（1745年），喀喇沁中旗第三任扎萨克齐各克始建寺庙，于清嘉庆八年（1803年）竣工。有学者称该寺建在辽、金、元时期的灵隆寺废墟之上。寺庙汉名为法轮寺，蒙古名为马日图庙、好若庙。以该庙为中心，后有大佛寺，东有普昭寺，西有白塔寺等寺院，形成一处寺庙群。

"土地改革"运动起寺庙建筑群逐年被毁。"文化大革命"期间，寺庙部分殿宇被用作战备粮库，留存至今。1992年起在该寺第25代住持希日布尼玛的主持下开始重建寺庙，经十余年的修缮和重建，已建起山门、天王殿、旃檀殿、钟鼓楼、观音殿、地藏菩萨殿、大雄宝殿、药师殿、护法殿、灵隆寺等殿宇。寺庙建筑风格为汉式风格。

1．组成与布局

法轮寺建筑占地约3600平方米以上，有山门、关公殿、韦驮殿、天王殿、钟楼、鼓楼、旃檀殿地藏殿、药师殿、大雄宝殿（释迦牟尼殿）、长寿殿、护法殿、灵隆寺及喇嘛居所。寺庙共有14座主体建筑，8座辅助建筑。

法轮寺在建筑格局上，以天王殿、旃檀寺、大雄宝殿为轴线，沿南北向依次展开。最南侧是山门，山门以北为天王殿，建在方形石台基上，内供四大天王塑像，天王殿与山门之间有关公殿与韦驮殿分立轴线两侧。天王殿正北是旃檀寺，供巨型菩萨塑像。其后是主体建筑大雄宝殿，雕梁画栋，菩萨、佛像各异，殿中供有主佛释迦牟尼，主寺北面和东面有4个配殿。在建筑艺术上集伽蓝制和格鲁派风格于一身（图3-1-126）。

2．建筑

（1）四大天王殿

四大天王殿俗称天王殿（图3-1-127～图3-1-129），建在高78厘米方形石台基之上，汉式砖木混合结构体系，汉藏结合的装饰风格。梁架结构为七

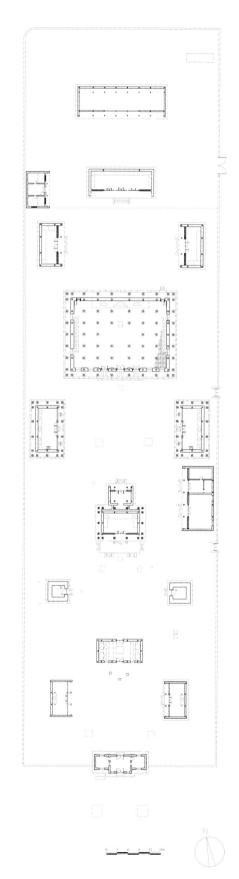

图3-1-126 法轮寺总平面图

架梁抬梁式木构架。歇山式屋顶，铺琉璃瓦，面阔五间，进深二间，通面阔12米，通进深5.65米，内供四大天王塑像与弥勒佛像。

（2）旃檀殿

旃檀殿建于1745年，与观音殿相连，坐落在高96厘米的台基上（图3-1-130），汉式砖木混合结构体系，汉藏结合装饰风格，半回廊的外廊形式，面阔五间，进深七间，通面阔11.9米，通进深13.6米。重檐歇山式屋顶，铺灰色布瓦，屋顶上有宝顶，内供宗喀巴像。

图3-1-127　法轮寺四大天王殿

图3-1-128　法轮寺四大天王殿剖面图

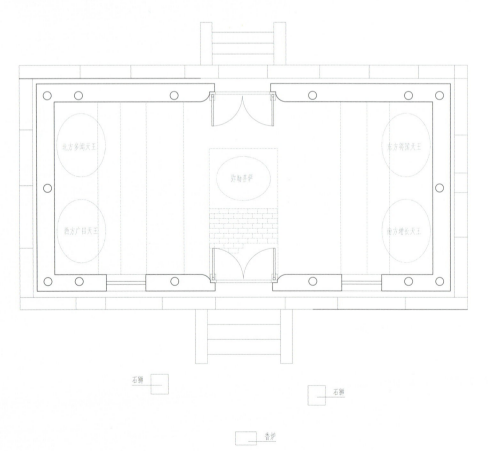

图3-1-129　法轮寺四大天王殿平面图

图3-1-130 法轮寺旃檀殿

图3-1-131 法轮寺大雄宝殿

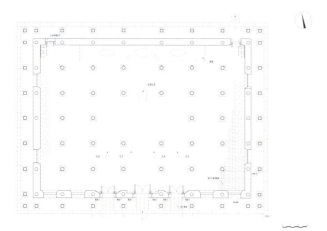

图3-1-132 法轮寺大雄宝殿一层平面图

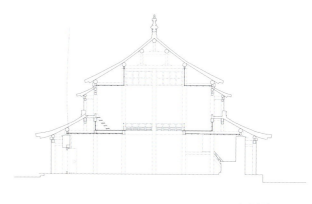

图3-1-133 法轮寺大雄宝殿剖面图

（3）大雄宝殿

大雄宝殿为法轮寺的主体建筑，坐落于36厘米高的台基上（图3-1-131～图3-1-133），汉式砖木混合结构，汉藏结合装饰风格，面阔九间，进深八间，通面阔29.1米，通进深21.9米。外沿建筑四周布有回廊，屋顶形式为罕见的三重檐歇山式，铺灰色布瓦，室内建筑空间为典型的藏式都纲法式。

（4）灵隆寺

灵隆寺建于清康熙十八年（1679年），坐落于高77厘米的台基之上（图3-1-134、图3-1-135），汉式砖木混合结构，汉藏结合装饰风格，梁架结构为五架梁抬梁式木构架，面阔五间，进深三间，通面阔16.5米，通进深6.6米，歇山式屋顶，铺琉璃瓦，内供奉释迦牟尼像。

九、巴彦淖尔地区的藏传佛教建筑

（一）巴盟磴口阿贵庙

阿贵庙位于巴彦淖尔市磴口县哈腾套海苏木境内狼山山脉西端的阿贵沟，是内蒙古地区西部蒙古族最具规模的宗教活动场所，也是内蒙古地区红教喇嘛的唯一寺庙。阿贵庙始建于1798年，藏名为拉西任布·嘎定林阿贵。阿贵的意思为山洞，因为此处奇洞攀岩，故得名阿贵庙。后清廷理藩院为其更名宗乘寺，民国元年（1912年），民国政府蒙藏事务局赐予蒙、汉、满、藏四体"宗乘寺"匾额。阿贵庙为内蒙古地区现存唯一的一座按照宁玛派仪轨活动的喇嘛教红教派寺庙。

1．组成与布局

阿贵庙海拔1500米，占地100多公顷，是典型的藏式建筑群。至清末时该寺仍有大雄宝殿、扎仓

图3-1-134 灵隆寺

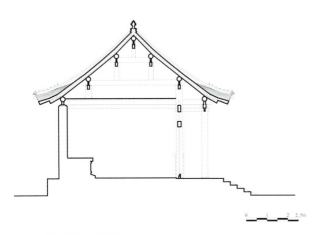

图3-1-135 灵隆寺剖面图

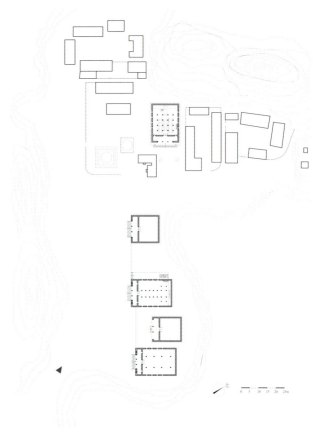

图3-1-137 阿贵庙总平面图

图3-1-136 阿贵庙全景

殿等两座经殿共64间、庙仓12座72间、僧舍1000余间。洞窟是阿贵庙的一个特色。在阿贵庙四周的悬崖峭壁上，镶嵌着阿贵洞、上乐金刚洞、公主洞、水帘洞、护法神洞五个奇特的大天然岩洞，形成了阿贵庙奇、幽、高、险的佳境。洞内石笋林立，神灯闪耀，彩塑栩栩如生（图3-1-136、图3-1-

137）。

阿贵庙仍然依山隔水而建，主体建筑继承了藏式"自由式布局"的特点，没有主轴线，也没有院墙、山门、正殿、厢房的配置及围墙，主殿宇依地势面南修筑，错落有致而又和谐统一，加上石窟、佛塔和敖包以及活佛府等建筑，形成了一组主次分明、形象丰富的藏式建筑群。主体建筑均采用平顶直墙和小窗的藏式殿堂建筑形制，外墙涂抹白灰，在蓝天与青山的映衬下更显得格外醒目。

2．建筑

（1）大雄宝殿

大雄宝殿（图3-1-138），汉语正式名称"会功殿"，俗称"朝格钦独贡"，是阿贵庙中建筑规模较大的大殿之一，始建于清朝嘉庆三年（1798年）。

大雄宝殿平面为凹字形，形态对称规整，内部平

图3-1-138 阿贵庙大雄宝殿斜前方

图3-1-139 金刚亥母殿

面分区明确，由南至北分别是门廊（门厅）、经堂与佛殿。大雄宝殿通面阔15.4米，通进深22.53米，坐落在1.5米高的台阶上。经堂部分为两层，平面为典型的都纲法式。佛殿为二层高。大殿室内没有设转经道与玛尼轮来引导寺外参拜者行进，而是用柱列与缦幢等进行隔断，划分出礼佛的交通空间与僧众习经诵经的空间。门廊内两侧设玛尼轮。宝殿内供奉着释迦牟尼像，配殿内供有红教派本尊达不仁和生像。

大雄宝殿外观宏伟，前廊立面是典型"两实夹一虚"的纯藏式建筑风格。实墙上开藏式小窗。屋顶为藏式密肋平顶与门廊处的坡屋顶组合形式。主体墙皆为规格不一的块石砌筑而成，墙体室外收分强烈，室内无收分。墙体内不设柱，石墙直接对梁交搭，与室内柱共同承重。大雄宝殿屋顶四角经幢高耸，祥麟法轮银光闪烁。

（2）金刚亥母殿

金刚亥母殿（图3-1-139）规模与大雄宝殿相当。大殿坐北朝南，平面为凹字形，经堂为典型都纲法式，8根柱，墙内无柱，也不划分佛殿空间。整体建筑为单层藏式平顶上局部二层，上置单檐歇山屋顶。外廊两实一虚，实墙面上开藏式小窗。外廊木作采用藏式，柱头、栌斗、斗栱精雕细作，色彩绚烂。屋顶上的祥麟法轮娇小精致。

（3）时轮金刚殿

时轮金刚殿（图3-1-140）是阿贵庙建筑群中的又一大殿，也是喇嘛每日诵经的主要场所。大殿

坐西朝东。佛殿部分较小，主要突出的是经堂空间。经堂为五开间，四进深，室内满布经床，屋顶悬挂经幡和唐卡，色彩绚丽。

时轮金刚殿是藏式平顶和汉式歇山顶组合式屋顶。大殿整体平面呈凹字形，主体为二层，局部为三层。前廊立面是典型"两实夹一虚"的纯藏式建筑风格，外墙涂刷黄色，墙体有收分，墙上不开窗而用图案装饰。屋顶四角经幢和祥麟法轮用银色粉饰。

整体寺庙在"文化大革命"中严重受损，仅存5个天然洞和大雄宝殿的框架。20世纪80年代开始修缮、复建寺庙建筑，经20余年的建设，已建成大雄宝殿、金刚亥母殿等5座主要殿堂与1座活佛拉卜楞的中等规模的寺庙。

（二）巴彦淖尔市善岱古庙

善岱古庙为原伊克昭盟鄂尔多斯左翼后旗（俗称达拉特旗）寺庙，系达拉特旗境内布勒吉庙建在乌兰察布盟乌拉特西公旗的一座寺庙，为西公旗境内修建最早的一座寺庙。清康熙五十九年（1720年），清廷御赐满、蒙、汉、藏四体"威化寺"匾额。寺庙始建于康熙十五年（1677年），原址位于巴音敖包之地（原临河县巴音敖包乡），后因洪水的影响，不久迁至夏日占布拉圪台（今乌拉特后旗乌盖苏木所在地）重建殿宇。寺庙位于阴山南麓，依据所处地名，俗称萨拉达巴庙。寺庙建成后屡遭兵灾匪患及火灾，几次被毁，几次重建。

1. 组成与布局

该庙占地面积为2平方公里，建筑面积达1000平方米。至1958年仍有80间的双层大雄宝殿、60间的单层大雄宝殿、双层千神殿、经学殿、劳林殿、乌兰拉卜楞等14座殿堂及西仓、庙仓、教书院、医药房、查玛用具房、凉亭等多处建筑。寺庙有僧舍120余间，共有108塔，其中有特大佛塔3座。

善岱古庙建于山坡下一片较为平缓的地段，建筑风格以藏式建筑为主，兼有汉式建筑。因此建筑群布局具有汉藏混合方式的特点，主要殿堂及山门位于中轴线上，用以突出主体建筑。两边有配殿、还有较为自由布局的活佛府、院墙等附属。主体建筑均采用平顶直墙和小窗的藏式殿堂建筑形制，加上配殿前一组8个洁白色的大喇嘛塔，在蓝天与青山的映衬下更显得耀眼（图3-1-141、图3-1-142）。

2. 建筑

（1）大雄宝殿

大雄宝殿（图3-1-143）是善岱古庙中现存建筑规模最大的大殿，始建年代不详。

大雄宝殿整体平面为凹字形，形态对称规整，内部平面分区明确，由南至北分别是门廊（门厅）、经堂与佛殿。大雄宝殿通面阔14.71米，通进深25.69米，经堂部分为两层，平面为典型的都纲法式，与最北端的佛殿由墙体分隔，设有二道门连通。佛殿为三层高。大殿外墙设一圈转经道与玛尼轮来引导寺外参拜者行进。

大雄宝殿前廊立面是典型"两实夹一虚"的纯藏式建筑风格。建筑结构为砖木混合方式的藏式密肋平屋顶。主体墙皆为规整青砖砌筑而成，墙体室外收分强烈，室内无收分。墙体内不设柱，石墙直接对梁交搭，与室内柱共同承重。

图3-1-140　时轮金刚殿

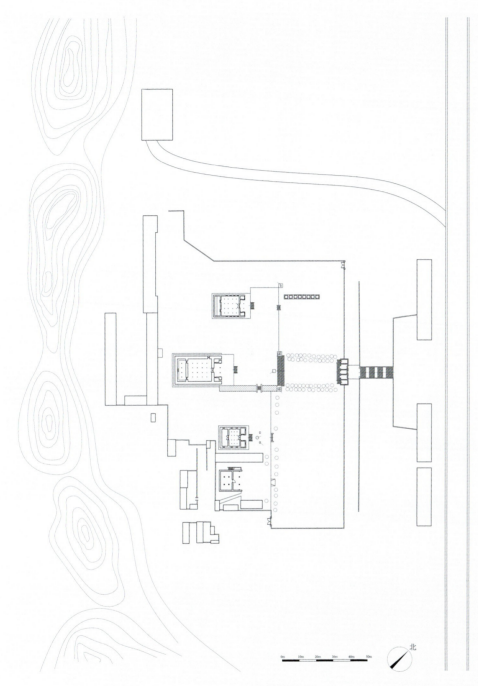

图3-1-141 善岱古庙总平面图

北

图3-1-142 善岱古庙建筑群

图3-1-143 大雄宝殿正前方

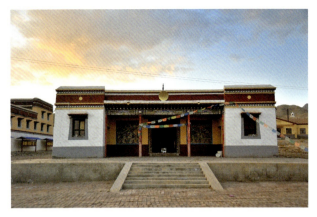

图3-1-144 密宗殿经堂

图3-1-145 善岱古庙密宗殿经堂室内

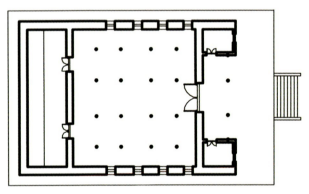

图3-1-146 密宗殿平面图

图3-1-147 善岱古庙拉卜隆寺斜前方

（2）密宗殿

密宗殿俗称居德巴独贡（图3-1-144～图3-1-146），属纯藏式砖木结构，朝向为南向偏东约45度，建筑内部设有经堂与佛殿两个主要功能空间。

经堂为五开间五进深，正立面为藏式特有的"两实夹一虚"的形制，东西立面各设有四扇藏式盲窗，经堂内部空间装饰手法为藏式，采用了藏式彩绘、壁画、唐卡、经幡、经幢等装饰物，色彩艳丽。经堂最中间的空间供奉三世佛，在佛像上空的做法为"都纲法式"。

佛殿空间与经堂空间相连，在经堂空间的尽头，左右两侧各设有一门通向佛殿，以此来满足转经仪式的需要。佛殿内正中供奉黄教创始人宗喀巴大师及其弟子，为营造佛殿的宗教氛围，将佛殿空间沿垂直方向向上拔起，南向的侧面开藏式明窗，这样一来佛殿空间中宗喀巴大师的造像自上而下是

明亮的，从而营造出神秘、肃穆的宗教氛围。

（3）拉卜隆庙

拉卜隆庙（图3-1-147）同善岱古庙的其他殿堂一样，为纯藏式形式，但它也是规模最小的的一个殿堂。拉卜隆庙与大雄宝殿、密宗殿几乎是平行的，空间功能也与其他殿堂一致有经堂与佛殿两个功能空间，所不同的是由经堂到佛殿的门不是一扇而是两扇。

经堂正立面也为"两实夹一虚"的藏式传统形制，两侧立面各设有三扇藏式盲窗，经堂立面色彩比较特别，它并没有采用藏式殿堂建筑常用的白色或者黄色，而是采用了白色做底，灰色包边的形式。经堂内部空间虽然不大但是装饰却很丰富，帷幔、幕帘彩绘、壁画、唐卡、经幡、经幢、柱毯颜色绚丽，宗教氛围浓厚。

"文化大革命"中寺庙严重受损，仅存大雄宝

殿、东配殿、西配殿、东厢院、西厢院等大小5座庙宇。1980年起开始修缮、重建寺庙，恢复法事。现已成为乌拉特后旗全旗喇嘛教活动中心。该寺为乌拉特后旗乃至巴彦淖尔市保存最完整的藏传佛教寺庙，为乌拉特后旗重点文物保护单位。

第二节 汉传宗教建筑

内蒙古地区的汉传宗教建筑主要为山西人出资建造，建造时因受到了经济等方面的制约，建筑中形成了组合功能空间（即，一个殿堂空间内有多个殿堂的功能与陈设），多数表现出主要立面讲究而其他部位相对朴素的特点，也部分地反映出当时商人阶层的实际情况。而内蒙古本地统治阶级建造的汉传宗教建筑则更注重建筑空间的实用性，比如文庙大成殿南北两侧均有窗，以满足其教学的需要。在蒙汉文化的共同作用下，内蒙古汉传宗教建筑体现出了多文化交融的内容，如魁星楼的设计吸纳了蒙古族的空间理念，观音庙在装饰上融合了藏传佛教的内容等。

此外，在内蒙古汉传宗教建筑中也反映出了地域的特点，比如大殿前均设置抱厦、墙体多采用里

生外熟等做法来满足冬天御寒的需要。由此，汉传宗教建筑传入内蒙古后，在经济、政治、文化、地域等方面的影响下形成了自己一定的特色。

一、呼和浩特财神庙

呼和浩特财神庙是道教建筑（图3-2-1），位于呼和浩特玉泉区玉泉二巷十一号，大召寺的东南，与玉泉井相毗邻，东面为大南街，南面有观音庙、文庙，西有弘庆召。财神庙地处繁华地段，这与道教在清朝初期就逐渐没落，弘道成为其主要任务不无关系。财神庙兴建于清代初期，是由归化城的山西商人、社团、商号捐资兴建，以求财纳福镇压百邪、一顺百顺，财神庙现为自治区级文物保护单位。

财神庙是按照山西传统庙祠为蓝本而建造的，其占地面积约2410平方米，建筑面积约1186平方米。该院为四合院形制，建筑整体坐北朝南，建筑群排布方式由南北轴线控制，沿轴线建有山门、香炉亭、大殿、偏殿、配殿及其他厢房。

据碑文记载，从雍正年间开始在不同时期陆续有过修缮。财神庙山门前原有戏台、广场，但是现今均已无存，仅留山门前两对残破的蟠龙旗杆石

图3-2-1 财神庙建筑群

座。财神庙大殿梁架结构保存得较好，彩绘等依稀可见。在大殿的东西山墙保留着很珍贵的精美壁画，壁画色泽淡雅，笔法细腻。

山门（图3-2-2）面阔三间，明间广2.62米，两次间各为1.35米，通面阔广6.33米，进深5.35米，为高台基大木无廊硬山式形制。明间前后各有一门，墙身前檐两墀头下肩处施角柱石，为石狮造型浮雕，上承挑檐石，后面没有挑檐石和角柱石，下肩墙为青砖砌成，墙体构造为里生外熟，两山博风用方砖砌成，庙门为露明造，梁架结构为五架梁，前檐设斗栱，斗栱为十字交麻叶工艺，而后檐则无斗栱。

大殿（图3-2-3、图3-2-4）面阔三间，进深四椽架，通面台基10.64米，通进深7.5米。前卷抱厦面阔三间，明间与大殿明间同宽，两次间为殿身

次间的一半，总体平面为"凸"字形。台基平面也为"凸"字形，高为0.96米。大殿屋顶为前卷后殿组合形制，即前置卷棚歇山抱厦、后殿大木硬山式。大殿除抱厦正面两角采用石材角柱础，殿身四角并未采用，台基阶条仅在抱厦三面及殿身前檐两侧及两山与配房露明部位设置，其余皆为虎头青砖压檐，且条石薄厚不一。墙身前抱厦部分没有采用墙体，三面采用木作隔扇，殿身正面三间无窗，也采用了隔扇。大殿的两山墙与后檐为墙体封护，殿身前檐两墀头采用角柱石，下肩砖身与角柱同高，角柱石上压腰石高出下肩，饯檐砖下采用挑檐石，但后檐未有设置。墙体皆为里生外熟做法，两山墙与配房连接处为土坯砌筑处抹草泥面层，凡露明处皆做青砖面层。后墙凡柱线部位，均采用铁件与柱身内处拉接。柱架大木结构，抱厦为大木卷棚歇山

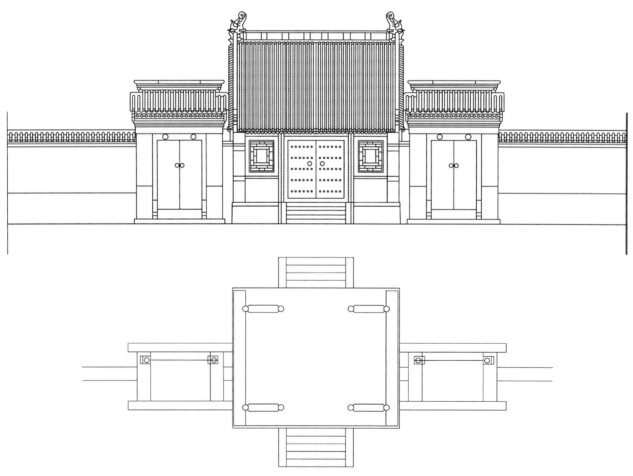

图3-2-2　财神庙山门立面、平面图

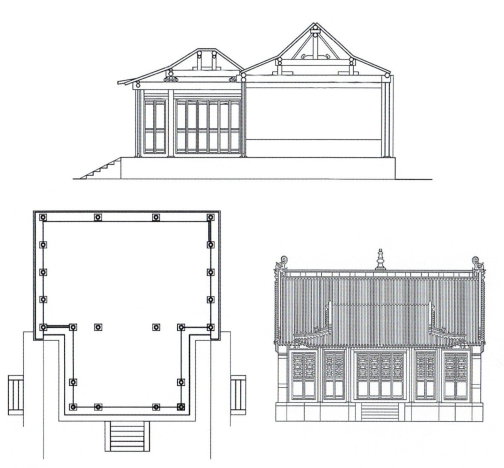

图3-2-3 财神庙大殿平面、立面、剖面图

图3-2-4 财神庙大殿

式构架，在檐柱间施檐枋，上承垫板采用檐檩而未采用斗栱。木装饰方面，大殿前卷棚抱厦处，左右及正面皆为木隔扇装修，采用中槛和下槛，柱侧采用抱框，明间四扇，两次间各两扇，两侧中设置柱分隔、各设置六扇，省略了槛；檐枋与中槛之间采用木作雕饰，做法比较特殊，隔扇裙板等处并无装饰。殿身群板剔地起凸雕饰，绦环板作雕饰，与抱厦处有所不同。抱厦部分顶棚为露明造（图3-2-5），殿身内为井口天花，各间4×8计32块天花板，共96块。彩绘油饰方面，抱厦室内梁架及殿身内井口天花采用彩绘装饰，顶棚为团龙牡丹图案，梁架彩绘为民间彩画形式，并没有采用官式做法。在财神庙大殿内东西山墙保存有清代早期的壁画，东山墙壁画保存的较好，壁画的内容描绘的是民间信奉的五路财神，即：福、禄、寿、喜、财。画中的神仙服饰为褒衣博带，发髻高耸，神态和蔼可亲，栩栩如生。壁画整体构图严谨，内容丰富，寓意深刻，色泽淡雅，笔法细腻，从风格来看是典型明代晚期的绘画特点。

从山门与大殿的建造手法来看，建造时并没有采用官式做法，而采用了民间做法，建筑建造与装饰上都比较简朴，在人们更为注意的方面做法细致，材料相对考究，而不显眼处则采用比较普通的材料与简单工艺，从这方面也许也反映出财神庙在建设时资金并不像山西等中原地区那么充裕。

二、丰镇金龙大王庙

丰镇金龙大王庙（图3-2-6）是道教建筑，位于乌兰察布市丰镇新城湾乡境内，俗称"大王庙"，西距城区约1公里。据《丰镇县志》载，该庙初建于辽天庆五年（1119年），位于今庙后侧，有小祠，祭祀金龙大王，于1814年重建移于飞来峰山巅，建成大殿3楹、寝宫3楹、大王庙碑亭、雨磨、望海楼，之后多年陆续重修增建有望海楼、牌坊、疆房、厨房、保婴圣母祠、增福财神祠等。现在除障正殿、云门、庙门、泥塑壁画乡绅所刻被毁外，其他建筑基本保存完整。

寺院门前左右两侧各有一根石柱，呈八棱状，周围有文字，上有盖顶，是为满足入口限定与特殊日子悬挂旗子所用。

望海楼耸立飞来峰最前端，似临空悬浮。楼前原为河，水清如镜，后来河水干涸变作草滩。滩中几眼清泉，称"灵泉"。清晨透过轻纱似的薄雾，站于望海楼，丰镇全城尽收眼底，犹如观赏海市蜃楼一般，使人心旷神怡。

大王庙选址飞来峰，与道教教义不无关系，道教以为山巅与天接近，山峰的凸点是天与地的交汇处最利于升仙，因此道教赋山以种种神秘色彩，大王庙巧妙地利用山形地势，使道观建筑和周围环境浑然一体，体现了道家返璞归真的思想，其孤高挺

图3-2-5 财神庙大殿抱厦露明造

图3-2-6 金龙大王庙建筑群

拔，耸入云天，似在与天通话，这样的所在非常符合修道、养生、炼丹，是道士们追求的"仙境"。大王庙选址之处并非周围山地的最高处，而是邻近村庄之地，这说明选址时也兼顾到吸引信众、弘道扬名的历史要求。自唐、宋、元、明以来道教逐渐没落，弘道成为道教的重要任务，将宫观建在便于弘道的城镇已极为普遍。大王庙便是如此，飞来峰紧邻周围村庄，这为信众前来修道提供了便利。

大王庙平面布局属集中式，这种空间组合方式可能是效仿汉地著名道教宫观而形成的。该宫观布局上有一条明显的中轴线，在中轴线上的建筑形制呈层层递进的方式，高度越来越高，空间越来越宽阔，最终将美与封建礼教达到了高度的统一。大王庙在封建礼制的影响下形成了三层逐级升高的院落，一进院落东面设有望海楼，西面设西厅；第二进院落设东西厢房、金龙大王庙大殿；第三进院落设东西耳房及后寝殿。三进院落逐层递进，依山势

图3-2-8 金龙大王庙望海楼局部

而建更显雄伟。

大王庙建筑单体中望海楼（图3-2-7、图3-2-8）颇有特色。望海楼为两层建筑，屋顶比较特别，屋顶为前歇山后硬山的勾连搭式，下层空间三开间、四进深，殿东西山墙两侧各有板门一扇联系纯阳宫门与一进院落，南面无墙设为木隔扇，二层为一开间三进深，殿前有一门廊，前廊角兽四尊，殿山墙山坠为如意与灵芝砖雕。寝殿为硬山顶，三开间、两进深，前有门廊，北墙上有牖窗两扇，殿东西各有一耳房。

三、呼和浩特魁星楼

呼和浩特魁星楼是道教建筑，建于明代。魁星楼位于呼和浩特市和林县县政府南28公里的三道营乡骆驼沟村南500米的一个土坡上，四周为丘陵，北邻东西走向的小河。

该建筑为砖石结构，坐南向北，自下而上由基台、楼座、楼身、楼顶组成（图3-2-9）。台基用青色坚石垒砌而成，呈覆斗状，长6.65米、宽5米、高2.5米；楼座为二层阶式，用素面灰砖砌成；南侧墙体上留有供信众攀爬的孔洞并在墙体上设置了铁质把手。圆柱形楼身亦采用灰砖砌成，为清水砖墙，高2.4米，周长7.85米，北侧开有拱门，门高1.78米、宽0.78米，楼顶为灰砖所砌的攒尖顶，攒尖顶顶部设有宝顶，宝顶为青灰色金属制成，高1.5米。楼内塑魁星像，四壁顶部有人物及动物壁

图3-2-7 金龙大王庙望海楼

图3-2-9　魁星楼背立面

图3-2-10　魁星楼正面

画，内容为道教教义故事。

　　从建筑规模上我们不难发现，其与山西同类建筑是不能比拟的，魁星楼在建筑材料的使用中非常注重节约，为了节省材料，建筑入口并没有采用常见的台阶，而是在楼座砌筑时留有孔洞，供朝拜者攀爬进入，楼座与楼身间的尺度非常小，仅容一人勉强通过，楼身内部空间也仅可容下一人朝拜，正是由于内部空间尺度很小，会使观者的视距变小，从而显得本身并不高大的魁星塑像更为高大威严。

　　魁星楼的形式与汉地其他同类型建筑有着很大的不同，其形式与蒙古地区的蒙古包有些相似（图3-2-10），这也许是由于材料所限造成的。魁星楼所处之地至今没有可利用的木材来建造房屋，并且该地区交通不便，运输在明代应该很不容易，而经济的压力又并不能满足建造材料的充裕，这就要求设计者利用新的形式来解决问题，圆形平面是同等面积下用料最省的方式，而在没有木材的情况下只能采用砖来作为屋顶的材料。虽然其形式像蒙古包，但比例与蒙古包并不相同，这正是其建筑属性"楼"所决定的，其属性要求它在垂直方向上有向上的趋势，最终在借鉴当地蒙古民族房屋形式后，汉族设计者创造了这个特殊的形式。虽然建筑中无法使用木材，但在檐口等处汉族工匠还是效仿了木构架建筑檐口的处理方式，以此来回归其汉传宗教

建筑的本质。

四、多伦碧霞宫

　　多伦碧霞宫是道教建筑，位于内蒙古锡林郭勒盟多伦县东胜街157号，建于清乾隆四年（1739年），俗称"娘娘庙"，是多伦城内仅有的一座汉式道教庙宇。该庙是京城旅蒙商人在多伦处于发展时期所修建的庙宇，其建筑所表现出来的气势和特点也正是这一时期的写照。该建筑目前为国家级重点文物保护单位。

　　该庙院呈长方形，占地600余平方米，建筑面积368平方米，沿东西轴线建有牌楼、山门、大殿、偏殿、配殿、钟鼓楼，其他厢房6间（图3-2-11）。院内古树参天，庄严肃穆。

　　牌楼据载呈重檐歇山式木质结构，四柱三间，以青铜瓦覆顶，如意斗栱承托，牌楼底檐正中悬挂"碧霞宫"牌匾，目前牌楼被毁。

　　山门面阔三间，山门两侧各有一耳门。大殿平面为"凸"字形，坐西朝东，南北皆为窗。正殿前有卷棚顶抱厦，正殿为硬山顶，殿内供奉云霄、琼霄、碧霄三位娘娘，该殿左右各设置偏殿（图3-2-12）。门窗、柱檐等部位均施彩绘，梁枋和额枋上下及殿堂墙壁均绘有题材为"三霄女下山"、"老君斗宝"绘画。

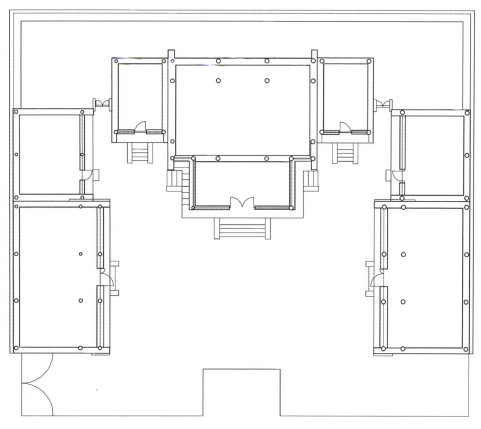

图3-2-11 碧霞宫总平面图

图3-2-12 碧霞宫大殿

图3-2-13　牛王庙建筑群

五、丰镇牛王庙

　　丰镇牛王庙是汉传佛教建筑，位于丰镇市区北山东麓，依山势而建，庙宇坐西向东，面临饮马河。牛王庙正名灵岩寺（图3-2-13），始建于清咸丰二年（1852年），历代有所增建。随着丰镇与外蒙古牲畜交易的发展，这里成了重要的商贸集散地，当地车行、轿行、牙纪、毛店等行会为了祈求神灵保佑，在寺内供起了牛王神及马王神，灵岩寺的名称也就逐渐被牛王庙取代了。牛王庙的山门、正殿、钟鼓楼、戏台、碑刻、僧舍、客室、厨房等建筑在20世纪60年代末被拆毁，现仅存靠山而建的两间禅室、影壁及两座牌坊。这两座木牌坊一前一后，均建立在悬崖之上，楼顶凌云，气势非常雄伟。

　　牛王庙的所处之地景色颇美，我们从《丰镇县志》中对"山寺朝霞"的描述可以领略一二："山寺朝霞在城东北隅灵岩寺，素依山之麓筑九十九级而至其巅，回栏曲折处有禅室二，负山面水，盘踞

云间，凭栏远眺，河东场，星罗棋布，云幻，红娘诸山亦送青于几席之上，当月落天晓日将出时，霞光射来，楼阁树石俱成赤色，而于积雨界后尤奇。"

　　牛王庙群体属自由式布局，建筑群体因建于山地便因地就势，为了强调层次关系，其布置时采用多级台阶联系两座牌坊，如此布局方式不仅立面上增加了建筑群体宏伟气势，同时限定了观者流线，虽然该建筑群是自由式，但其中也体现着"轴线"、"中心"的空间意识，随着山势，引导信徒逐渐进入状态。为了营造出牛王庙的神圣之感，其外部空间分为引导空间、联系空间、仪式空间三个部分：站在北山脚下，首先映入眼帘的是南北两座僧房中间夹一座两柱一间一楼不出头牌楼，牌楼正背后设有福字影壁一座，牌楼作为引导空间的开端，引导信徒拜佛祈福，若只用牌楼引导，多级台阶作为联系必显直白，此时福字影壁恰遮掩了信众视线，使流线含蓄神秘，这正体现了"深山古刹"的深意；绕过影壁，有只容一人通过的小径，沿此小径向上

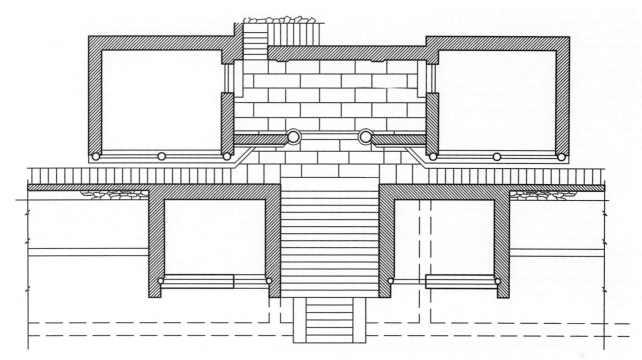

图3-2-14 牛王庙底层平面图

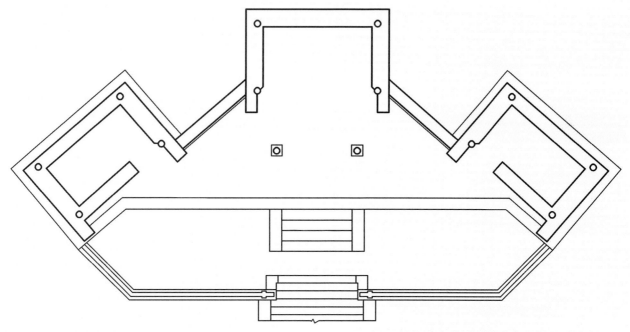

图3-2-15 牛王庙大殿平面图

便是一座平台，平台上建有四柱三间三楼不出头牌楼一座，牌楼前有石狮两尊、石旗杆一对，此处为该群体中联系空间，站在平台之上向上观望八字佛殿异常宏伟，向下观望饮马河、僧房、牌楼尽收眼底，此处恰好起到了承托引导空间引出仪式空间的作用（图3-2-14）；沿平台向上便是该寺的主殿，

主殿（图3-2-15）前空间较小，殿门口设有供信众膜拜的陈设，强迫透视下主殿更显高大神圣。

牛王庙单体建筑中影壁与两座木牌楼颇有特点。福字影壁为青砖"一字"影壁，其下碱采用砖须弥座形式，上身并非常见的方砖，而是普通青砖，蓝底上绘金色福字，其外圈有青砖所做"碰头"，其顶为瓦顶。第一座木牌楼为硬山顶，檐正下方设匾额，上书"心情舒畅"，额枋雀替上木雕与彩画皆保留原有形式，并未翻新，古色古香。第二座牌楼平面一字形，其构建由下向上，依次为：夹杆石、边柱、雀替、小额枋、折柱花板、大额枋、平板枋、斗栱、檐楼。夹杆石上雕有小狮子，活灵活现，十分精妙；雀替、小额枋、折柱花板、大额枋、平板枋上木雕精美，彩画精湛；斗栱为七踩，明间、次间皆采用比较少见的歇山顶。

牛王庙反映了山西建筑文化在内蒙古的延续，建筑上的砖雕、木雕、彩画都反映了当时山西匠人的精湛工艺。

六、丰镇正觉寺南阁

丰镇正觉寺又称南庙，是汉传佛教建筑。南庙位于丰镇城东南郊，建于清嘉庆三年（1798年），至1947年共重修四次。现在已成为丰镇一中。正觉寺占地2500多平方米，寺门两侧塑金刚力士与哼哈二将。寺内正中建有天王殿，供奉弥勒佛祖神像，两侧配有四天王像。主建筑大雄宝殿，供奉如来佛祖，东西各塑十八罗汉。南阁的建筑风格保持了丰镇门阁一体的格局，上层为阁，下层为门。上刻有繁体字"丰川厅"三个字。东配殿为三力士殿，西配殿为十王殿，现该庙仅存南阁一座建筑（图3-2-16～图3-2-18）。

南庙选址在丰镇厅辖区内，并且南庙内南阁为进出丰镇厅南门的必经之所，由此可见此时佛教建筑在兴建伊始就以吸引信众，弘扬佛法为任务，为当地进出丰镇厅做生意的旅蒙商人提供了精神依托的场所。

图3-2-16　南阁斜前方

图3-2-17　南阁砖雕

图3-2-18　南阁立面图

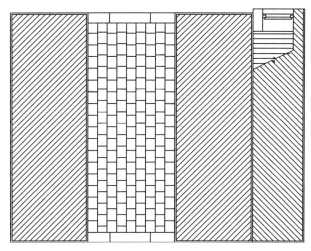

图3-2-19 南阁一层平面图

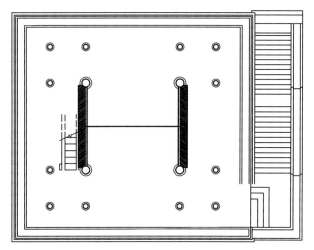

图3-2-20 南阁二层平面图

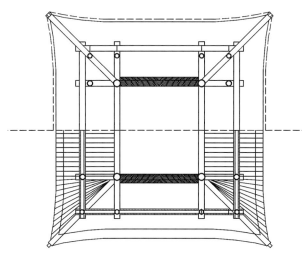

图3-2-21 南阁三层平面图

南阁分为上下两个部分（图3-2-19～图3-2-21），下部为门可通车马，采用车篷券，其下碱高1.1米，采用条石砌筑，上身采用青砖砌筑，车篷券上雕有砖雕作为装饰，南侧雕饰牌匾"肇丰"两侧配以文房四宝，北侧雕饰匾额"丰镇厅"两侧配以琴棋作为装饰，南北雕饰合并暗示了"琴棋书画"。车篷券东侧设有通向二层的楼梯，楼梯条石砌筑，垂带则为青砖砌筑，墙帽采用"灯笼砖"的式样。上部为三开间、三进深的重檐歇山式楼阁，正脊雕饰花卉与法轮，戗脊各有角兽5尊，阁楼上下两层南北墙体均做隔扇，二层东西墙上各设牖窗一扇。

南阁作为丰镇唯一一座保存完好的阁楼式建筑，对于研究佛教建筑在内蒙古地区的演变及旅蒙商人传播汉地建筑文化都提供了丰富的资料。

七、呼和浩特观音寺

呼和浩特观音寺是汉传佛教建筑，坐落在旧城西南玉泉区泉源巷，俗称观音庙，属长和廊街道办事处管辖范围之内，南临鄂尔多斯路，占地1180平方米，是呼和浩特市唯一保留下来的汉传佛教庙宇。寺庙始建于清朝嘉庆年间（1796～1820年），距今已有200多年历史。观音庙内石碑有清道光二十五年（1845年）重建的记载。观音庙虽占地面积不大，但庙宇间浸透着的古朴却很夺人。本地有"汉庙十三座，首座观音庙"之说，可见当年观音庙在汉庙中首屈一指。

观音庙选址在呼和浩特归化城最为繁华的地段，明末清初这个区域就已成为当地著名的商业圈，这个区域宗教氛围也是很浓厚的，著名的"大召寺"、"席力图召"、"清真寺"都在此区域，由此反映出当时的社会各种宗教为吸引信众，将宗教空间建在繁华地段，以弘扬各自的思想，这也反映出当时归化城各族人民对于佛教信仰和谐的景象。

观音庙的布局与众不同，其佛殿在南，山门在北，人们称其为"倒座观音庙"（图3-2-22、图

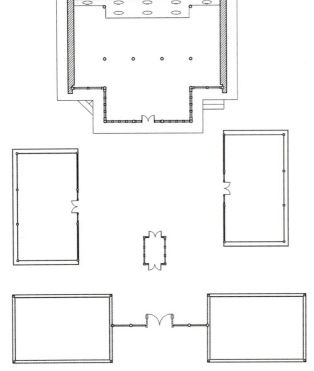

图3-2-22 观音寺总平面图

图3-2-23 观音寺山门

图3-2-24 观音寺大殿局部

3-2-23），之所以出现"倒座"的形式也与其所在街道有关，其用地在现今的玉泉源巷，为使院门开在巷口其整体朝向形成"倒座"。观音庙布局采用四合院式，主体建筑由四殿组成，以建在高台之上，前有月台的佛殿最为壮观。该庙虽仅有四座殿，但伽蓝七堂中的内容一样不少：进入山门后正对面为一座小殿，该殿内供奉四大天王、韦陀、弥勒，该殿虽不能供信众进入，但设计者将该殿设计为"亭"的形式，朝拜者可围绕该殿膜拜其中各位神明，轴线上的另一座建筑就是大雄宝殿了。大雄宝殿不仅仅是该寺的主要仪式空间，更兼有钟鼓楼的功能，其彩绘丰富而考究（图3-2-24）。在大雄宝殿入口两侧，左侧设钟，右侧设鼓，这样轴线上以及轴线两侧的重要建筑都囊括在这两座殿内了，大雄宝殿两侧分别设地藏殿与佛光普照殿。这种处理方式仿佛是伽蓝七堂的浓缩，虽然建造者当时在经济上可能受到了限制，但建设者变化传统形式在有限的条件下建设出功能完备建筑的能力值得赞叹。

观音寺山门前是"四柱三间三楼"牌楼（图3-2-25）。佛殿前有三间抱厦，五间佛殿。在佛殿墙壁之上，"妙法莲花经观世音菩萨门品"绘制的彩色壁画，共四十幅。莲花台上端坐的，中为观世音菩萨、上首文殊菩萨、下首普贤菩萨。在观音前侍立着善财童子和龙女塑像。东西配殿各三间，其中的地藏王殿室外柱头颇有特色（图3-2-26），并不是汉地传统的式样，也许是文化相融后的产物。

观音庙作为呼和浩特保存比较完整的佛教建筑，对于研究山西佛教建筑对呼和浩特佛教建筑的影响有着重要的价值。

八、呼和浩特文庙大成殿

文庙即孔庙，是儒学建筑。呼和浩特文庙（图3-2-27）是祭祀孔子的祀庙，当时在归化城规模较大。尽管当时归化城藏传佛教兴盛，但是儒家文化仍然是正统形式的主导文化，是国家立国的根本学说，孔庙属于官营性质，其功能完全服务于礼制的需要，在归化城占有极其重要的地位。土默特文庙根据《古丰识略》记载，该建筑是在清雍正二年（1724年），土默特的都统丹津与尚书通智联名上奏清廷，在归化城南二里西面的空地改建的文庙。设

蒙古满洲教习，恭祀至圣先师，同时教授众人子弟。这就是呼和浩特有名的土默特官学。主观上是为统治阶级选拔人才，但是在客观上对呼和浩特地区蒙古族的教育发展起到了积极的作用。清光绪十二年（1886年），土默特官学改名为：启运书院，课程专重满、蒙文及骑射。学生的膳费，按月从土默特旗拨付。学习成绩优秀的，拨入兵户两司署当

图3-2-25 观音寺山门前牌楼

图3-2-26 观音寺地藏王殿柱头

图3-2-27 文庙大成殿正面

差，练习公务。光绪二十九年下令将一切书院、官学改为学堂。启运书院改为土默特高等小学堂。清宣统三年（1911年）九月，归化城副都统奏请，在土默特小学堂内附设翻译学校。现为自治区级重点文物保护单位。

呼和浩特土默特文庙大成殿西面是大南街的西侧，紧邻大道，南面是文庙街，与观音寺相呼应，东面是大召前街，与弘庆寺隔街相望。可见其处于繁华地段，便于弘扬儒家思想，吸引更多信众。

大成殿坐北朝南，面阔三间，通面阔10.55米，通进深10.54米。占地面积111.2平方米。硬山顶，屋面覆盖绿色琉璃瓦，砌花脊，有吻、垂兽，带前檐廊，保存较好。屋内平棊顶，后廊设殿内。前廊心墙有砖雕，图案下方雕有一只鹿，上方为松、鹤图案，鹿嘴内衔着林芝，它代表福禄延年、绵绵不断。前廊柱装饰有雀替，明间雀替雕刻有仙桃、竹子、书籍、宝瓶等，次间雀替雕刻有喜鹊登梅，前檐砖雕有麒麟，前面迎风石、压面保存较好，上面均有雕刻，内容也是喜鹊登梅。门窗为雕刻的木质门窗，后墙没有迎风石、压面石，后墙开三个正方形的窗。在屋后立一通青石碑，碑上刻有当时土默特都统官员的职位和管理职责，字迹清楚。

土默特文庙是呼和浩特乃至整个漠南蒙古地区最早的文庙，是呼和浩特历史的见证。其目的虽然是为统治阶级培养人才，但实际上为社会培养了大批的人才，对蒙古族的教育事业发展起到了积极的推动作用，使呼和浩特办学之风兴起。

土默特文庙大成殿是丹津兴建文庙建筑群仅留的一处建筑，其他均已毁，使这处建筑更显珍贵，它与召庙建筑相毗邻，反映了儒学一直是统治阶级的正统学说，地位极高；也反映了明清之际的归化城儒、释、道三教相融合的文化状况，为我们研究呼和浩特博大精深的文化底蕴提供了珍贵的资料。

土默特文庙大成殿建筑保存较好，其精美的砖雕和细腻的木雕都是研究呼和浩特古建筑的宝贵实物资料。

第三节 伊斯兰教建筑

内蒙古的伊斯兰教传入最早可追溯到元朝，在蒙古军西征南下、平定中原的过程中，大量来自中亚、波斯等地的穆斯林也随之迁移各地，加之元朝的统治者对伊斯兰教上层较重视，使得伊斯兰教得到普遍传播。在这样的背景下，西北地区的蒙古宗王及其臣民也有一部分改信伊斯兰教。内蒙古地区明末、清初出现过一批伊斯兰教学者，经堂教育也开始兴起，并得到发展，15世纪末几乎扩及全区各地，在呼和浩特、包头、赤峰、多伦、丰镇等地兴建了不少清真寺。清代以后，内蒙古大部地域信仰伊斯兰教的主要是回族，少数蒙古族穆斯林陆续定居在今内蒙古自治区西部的阿拉善盟。

由于内蒙古地域辽阔，伊斯兰教传入的准确时间各盟市略有不同，但其在内蒙古各盟都有一定的发展，据《内蒙古清真寺》记载，新中国成立初期全区有清真寺80余座，到2001年底，共有伊斯兰教清真寺175座。

伊斯兰建筑艺术的主要载体是清真寺建筑。内蒙古地区的清真寺建筑受到不同时期、多个民族和外来文化的影响呈现出多元文化交织的风貌。从建筑艺术风格的演变过程讲，大致可分四大类：一是以砖木结构为主，体现中国传统形式建筑风格的清真寺；二是砖混结构，保留或模仿阿拉伯式建筑形式、风格的清真寺；三是中阿合璧式的建筑；再有就是内蒙古地区蒙古族穆斯林特有的清真寺建筑。

内蒙古地区的清真寺总体布局是灵活自由的，每个寺院的礼拜大殿是全寺中规模最大、最雄伟壮观的建筑。清真寺的其他建筑都是以礼拜大殿为中心，围绕礼拜大殿进行布局。因麦加禁寺的"克尔白"（天房）[23]在中国西面，故中国的穆斯林向西礼拜。中国清真寺无论从何方开门，但礼拜大殿都是坐西向东，大殿的西墙一般是一整面墙，墙正中央下方有一凹形建筑，内蒙古的回族习惯称之为"窑窝"或"窑殿"，其专供伊玛目[24]站立并率众礼拜"天命"[25]的位置。另外，内蒙古的不少回族清真寺还有一特点，即有各自的附属女寺。女寺就是供女穆斯林进行宗教功课的场所。它也有大殿、沐浴室、讲堂等设施。

一、呼和浩特清真大寺

呼和浩特清真大寺坐落于呼和浩特市旧城通道南街与大北街十字交叉口东北角。是呼和浩特市建筑年代最早、规模最大的一座清真寺，故此得名清真大寺。该寺始建于清康熙三十二年（1693年），初建时较为简陋，仅有土屋数间。乾隆五十四年（1789年）扩建。同治八年（1869年）重修南北讲堂。光绪十八年建山门，二十二年建门前照壁。1923年由穆斯林民众捐资再次重修寺内建筑，形成现在的规模。此后又添建了对厅、沐浴室等建筑。1939年增建望月楼一座，20世纪90年代又增建了副殿、碑亭各一座。

现全寺占地面积约6亩，主体建筑基本保持初建时的风格。寺内主体建筑沿东西向轴线纵深布置，南北两侧布置附属建筑，形成了东西方向上的几进院落（图3-3-1），寺院总体布局较为工整而不严格对称。

山门坐东向西，面阔三间，宫殿式歇山顶，前有廊檐，中间为朱红色正门，正门上悬"清真大寺"横匾及"国泰"、"民安"四个字。正门两侧开有便门，两边是蓝色的墙面（图3-3-2）。寺门前原有影壁，高丈余，现已被拆除。

进入山门，面对的是礼拜大殿后壁，而紧邻礼拜大殿南北两侧有甬道通可往寺院内。首先进入的便是主院，全寺的主体建筑礼拜大殿坐西向东，位于东西向主轴线上，入口面向主院。礼拜大殿是清真大寺中最重要的建筑，1923年重修时大殿增高1.7米，扩大了七间，它是采用中式技术建造的主体为中国传统建筑形象同时融合伊斯兰教建筑风格和西洋建筑形式的一座独具特色的建筑。

礼拜大殿平面是呈东西纵深方向的规整矩形。清真寺建筑受到伊斯兰教义的影响，礼拜殿祭坛的方位须指向"天房"，是穆斯林礼拜时的方向。礼拜大殿的平面布局遵循了这一原则将祭坛设于西端中部，而主入口设于东端。大殿主入口前原有10余米宽月台一座，登上月台可进入大殿或可聚众望礼。重修时因地势紧张拆除后代之以小月台。

礼拜大殿东向为主立面，面阔五间，中部为殿门，是三开拱形门，门楣上刻有精细的阿拉伯文作为装饰，意为"安拉是天地间的光辉"。两侧各间原装雕棂方窗，砖叠涩窗套和上部的砖雕均饰以彩绘。最独特的是东立面檐部升起的带有弧形和涡卷的山花墙，加上中国传统建筑砖雕彩绘艺术和金灿灿的阿拉伯经文装饰（图3-3-3、图3-3-4），使整个建筑与周围的建筑形成了鲜明的对比，呈现出一种与众不同的气质。而礼拜大殿的后壁则完全是中国传统建筑形象（图3-3-5）：砖砌实墙以纵向三段划分为主导，檐部、腰线、角部都饰以砖雕彩绘。整体庄严肃穆，中上方镌刻"认主独一"四个大字。稍下自右至左为"明心、正心、诚意、修身、见性"十个正楷大字，笔势圆润饱满、端庄有力，均为民国时期绥远都统马福祥手笔。南北两侧立面完全对称相同，分五间，中间开中式雕棂方窗带砖叠涩窗套，两侧四间开拱形窗洞，窗洞上下加砖雕彩绘装饰（图3-3-6）。

大殿呈窄深型平面，因此在平面纵深方向上屋顶共分为四进，以中国传统屋顶的勾连搭相接的方式建造：第一进卷棚上起两座六角攒尖式的亭子顶；第二进卷棚中间起一座八角攒尖式亭子顶；第三进卷棚也是大殿中部核心空间位置，上面则起了一座高大的八角攒尖亭子顶；最后一进卷棚上起了一较小八角攒尖亭子顶。整个殿顶造型别致，层次分明。五座升起的尖顶既改善了大殿内采光，又给清真寺的外观增加了高大华丽、富丽堂皇的感觉。同时，跃出屋顶的一个个高低错落、精巧美观的亭子顶，还使建筑物呈现出欢快愉悦的世俗氛围（图

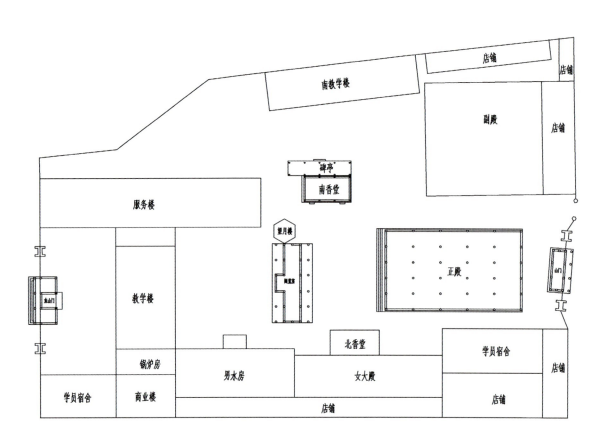

图3-3-1 呼和浩特清真大寺总平面图

图3-3-2 呼和浩特清真大寺山门

图3-3-3 呼和浩特清真大寺礼拜大殿东面

图3-3-4 呼和浩特清真大寺礼拜大殿正立面图

图3-3-5 呼和浩特清真大寺礼拜大殿背立面图

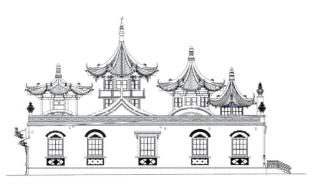

图3-3-6 呼和浩特清真大寺礼拜大殿侧立面图

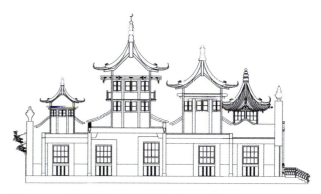

图3-3-7 呼和浩特清真大寺礼拜大殿剖面图

图3-3-8 呼和浩特清真大寺礼拜大殿屋顶

图3-3-9 呼和浩特清真大寺砖雕彩绘

3-3-7、图3-3-8)。

大殿采用我国传统砖木混合方式建造,由纵横各4排共16根漆红大柱支撑着木屋顶。而室内屋架构造不露明,除五座攒尖顶层层升起藻井支撑尖顶可见外,其余部分都以平棊吊顶。大红支柱之间饰以精致典雅的木罩,把单个的木柱联系成为一个整体。大红支柱上刻着绿底金字《古兰经》,大殿内壁上也饰有经文。平棊方格上绘着青绿素雅的彩画而不见繁复的屋架。光线从大殿两侧墙面上开设的大玻璃窗照射进来,加上5个采光顶投射下来的光线,使室内空间开敞明亮、清新整洁。大殿没有神秘幽暗的宗教氛围,而是在庄重肃穆之中透出了明朗愉快的生活气息。

室内外以阿拉伯文、几何线纹和各种植物做装饰题材,以白、绿两色为彩绘的基调,以金色经文为主调。装饰布局工整对称,庄严肃穆,使礼拜大殿建筑具有了浓郁的伊斯兰风情;而在建筑室内外装饰手法上又兼容我国传统建筑彩绘艺术和山西传统建筑的砖雕艺术,使整座建筑流光溢彩、艳压群芳(图3-3-9)。

该寺另一富有特色的建筑是主院东南角高高耸立的望月楼。每逢"斋月",穆斯林便在楼上望月。望见初月后封斋或开斋,故名望月楼(图3-3-10)。它建于1939年,总高约31米,平面六角形,呈六棱体塔楼。塔楼共分五层,下四层用砖砌,顶层木构亭式顶。塔身高耸,层层递减,形如竹节。塔楼的第三层正西面用汉文和阿拉伯文书有"望月楼"三个大字,正东面底层设入口。其余四层六面墙体隔层隔间设置拱形窗,且随棱面减小窗形亦缩小,富于变化。整座塔楼设置两圈望台,第一圈设于第三层,是室外望台加扶手栏杆;第二圈设于第五层,顶部盖一座六角攒尖顶式凉亭,加上攒尖顶端的铁柱上高高托起的月牙灯，使整座塔楼看起来挺拔俊俏而又不失绮丽雅致。塔楼内有七十八级螺旋木梯道可盘旋环绕而上。进入凉亭，凭栏远眺，青城新貌，悦目赏心。望月楼是整个清真大寺中，最引人注目的一幢伟丽建筑物。在早年归化城，这座凌云独秀的塔式建筑，便名噪塞北。这座风格清雅的塔楼，是新中国成立前呼和浩特城区最高的建筑物。其弯月造型的塔尖，传递着穆斯林争向太空的追寻意向，也是清真大寺群体建筑中一个独具艺术魅力的亮点。

寺内除主体建筑外，大殿正东轴线上原建为穿堂对厅，厅内壁上绘有麦加的大清真寺和"天房图"，现已改为阅览室；殿前两侧建有南北讲堂，还有沐浴室、女眷部、教长办公室、乡老会议室、海里翻学经堂、饭堂等建筑，围合形成清真大寺后两院；另外大殿正南新建副殿一座，由山西古建队仿照大殿样式建造，规模与大殿相当。大殿东南侧紧邻南讲堂建碑亭一座，内存清康熙三十三年勒石"清重刻洪武御制回辉教百字碑"、"康熙圣谕碑"、

"重修绥远清真大寺碑"等碑石七通，其中以"清重刻洪武御制回辉教百字碑"和"重修绥远清真大寺碑"有较大研究价值。副殿与碑廊及临街建筑形成了与主轴线平行的又一路院。各进各路院内的其他建筑也都总体保持中国传统建筑风格。

呼和浩特清真大寺是在中国传统建筑文化基础上发展创新的结果，总体体现了中国传统寺庙建筑院落的布局方式，但以中轴线贯穿主体建筑而两侧建筑并未严格工整对称，以及进入山门大殿以倒座方式布置都体现出灵活而不拘泥的布局思想，是对传统方式的突破。

大殿勾连搭或是亭子顶都是中国传统建筑的样式，但是中国传统单体建筑屋顶轮廓形象通常较为单纯和统一。而清真寺大殿屋顶则一连使用了四进不等高勾连搭，加上突起在卷棚顶上的大大小小、高低错落的亭子间，使整个建筑一反庄严肃穆、宏伟冷峻的面貌而呈现出波浪起伏、花团锦簇的新气象，这不能不说是对传统建筑形象的创造性发挥，也是在中国传统建筑文化基础上的创新之举。

另外，清真寺建筑中还把中国传统建筑砖雕技术与彩绘艺术与伊斯兰建筑装饰题材很好地结合起来，也是该清真寺建筑装饰手法的独特之处，是对我国传统装饰艺术的发展和创造。

呼和浩特清真大寺是中国传统建筑与伊斯兰教建筑文化融合的产物。

西方清真寺礼拜殿在屋顶造型上以突出大大小小的圆穹顶为特征。中国建造清真寺在屋顶上起亭子就表示Dome，即圆顶，因其又有亭台楼阁层峦叠起的意象，所以大殿上使用亭子顶就成了中国伊斯兰教建筑的显著特征之一，中国有许多清真寺礼拜殿的屋顶上都有亭子顶，而呼和浩特清真大寺礼拜殿屋顶上的亭子顶有五座，是较多的一个。这五座攒尖式顶阁象征穆斯林必须坚持和恪守的"念、礼、斋、课、朝"五大天命。

伊斯兰教义规定建筑都以阿拉伯文、几何线纹和各种植物等程式化纹样做装饰题材，而清真大寺除经文外都以比较写实的手法结合我国传统砖雕彩

图3-3-10　呼和浩特清真大寺望月楼

绘技艺进行装饰，这是伊斯兰建筑文化的中国化表现。

邦克楼专门用作宣礼或确定斋戒月起讫日期观察新月，是清真寺建筑装饰艺术和标志性建筑之一，西方以砖石圆柱塔的形式建造。中国内地清真寺的邦克楼却以传统建筑砖木楼阁式来演绎邦克楼，呼和浩特清真大寺的望月楼就是典型的一例。

礼拜大殿纵深形平面及主入口设于山墙面，与我国传统单体建筑开间阔于进深而主入口设于明间的平面形式完全不同。这种平面形制最早可追溯到古埃及的神庙建筑中，后被古罗马人利用来作为公众聚议的大厅建筑，称之为巴西利卡。其对西亚、伊斯兰教建筑乃至欧洲中世纪哥特建筑形制都产生过决定性的影响。这种平面形式在中国清真寺建筑中的使用完全是受到西方建筑文化影响而产生的。

由于主入口的位置所在，重点刻画山墙立面就成了必然，这也是西方建筑手法所特有的。礼拜大殿主立面高高升起的带有弧形和涡卷的山花墙，正是17世纪流行于欧洲的巴洛克建筑特征，也是当时欧美国家流行的复古思潮中折中主义手法的具体应用，即把欧洲历史上曾经出现过的建筑风格杂烩于一体。因此，礼拜大殿立面上的拱形门窗洞和独特的山花形状与我国传统建筑形象融为一体现象的确是我国近代建筑受到西洋建筑文化影响的实物见证和载体。

总之，清真大寺是呼和浩特市一座风格独特，而且是比较优美完整的古建筑，它的建筑艺术值得批判地继承和借鉴。1979年人民政府拨款整修，1998~2005年社会各方集资实施了一、二、三期改扩建工程，使清真大寺面貌焕然一新，愈显神圣风姿，如今保存古朴面貌的清真大寺和新修葺的伊斯兰风情一条街相得益彰，成为呼和浩特市重要的城市景观和穆斯林活动区域。同时，古色古香的清真大寺与其南面的藏传佛教寺院——席力图、西北侧的城隍庙、天主教堂、关帝庙、太平召相映成趣，组成一道和谐的独特景观。在几平方公里之内，萃聚了五大宗教文化，这是少有的，也是一些城市难

以做到的。归化城悠久的历史和丰厚的文化底蕴，见证着蒙、汉、回、满等民族和睦为伴，血肉相连的历史；见证着儒学、佛教、道教、伊斯兰教、天主教各尊其主，各行其是的协调局面；见证着各民族之间长期友好的经济文化交流，共同谱写着这座历史文化名城的光辉篇章。

二、包头清真大寺

包头清真大寺，位于东河区梁东端清真寺巷9号，始建于清乾隆八年（1743年），道光十四年（1834年）建成大殿。清光绪三十四年(1908年)，因居住在该地区西梁的回族在瓦窑沟建起沐浴室，取名"西水堂"，民国3年(1914年)又在旁建起了礼拜殿，称为"小寺"，故将之前建立的包头清真寺称为包头清真大寺至今。

包头清真大寺始建时是土木结构简易的清真寺，清道光十三年(1833年)，简易清真寺已不能适应包头穆斯林的需要，因此对原寺进行扩建。该寺扩建后有礼拜大殿18间(其中大殿15间、卷棚3间)、沐浴室5间。此次扩建主要是在拆除原来土房的基础上，建起中国宫殿式砖木结构的礼拜大殿、沐浴室及山门。该寺占地约1590平方米，建筑面积800平方米左右。为此，清廷敕封该寺为上品级清真寺，准许在山门前置"上马石"(1997年拆除)，使该寺成为这一时期内蒙古地区规模最大、建寺历史久远、阿訇最多的清真寺。到1943年，该寺房产多达350间，另有穆斯林公用坟地380余亩。此后，清道光三十年（1850年），民国24年（1935年）又数次扩建，1985年、1997年又两度进行了较大规模改、扩建，并整修了寺院，遂成今日规模。

包头清真大寺现占地面积3515平方米。现有古建筑一座和两栋现代化二层楼建筑及三层望月楼一座（图3-3-11）。这些建筑容纳了男礼拜大殿、男沐浴室、女礼拜殿、女沐浴室、讲堂、办公室、会议室及阿訇住房等空间。

按照中国传统寺庙建筑的布局，礼拜大殿是院落中的核心建筑，与清真大寺的山门在同一条中轴

线上，站在清真寺门口，面对着的一座古色古香的中国古典式建筑，就是清真大寺礼拜大殿（图3-3-12、图3-3-13）。

礼拜大殿是一座宫廷式的完全体现中国传统建筑别致风雅特征的建筑物。建筑坐西朝东，平面呈窄而深的长方形，平面的三进由抱厦和前后殿三座建筑沿纵深方向相互贯连而成，梯级逐渐升高。而大殿屋顶部分由3个坡顶平接，连为一体，即采用中国传统屋顶构造"勾连搭"方式形成。最前面的抱厦为歇山式卷棚顶，面阔三间，进深两间；而前后殿组成的经堂，面阔五间，开间15米，进深28

米；前殿为卷棚顶，后殿为硬山顶。抱厦两侧辟砖雕圆拱形门，门宽1米有余，上覆硬山式瓦檐。建筑细部装饰采用中国传统砖雕、木雕手法，工艺独特，引人入胜，反映出这座古朴庄严的清真寺的艺术风貌。

礼拜大殿采用中国传统砖木混合结构建造，从初建、翻建及扩建后经过五次大的施工，至今历经200多年的风雨，面积拓展到536平方米，可容纳600余人同时礼拜。尤其难得的是，经过几次地震大殿亦未受损，堪称近代我国清真寺建筑的精品之一。

图3-3-11　包头清真大寺

图3-3-12　包头清真大寺礼拜大殿

图3-3-13　包头清真大寺礼拜大殿前廊

大殿内以20根顶柱为支撑，柱子均油漆为红色，殿内装饰彩白、绿、金黄色描绘的精美伊斯兰教《古兰经》经文和圣赞词，具有浓郁的伊斯兰教文化色彩。大殿内，挂有宫灯4对，绘有花草图案，系清道光年间制品。大殿内还挂有形状各异的玻璃彩灯．共分4排，每排6盏，上绘小桥、流水、人家等图案。大殿门口的两盏宫灯更为清乾隆年间制品，这些均体现了中国传统建筑室内装饰的特点（图3-3-14）。

由于礼拜大殿顶上悬挂的阿拉伯文书写的牌匾和"古秋"、"显扬正教"等牌匾均为当年的原物，为当时名流所书刻，不仅笔意遒劲、笔法凝重洒脱、舒展古朴，为书法之佳品，而且因保存上好，所以具有珍贵的历史文化价值。

寺院北侧二层转角楼内设女礼拜殿、女沐浴室，与男礼拜大殿毗邻。但女礼拜殿完全是现代建筑形式，与男礼拜大殿风格形成鲜明的对比，这古今对应、风格迥异的两建筑相映成趣，给清真大寺增添了无限的活力。礼拜大殿南侧也是二层现代风格的楼房，绿窗白墙，宽敞的男沐浴室给人以舒适的感觉。

清真寺最为引人注目的还是塔楼和月牙儿形的标志。位于寺院内西南角二层楼之上的三层六角攒尖望月楼，楼高23米，是中国传统楼阁建筑的形式，望月楼顶端的月牙熠熠生辉，与耸立在男礼拜大殿窑殿顶上的六角阁楼上的月牙交相辉映（图3-3-15）。更激发了人们对圣境的向往。

整个寺院的布局十分紧凑而有序，鳞次栉比的古今建筑和绿树鲜花使这座清真古寺显得格外典雅肃穆。

包头清真大寺建筑时代较早，是伊斯兰教传入包头后修建的第一座清真寺。它历史悠久，布局完整，古今结合，风格独特，是内蒙古自治区西部地区较有影响的一座清真寺，对于地区宗教史、建筑史等方面的研究均具有重要价值。因其建寺较早和规模较大，在国内外也颇有影响，经常有国内外伊斯兰教研究学者和游客慕名前来考察参观。因此中国伊斯兰教协会已将其列为重要清真寺，同时也是自治区重点文物保护单位。

三、赤峰红山清真北大寺

赤峰是著名的红山文化的发祥地，闻名遐迩。它也是回族定居较早的地区之一，至今回族在赤峰定居已有270多年的历史。

赤峰清真北寺位于赤峰红山区黄金地西横街路西。该寺始建于清乾隆四年（1739年），当时向蒙古王公挂地7亩，仅建土房5间（其中礼拜大殿3间、沐浴室和教长室各1间）。此寺即为现赤峰清真北寺的前身。乾隆七年（1742年），因需改建清真寺。时任乡老请来曾建筑奉天清真南寺的工匠设计施工，故赤峰清真北寺与沈阳清真南寺造型基本相同。

寺院的建筑由山门、正殿、配殿、望月亭、沐浴室等以中国传统四合院方式布局。山门、正殿位于主轴线上。

它的山门不同于同类设计造型的呼和浩特清真大寺，而是具有浓郁的赤峰地域特色的中国传统建筑（图3-3-16）。从正门两侧圆形饰窗的设置到屋顶无挑檐或短挑檐的装饰特点，都给人以别具特色的感觉。

正殿又分为宝刹、大殿、窑殿3部分纵深相连而成。宝刹是教徒礼拜时整衣、脱鞋处，通廊式面阔三间，进深两间，歇山卷棚顶，屋顶坡度平缓，屋脊、檐口在角部有明显的起翘，在北方传统建筑中实属于少见的做法；大殿是主要的礼拜场所，面阔五间，硬山屋顶檐部出挑很小；最后一进是窑殿可直通望月亭（图3-3-17）。

望月亭高30米，总体上是中国木构楼阁式建筑形象，但亭子上的六角攒尖屋顶不似同类楼阁亭顶般脊线弯曲、俏丽灵动，而是稍显平直的脊线形成舒缓的坡度（图3-3-18）。六角攒尖顶上置铜质镏金宝顶。望月楼整体给人以敦厚、古朴、典雅和凝重肃穆之印象。

赤峰清真北寺采用中国传统木构架结构方式，改建时所用木料全部采用赤峰南山红松。建筑亦是中国传统装饰手法，雕梁画栋，绚烂无比（图3-3-19）。

赤峰清真北寺是典型的中国宫殿式建筑的杰作。自其较大规模改建250多年来，至今仍完好无损。能与现代化的阿拉伯风格的赤峰清真南寺相媲美，可见历史岁月给这座清真寺积淀了厚重的文化内涵。

1958年，对清真北寺进行了重新修葺。之后国家

图3-3-14　包头清真大寺礼拜大殿室内

图3-3-17　赤峰清真北大寺正殿

图3-3-15　包头清真大寺礼拜大殿窑殿顶阁楼

图3-3-18　赤峰清真北大寺遥殿望月亭

图3-3-16　赤峰清真北大寺山门（资料来源：张晓东提供）

图3-3-19　赤峰清真北大寺正殿宝刹

又拨款对清真北寺进行修缮、彩绘，使寺内建筑显得更为古朴典雅。赤峰北寺现为赤峰地区保存最为完好、规模最大的清真古寺，是自治区级文物保护单位。

四、额济纳旗黑城子清真寺

位于内蒙古额济纳旗达来呼布镇东南25公里处，坐落在纳林河东岸三角洲，有一座蒙古语为"哈日浩特"的黑城遗址，黑城是迄今丝绸之路上保存最完整的一座古城，现存城墙高10余米。城西北隅有高大的覆钵式的白塔，城西南尚存一座远古遗址即古清真寺，它可能是蒙古太祖二十一年（1227年）到元至元二十三年（1285年）或西夏年间遗留下的古清真寺遗址（图3-3-20）。

随着伊斯兰文明的远播，遗存在亚非欧三大洲的伊斯兰古迹，成为深嵌在各时代文化框架内的包含着各穆斯林民族历史与宗教意识的主要载体和见证。中国的伊斯兰教建筑也有千年以上的历史，在全国重点文物保护单位中，内蒙古额济纳旗黑水城遗址礼拜寺等均被列为最早的代表性建筑实例。

黑水城遗址的礼拜寺坐落在额济纳旗西夏黑水城外西南隅，这是一座土砖砌筑的东西向方形带圆鼓座穹隆顶的礼拜寺（图3-3-21）。土坯围成的四方墙体大殿，四个方位中间均有一个弓形的拱门。西侧正中带窑龛（图3-3-22、图3-3-23），东侧突出有甬道和尖拱凹壁宫门。四壁上端转角处砌菱角牙子，叠涩收缩成圆形鼓座，上覆半球形拱顶，形成"无梁大殿"。其造型是10～13世纪中亚突厥王

朝伊斯兰建筑的流行式样，是典型的阿拉伯式建筑风格。

这处遗址中，不但有伊斯兰教徒居住遗址和土坟遗存，还发现有阿拉伯文古兰经残页和伊斯兰文学作品波斯文《七智者》片段，穆斯林商人、地主、答失蛮财产与人事纠纷的案卷文稿的残卷，证明西夏至蒙元时期，这里已有不少的穆斯林定居生活，从事宗教活动。

黑水城遗址的礼拜寺大殿距今已有800多年的历史，它仍然耸立在戈壁滩上，凸显着丝绸之路上的历史辉煌。2001年被国务院列为国家重点文物保护单位，并入居延遗址统一保护。这座古寺在我国宗教界的地位更被重视，是我国回族定居地区的穆斯林传承伊斯兰教历史的珍贵文物见证，是中华回族历史文化的积淀。在世界科学、艺术和历史上都有重要价值。

五、乌兰察布市丰镇隆盛庄清真寺

在乌兰察布市及周边地区，最为穆斯林称道的清真寺是丰镇隆盛庄清真寺。该寺位于丰镇隆盛庄小北街礼拜寺巷，以其建寺历史久远、建筑古朴、规模较大而享有盛名（图3-3-24）。

始建于清乾隆十六年（1751年）的隆盛庄清真寺，初期仅有礼拜大殿3间。后随着在隆盛庄经商定居的穆斯林人口增多，原礼拜大殿显得狭窄，沐浴室尤其拥挤，不足使用，遂于清道光十一年（1831年）由穆斯林群众捐资加建大殿13间，另教长室、满拉宿舍、沐浴室和库房等建筑一应俱全。

图3-3-20 黑城子清真寺远景

图3-3-21 黑城子清真寺穹隆顶

图3-3-22 黑城子清真寺西立面

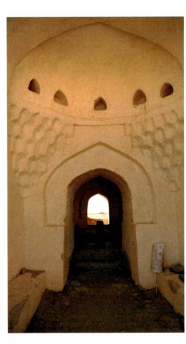

图3-3-23　黑城子清真寺窑龛

图3-3-24　隆盛庄清真寺

图3-3-25　隆盛庄清真寺正门

图3-3-26　隆盛庄清真寺月亮门

图3-3-27　隆盛庄清真寺大殿

民国15年（1926年）又扩建大殿5间、抱厦5间，并用青砖围墙，坚固厚实，墙顶排列短形堆墩，仿佛城堡。加上大门、二门、围墙、照壁和南北配房，由建筑围合而成里外三进院落的空间布局，形成了一个完整而优美的古建筑群落。

该寺寺门并不高大，却与围墙搭配协调（图3-3-25）。大门两侧配有弓形门阙．一对石鼓门墩，石鼓面上镌刻花草浮雕。当人们从坐南朝北的正门进入寺内，迎面是一堵砖雕照壁，由北折身面向西，可遥见大殿后穹顶上的一弯银月，犹如进入一座古代宫殿。进入呈长方形、东西走向的二进院落，月亮门门楣嵌有用铜粉书写的"普慈今世"四个字（图3-3-26），院内有正房6间，是穆斯林沐浴之地，室内设水井、锅炉和青石砌筑的下水池，并设有若干单间沐浴间，每间顶棚均悬挂喷淋吊罐。南房6间，均有向阳采光窗户，是阿訇和海立凡居住之所。第三个院落即大殿所在处，建有正厅4间、南房4间，院落西侧为大殿（图3-3-27）。大殿形式为传统的中国宫殿式风格。殿前建有十分壮观的抱厦，猫头滴水，雕花刻木，形象逼真。殿内木板铺地，上盖地毯、毛毡或兽皮。正殿门窗皆饰

以花卉彩蝶，系用铁条编织而成，做工精细，华丽无比。

抱厦内存有石碑7通，均为记载捐资建寺穆斯林的功德碑，其中1通因时代久远只可看清碑首"万善同归"四个古朴的石刻大字，碑文漫漶已几乎无法识读了。礼拜大殿内，现存有阿拉伯文匾额2块，阿拉伯文楹联一副，清咸丰十一年(1861年)丰镇厅同知赠"道通乾坤"匾1块，民国29年（1940年）蒙古德王（德穆楚克栋鲁普）赠"守真存诚"匾1块，民国15年（1926年）时任绥远都统的马福样书"其尊无对"、"开天古教"匾两块。还有悬于大殿外北厢房门额上的民国4年（1915年）"尊大清高"匾1块。这些阿拉伯文与汉文匾额，将大殿装点得庄严肃穆，深寓意境。同时因其均为保存下来的真品，也可作为200多年来隆盛庄清真寺历史的见证。

隆盛庄清真寺占地近6.8亩，建筑面积2700平方米，其中大殿建筑面积820平方米，可同时容纳1100人礼拜。清真寺的建筑玲珑精巧、布局对称合理，色彩古香古色、雕梁画栋，全寺浑然一体、宏伟壮观，观之赏心悦目。

该寺在"文化大革命"中被关闭，寺内财产受

损严重，部分建筑遭到毁坏，匾额浮雕被砸，账目被焚毁，档案丢失。1979年，丰镇县人民政府和乌兰察布盟民委拨款修缮隆盛庄清真寺，寺貌和内部设施基本恢复原状。现丰镇隆盛庄清真寺为内蒙古自治区重点文物保护单位。

第四节　天主教建筑

历史上天主教在内蒙古地区的传播，一方面受到基督教在中国传播大环境的影响，另一方面又具有自己地区传播的特点。从大的方面来讲，基督教历史上的四次入华都与这一地区发生过或多或少的联系，甚至某些时期在传播的过程中占有主导地位；从这一地区本身来讲，它的传播和发展又有着和其他沿海、内地城市所不同的特色。

当蒙古统一欧亚时，罗马教廷和欧洲君主先后派遣使节到哈剌和林蒙古朝廷，欲与蒙古人结好，由此罗马天主教开始真正传入中国。但当时受洗入天主教的大多是占有统治地位的蒙古人、亚兰人和色目人，汉人很少。元代时天主教的传播基本上活跃于中国的西北部和包括呼和浩特在内的蒙古地区。元末由于中亚战事频仍，中西陆路交通又告断绝，直至元亡，汉族恢复统治，蒙古等民族所信奉的"也里可温教"包括景教与天主教均在中国内地消失了，在蒙古地区也因其政治经济的溃败而逐渐消亡。直到明末，天主教法国耶稣会传教士利玛窦经过半个多世纪的努力，才在中国打开了传教的局面；正是在这一时期天主教才真正在中华大地扎下根来，传遍全国。这种传播以后虽也几经反复，但终未夭折至今。也正是这一时期，利玛窦在北京传教事业的发展扩大奠定了天主教（基督教派中最主要的一支）向中国北方其他城市传播的基础。

与整个内蒙古地区基督教的传播有着重要联系的，也是内蒙古地区天主教传播事业的发祥地，即今河北崇礼县西湾子村（图3-4-1）。它是天主教向内蒙古地区传播的起点，今天的内蒙古东、中、西部地区的天主教大都源于此地，并发展至今。

同我国沿海及其他经济文化比较发达的内地城市传教活动的特点不一：早在鸦片战争之前，遣使会[26]就因内蒙古是"以蒙古族为主的少数民族聚居区"而确定了"对于蒙古民族传教"的方针和"以蒙民归奉圣教"的目的，以农村包围城市的方式来

图3-4-1　西湾子天主教堂

传播天主教。因此，他们很少在稍大的城镇停留，而是首先在偏僻的小村落安身，然后进一步深入到草原牧区和人口稀少的农村中去开展传教活动。由于明末以来蒙古族人民一直崇奉喇嘛教，加之他们大多以游牧为生，为了追逐草原牧场，经常居无定所，所以传教工作在这些地区进展不大，而在汉蒙民杂居的农村地区却有显著成效。鸦片战争以后，由于不平等条约的保护，基督教在内蒙古地区的传播范围更是迅速扩大。第二次鸦片战争前，法国遣使会已在内蒙古中东部地区的昭乌达盟、兴和县、宁远县及大青山以北的后坝地区建立了许多教民村和教堂。

第二次鸦片战争以后，帝国主义更是加大了传教力度，来自比利时圣母圣心会的教士们接替了法国遣使会在蒙古教区的传教工作。在原有基础上，比利时传教士自宁远、后坝地区向西和西南往内蒙古的土默川、河套和鄂尔多斯等地扩张，1874年呼和浩特建立了第一座天主教堂"双爱堂"。从此，天主教开始了在呼和浩特地区的广泛传播，其影响延及今日。内蒙古地处偏远，经济落后，因而天主教传入的建筑类型、建筑形式、建筑材料和技术等都受到很大的局限，但同时为地区传统建筑设计、建造和施工方式以及材料的选取等方面与教堂建筑形式的结合提供了可能性，创造了具有内蒙古地域特色的教堂建筑。

一、呼和浩特市天主教堂

基督教在呼和浩特的传播在20世纪初以天主教最广泛，影响力也最大。天主教比之新教较重视形式，当然也包括教堂建筑的形式问题。因此，呼和浩特现存基督教文化建筑还是以天主教堂建筑最能反映其文化特色。

呼和浩特市天主教堂是庚子赔款以后，天主教在呼和浩特地区建立的规模最大的天主教堂建筑群。由比利时籍建筑师设计，天津工匠建造完成的。它是基督教文化在呼和浩特地区传播的有力实证。

19世纪60年代以后，天主教在内蒙古迅速发展，罗马教廷将蒙古教区划归比利时圣母圣心会管辖。是时，归化城即今呼和浩特一带川平野沃，人烟稠密，为内蒙古中西部的政治经济中心。教会对此甚为重视，遂于此购地建堂，布道传教。早在1873年，天主教在归化城常平仓北购地22亩，建小堂一座，供教友聚会和往来教士歇息使用。1883年，罗马教廷分内蒙古教区为三部分，归化城属西南蒙古教区。义和团运动爆发，此地小教堂被焚毁，后于原有房基建平房数间，院落为斜方形：南部宽，辟作菜地，北部窄，作为羊场，供当时后山卖羊商人租用。1922年，罗马教廷再划西南蒙古教区为宁夏、绥远二教区，绥远教区即于牛东沿九号大兴土木修建天主教堂，位于原建堂院大门的东北侧。其地东界水磨街，西傍札达盖河，占地面积很可观（图3-4-2）。

另外，新城西门外公教医院建筑群亦同时开工。1924年，主教座堂迁至此地，现存圣堂、主教楼、东楼，均为当时建成。到抗日战争爆发前，归绥一带的天主教已相当发展，形成了包括医院、孤儿院、修道院等在内的一套完整体系，在社会上仍有一定影响。"文化大革命"期间，由于此圣堂建造的规模较大而且坚固耐用，曾一度作为存放贵重物品的仓库而使用。教堂建筑于1980年以后才陆续恢复宗教使用。

天主教堂群体建筑是在欧美复古思潮中具有浪漫主义思想倾向影响下的代表性建筑，尤其圣堂建筑，因其局限于特定的使用功能和性质，基本上完全保持了西方哥特教堂建筑的风格特征，是西方哥特式教堂建筑的海外翻版（图3-4-3）。其造价为5万现洋，使用了特制青砖20万块，砌筑工艺中糅合进中国传统工匠的表现手法。

天主教堂以圣堂为主要建筑，确切地说它采用了法国哥特式前期罗马风时期的建筑风格，外形高而面阔窄，在天主教堂群体建筑中具有一定的代表性。圣堂坐东面西，呈长方形平面，建筑面积约600平方米（图3-4-4）。正立面窄于侧面，类似我国传统建筑的山墙为正立面，立面顶呈山字形，圣堂屋顶高耸，计高25米许，面宽近20米。

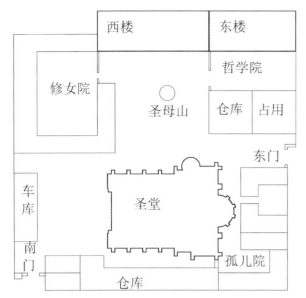

图3-4-2 呼和浩特天主教堂总平面图

图3-4-3 呼和浩特天主教堂南门

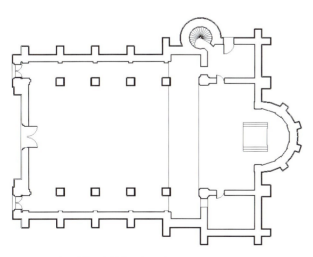

图3-4-4 呼和浩特天主教堂圣堂平面图

圣堂西立面即正立面是主要入口处，其中间部位凹进，两侧突出。两侧及中间各辟一券门，而以中间券门为主要入口。其上逐层置以券式玻璃窗和假券窗。窗户以高而窄为其主要比例特征。除此而外，墙体采取严格的中轴对称形式，墙上有砖砌叠涩和券式抹灰线角，具有一定的装饰效果（图3-4-5、图3-4-6）。

圣堂南北两个立面，除北立面钟楼及以东部分与南立面不对称以外，其余部分则完全相同（图3-4-7）。两侧对称部分依墙垛把立面竖向分为完全相同的几组，每组内置以与正立面特征完全相同的券式玻璃窗，同样以砖砌叠涩和券式抹灰线角作为装饰。南北立面不对称部分形似我国传统建筑的山墙面，也以券窗、叠涩和线角为主要内容。北立面钟楼以东墙面上辟侧门，是圣堂的次要入口（图3-4-8、图3-4-9）。

由于材料和施工条件所限，钟楼并未完全按照原始设计图纸两侧各一、完全对称施工，而只建有北侧一个（图3-4-10）。钟楼是圣堂的重要特征之一，其下大上小呈塔状，自下而上分别以圆形和多边形为体块，分为四层，每层饰以券式线角和砖砌叠涩线角，雕塑感较强。钟楼共四层，加之上部栏杆、遮篷、塔尖及十字，通高30米。它是圣堂建筑的最高点，也是圣堂建筑群的制高点。

圣堂东立面正中突出半圆形，此为圣坛所在位置。它依下而上略有收分，被墙垛纵向分为均等的几份弧面，其间辟窗和装饰叠涩、线角，其上覆以半穹顶。东立面中间圣坛的两侧部分则完全对称（图3-4-11）。屋顶为丁字形的木构架，铁皮屋面坡度陡峭，四周设置花饰矮墙（女儿墙）排水。

圣堂建筑与我国传统建筑的立面处理迥然不同，整体效果严谨、肃穆。圣堂室内空阔，净高20米，宽敞明亮，10根柱子分列两侧。室内并未完全采用欧洲哥特教堂建筑屋顶结构的处理方式，而是采用三角桁架结构，屋架下弦钢筋外露。它与欧洲哥特教堂建筑室内的尖拱顶结构完全不同，这是其空间处理的主要特点（图3-4-12）。纵向柱间做拱

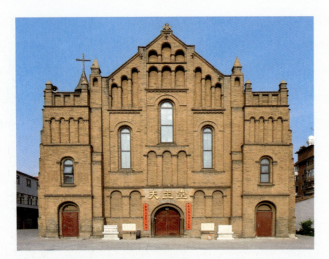

图3-4-5 呼和浩特天主教堂圣堂西立面

图3-4-6 呼和浩特天主教堂圣堂西立面图

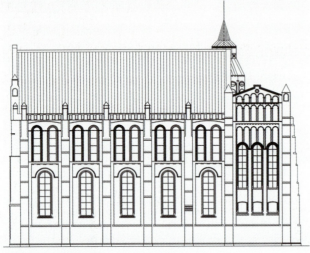

图3-4-7 呼和浩特天主教堂圣堂南立面图

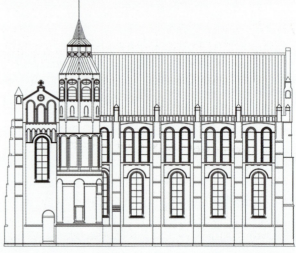

图3-4-8 呼和浩特天主教堂圣堂北立面图

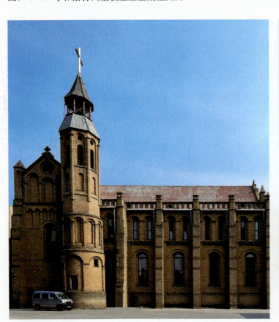

图3-4-9 呼和浩特天主教堂圣堂北立面

图3-4-10 呼和浩特天主教堂圣堂钟楼

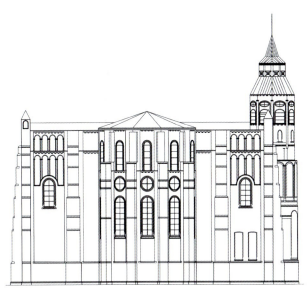

图3-4-11 呼和浩特天主教堂圣堂东立面图

图3-4-12 呼和浩特天主教堂圣堂室内

券联络，柱与外侧墙体空间分做上下两层拱券。基于其室内空间跨度较大，结构作局部调整。又在墙外加砌砖墙垛，垛下大上收，承起戗柱作用，并用其戗力来抗衡屋顶结构传递的负荷，这样既不影响建筑的造型，而且加强了整体结构的稳定性。圣堂内圣坛两侧分置厢室，均为上下两层。圣坛北侧所供圣像、圣器绚丽多彩，室内声响徊旋，给人以神秘的宗教气息。由螺旋式木板楼梯可通钟楼及房顶，钟楼内原有大小钟各一口，都用青铜合金铸成，1924年造自欧洲。钟声清越，旧时可传十余里之外。圣堂西侧原建的院落大门，保持哥特式建筑风格，形体类似碉堡，高大而耸立。

天主教堂东北主教楼建筑是与圣堂建筑同一时期稍晚时间建造的。建筑风格是受西方浪漫主义思潮影响的复古式样，建筑从立面的券窗设计和细部的装饰都是复古主义的表现。楼房是二层砖木混合结构，东西长50米。中间置走廊，两边为办公用房，与中国传统建筑的平面布局方式完全不同。房

间内敷设木质地板，有暖气设施。

1934年于主教楼西又接建一栋楼房，结构式样与东楼大体相同。以后又在圣堂以东建孤儿院一所，连同大门以北的正房、西房共计平房30余间，基本采用中国传统宅院样式。

呼和浩特天主教堂建筑群，除同期建造的数十间平房稍有损坏，现重新修固外，未被焚毁的堂院南大门已历经百年。1922年建造的圣堂和大院正中靠东北建造的主教楼房，以及1934年建造的西楼都基本保持完好。只是钟楼内原有的造自欧洲的青铜合金大钟丢失一口。后在西楼之西加盖若干间平房，形成一个封闭的小院落，现作为修女院使用。圣堂东的孤儿院用房，现已被作为临时住宅使用。目前，天主教堂旧有院落一部分已由呼和浩特回民区人民武装部、区政府宿舍和办公楼占用，但主体建筑保存依然完整。现在内蒙古自治区天主教会设于此，原主教楼现由内蒙古天主教哲学院使用。呼和浩特市天主教三自爱国运动委员会在西楼办公，

圣堂定期举行宗教活动。

因呼和浩特地处偏远塞外,真正发生影响的基督教及其建筑传入的时间与其他沿海及内陆城市相对较晚,相应的,建筑文化的发展也滞后一些,建筑类型、建筑形式和建筑材料技术等都受到很大的局限。从类型上讲,几乎完全是西方基督教文化建筑体系,或是与基督教文化传播有关的建筑。从形式上讲,也几乎完全是西方复古主义思潮在呼和浩特的最后演绎。所以,无论从建筑内容、建筑形式和建筑技术方面,它们都不能代表最先进的西方建筑文化,但却是最能配合侵略的文化方式之一。尤其在地处偏远的塞外小城,这种复古主义建筑风格有绝对的优势,它们几乎完全不用顾及周围的中国传统建筑的存在,就更谈不上与中国传统建筑形式的相互融合。在这点上,与同一时期我国沿海及内陆其他城市相比,是有所不同的。这与鸦片战争以后,帝国主义侵略野心的彰显密切相关。它傲然蠹立在那里,与周围的建筑格格不入。这是基督教文化传播的实证,也是西方文化侵略的见证。

呼和浩特市天主教堂采用欧洲的建筑造型,建造之初其建筑风格与原归绥城城中的传统建筑形成了鲜明的对比,现如今它与佛教、伊斯兰教建筑共同构筑了历史文化名城呼和浩特的文化内涵,它们都真实地记录了呼和浩特的悠久历史,显示了塞外名城的古老神韵。

二、包头萨拉齐二十四顷地天主教堂

教堂位于内蒙古包头市土默特右旗萨拉齐镇二十四顷地村。清光绪二十四年(1898年),西南蒙古教区主教府由三盛公(今磴口县)迁至二十四顷地村并建起总堂。距此18年前(1880年)天主教神甫陆殿英从当地农民高成威手中购得二十四顷土地,他迁来一批天主教徒在此定居,遂将"二十四顷地"命名本村,教堂也由此得名。由荷兰人韩默理任第一任主教,管辖地区包括呼和浩特市、固阳、达茂、鄂托克旗、河套地区、宁夏、陕西部分地区,后又扩展到托县、和林县、四子王旗、武川

县等地,主教府设于此地共26年。

义和团兴起之前,二十四顷地天主教堂的发展居内蒙古地区各教堂之首,辖区内共有教徒5680名。教堂先后开办男女学校,设立修道院等,教务盛极一时,在国内外都有一定影响,常在比利时"圣母圣心会"书报刊物上露面,传播于欧洲及比属刚果天主教徒中(图3-4-13)。

教堂在1900年"义和团"运动中被烧毁,1904年开始重建工程,并由时任主教兰广济任建筑师,修筑城堡、主教府、修道院等。

清光绪三十一年(1905年)用庚子赔款重建比利时式大礼拜堂,费银七千两。礼拜堂坐北朝南,平面十字形,面阔26米,进深46.5米,神坛设在北墙,建筑面积12000平方米。并新建钟楼,高30米,内挂从比利时运来的大铜合金钟三口,每口钟重约100公斤,钟声清脆洪亮。"文化大革命"期间三口大铜钟被毁,钟楼上半部在1986年修缮时依原式补加。

教堂之北长列住房为神甫办公室,入口在右前方,门左两室为主公室,神甫公室左后方连接主教堂。另有神职人员专用的小礼拜堂,覆瓦高脊,西式,面阔13米,进深7.5米(图3-4-14)。教堂位于围墙边近北墙靠西墙,据史料记载,建成后的教

图3-4-13 二十四顷地天主教堂

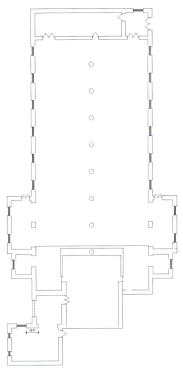

图3-4-14　二十四顷地天主教堂平面图

图3-4-15　二十四顷地天主教堂南立面

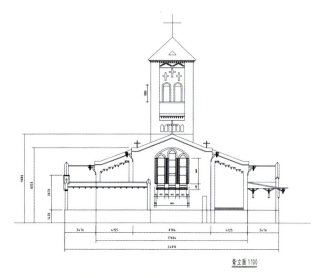

图3-4-16　二十四顷地天主教堂剖面图

堂及围墙立面远远望去似轮船，钟楼高耸，尖顶似桅杆，附属建筑似船舱，寓意漂洋过海。1914年扩建有育婴院20余间。

二十四顷地天主教堂目前仅存主教堂、小礼拜堂，以及神甫办公室三幢建筑，其余均已被毁。

主教堂建筑风格以哥特复兴风格为主，其间糅合了中国古典建筑元素。平面十字形，中轴对称，圣坛设在北面。据当地人讲，教堂原入口即在南立面，目前教堂使用东侧门为主要入口。

南立面以钟塔为主要构图手段，起统帅作用，墙面构图采取严格的中轴对称形式（图3-4-15）。钟塔平面方形，上有尖券形玻璃窗和假券窗，中央有一小玫瑰窗，这些特点都是较典型的哥特建筑风格。墙上有砖砌叠涩和券式抹灰线脚，可产生较明显的阴影效果，使立面更加丰富生动。

北立面简洁，大片实墙面，中央三个高大的尖券形玻璃窗，窗户高而窄，每个券脚下都有砖砌半圆形壁柱，做工精美，尺度宜人。三个高大的尖券形玻璃窗外套砖砌尖券（图3-4-16）。

东、西立面基本一致。墙面开窗以高而窄为其主要比例特征。有三种形式：外套砖砌尖券、平口以及尖券形玻璃窗。前两种窗均有砖砌圆形柱式窗套，具有一定的装饰效果；墙上有砖砌叠涩和券式抹灰线脚（图3-4-17）。

教堂内部采用中西结合方式（图3-4-18）。屋顶木质三角桁架结构完全暴露，表现出特有的建筑语境，不同于哥特教堂内部采用尖券与集束柱强调向上飞腾，气势夺人的动势，而是具有一种平静亲和的美。结构柱纤细挺拔，内墙灰砖砌墙围，上面精雕中国式如意卷图案，清淡雅致。教堂内圣坛两侧分置厢室，均为单层。圣坛北侧所供圣像、圣器色彩绚丽。

图3-4-17　二十四顷地天主教堂窗细部

图3-4-18　二十四顷地天主教堂室内及结构

图3-4-19　二十四顷地天主教堂墙面细部

图3-4-20　二十四顷地天主教堂墙面细部

　　该建筑与众不同之处在屋面与墙体结合处（图3-4-19、图3-4-20）。屋面结构为木质三角桁架，外覆波形铁皮，屋面与墙体结合处有中国古建筑特有的斗栱、梁、枋、柱等结构构件，这些构件既起到了支撑屋面挑出部分的受力作用，同时又具有很强的装饰效果。从这里我们能很明显地感受到中国近代建筑的独特之处，东西方建筑文化的精髓在这里被建筑师与工匠的聪明智慧完美地融合在一起。这一点也正是该建筑的精华所在。

　　包头土默特右旗二十四顷地天主教堂在"文化大革命"期间遭受重创，据记载：1904年重建主教府，修边院等，并"费银一万三千两"修筑了高大宽厚的城堡，土筑围墙，东西1千米，南北0.5千米，墙高12米，上部宽5米，能对行两辆轿车，目前这些已不复存在。原钟楼内的三口来自比利时的"大铜钟"亦在"文化大革命"时被毁掉。教堂建筑群原有建筑除大礼拜堂、主教宿舍、小礼拜堂外均已被毁。大礼拜堂仍在使用，主教宿舍部分改作客房，小礼拜堂目前已成为仓库。

三、巴彦淖尔市磴口县三盛公天主教堂

天主教传入河套地区有120多年历史，三盛公是外籍传教士最早落脚的地方。据范长江著《中国的西北角》一书中记载："三盛公天主教堂外围以深壕及高厚之城垣，集居民数百家于其中，城外有炮楼，俨然正式之城堡，墙内亦有洋楼。约在七八十年前三盛公即有天主教堂，往来河套地区传教，当时规模不大，庚子赔款后集数十年之经营，教堂规模逐渐扩大。"

19世纪60年代，内蒙古地区统划为一个教区，最初由法国遣使会传教士管辖。1883年，内蒙古教区又划为三个教区，三盛公的天主教堂被定为西南蒙古教区总堂即主教座堂。1900年，西南蒙古教区主教座堂迁往包头二十四顷地。1922年，三盛公的天主教堂又被定为宁夏教区主教座堂。

1889年，新的主教到任蒙古教区后，推动了三盛公主教重新建大教堂的计划。于是三盛公天主教堂于1891年动工兴建，1893年落成，成为河套地区最早建成的天主教堂，也是当时中国西北地区最大的天主教堂。

"文化大革命"开始，把宗教看成迷信活动，宗教活动强行取缔。大教堂被改为工厂，附属建筑遭到严重破坏，大部分被拆除。1982年，三盛公天主教堂经过修缮才又开放。现为巴彦淖尔市教区主教座堂，同时三盛公天主教堂也是巴盟磴口县一级文物保护单位。2006年，该教堂建筑又被评定为自治区级文物保护单位。

三盛公天主教堂位于内蒙古巴彦淖尔市磴口县巴彦高勒镇西1.5公里处，从建成至今已有100多年的历史。教堂的建筑风格既吸收了西方的建筑风格，又富有中国地方民族特色，是融汇了中西建筑艺术为一体的历史实物（图3-4-21）。

该教堂总占地面积为675平方米，主要建筑为圣堂。圣堂建筑除在东西两端转角处有几折收进外，南立面设主入口，其平面基本呈长方形。在建筑立面形象构成要素上主要吸取了西欧哥特式建筑的处理手法：如砖砌的墙面上使用节节收进的扶壁（图3-4-22），一方面起到加固墙体的构造作用，同时对大面积的墙体进行了竖向的划分；在每一竖向单元又使用圆形玫瑰窗和一组两个或三个连续竖长条尖券窗进行布置（图3-4-23）。而在建筑整个形体上则采用横向构图方式，展示了水平舒展的建筑形象。因此圣堂建筑在庄重肃穆中又不乏富丽堂皇之感。墙面上一道道垂直的扶壁除了打破单调给建筑以向上挺拔之势以外，扶壁顶部上一个个小尖顶跳跃出屋顶围绕建筑四周，同时又给建筑增添了欢快雀跃的气氛。屋顶周圈又以当地传统手法砌筑的砖镂空女儿墙横向连接突出屋面的扶壁和小尖顶，使建筑立面层次更加丰富多变，建筑风格中的民族技术、艺术特色表现鲜明。

图3-4-21 三盛公天主教堂

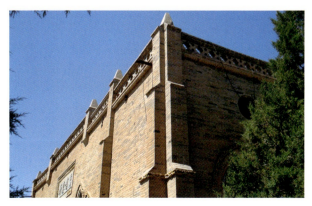

图3-4-22 三盛公天主教堂外墙细

教堂基础入地2米，用块煤压基，上砌条石，高出地坪0.8米，高出部分在立面上的水平分段十分明确，显而易见这是受到中国传统建筑形式中横向分段影响的结果。据载，教堂所用木料石头均由甘肃、宁夏等地购买，借黄河水运而来。而教堂屋顶全部由铁皮覆盖。砖墙壁上砌有精致的蓝色釉面砖，显示出独特的色彩效果。经历100多年的风雨，教堂外观虽显陈旧，但墙壁上的蓝砖清晰可辨。墙面上采用当地传统砖雕装饰线脚，门楣、窗楣的线脚和砖砌叠涩也是富有地方传统砌筑技艺特点的（图3-4-24）。36扇尖拱形玻璃窗户保证了教堂室内充足的光线。这些窗户上的玻璃，原为哥特式教堂常用的带有图案的小块五色玻璃和铅条镶嵌而成，异常精美，抗战时期日寇空袭，堂顶被炸开大洞，而玻璃未损，但在"文化大革命"时被捣毁一空。

教堂内部是并列的三波拱形屋顶，分别由两排14根直径30厘米的红漆高柱托着，纵向将室内划分成三个互相渗透的空间（图3-4-25）。拱顶和柱列同时导向东端的祭坛，具有很强的空间秩序性。教堂内设置大祭台一座，小祭台4座，可时容纳3000余人礼拜。教堂内开敞明亮，安静整洁，四周墙壁挂满圣像，北侧为教坛，正墙上绘有耶稣与十二门徒在进餐的图像。圣坛前有一架小型管风琴，它与教堂一样古老，是从比利时运来的，如今依然音色如常。

堂院大门顶部建有钟楼一座，高10米，有合金大铜钟两口。每当钟声响起，圆润洪亮，方圆十里都可听到。可惜"文化大革命"开始，钟楼被拆，

铜钟不知去向。三盛公天主教堂的附属建筑原有修道院、修女院、明正女校、果树林园等，整体建筑风格独特，自成一体。

三盛公天主教堂是当时欧美流行的复古思潮中浪漫主义倾向的具体表现：圣堂建筑采用的平面形式、立面的构图要素和细部的处理方式都是欧洲哥特式建筑早期或罗马风时期的手法。建筑形象上具有鲜明的西式建筑特征。

三盛公天主教堂作为海外传入中国边远内地的新建筑类型，却明显地受到中国传统建筑形象和地方建筑技艺的影响：形体横向三段的水平稳定构图，主入口设于长边且突出门斗以御寒的地方做法，以及中国地方传统的砖砌镂空女儿墙、砖雕线脚等技艺，都是中国传统建筑手法在新建筑类型上的充分展示。

三盛公天主教堂是海外的天主教传入内蒙古地域后在教堂建设上的第二个历史时期的实物证明：

图3-4-24　三盛公天主教堂尖券窗

图3-4-23　三盛公天主教堂外墙面

图3-4-25　三盛公天主教堂室内

图3-4-26　大营子天主教堂

即在义和团运动之前，随着信教民众的增加和教务的扩大，建造较大规模的教堂；并且在建筑形式上能融合中西方建筑语汇。这既不同于初期规模较小的临时建筑或以借租和捐赠的民房作为教堂建筑，也不同于庚子赔款后以大规模建设和完全忽视中国地方传统建筑的方式建造的绝对西方样板的教堂建筑。

四、赤峰林西大营子天主教堂

大营子天主教堂位于赤峰林西县林西镇北9公里处，因建于大营子村，而得名大营子天主教堂。教堂始建于1909年，因战乱毁掉后重建。重建时由比利时神甫工程师设计，并由其监工，于上世纪1920年建成。教堂建筑群包括容纳千余人的天主教堂1座，还另建有修女院、婴儿院、帐房屋子、老头会、医院、男学房、女学房、仓库、大厨房、小厨房等附属建筑150余间。

教堂建筑的使用面积达500多平方米，是一座砖瓦石结构建造的平面略呈拉丁十字型的大型建筑。教堂外观壮丽，起脊盖瓦，脊高达16米，脊坡陡峭，墙面上开尖券窗，真假券洞、券窗、叠涩券和扶壁等都是欧洲早期哥特式建筑的细部特征（图3-4-26）。教堂建筑总体上是典型的哥特式教堂建筑形象，如尖顶、尖券、钟楼等在建筑形象上突出强调垂直方向的意向，与当时欧美流行的复古思潮中浪漫主义倾向的哥特复兴十分吻合。

建筑坐北朝南。教堂北端是两间祭台，并配有东西耳房，以备神父更衣等使用。教堂主入口设于南端，南面中央既有向上突出屋面的钟楼又有向前突出墙面的门斗，加上双重山花，使得南立面高低错落，前凸后进，层次丰富，重点十分突出（图3-4-27）。这里把中国寒冷地区门斗做法与西式山花建筑手法较为巧妙的融合于一体，可以说是一种形式与功能结合的创新。加上正门上高高耸立的钟楼（高29米）和顶端的白铁铸的雄鸡风向标（此钟楼"文革"期间遭破坏），成为整个建筑最为独特和精彩的部分（图3-4-28）。

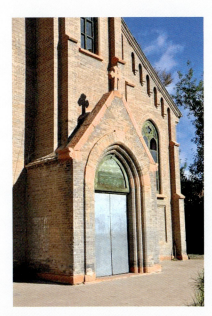

图3-4-27　大营子天主教堂入口

图3-4-28　大营子天主教堂钟楼

教堂结构由两排共26根花岗岩圆柱支撑石拱屋顶，室内空间宽敞明亮，26根石雕花花岗岩圆柱拔地而起，有力地擎起屋顶（图3-4-29）。头雕有花瓣儿与拱形顶棚相配合，石雕做工精巧，恰似蓓蕾初放，正是西方早期哥特式建筑常采用的券柱式结构的具体表现（图3-4-30）。教堂地面用木板铺成，至今完好无损。

解放后，此教堂曾改作过粮库，也作过学校的礼堂，还在这里面演戏放电影等，教堂教堂尖顶在"文革"期间曾遭到破坏，1985年教堂又修复依旧，开始教务活动。

五、乌兰察布市凉城县天主教堂

凉城县天主教堂即新堂教堂是凉城县天主教的中心教堂，也是凉城县最大的教堂，已有上百年历史，如今仍然完好。

凉城县新堂教堂位于内蒙古乌兰察布市凉城县岱海镇。该堂始建于1901年，完成于1926年。新堂天主教教堂为哥特前期罗马风的建筑风格。建筑总面积840平方米，平面是希腊十字形，即教堂平面呈十字架形。设计南北长49.45米，东西两侧宽33.2米，前檐高6米，脊高10.5米。十字脊交叉部有钟楼，起高4.5米，顶部仿照米开朗琪罗1547年设计的圆拱穹顶形式，直径约20米左右，高达10多米（图3-4-31）。

教堂墙体青砖砌筑而成。据考证教堂用砖是用木柴烧制而成，但达到了极高的青砖烧制水平，每块砖方方正正，其烧制工艺现虽已失传，但青砖的质量却使之流传至今。墙体砌筑在施工技术方面也很考究：面砖磨制精细，灰缝横平竖直、饱满均匀，是现代工艺都难以做到的。每个侧墙上部都进行了铁艺加固和装饰，使墙体又牢固又结实，并可起到抗震防震的作用，教堂经受多次地震考验未发现任何问题。

教堂结构为砖木石结构的混合，铁皮覆被屋顶，整个教堂之大可同时容纳近1200人。教堂室内主体空间为三通廊式，由28根石立柱并列两排支撑

拱顶，并且形成通廊和两侧翼廊，三通廊同时导向祭坛方向，之间既无隔间又无隔层，巴西利卡式的中央通廊高达6米，室内空间开敞通透，秩序井然。由28根矩形黑色粗石柱代替圆木柱子支撑着拱形大厅，既使整个建筑坚固耐用，又可以增加教堂建筑严肃、稳重的感觉。看上去粗制的石柱，但手感细腻，有一种好像磨制工艺的感觉，表现了高超的石

图3-4-29　大营子天主教堂室内

图3-4-30　大营子天主教堂券柱柱头

图3-4-31　凉城县天主教堂

匠工艺。虽然教堂内部雄伟宽阔，但在堂内讲话不需用扩音器便具有扩音效果，而且无回声干扰，可与歌剧院的音响效果比美。这也体现了中国工匠施工技术的精准水平。教堂内墙壁绘有圣像、经文和象征宗教仪式的各式各样的壁画，都是使用中国传统石制颜料绘制而成的，色泽艳丽，给教堂内部空间增加了富丽堂皇的效果。

教堂细部设计为中西古典形式的融合（图3-4-32），拱形窗户是由精制的20世纪木质几何图形组成的镂空透雕。各处大门也均是由铁艺和松木板组成的图案。长廊圆拱顶部是拱形木质条形天花板，地面是木质地板。整个屋顶共有5个相当壮观的钟楼，钟楼内备有两口5种金属铸成的大钟，其名为"五金钟"，钟楼顶部有能测风向的铁公鸡以及大十字架。屋顶有避雷针5处，在那个年代已属是十分先进的建造技术了。

整个建筑基础采用石匠打制的石条基础，经过100多年风雨的冲刷，基础没有发生任何变形和沉陷，整个建筑基础牢固完好，似比现代钢筋混凝土结构还结实。拱顶结构的弧度过渡圆润自然，因科学施工，质量达到一定水准。整个建筑木工手工艺精湛，不论是镂空雕刻还是堂内的木工装饰，都充分显示了木工手工艺制作水准。门窗木质与铁艺的结合，既保护了木质主体结构，使其经久耐用，又是欧洲近代新艺术运动建筑艺术风格特征的具体体现，可以说是功能与形式的完美结合。

造型、材料与技术、艺术的高度结合使整个建

图3-4-32 凉城县天主教堂细部

筑呈现出古朴典雅的风貌，而在粗犷之中又包含有细腻的中国工匠技法也是这座建筑的独特韵味之一。整个建筑从天空俯看，犹如一个巨大的十字架架在地面上。新堂教堂在当年是凉城县建筑的最高点。整个建筑中西合璧融为一体，色彩协调自然，技艺精湛，充分体现了当年的建筑艺术与装饰技艺水平，可称为建筑中的杰作，也显示了凉城辉煌的历史文化积淀和建筑业百年前已达到的高度。

注释

① 藏传佛教：或称藏语系佛教，又名喇嘛教，是指传入西藏的佛教分支，与汉传佛教、南传佛教并称佛教三大体系，主要在我国西藏、青海、内蒙古等地区流行。

② 召：蒙古语的音译，通常有两层意思，一指佛祖，二指庙宇，一般与庙这个字连用，即召庙，意指寺院。

③ 殿堂：对召庙中各个重要屋宇的称谓。因这些屋宇或被称为"殿"，或被称为"堂"，故统称之为"殿堂"。通常，"殿"是供奉佛像以供礼佛者拜佛祈祷的场所，而"堂"是供僧众说法行道、讲经念诵的地方。

④《万历武功录》，明瞿九思撰，是记载明万历时期农民起义和民族关系的传记体史书。该书首刻于明万历四十年，清时被列为禁毁书目，流传甚少。国学文库铅印本仅存卷七至十四，1962年，中华书局据万历原刻本影印行世。

⑤ 归化城，即呼和浩特市旧城。

⑥ 坐商：店主，零售店的业主。相对"行商"而言，坐商是拥有一定数额的资本，具有一定的字号，在固定地址，有门面或场所，经营商业的商人。

⑦ 庚子赔款：1900年（庚子年），义和团运动在中国北方部分地区达到高潮，大清帝国和国际列强开战，八国联军占领了北京紫禁城皇宫。1901年（辛丑年）9月，中国和11个国家达成了屈辱的《解决1900年动乱最后议定书》，即《辛丑条约》。条约规定，中国从海关银等关税中拿出4亿5千万两白银赔偿各国，并以各国货币汇率结算，按4%的年息，分39年还清。这笔钱史称"庚子赔款"，西方人称为"拳乱赔款"（Boxer Indemnity）。

⑧ 德勒格. 内蒙古喇嘛教史[M]. 呼和浩特：内蒙古人民出版社，1998.

⑨ 参考：《内蒙古喇嘛教史》第452~453页。

⑩ 参考：《内蒙古喇嘛教史》第777页。

⑪ 漠南或幕南一词最早出现于《汉书》，后历代沿用，至清代正式形成地理区域概念。漠南蒙古，除包括今日内蒙古行政辖区外另包括：黑龙江省杜尔伯特蒙古族自治县、大庆市等7个旗县全部或部分区域，吉林省白城、农安县等7个市县全部或部分区域，辽宁省朝阳市、建平县等8个市县全部或部分区域，河北省承德、张北等5个市县全部或部分区域，并与山西省偏关县、河曲县，陕西省、宁夏回族自治区和甘肃省武威、张掖等地区为邻。

⑫ 太祖晚期至太宗初期，蒙古各部或与后金建立同盟关系，或归附于后金，并在后金的对外战争中起着军事支援的作用。采取军事行动时，蒙古各部也和满洲兵丁一样组成左右两翼。蒙古诸部被划分为两翼的时间，大概从清天聪三年(1629)征明战争开始。通过多次战争后，清崇德初年蒙古两翼基本明确：科尔沁部单独构成左翼，其他蒙古部落构成右翼。

⑬ 中国清代漠北蒙古族诸部的名称。初见于明代，以分布于喀尔喀河得名。15世纪末叶，元太祖15世孙巴图孟克（达延汗）统一东部蒙古后，将漠南、漠北原来各不相属的大小领地合并为6个万户，分为左右两翼。喀尔喀万户属左翼，共十二部。内五部居喀尔喀河以东，巴图孟克封授第五子阿尔楚博罗特；外七部居河西，封授幼子格埒森扎·札赉尔珲。巴图孟克死后，内五部逐渐南徙，清初编旗，属内札萨克旗（即内蒙古）；格埒森扎留居故地，仍号所部为喀尔喀，辖地逐渐扩大，据有漠北地区（即外蒙古）。

⑭ "仓"是蒙古语，意思是保管财物的地方，与藏语"甲巴"的意思相同。仓在寺庙中的地位十分重要，是寺庙的支柱，决定着寺庙的兴与衰。仓（甲巴）分为寺庙仓和葛根仓，即庙仓和佛仓（也称活佛仓）。蒙古地域藏传佛教召庙内专管行政、经济事务的机构通常可以分为庙仓和佛仓。其中，庙仓是管理召庙内各项专门事宜的职能机构，而佛仓则是专门管理呼图克图、葛根的经济、生活事务的部门。

⑮ "两实夹一虚"模式："两实"指的是正立面两侧为厚重敦实的外墙；"一虚"指的是入口处色彩鲜艳、装饰华丽的门廊。门廊充当着"灰空间"的角色，是喇嘛及信徒们从室外进入佛堂或佛殿的一个过渡性空间，以达到室内外融合的目的，同时，华丽的门廊与厚实、简单的正面外墙形成强烈对比，强调了入口空间，对比突出了中央部分入口门廊的通透细腻，增加了殿堂外观美感。

⑯ 拉卜楞（bla-brang），音译，意思为佛殿，或方丈、主持所居院落。通常，不同的拉卜楞是按照不同的藏传佛教学院进行区分的，且一个拉卜楞可以是一座殿堂，亦可以是若干座殿堂组成的区域。

⑰ 曼荼罗（梵文：मण्डल，Mandala，原义为圆形），意译"坛"、"坛场"、"坛城"、"轮圆具足"、"聚集"等。原是印度教中，为修行所需要而建立的一个小土台。这个传统被密宗吸收，形成许多不同形式的曼荼罗。之后为了修行的方便，又把这种修行的场所绘制或塑造成具象的表征，以供修行者观想意会，这时的曼荼罗实际上已经成为宗教与艺术的完美结合。

⑱ 措钦，藏语音译，是召庙内最高一级组织，其他组织均隶属于此，措钦大殿自然就是全寺僧众聚集一堂举行法事活动的殿堂。因此，措钦大殿是寺庙的正殿，也是整个寺庙的宗教活动中心。在内蒙古地域，不同的召庙对措钦大殿的称呼也不同，但以"大雄宝殿"、"某某寺大殿"居多，例如，乌素图召的措钦大殿叫庆缘寺大殿，昆都仑召的措钦大殿叫大雄宝殿等。在众多建筑中，措钦大殿建筑体量庞大，在喇嘛庙建筑群中占有最高地位。

⑲ 明朝万历年间，以丰州滩（今呼和浩特地区）为中心的漠南中西部地区曾存在一个蒙古封建主统治的名为"金国"的政权，"大明金国"即明朝属下地方政权。

⑳ 明朝嘉靖末年，蒙古土默特部蒙汉人民建了一座名为大板升的城，该城建于何处，日本和田清博士以为即归化城，余元煮、陶克涛诸先生也认为大板升城是归化城。长期以来人们认为大板升城就是归化城。然而，亦有其他学者认为它是在其迤西，在今包头市土默特右旗萨拉齐附近。

㉑ 召城："召"在蒙古语中意为"寺庙"。呼和浩特意为青色的城，因其召庙云集，所以又称"召城"。这里召庙云集，民间素有"七大召、八小召，七十二个免名召"之说。形成了鲜明的民族特色和塞外风情。

㉒ 三娘子（1550-1612年），史称"钟金哈屯"、"也儿克兔哈屯"、"克兔哈屯"等，明代蒙古瓦剌奇喇古特（土尔扈特）部哲恒阿噶之女。三娘子本名叫钟金哈屯，意为高贵显赫。蒙古右翼土默特部俺答汗出征瓦剌时，与奇喇古特部联姻，遂嫁与俺答汗为妻。俺答汗晚年多病，事无巨细，多任凭三娘子裁决。1582年俺答汗去世后，三娘子主政掌兵达30年之久，约束蒙古各部，保持了与明朝的和平通贡互市关系。特别是明万历十九年（1591年），她竭力劝说、督促俺答汗孙撦力克从青海撤军东归，避免了蒙古和明军之间的大规模冲突。为表彰三娘子的功绩，明朝于万历十五年（1587年），封三娘子为一品"忠顺夫人"。万历四十年（1612年）六月二十六日三娘子病卒，明朝亦遣使给予赐祭七坛的隆重祭礼。

㉓ 天房：即克尔白，阿拉伯语意为"方形房屋"。沙特阿拉伯麦加城圣寺中央的立方形高大石殿，为世界穆斯林做礼拜时的正向，又称"天房"。原为始建于公元前18世纪的宗教建筑物。穆罕默德清除其中偶像作为伊斯兰教礼拜处。以后多次重修。天房大门高于地面约2米。大门对面的墙上有两个标记，表明穆罕默德曾在该处做礼拜。至今穆斯林入天房亦在两个标记之前下拜。

㉔ 伊玛目：阿拉伯语单词的汉语音译。英语音译为Imam，意为领拜人，引申为学者、领袖、表率、楷模、祈祷主持人，也可理解为伊斯兰法学权威。此词的阿拉伯语原词在阿拉伯世界已经很少使用，但在波斯语、乌尔都语、英语、汉语中比较多见，但各自的具体含义区别很大。

㉕ 天命：即五大功修，又称五大天命，是伊斯兰教义中重要的教规。伊斯兰教规定每个成年的穆斯林，除了具有在思想意识方面的几大信仰基本之外，还必须履行表现在行为方面的五大功修。即心有念功，身有礼功，性有斋功，财有课功，命有朝功。这是坚定和磨炼穆斯林对安拉、使者等信仰意志的五项基本功修，是虔诚的穆斯林所不可或缺的生活实践和必须遵行的宗教及社会义务。

㉖ 遣使会：旧称味增爵，由圣文生（万生、万桑）·味增爵（St. Vincent de Paul，1580-1660年）于1625年创立于法国的修会，该会以培育圣职人员和救济穷人为宗旨。1699年来到中国，除供职朝廷外，并在河北、蒙古、河南、浙江等地传教。台湾光复后也到台北、嘉义、台南及高雄教区服务。

内蒙古古建筑

内蒙古古建筑

内蒙古衙署府第分布图

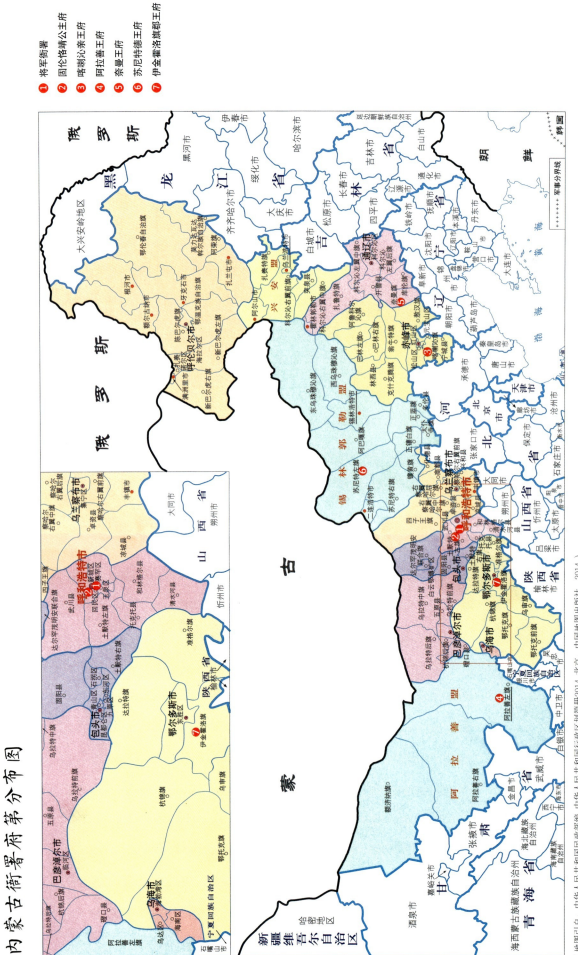

图例
1 将军衙署
2 固伦恪靖公主府
3 喀喇沁亲王府
4 阿拉善王府
5 奈曼王府
6 苏尼特德王府
7 伊金霍洛旗郡王府

（地图引自：中华人民共和国民政部编. 中华人民共和国行政区划简册2014. 北京：中国地图出版社，2014.）

内蒙古地区目前保存较为完好的衙署府第建筑均为清代所建，这些衙署府第建筑的形成与发展和清王朝政权与蒙古各部的关系有着极其密切的联系。

清朝政府在统治期间的对蒙政策主要是"联蒙制汉"，授予蒙古各部封建王公爵位。同时为地位较高的蒙古贵族（受封亲王）建造府第。早期建造的府第由朝廷出资拨款，参照京城的王府严格按规制而建，建筑风格朴实，形制较为严谨。一般均是不施斗栱的建筑群，且限于当地的经济文化水平，府第的营建一般仅仅满足实用、经济的原则，装饰朴素大方。形制严格遵守《大清会典》等典章律例，主要建筑屋顶用硬山，次要建筑喜欢用卷棚硬山屋顶。据史料记载，清代蒙古地区共建有48座蒙古王府。

清朝政府对蒙古的另一项重要政策就是下嫁公主与蒙古联姻。这种保持了近三个世纪的姻亲关系，对清廷统辖与治理边疆蒙古地区起到了重要的作用。衙署府第中有一类重要建筑就是为下嫁到蒙古的清朝公主建造的"公主府"。历史上清朝下嫁到蒙古的皇室女子多达400余人，但并非每个下嫁女子都能拥有自己的府第，只有地位最高的公主才能享此殊荣。位于呼和浩特的公主府就是为康熙皇帝第六女和硕恪靖公主所建。

除了以上的蒙古王府和公主府之外，清朝政府为了巩固边疆地区的安定，还在蒙古地区建造了为军事和行政服务的衙署建筑。代表建筑为位于呼和浩特的清绥远将军衙署。建筑按《大清会典》一品封疆大吏衙署格式营建，总体遵照礼制建造，按照前堂后寝、左右对称的制式进行布局，是办公与居住并用的建筑。因此，在建造时无可避免地受到中原汉地衙署、民宅、园林等不同类型建筑的影响。

清朝对于衙署府第等重要建筑的形制有着严格的规定，其主要依据均来自于《大清会典》，其中对于衙署府第中轴线上重要建筑的形制规定十分详尽。但是对于衙署府第的其他组成部分，没有详细

的规定。即使是中路建筑，虽然对建筑的开间数作出了规定，但是单位开间大小以及建筑布置紧凑与疏朗，仍有各自不同的体量和空间效果。从现存的衙署府第建筑来看，只是大体上符合制度。总体上，建于清代初期的衙署府第都由朝廷拨款建造，建筑严格按照规制设计和建造，建筑造型较为单一。而到了晚清时期，受邻近中原汉地及早期殖民城市建筑的影响，蒙古王府的建筑风格更加趋于多样化，尤其是在居住部分出现了一些建筑形式新颖、造型别致的建筑，给当时的王府增添了一些时尚的元素。

第一节　呼和浩特清将军衙署

呼和浩特清将军衙署位于今呼和浩特市新城西街5号，清雍正十三年（1735年）由雍正皇帝钦命修建，乾隆四年（1739年）完竣。绥远城①建成后，清廷移右卫建威将军②驻扎于此，此后改称绥远城将军。将军办公地点设在绥远城鼓楼西北侧的将军衙署，其建筑系按《大清会典》一品封疆大吏衙署格式营建。

绥远城将军是清廷钦封的一品封疆大吏，位高权重，直辖当地土默特、乌兰察布、伊克昭盟各旗蒙古王公、民众。外遇战事，绥远城将军有调遣大同、宣化二镇，节制沿边道、厅等特权，以国家大帅身份驻扎在这里。

一、建筑总体布局

将军衙署总体布局可分为外庭、内院两大部分。外庭即衙署府门外的前庭广场，包括与府门相对应的大照壁、东西辕门及其围护的鹿角栅，其间设施有旗杆两根，鼓手房两座，石狮两尊，照壁后号炮一尊。东西辕门与绥远城鼓楼的东西券门直线相对。南北纵向由三路建筑群组成，其东跨院主要设库房、马房、厨房等后勤体系，西跨院西院南端原为衙署花园、客房，北部有土地庙等祭祀之所。而中轴建筑群组则是绥远城军政事务核心所在，并

且以中轴线为主，以两侧厢房、配房为辅。中轴主体建筑由南至北依次为：大照壁、府门、仪门、大堂、二堂、三堂、四堂，纵深共计五进院组成（四堂已于20世纪80年代初拆除失存）。各院主建筑两翼皆置有配房，左右对称布列东西厢房。大堂、二堂及门院，为驻节将军公务办公之所，三堂、四堂两院则为将军眷属内宅，是我国传统的"前堂后寝"礼制建筑文化的典型反映，其中以大堂的等级最高，东西长20米，南北宽12米，高8米。

东西院与中轴主院以围墙为界隔离内外，四堂之后，有通道与东西两院相通，跨院南端可与仪门两侧贯通，成为先锋营巡逻守卫的通道。从中可以看出，衙署总体布列上呈"圆"字形的平面布局，在四隅各有水井一眼。四隅外侧，又各置更房一处，为更夫昼夜守护之所。衙署之外的四周，以街巷为隔，还建有不同职责的署衙。北面为协领衙署，东西两侧为左司、右司衙署，大照壁以南为巡警衙署（图4-1-1～图4-1-4）。

民国期间，东院、西院进行了改扩建，唯中路主院虽有改制，但基本保持了原有格局和结构。民国3年（1914年），西院花园建筑拆除改建10排平房（每排5间）作为政务厅（后秘书处）办公用房，日伪占领期间又拆除，起建仓库（后毁于火灾），后又多次改建。东院自民国19年（1930年）增建"澄园"，民国20年（1931年）拆除马房、厨房及后勤管事等建筑，营建办公会议室（傅作义办公室）、招待所及警卫设施。自此，东西两跨院清代建筑遗存大都改建。

衙署中路主院建筑于民国11年、13年、20年三次改建中，大堂、二堂及厢配房虽经多次修缮，但建筑形制基本保持原状，三堂、四堂发生火灾后重修，包括仪门、辕门等形制略有改变，到绥远解放，衙署主体建筑改变不大。

二、主要建筑特征

1985年，将军衙署移交文化（文物）部门管理后，经过数年多次维修、保护，中轴主院已逐步恢复到清代的基本形制。其中主要建筑实例为：

（一）大照壁

长24米、基宽1.75米、高4米。砖构仿木构悬山式形制。照壁上部正中书刻"屏藩朔漠"[3]石额（图4-1-5）。

（二）衙署府门

面阔三间、进深四椽架，大木悬山式构制。每间各辟一门，属门钉板门形制。两侧有八字形影壁布列左右，为须弥式基座，筒板瓦墙顶，池心砖雕，清末时已残，做抹灰补修，1985年勘察清理，按原状修复。

（三）仪门

位于府门内侧中轴线上。面阔三间、进深四椽架，大木硬山式构制，明间辟门，左右两次间为门卫及内外传达通报用房。仪门东西两侧随墙置阿斯门各一。仪门只有将军、都统等首脑主官及迎送贵宾才予开启进出，一般官员只能从侧门出入。

（四）大堂

前置月台，面阔五间、进深八椽架，大木悬山式构制，原状属前后廊形制。民国11年，时任都统马福祥，取消前后檐廊，原七架梁改制为五架，前

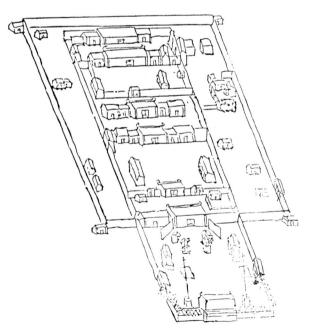

图4-1-1 清代将军衙署复原图 （资料来源：张晓东提供）

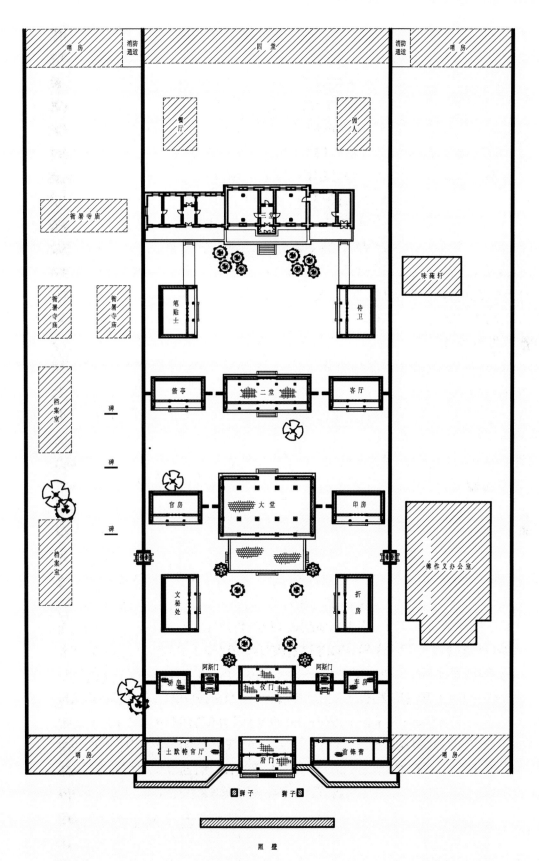

图4-1-2 将军衙署总平面图 （资料来源：张晓东提供）

图4-1-3 将军衙署鸟瞰 （资料来源：张晓东提供）

图4-1-4 将军衙署局部 （资料来源：张晓东提供）

图4-1-5 将军衙署照壁（资料来源：张晓东提供）

后改为双步梁代之。大堂是将军听宣圣旨、举行大典、重大军机决策、接待贵宾及行使权力的场所，是衙署等级最高、体量最大的建筑。大堂的两配房、两厢房，皆为面阔三间大木硬山式构制，前置檐廊构制。分别为文案处、回事处、印房、折房等专用（图4-1-6）。

（五）二堂

面阔五间、进深六椽架，大木悬山式构制。原制前后置廊，民国11年起改建取消檐廊。二堂是日常将军办公及与都统、协领等官员议事的场所，并有书房、办公及休憩之所。二堂两配房各为面阔三间，大木硬山式，前置檐廊构制。为客房、箭亭（武器库）所用（图4-1-7）。

（六）三堂

前置高台，面阔五间，大木硬山式构制，民国13年（1924年）遭火灾被烧，于当年重建，重建后的三堂，建筑形制有较大改变。三堂原为将军与内眷日常活动的场所，民国13年改建之后，皆为都统、省府主官的办公之所。改建后的形制，是民国典型的时尚建筑形式。三堂两配房与之相接连建，两厢皆置有前廊，厢配房之间以廊彼此联络。改建后西配房增为5间（图4-1-8）。

（七）四堂

原建筑面阔七间、进深六椽架，大木硬山式。民国13年失火后重建，20世纪80年代初拆除失存。四堂原曾有厢配房各二座，皆已失存。清代四堂原亦为将军与内眷起居之寝室。

（八）味莼轩

位于东院，面阔三间，周施围廊，大木小式歇山构制，建于民国19年（1930年），为同期所建"澄园"（花园）的书斋休憩之所。

（九）绥远省政府办公会议室（傅作义办公室）

位于东院南端，建于1931年，平面凸字形仿西洋式砖木结构建筑，具有近代建筑的特征。

图4-1-6 将军衙署正堂

图4-1-7 将军衙署二堂

图4-1-8 将军衙署三堂

三、价值评析

（一）民族团结的象征

内蒙古自治区地处祖国北部边疆，自古就是中国北方民族活跃的舞台，是中国领土不可分割的重要组成部分。清绥远将军衙署是清王朝统治和管理内蒙古地区的重要机构之一，是管辖漠南蒙古事务、用兵西北、沟通中央和边疆地区联系的重要军事重镇和枢纽，是边疆稳定、民族团结的象征。

（二）清代建筑的典范

将军衙署是清代按照《大清会典》及八旗驻防城整体规划营建，它的建筑布局、结构、形制代表了这一历史阶段的规范制度和技术水平。其规模之大、地位之高、延续历史之长、现状保存之好，为国内同类衙署仅存的实例。同时，作为历史文化名城呼和浩特市重要的历史载体，具有很高的文物价值。

（三）边疆研究的珍贵素材

绥远将军衙署，从一建置到现在，经历了两个半世纪的沧桑历史和政治风云的变化，建筑作为无言的史书，对其不同的历史时期发生变迁的梳理，为社会科学各个领域的研究，提供了极其丰富的珍贵史料，为我们正史、补史、证史将起到十分重要的作用，具有重大研究价值和广泛的社会价值。

第二节　和硕恪靖公主府

呼和浩特公主府建筑是内蒙古地区现存规模最大、最完整的汉式官式建筑群之一，据《公主府志》、《绥远通志稿》等文献记载，府第约建于清康熙四十年（1701年），总体布局依据前堂后寝布置，平面中轴对称，府门外为前庭广场，在中轴线上依次布置照壁、府门、轿厅、大殿、仪门、寝殿及后罩房，形成四进院落。各院对称布置东西厢房，厢房前后檐廊，东侧建有花园，西北侧曾为马场，并建有白塔一座（已毁）。其建筑风格秀丽典雅，群体布局错落有致，尽管其附属的花园、马场、家庙

等已佚，但是其主要院落形态和大木构架保持了清代早期的建筑风格，建筑群集殿堂、园林、练武马场等功能于一体，体现了北方民族的生活习俗。该建筑属于郡王府等级，是地位仅次于亲王府第的一类王府建筑。

公主府迄今已经历了300余年的沧桑，满、蒙、汉各族人民聚居生活于公主府第建筑周围，形成了民族融合聚居的历史地段，在某种程度上体现了呼和浩特市的城市历史坐标和文化脉络。

一、建筑的形制及特点

（一）建筑环境

公主府第建筑位于清代归化城之北。据《公主府志》记载，"择吉地，以大青山为屏，扎达盖河与艾不盖河二条河流环抱的台地上。……此地枕山带河，风景极佳"。札达盖等两条河流由北而南，于公主府西南汇合后注入小黑河，二河相抱犹如玉带缠腰、二龙戏珠之势分布于公主府之东西。随着历史的变迁和城市的发展，公主府今所在位置，新建了许多建筑，昔日优美、空阔的自然环境，已经消失殆尽。

（二）建筑组群的平面布局特点

呼和浩特清代公主府第建筑历经浩劫，现状很难与当年规模同日而语，但是其主体建筑形态和主要建筑布局没有变动。因此，通过对清代有关典章、文献和《公主府志》的相关记述中，可得到对公主府的建筑空间布局较为客观的研究结果。

公主府建筑群的平面布局，严格按照传统礼制的要求，并且按照"前堂后寝"，在中轴线上由南至北依次布置大照壁、府门前庭广场、主体建筑群、花园、跑马场四个序列空间（图4-2-1）。根据公主府第的功能要求，府第是一种等级次于皇宫，远远高于民居的居住建筑，其空间组织特点具有与皇家宫室建筑同构的特征。其政治属性就是皇权等级制度的延伸，因此，从空间组织，特别是中路建筑群的组织上体现了与皇室同构的特征，其中最主要的表现就是：

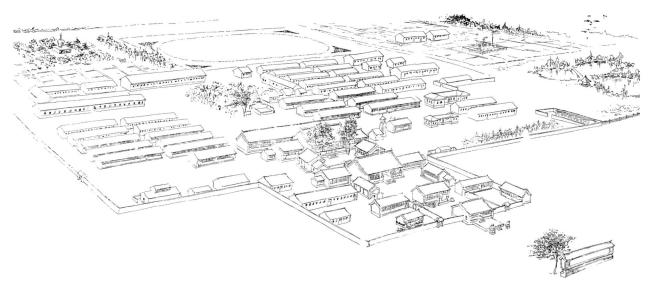

图4-2-1　清代和硕公主府复原图（资料来源：呼和浩特市规划展览馆）

1. 前朝后寝的总体布局

公主府建筑群的主体建筑沿南北中轴线对称布置。建筑群按照空间布局分为外朝——大堂和内廷——后寝殿两部分空间（图4-2-2）。

大堂（图4-2-3），按照规定是公主治事、典礼用的空间，只有在重大仪式时才启用。依照现存的王府建筑的研究，这是王府建筑最重要的建筑，其建造特点、规模、形式，均模仿宫殿建筑。通过垂花门进入后寝空间，其中的主体建筑是寝殿（图4-2-4、图4-2-5），这是公主真正生活、起居的地方。垂花门是区分府第内外环境的一个过渡空间（图4-2-6）。这种前朝后寝的模式无疑是王府建筑与皇家宫殿建筑的一种同构模式。主要的建筑群之后是由马场和花园构成的府园，面积之大远远超出主体建筑的面积，这种"园（场）大于府"的布局思路，是北方满、蒙民族特有的习俗（如善骑射、习武训练）的反映。

2. 严格的空间等级关系

府第建筑群中主要轴线上的建筑，营造等级都严格按照清代王府的建筑规制。主体建筑都是面南背北排列，在方位上体现了明显的等级观念。整座公主府建筑群以王府大殿——静宜堂为中心规划布局，形成纵横交错、大小相间、错落有致的组合，获得完美和谐的艺术效果。各主体建筑也根据各自功能的不同，严格依照等级制度修建，以规范各建筑之间的关系，构成了整个府第的内在秩序，从开间数量，台基高度，屋顶形式到瓦饰，都严格按照等级规制建造，这就使各建筑有了相对应的等级和名分，封建社会的宗法礼制和等级制度在建筑上得到了充分的体现。

3. 四合院的空间组织方式

四合院是我国传统住宅建筑中的一种典型形式，即以正房为主体，厢房、墙垣联合形成的院落空间。公主府建筑群的空间组织就是以纵向轴线控制组群，组织四合院空间，结合府园的布局，形成丰富的空间序列。

大堂（静宜堂）与寝殿分别为南北两院的主体建筑，并且位于组群的中轴线上。围绕主体建筑东西对称布有厢房、耳房和配房，并用隔墙围合，形成一系列院落空间。日、月门互通左右跨院，垂花门分割内、外院落空间。两院呈一"日"字形平面布局，并形成组群的核心。一进、四进院与二进、三进的院外东西两侧联通，并以围墙为界，总体布列又成一个"回"字形总平面的布局，按平面布局

马场旧址

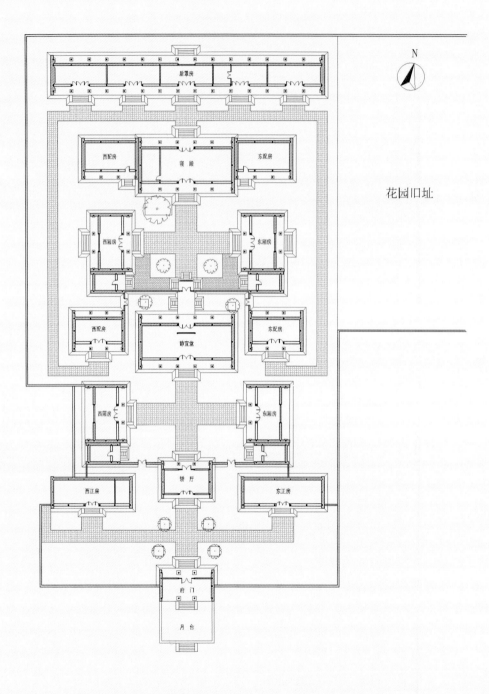

N

花园旧址

后罩房

西配房　　　寝　殿　　　东配房

西厢房　　　　　　　东厢房

西配房　　　静宜堂　　　东配房

西厢房　　　　　　　东厢房

锁厅

西正房　　　　　　　东正房

府门

月台

府门广场

大照壁

图4-2-2　清和硕公主府总平面图　（资料来源：杨宗上绘）

图4-2-3　清和硕公主府大堂——静宜堂

图4-2-4　清和硕公主府寝殿

图4-2-5　清和硕公主府寝殿西厢房

图4-2-6　清和硕公主府垂花门

分析，大堂居建筑群组之中心位置。

4．皇权的象征意义

公主，作为天皇贵胄，在府内的地位是至尊无上的，据《清史稿》公主相见礼中，额驸和额驸父母见公主时都须屈膝请安，公主有赏赐时，还需叩首。因此，其府第建筑也处处体现皇家建筑的权势、地位，这是有别于其他居住建筑之处。公主府内正殿大堂，已经远远高于民居中正房的功能，按照规定，在亲王、郡王府第的正堂均可设座，后置金云龙彩屏风，成为会见宾客和举行大典的场所。根据大堂木构架中辅柱上的遗留榫卯孔洞，可以推测出公主府大堂静宜堂也设有宝座，从此功能意义上来说，府第建筑就是皇权在建筑中的一种体现。

5．布局与生活环境的关系

公主府建筑的主要功能是居住，因此，其使用空间以人的生活空间划分。尺度也是和人的生活尺度接近。前面的"外朝"部分的尺度和"内寝"的空间尺度大致相当，大堂和寝殿面积几乎相等，木构架的建筑类型也是一致的，而北京紫禁城的外朝面积约为内庭4倍。由此可见，公主府是更加注重人性的居住场所，与皇家宫殿的强化的政治功能截然不同。除了主要轴线上的建筑之外，其附属花园、马场都是根据功能自由布局的，虽然现在园林已经失存，但是根据遗址范围可以看出，园林和跑马场的面积远远大于府宅房舍的建筑面积，这也体现了居住者的生活情趣。

（三）建筑装饰

中国古代建筑有着多彩的艺术形象，从建筑组群的空间形态，建筑单体的整体外貌到建筑各部分的造型和色彩处理都积累了丰富的经验。特别是在建筑装修和建筑装饰的细节，更能体现建筑的个性和使用者的身份和审美趣味。可惜的是公主府建筑中的装饰构件及装饰纹样已经随着岁月的涤荡和其他种种原因几乎消失殆尽，我们只能从现存有限的资料和图片以及保留下的原样雕饰寻找一些当年居住者的信息（图4-2-7）。

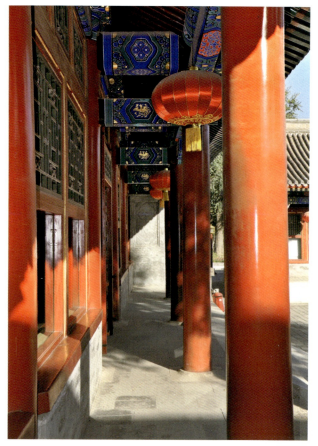

图4-2-7　清和硕公主府寝殿檐廊

二、价值评析

（一）社会文化价值

公主府建筑是清王朝对蒙地奉行满蒙联姻政策的历史实物，见证了清初清廷与蒙古诸部共同平定噶尔丹叛乱、维护国家统一、稳定和巩固北疆局势同舟共济的历史事实。此后大漠南北200余年和平、安定的局面的形成，与公主的下嫁和公主府在归化城的营建，不无关系。公主府在清代一直为公主子孙后裔在此承袭居住，其中不乏与皇家亲王的郡主联姻的承袭，其分支在其周围形成小府村、府兴营两大村落，在呼市东郊美岱村还有公主后裔的坟茔墓地。然而，虽为公主下嫁，她的后裔仍属于蒙古族，这样公主府便成为民族和睦的象征，并且已成为漠北喀尔喀土谢图汗部在漠南分支的象征，其社会影响甚大。

（二）科学艺术价值

公主府建筑的风格涵盖了满、蒙、汉等多民族的文化成分，是历史文化名城呼和浩特一座典型的民族建筑。公主府从平面布局到建筑形体、建筑层次、细部装修、砖、石、木构雕饰及色彩刷饰，构成的整体建筑造型艺术，具有独特的风格特征。花园是清代府邸建筑的重要组成，向有"无园不府"之说。虽然公主府花园实物失存，但从调查及民间流传之说可知，它的艺术思路借鉴了北方皇家园林的造园的风格，同时融入满、蒙古民族崇尚自然的习俗而具有一定地区性的民族风格。

（三）传统宅居制度的集中体现

呼和浩特公主府的建筑，作为王府建筑中的典范，其建造遵循了《大清会典》有关府邸建筑的等级制度，从其规划设计、建筑营造到使用要求无不渗透着礼制的内容。在对其分析研究中可以看到礼制思想在其中的解释意义：

1.正位、居中、对称

居中和对称是建筑设计的两种最基本的手法，也是最原始的审美形式。公主府的平面总体布局，遵循了传统的礼制建筑居中为尊、中轴对称的原则，呈"回"字形纵深四进的四合院，主要建筑位于中轴线上，次要建筑对称分布两旁。同时，其主体建筑大堂——静宜堂，位于从府门月台到后罩房的主要建筑总平面的中心，严格地体现了礼制制度居中的要求。

2.明尊卑

等级制度是礼制的核心内容，其目的是别尊卑、明贵贱，区分上下、亲疏、长幼、男女的尊卑次第，形成稳定的君臣、父子、夫妻的社会关系，维护统治者的利益。根据礼制制度的要求，公主府建筑中体现尊卑等级的方面主要有：方位、规模、形式、材料、色彩等一系列严格的等级制度差别。建筑中不同等级就依据不同的要求，形成定式，进而形成了一种建筑的审美习惯标准。

3.严格区分内外，宅内自成一统

按照宗法礼制为依据的官方法式和各种约定俗成的样式建造宅居，使各个等级的住居有了共同的准则和依据。从公主府建筑的空间和形式所要表达的意义这个角度来讲，它们要表现和传达的是宗法礼制和等级居住的内容。这样公主府第的居宅制度便具有了中国传统四合院建筑的共性，即严格区分内外的内向和封闭性，所谓"家有千口，主事一人"，府内是个小型的等级社会，关起门来，府内自成一统。

4.敬天法祖

封建农业社会中，宗法制度是专制制度的基础，宗祠是宗法制度的物质象征。目的均在于敬宗收族，养老扶幼。加上蒙古族王爷都有礼佛的习俗，所以一般府第都建有家庙。家庙建于府第内部，或者建于府第旁边。呼和浩特公主府第的家庙已经失存，原来的府园建有白塔，也已失存。这是喇嘛教建筑的一种特征，由此可以看出府第内的家庙为符合蒙古族喇嘛教信仰的家庙制度。

（四）文化交流价值

我国是个多民族的国家，民族文化之间的交流从未停止过。建筑虽然有其一定的民族文化特点，但是它绝对不是孤立的、静止的，而是无时无刻不在彼此往来、彼此交流、相互影响、相互促进。清代初期的大批公主下嫁，更是给内蒙古草原带来了不可估量的文化和技术的交流。公主府第建筑，是清代满族公主和蒙古诸部落和亲联姻的结果，是清王朝对蒙地奉行满蒙联姻政策的历史实物见证。公主府以传统的礼制文化为理念，它的等级高低、尊卑之分和文化喻义直接反映在建筑上，这一文化底蕴中涵盖了满、蒙、汉等多民族的文化成分，它是历史文化名城呼和浩特一座典型的民族建筑。

第三节　喀喇沁亲王府

喀喇沁亲王府位于内蒙古赤峰市喀喇沁旗王爷府镇，王府坐北面南，建于锡伯河北岸的平地上，北依马鬃砬子山等三重山峦为屏障，并与两翼土形山形成环抱之势。王府始建于清康熙十八年（1679

年），乾隆四十八年（1783年）经清政府批准，将郡王府扩建为亲王府。喀喇沁亲王府占地300亩，由府第区、西跨院、东跨院、前庭和后花园组成，融满、汉、蒙、藏建筑风格于一身，是清代蒙古王府建筑的经典之作（图4-3-1）。经历300余年沧桑的喀喇沁亲王府是中国目前品级最高、建筑最早、规模最大、保存最好的清代蒙古王府建筑群，2001年被国务院颁布为全国重点文物保护单位，是现存最大的清代蒙古王府博物馆。

一、建筑总体布局和空间结构

喀喇沁亲王府原占地面积为8.6万平方米，现存面积2.98万平方米，为内蒙古地区诸王府之最大者。王府主体院落保存基本完整，建筑状况良好，总体布局受汉地传统建筑的影响很大，选择以"进"为单位的布局方式，由五进22幢正堂、配房和厢房构成连续四合院式格局（图4-3-2）。

亲王府沿一条南北向中轴线排列，并向两旁展开，南北取直，左右对称。这条中轴线贯穿了整个亲王府，气魄宏伟，规划严整，极为壮观。在中轴线上的五进建筑即府门、轿厅、回事处、议事厅、承庆楼，议事厅是建筑的高潮，建造年代晚于其他建筑，沿轴线布局的建筑群组合，使主要建筑加以突出，正殿（议事厅）是最重要的部分，其他建筑

单体大都遵照对称、整齐的规律，层层递进，对正殿进行烘托、陪衬，使正殿在群体中的等级地位突显出来。几个院落、几栋建筑组成具有进深的建筑群体，它的布局、空间，以及建筑的造型，在这种递进关系下变得生动起来，这也是内地传统院落式建筑的魅力所在。

二、主要单体建筑

（一）府门

府门（图4-3-3）面阔3间，为硬山式建筑。府门为喀喇沁亲王府的第一进建筑，体量大、等级高。门上镶横7纵9共计63颗门钉，按《大清会典》属亲王品级。府门平时紧闭，遇有贵宾莅临，府门、仪门大开，以显尊贵。东配房为传达室，西配房原为王府衙门，现在是王府商店。喀喇沁亲王府建筑中重要建筑多建于比较高的台基上，主要建筑多设有月台，平面以柱间为单位，有三开间、五开间、七开间等，有的建筑加前檐廊，有的是前后檐廊，有的不加。构成长方形或方形平面，这种几何图形的运用增加了建筑的稳定感，柱子多采用圆形柱，显示了王府建筑的雄伟和壮观。从单体建筑来说，其封闭性比较强，只有南面开窗，窗户比较密集，除了门外，每开间都有一个窗户，门扇由小方格或斜方格组成。少数有前檐廊或前后檐廊，屋顶

图4-3-1　清代喀喇沁亲王府全图　（资料来源：张晓东提供）

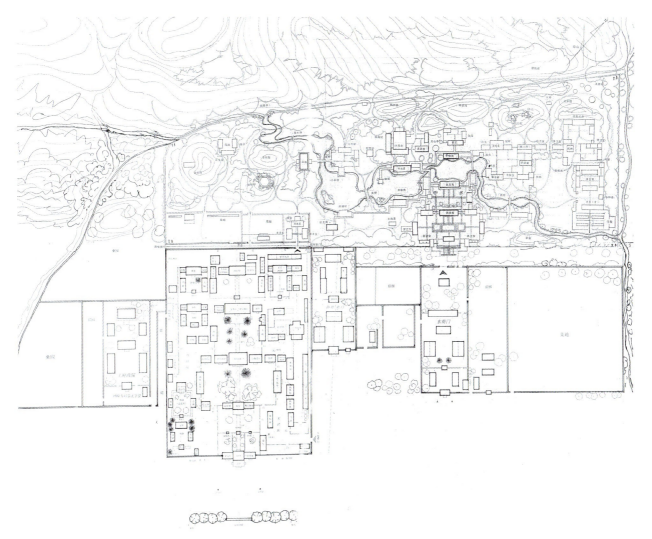

图4-3-2 喀喇沁亲王府总平面图 （资料来源：张晓东提供）

图4-3-3 喀喇沁亲王府府门

采用汉式坡屋顶，使得建筑显得格外协调与统一，不失其柔和与硬朗之感。

（二）仪门

仪门，面阔一间，硬山式建筑，为喀喇沁亲王府二进门。平常府门和仪门并不开启，只有举行大典或贵宾光临时才会打开。据典籍记载：凡新官到任，仪门前下马，迎接上级官员时要大开仪门，所有官员要官带整齐，迎出门外。府门和这二门都属仪门范围，大门张灯，二门结彩，府门上方悬挂灯笼即张灯，二门上悬挂彩带即结彩。府门和仪门之间的甬路两侧设有乐队。

（三）轿厅

轿厅为喀喇沁亲王府存放骡轿、轿具之所，故名轿厅。轿厅面阔三间，硬山式建筑。轿厅三开间，前与府门、仪门，后与回事处对应，又有过厅之称，后檐墙为板壁，与其他建筑形制有所不同。轿厅前置月台，此建筑为与仪门之间的甬道，是迎送贵宾仪仗队主要布列的地段，并经此进入回事处。轿厅的东配房是带兵梅林，是存放武器的地方，西配房是仪仗库，存放旗子、乐器之类的东西。

（四）回事处

回事处（图4-3-4），面阔五间，大木硬山式建筑。回事处是旗内官员签到、听传、收发文牍、协办公务之所。喀喇沁王府既是郡王及其家眷生活的地方，也是札萨克署理旗政的地方，一切公务活动都有一定的规矩。回事处的作用就相当于现在单位的综合办公室。回事处的东配房是管旗章京办公处，他受王爷指令主持全旗行政、司法和军事，西配房是署印协理办公处。

（五）议事厅

议事厅（图4-3-5）为府内等级最高的建筑，议事厅又称银安殿，面阔七间，有前后外檐廊，前设月台。清乾隆四十八年（1783年），喀喇沁右翼旗札萨克卓索图盟盟长、郡王喇特纳锡第被清廷赐亲王品级。于是府内就按清制开始扩建银安殿，即议事厅。议事厅是札萨克办公和召开会议的地方。

它的内部结构类似于北京故宫的太和殿，只不过小得太多了，其用具也相对简单。正面墙体中间的云龙屏为复制品，屏的图案，中间为穿云蟒，两边是团鹤，宝座为紫檀雕刻而成。议事厅为历代享有亲王衔的札萨克、郡王颁布政令、举行袭爵仪式、派将出征、与下属官员讨论旗政、接受下属

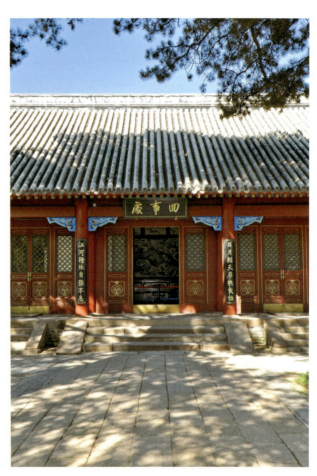

图4-3-4 喀喇沁亲王府回事处

图4-3-5 喀喇沁亲王府议事厅

官员行跪拜礼的地方。其匾额上的四字"大邦屏藩"，是康熙皇帝的手迹，原悬挂于回事处。仅仅4个字，可以看出喀喇沁右翼旗这方土地对清廷的重要性。

（六）承庆楼

承庆楼（图4-3-6），俗称"后罩楼"，这是喀喇沁亲王府古建筑群中唯一一座楼式建筑，"承"为"传承"、"继承"之意。承庆楼面阔5间，有前檐廊。楼上原为佛堂，供奉千手千眼佛，说明历代喀喇沁王爷与家眷都笃信藏传佛教。每日晨昏叩首，香烟缭绕。楼下为祠堂。供奉着12位札萨克的画像。承庆楼的东配房是王爷吃饭的场所，西配房是王爷的居室。

（七）东西跨院

喀喇沁亲王府的西跨院内有关帝庙、孔子庙，西跨院现存建筑11栋，前区为二重四合院，皆卷棚式屋顶。其中两栋正堂分别为环廊歇山式和双体勾连搭式，精巧别致，典雅玲珑。末代亲王贡桑诺尔布兴办崇正学堂就在这里。王府的东跨院为生活住

宅区，有戏楼、书房、福晋的卧室，院中种植各色牡丹，令人赏心悦目（图4-3-7）。

三、建筑特点分析

喀喇沁亲王府建筑是砖木混合结构，由柱、梁、枋、檩等组成，它决定着喀喇沁亲王府建筑群整体的形体外观和比例尺度。亲王府建筑属无斗栱官式大木结构形制。大木用材考究，用材硕大，结构严谨，木装修豪而不华。墙体为青砖垒砌，屋顶多为硬山式，也有少数歇山和勾连搭式，结构是汉式建筑的抬梁式，柱距很大，增加了空间的开阔感和稳定感，瓦作采用传统筒瓦覆顶。亲王府建筑除宗祠、庙堂施以彩绘外，其余建筑无论等级尊卑，一律丹青色粉饰，不施彩绘，属于造型艺术范畴（图4-3-8）。

（一）建筑细部与营造

1. 台基

喀喇沁亲王府主体建筑的台基，皆以高台基的

图4-3-6 喀喇沁亲王府承庆楼

图4-3-7　喀喇沁亲王府东西跨院建筑

图4-3-8　喀喇沁亲王府其他重要建筑

尺度为律。中轴线上的建筑中只有府门、轿厅、议事厅设月台，施石作台基。台基的做法不同、构造不同，等级也不同，石作台基，等级最高，其余等级次之。王府各个建筑的台基高度不同，台基最高的是议事厅，月台高4.5尺①，即144厘米；府门月台高3尺，即96厘米；轿厅月台高1.5尺，即45厘米，从中可看出各个建筑的等级之差。

2. 台阶

喀喇沁亲王府中轴线建筑及厢房、配房台阶，皆于明间设置，它以明间檐柱柱中线定中、垂带取中放置，内侧安放踏跺，耳房、垂花门台阶较小，以装修门饰定宽（长）。

3. 墙体

喀喇沁亲王府墙体形制及工艺做法极其规范，即使在皇家工程实例中，也属上乘。砌砖为一顺一丁干摆精砌，统为单数砖层（13层、15层不等），虽然建筑已有300多年历史，但砖缝大多依然保持不变。有的室内顶棚还留有通风孔（如寝殿、厢房等）。墙身砌筑为青砖磨砖对缝法。青砖规格统一，灰缝薄厚一致，每10层砖厚67.5厘米（含缝），而砖缝在0.2～0.3厘米之间（据刘大可《从顺承郡王府看到清代早期官式建筑作法特征》文，早期灰缝在四毫米左右，清代晚期，灰缝在2毫米左右，这是被工匠称为"老缝子"的早期清代建筑做法），砌法以十字缝为律。室内山墙墙身用砖糙砌后抹灰刷饰。

4. 屋面瓦作

喀喇沁亲王府建筑的屋面瓦作为传统的筒瓦覆顶，没什么特点，很朴素。王府屋面滴水，吉字纹、虎头纹、蜻蜓纹滴水。

5. 地火龙

王府取暖，当时条件下采用地火龙，地底下用砖垒起砖垛，和搭炕相似，上面盖有石板，在石板上抹上黄泥，再以三七灰土夯实，最后铺青砖，为了散热的均匀，洞的里面设计也很复杂。

（二）建筑装饰

1. 天花

喀喇沁亲王府正殿屋顶天花图案称为"佛八宝"。分别是法螺、白盖、莲花、宝瓶、法轮、宝伞、双鱼、盘长，喇嘛教中，称为"八吉祥"。八宝象征吉祥如意，经常出现在与佛教有关的器物、石刻、彩画上，或作为供器置放在佛像之前，八宝分别由象征吉祥的器物组成，各自又有不同的象征意义。喀喇沁亲王府配房屋顶天花大量出现的是受满、蒙民族习俗的影响的"硬海墁"，即抹灰天花。

2. 地面铺设

喀喇沁亲王府在王爷府中学占用期间，由于使用功能的改变，造成地砖的磨损，整个王府内只有议事厅的地砖被完整地保存下来。室内地砖为正方形大青砖，尺寸为42厘米见方。

3. 油漆刷饰

喀喇沁亲王府建筑的木构件有柱、梁、枋、檩、门、窗框、雀替等，整体采用红漆刷饰，檐柱雀替上绘有花卉图案，红色为底色，花卉以黄绿色为主，边框为蓝色，色彩亮丽。

（三）其他部分装饰

官式木构建筑的柱枋，汉时起都以红色为基调，喀喇沁亲王府也不例外，王府外檐柱上的装饰也很讲究，檐柱上端的檩和枋上绘有少许回纹图案，飞檐椽头上饰有 字图案，以及喀喇沁亲王府府门屋脊上镶嵌的佛教六字真言"唵嘛呢叭咪吽"，藏传佛教认为念这六个字可消灾免祸，所以将其置于屋顶上，显示出喀喇沁亲王府建筑融合了藏传佛教的风格特征。

喀喇沁亲王府建筑采用高台基形式，大木用材也很考究，结构严谨，装修朴实典雅，宏阔的硬山式厅堂、典雅的勾连搭式客堂，代表了清式建筑的基本风格。雕纹饰彩的藏传佛教楼阁，都体现出了蒙古族的宗教特色。还融合了满汉藏等多种建筑的优秀文化传统。充分体现出喀喇沁王府古建筑群"以多为贵，以大为贵，以高为贵"典型的特征，此建筑文化理念也是清代典章制度的重要反映。

四、价值评析

（一）社会文化价值

喀喇沁亲王府是内蒙古地区建立最早、规格最高的王府之一，是塞北漠南现存规模最大、保存状况最好的蒙古亲王府第，也是清代蒙古地区由游牧走向定居这段历史的一个坐标点和实物例证，其建筑形制深刻地影响着后来民居、寺庙等建筑的发展，具有十分重要的社会文化价值。

（二）科学艺术价值

喀喇沁亲王府建筑布局严格采用中轴对称之制，建筑宏伟严肃，除宗祠家庙施彩绘外，所有建筑都是丹青色油饰，青瓦覆顶，建筑朴而不奢，等级森严，功能分区明确。王府建筑在清代虽屡有增改，但是大木构架多保存有早期结构，而建筑结构和建筑造型具有很高的文化品位和科学价值。其建筑群的艺术价值也是瞩目惊人的，这座庄严富丽的建筑群汇集着我国传统建筑艺术在技术和各方面的成就，特别是在空间创造方面、环境氛围的控制方面，我们今日游览，观赏于其中，不能不时时处处赞赏其构思之巧妙、布局之严整、逻辑之缜密、建筑工艺之高超。

（三）历史价值

喀喇沁亲王府的历史是喀喇沁设旗划界以来历史的缩影，特别是清末第十二代亲王贡桑诺尔布在任期间，锐意改革、反对分裂、赞成共和、革除弊政、创办新学、兴办实业，在当时历史条件下，对于振兴民族文化，推动地区经济发展无疑起到重要的作用。喀喇沁亲王府当为这一历史延演的见证，针对蒙古各部不修史的这一缺憾而言，有着补史、纠史、证史的不可替代的特殊作用，具有很高的历史价值。

第四节　阿拉善王府

阿拉善王府位于今阿拉善盟巴彦浩特市，王府及其紧邻家庙延福寺是定远营内的主体建筑。定远营是今巴彦浩特市的旧称，是阿拉善左旗境内历史最悠久的古城。建城之初，这里曾是清廷的军马场，被称为"御马圈"。清雍正八年（1730年），川陕总督岳钟琪奏请修建定远营古城。建成后不久，雍正皇帝将该城赠送给了功勋卓著的阿拉善第二代王爷阿宝。其后扎萨克多郡王阿宝将王府迁入定远营城内并进行大规模的开发建设，兴建了王府、寺庙，又仿照北京的四合院修建了住宅。定远营城内头道巷至四道巷的传统民居为清代保存至今较为集中的古建筑街区。清朝皇帝公主下嫁戈壁，陪嫁的工匠们也将京式建筑风格带到了苍茫戈壁，于是巴彦浩特城造起了一座座京式四合院落。阿拉善人民居住的四合院体现了草原文化和中原文化的融合，也体现了蒙古、满、汉等兄弟民族文化的融合。此后经历代王公修缮与扩建，这里成为历代阿拉善王爷的官署和居住地。定远营也由此成为阿拉善和硕特部政治、经济、宗教、文化的中心（图4-4-1）。

一、建筑总体布局

定远营依地形的走势而错落有致，进入定远营城南门，街道呈T字形，主要有两条街。顺城墙根东行为王府街，依次为肃穆的延福寺、讲究的王府、漂亮的花园等建筑。王府朱门高阶，石狮守护，森严盛气。整个建筑按南北轴线，分左中右三路，各路院落又根据功能不同再纵分为二或三进院落群组（图4-4-2）。院落之间相互贯通，画栋雕梁、古雅精致。整个建筑群落为典型的明清四合院建筑群体和园林风格，在塞外戈壁有"小北京"之称。

二、重要建筑组群及其特征

（一）王府中路建筑（衙门）

王府中路为扎萨克办公之所，纵深三进，中轴线上自府门起，依次置迎恩门、迎恩堂、后罩房，地势由南向北平缓提高，两侧对称布列厢配房。建筑多是带檐廊、大木硬山或大木卷棚硬山顶。其中主体建筑迎恩堂面阔五间，殿前有卷棚前廊，为举行大典、接待朝廷官员、听宣圣旨、迎送贵宾及旗务议事之所。民国期间中路建筑曾作改造，但基本结构仍属原物。

（二）王府东路建筑（府邸）

王府东路建筑为王爷福晋起居生活之所。其地

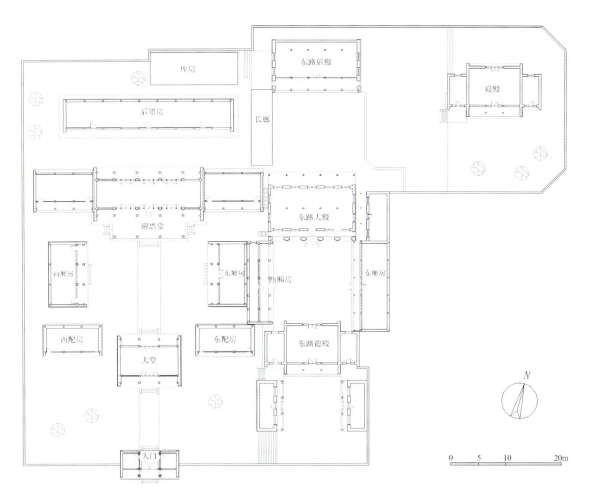

图4-4-1 阿拉善王府总平面图 （资料来源：阿拉善王府博物馆）

图4-4-2 阿拉善王府鸟瞰 （资料来源：阿拉善王府博物馆）

形较中路有所提高，纵深三进。除中轴线建筑为大木硬山式外，厢配房则与平顶式传统宁夏民居相类。民国期间，则在传统建筑结构基础上又吸取了西式建筑的风格做法（图4-4-3），建筑结构以中式为主导。另在东路东北隅增建一座王爷福晋的居所。

（三）王府西路建筑

王府西路建筑为仓廪、后勤、执事所用，基本上以大木硬山或卷棚式为主，以适应仓储之功能。西路建筑新中国成立前后辟为延福寺门前广场，现已不复存在。而王府西侧的延福寺是阿拉善王府的家庙，王府家庙的主要作用是供王府内部人员进行礼佛或举行祭祀等活动。由此也可以反映出清代藏传佛教在蒙古地区社会生活中的重要作用。

（四）王府东花园

依照其地形而建，亭台楼阁，花草树木，错落有致。从老照片看，原建有戏楼，同时，从不同时代的照片可以看到建筑有所改变。东花园新中国成

图4-4-3 具有西式风格的建筑（东路正殿）（资料来源：孟祎军摄）

立后曾被地毯厂占用，现已根据定远营古城总体保护规划，依照王府建筑风格扩建为新府及办公两组院落。

三、价值评析

阿拉善王府在"文化大革命"中遭到极大破坏，房屋在近年大幅整修过，如今成为阿拉善王府博物馆。修复时保留了灰筒瓦卷棚顶的柔顺风格，院内雕刻彩绘、回廊曲折的样貌也依稀可辨。博物馆内较有价值的展室为历史文物陈列室3个，陈列室展有阿拉善地区石器时代及汉、宋、元、明、清历史文物600件，其中关于额济纳的文物图片资料较多，国家一级文物元代纸币和居延汉简与西夏文书正是额济纳文物的代表。另外还有反映古代游牧生活的岩画史料照片100幅。并有民族风俗文物陈列室一个，展有霍硕特部蒙古族的衣、食、住、行、装饰品等实物。

阿拉善王府和西面的延福寺、古民居群落，以及东、北面的古城墙，共同为我们保留了关于定远

营古城的珍贵记忆，是研究阿拉善地区历史的重要实物遗存。

第五节　奈曼王府

奈曼王府位于通辽市奈曼旗大沁塔拉镇王府街，是清代奈曼部首领札萨克多罗达尔汗郡王的府邸，建于清同治二年(1863年)。全部建筑有房屋190余间，为一方形大院。原占地面积约2.25万平方米，四周为夯土版筑梯形围墙，底宽2米，顶宽1米，高4米，四角建有角楼，大院显得非常威严（图4-5-1）。

一、建筑总体布局

奈曼王府由外院墙、串堂门、中心四合院、佛堂、祖先堂、后花园等组成。为内外双重院落建筑格局，形成院内有院的总体关系。外边高大院墙围合形成一个大四合院，此院为一封闭式台榭回廊、左右对称的四合院。分解来看，前后为三层套院。

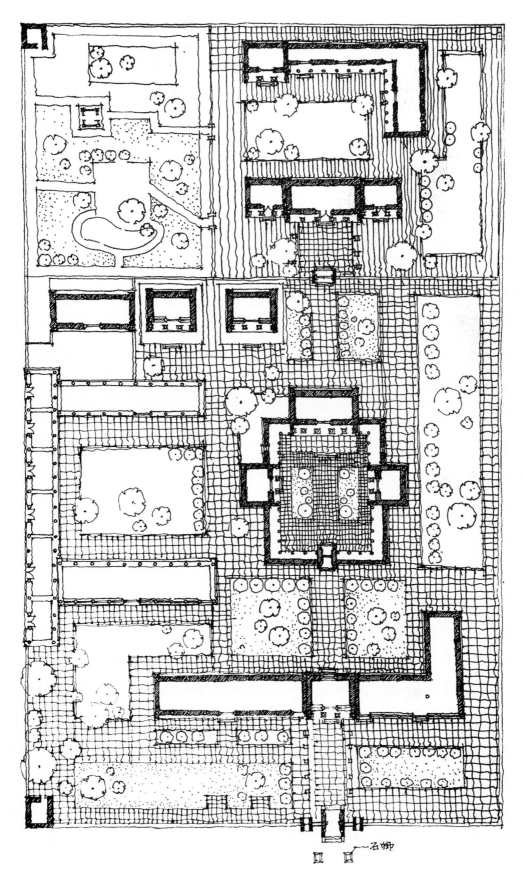

一石狮

图4-5-1 奈曼王府总平面图

王府东侧为王府卫队驻地，王府西北设置了王府办事机构——档事房，左武右文藩屏王府。东北为王爷所住四合院，正北为王府花园，外院墙四角设角楼。中心四合院是天井回廊式建筑，为王府的主体建筑，由正殿、东西配殿组成，体现着明清前有檐柱、内有金柱的建筑特点。整个布局反映了封建王公的"尊严"和严格的封建等级制度，总体布局体现了我国古代建筑艺术的传统和风格（图4-5-2）。

二、单体建筑及其特征

王府的主体建筑，中轴线是王府正殿（图4-5-3），面阔五间，殿前有月台，正厅是召见王府亲信官员议事之处，每日由拜生达向王爷汇禀情况。东一间是郡王和福晋卧室，室内陈设华丽，各

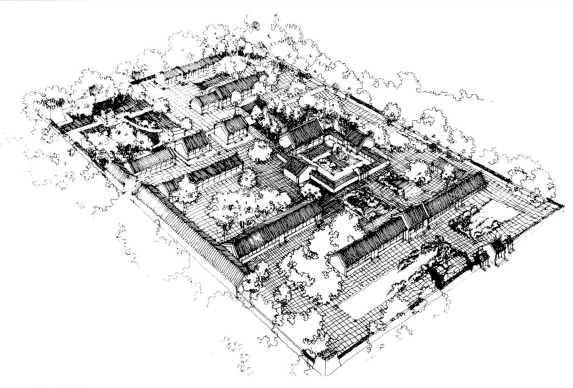

图4-5-2　奈曼王府鸟瞰

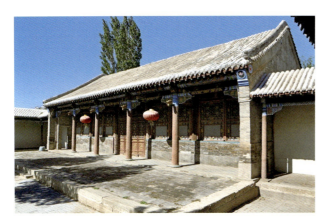

图4-5-3　奈曼王府正堂

图4-5-4　奈曼王府垂花门

式家具多用楠木制成，不施彩绘，保持本色。西一间为郡王书房和装饰品。

东西配殿各三间，一色的大屋脊青砖瓦房，兽头瓦当，叶脉纹滴水，檐下均为丹青彩绘。西配殿门上侧画山水、青竹、菊花，中间绘张衡、屈原、孔子、李时珍四大杰出人物。东配殿两翼为山水花草，中间绘的是《红楼梦》中的探春、林黛玉、王

熙凤、妙玉等。东配殿在第十三任郡王玛什巴图尔执政时，为侧福晋住室。当十四任郡王苏珠克图巴图尔执政时，因侧福晋暂住京城，所以此殿便改为王府官员秘密议事之所。西配殿为侧福晋住处。

王府二道串堂门（图4-5-4），前廊后厦，大红明柱，丹青彩绘，雕梁画栋，龙头燕尾，木雕花墩。走过串堂门正面是富丽堂皇的两扇朱红大门，门镶金钉，轧铁角，门悬两珠(亦称垂珠门)，珠子上方木雕四季花卉，中间木雕蝙蝠，口衔金钱，象征"福在眼前"。门上亮子绘"福、禄、寿"三星。内四合院右侧20米处，大屋脊青砖瓦房，矗立于半米高的台阶上，磨砖对缝，建筑细腻精巧，是王府佛堂。室内正中供奉高大的释迦牟尼贴金佛像，两侧有缘度母和黄教创始人宗喀巴。每逢祭日，郡王、福晋及眷属偕来佛堂祭祀。

王府建筑墙体全部使用白灰浆适量加入糯米浆、白撕缝而成。滴水瓦当，前有檐柱、内有金柱的明清建筑特点。整个建筑全部使用青砖青瓦，以便等级分明。这座王府在木结构建筑中使用了油漆彩画，一是为了装饰华丽及表示有关封建等级；二是为了建筑木材防腐防潮。这座王府有三类彩画，即和玺彩画、旋子彩画及苏式彩画，而且还适当采用了民族特点彩画。正殿棱窗、隔扇都有万字、蝙蝠、卷草等深浮雕纹饰，做工玲珑纤巧，图案浮凸生动，是不可多得的艺术佳品。

三、价值评析

奈曼王府的建筑，完美地展示出清代北方草原独具特色的建筑风格和蒙古民族的聪明才智，是中华建筑的瑰宝。其价值主要体现在以下几点：

（一）历史价值

清廷为了达到对蒙古地区的统治，在蒙古地区实行了盟旗制度，对归附的蒙古贵族采取册封的政策，以笼络蒙古贵族，使其效忠清政府。以衮楚克为首任的各任扎萨克，都是经清廷册封的，他们不但身居郡王爵位，而且掌管奈曼旗的行政司法大权。奈曼蒙古王府是奈曼旗扎萨克办公、生活、社

交的处所，它对研究满蒙关系史、研究清政府的边
疆政策等，具有十分重要的意义。

（二）文化内涵

奈曼蒙古王府整体为一四合院建筑，庑殿式过
堂门气势宏伟，两旁由石狮把守。回廊式中心四合
院正殿高大庄严，配殿左右呼应。兽面瓦当、叶脉
滴水和殿内八仙寿图、山水花草相映成趣，加上墙
倒屋不塌的科学建筑风格，以及奈曼蒙古王府的办
公方式、生活习俗，体现出许多汉文化的内涵。对
研究汉文化在蒙古族地区的传播和发展，研究汉文
化与满文化、蒙古文化的交融关系，研究极具地方
特色的民风民俗尤其是对满蒙联姻的研究等，都具
有相当重要的历史意义，极具可靠的研究价值。

（三）美学内涵

奈曼蒙古王府建筑总体左右对称，主体建筑突
出，使人感到和谐、有序、平衡。室内外装饰图案
精巧，色彩搭配协调。室内陈设具有鲜明蒙古民族
特色。体现出建筑设计师、工匠和王府主人的文化
素养、生活情趣和审美观念。

第六节　苏尼特德王府

苏尼特德王府位于锡林郭勒盟苏尼特右旗朱日
和镇以东5公里处的乌苏图敖包山脚下，清同治二
年（1863年）由蒙古王爷德王之父杜棱郡王那木济
勒旺楚克参照皇宫建筑造型建造，是晚清时期的
一座王府建筑，具有独特的地区和民族风格（图
4-6-1、图4-6-2），在我国蒙古族近代史上有着重
要的价值。德王作为历史过客已经永远走了，但当
年他居住的官邸——德王府却依然留存在苏尼特右
旗草原上，并成为内蒙古自治区重点文物保护单位
之一。

一、建筑总体布局

王府总体平面布局基本遵循汉制，即传统的中
轴线左右对称形式，横向又分为左、中、右三个院
落（图4-6-3）。中路为王府办公、礼佛及扎萨克
起居宅所。府门遥对八字影壁，府门与影壁间用木
栅栏相围，左右分设辕门各一。府门前置石狮、旗

图4-6-2　德王府远眺

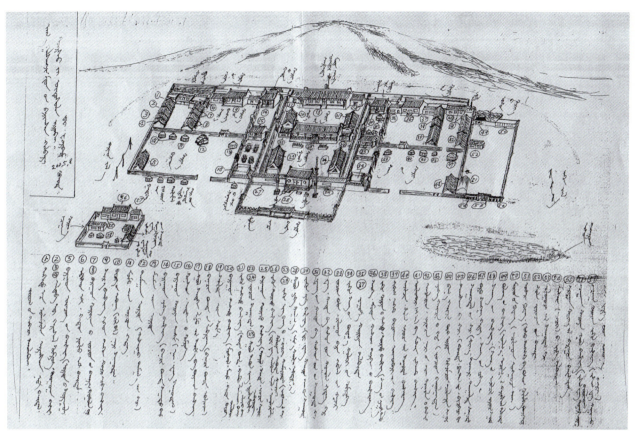

图4-6-1 德王府复原图 （资料来源：张晓东提供）

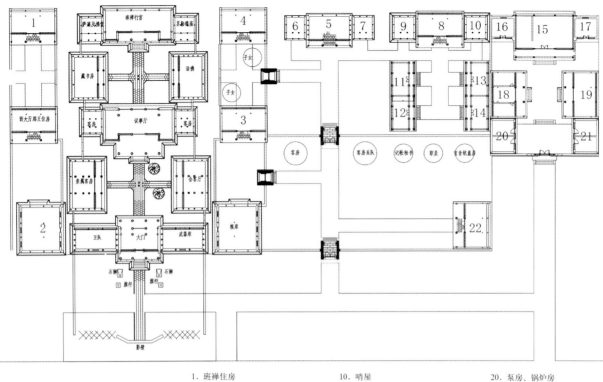

1. 班禅住房
2. 王府学校（游客中心）
3. 餐厅（王爷餐厅）
4. 王爷福晋（福晋住房）
5. 仪仗厅
6. 仪仗库西耳房
7. 仪仗库东耳房
8. 佣人住房
9. 记账室
10. 哨屋
11. 上房
12. 地毯厂
13. 修理厂
14. 印刷厂
15. 办公监控室
16. 配电室
17. 库房
18. 餐厅、厨房
19. 宿舍
20. 泵房、锅炉房
21. 办公区厕所用房
22. 粮库

图4-6-3 德王府总平面图 （资料来源：张晓东提供）

杆；府门后中轴线上依次布列正厅及佛堂，呈二进院落。府门两侧倒座及两院的厢房严格对称，为一纵向复合式四合院组合形式。两厢之后又有二进侧院（跨院），并以围墙与外界相分隔。左右两路建筑虽单体但仍属汉制，但布局上较为灵活，且与蒙古族传统的蒙古包并存，空间较为宽敞。在辕门左侧还建有宅所，传德王父母曾在此安享晚年。

二、单体建筑特征

德王府始建于1863年，占地2.2平方公里。原有房83间。这是一座既有藏传佛教建筑风格，又有清朝末年汉族宫廷建筑风格的建筑群，同时还是蒙古民族特色极其浓厚的建筑群，造型宏伟，结构独特，建造坚实，雕刻精细，绘画美观。它模仿了北京皇宫的形式，飞檐翘角既精巧，又古朴（图4-6-

4）。正殿、配殿、厢房组成两个四合院，以及两侧结构近乎一致的偏殿、厢房构成了一个完整的建筑群。诸多殿堂依据不同的用途，朝不同方向建造在各自不同的位置上，使整个王府形成了左右对称的结构。

正厅是王府的主要建筑，面阔五间，前置卷棚抱厦三间，属前卷后殿大木硬山式。其中砖木构件多作雕饰加工，雕梁画栋、沥粉贴金，雕刻之精细、斗栱装饰之华丽，为同时代草原建筑之杰作。殿堂边角均刻画有猿猴攀柱、喜鹊登梅等象征佛教意义的图案。檐下每根椽头部都绘有牛、马、羊、骆驼等图画，形象逼真，色彩鲜明。王府正殿的门板上镶有九颗铜钉，两侧蹲坐石狮，显示王府的贵族气派。王府正殿前竖立着两根十余米高的"查迪格"（即"竖杆"），正殿后面竖立着"苏鲁锭"，偏殿前有蒙古包群，大院两侧南北向延伸的100余米

图4-6-4 德王府班禅行宫

图4-6-5 德王府其他重要建筑

长路段上有百十根拴马桩。

德王府建筑除中轴线主要建筑采用汉式硬山式外，其余多为卷棚式。值得一提的是府门倒座的两侧及左右路宅院两隅建筑，为两栋勾连搭式建筑，上施平顶并以女儿墙围护，其功能主要用于防卫，这是其他王府未多见到的一种建筑形式（图4-6-5）。

总体而言，王府建筑是在继承汉式儒家礼制前堂后寝之制的基础上，结合蒙古族的信仰而形成的"前为厅堂、后为佛殿"的一种特有的民族形式建筑。

三、价值评析

（一）历史价值

苏尼特德王府近旁还有一座温都尔庙，是清光绪二十一年（1895年）苏尼特右翼萨克杜陵亲王那木济勒旺楚克（德王之父）建造，所以苏尼特后来也被称为温都尔庙苏尼特王府。在苏尼特王府的西侧是包括温都尔庙在内的庙宇式建筑群，它的西北侧是班禅大殿。1931年，佛教领袖第九世班禅来到此并驾临王府，德王在王府门前用黄布铺路百米，各寺庙及信徒千余人夹道恭候班禅活佛驾临。当年5月，日本在苏尼特王府设立"善邻协会"。民国22年（1933年）第九世班禅第二次来到苏尼特右翼旗，德王在温都尔庙举办了"那达慕大会"，同时把温都尔庙作为活佛寺庙献给班禅。

民国时期（1912～1949年），在德王府周围先后建起了军队、衙门、学校、医疗机构和寺庙、工厂、店铺、合作社、公司等近20个部门。特别是王府学校、兴蒙学校、女子学校、喇嘛医校等学校，在当时很有影响。

1933年3月，德王在王府建立蒙古军官学校，不久又建立蒙古干部学生队。建立如此正规的军官学校和少年军事学校，在蒙古军事史上也是首次。在德王府建立的女子学校，结束了当地妇女无权接受教育的历史。

从这些事件我们可以看出苏尼特右旗王府一度成为苏尼特右旗政治、经济、文化中心。这里曾经见证了在苏尼特右旗发生的许多重大的历史事件。

（二）艺术价值

苏尼特王府的建筑，是受到当时内地定居（早期王府只有质地、装饰较好的几座蒙古包）文化和近代奢华生活的影响，大兴土木修建的相当富丽堂皇的殿宇式王府。它沿袭了黄教传统建筑风格，造势宏伟、结构独特坚实、雕刻精细美观，把殿堂建筑合理分布在一个大红墙之内。同时，王府内还配有蒙古族传统风格建筑。

此外，王府由数十间正殿、配殿、厢房组成的两个四合院宅邸和其两侧结构近乎一致的偏殿、厢房建筑群所组成，诸多殿堂依据不同的作用和用途，朝不同方向建造，构筑出整个王府结构的左右相对称。这种建筑结构的布局从某些侧面反映了藏传佛教对苏尼特右旗的深刻影响。

第七节　伊金霍洛旗郡王府

伊金霍洛旗郡王府位于鄂尔多斯市伊金霍洛旗阿勒腾席热镇王府路王府巷西侧，距一代天骄成吉思汗陵园25公里，距鄂尔多斯市东胜区37公里，郡王府所处的地理位置优越，是鄂尔多斯七旗一区内现存唯一完整的王爷府，也是整个内蒙古西部地区保存较完整的一座王爷府。1996年5月，自治区人民政府公布该府为全区第三批重点文物保护单位。

郡王府为郡王旗扎萨克的私邸。民国17年（1928年），该旗第十五代扎萨克图布升吉尔格勒多罗郡王请来山西偏关匠人宋二等30余名能工巧匠，开始郡王府的翻新建设，到民国25年（1936年）完工。整个工程耗资13800余银元，相当于该旗当时一年半的全部财政收入。新建的郡王府规模宏大、富丽堂皇。《伊克昭盟志》当时称赞该府，"画阁雕梁、龙文凤彩、备极富丽，为伊盟最新的王府"。

一、建筑总体布局

现存郡王府规模不大，分为前后两院，占地面积2105.79平方米，建筑面积1040.44平方米。府院外围建有土城墙，高丈余，宽五尺（1928～1930年建成），总占地面积15000余平方米。王府前院于1931年建成，占地面积939.52平方米，建筑面积465.78平方米，共13间住所。前院门庭对面建有一牌楼，两侧刻对联，左联为"一盟之首，统承福禄，全旗高明，世袭王基"，右联是"屏为谭府，福星高照，司执全旗，仁政施行"，可惜已毁于"文化大革命"时期。后院于1936年建成，共16间住所，占地面积1166.27平方米，建筑面积574.66平方米。王府前后两院由两丈余高的青砖墙（墙上建有城垛口，用于防御）连成一体（图4-7-1）。

二、单体建筑及其特征

（一）府门

郡王府大门坐北朝南，面阔三间，是典型的一明两暗过道式门楼（图4-7-2）。府门结合两侧青砖院墙为一组东西方向展开的平屋顶建筑，两侧各有三间倒座房，设有前廊，门窗开向内院。

中原汉地极重视"门"文化，无论采用什么样形式的大门，宅主总是极力地对门楼进行装饰。伊金霍洛旗郡王府亦是如此，府门及两侧院墙都施以复杂的深浮雕砖装饰，主入口两侧是传统"和合二仙"图案，上部则结合壁柱分为三段，中间略高为"二龙戏珠"，两端对称"狮子滚绣球"。牌楼式的门罩上有岁寒三友、鹤鹿同春、回纹卷草、汉纹花边和各种装饰线条边框等大量具有吉祥寓意的图案。其内容甚为丰富翔实，形象逼真，更见当年建造工匠在砖雕艺术中的功底之雄厚。

（二）前厅

前厅（图4-7-3）面阔五间，居中三间有前

图4-7-2　伊旗郡王府府门

图4-7-3　伊旗郡王府前厅

廊，东西两间突出至前廊形成配房，屋顶为硬山结合平屋顶形式，且两端高出设有龙纹装饰与门楼相呼应，建筑整体造型极为特殊。

中间前廊部分施以斗栱，门窗装饰等皆为传统做法。而两端则以壁柱砖墙为主，且开窗上部用券，实为当时流行之西洋风格。

前厅东西两侧为厢房，砖墙承重平屋顶结构，利用壁柱作立面划分，门窗上部均用券，与前厅两端的窗户形成形式上的呼应关系。券上砖雕装饰为回纹卷草、琴棋书画。檐部则利用壁柱升起分为几间，每间都有深浮雕"二龙戏珠"砖，装饰效果极为华丽（图4-7-4）。

（三）正厅

正厅（图4-7-5）居于后院正中，与前院有墙分隔，是王府内宅部分。后堂居于高台之上，面阔五间，设有前廊，硬山屋顶，是王府中最高的建

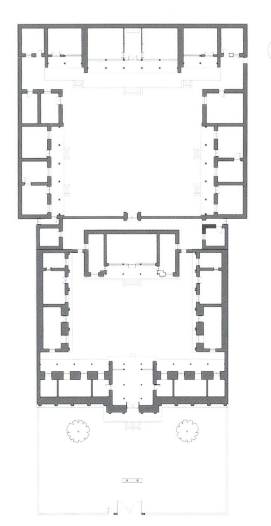

图4-7-1　伊旗郡王府总平面图

图4-7-4 伊旗郡王府前厅细部

图4-7-5 伊旗郡王府正厅

图4-7-6 伊旗郡王府正厅墀头装饰

图4-7-7 伊旗郡王府正厅厢房装饰

筑。东西各有三间配房，高度略低于后堂。

正厅前廊装饰华丽，木构彩画色彩明艳，门窗采用传统雕饰手法，山墙墀头部位是砖雕装饰重点集中的部分，精美的镂雕砖雕采用了鹤鹿同春的吉祥图案，表达了主人对生活的美好意愿（图4-7-6）。

正厅两侧为后院厢房，是王爷子嗣居住的房间，厢房是砖墙承重的平屋顶建筑，设有前廊。门窗上部亦如前院厢房都用券，砖券上装饰用福寿、暗八仙等吉祥图案，与前院厢房略有不同。较为特殊处利用实墙部分做了更为突出的砖雕装饰（图4-7-7）。厢房的女儿墙也是装饰的重点，抬头仰望，女儿墙上一方方长形的雕刻犹如一幅幅展开了的绘画，雕刻细致、构图饱满、层次分明，每一

幅雕刻作品都庄重严谨，体现着王府非凡的气度。

（四）建筑特征

郡王府内所有建筑属砖、木、石结构的硬山顶与平顶结合，融蒙、藏、汉风格为一体，具有浓郁的民族特色和地方特色，这其中又以精美的砖木雕刻尤为出众。建造王府的匠人在砖雕构思方面，多数都以吉祥如意、福寿平安、忠孝节义、八仙八宝等的象征图案和古装戏剧、阁楼轩榭、飞禽走兽等题材绘编画面。这些图案以形式论之，构思精巧，技艺精湛，千姿百态，栩栩如生。在艺术上有其相当感人的效果，给人以美的享受、艺术的感染。

传统建筑的砖雕一般出现在中原汉地的各类建筑中，在蒙古草原上鲜有出现，仅在高等级的官式

建筑中偶有出现，作为装饰点缀之用。而伊旗郡王府则从府门到后院，从台基到屋面以及建筑各个细部都大量运用了砖木雕刻作为装饰，人物、龙凤、鹿鹤、山水、花草、文字等各类传统装饰图案令人眼花缭乱。在整体建筑风格艺术上以精湛的砖雕技压群芳，在内蒙古的古建筑中独树一帜。

三、价值评析

　　伊金霍洛旗郡王府建造于20世纪初，建筑整体融合汉、蒙、藏建筑风格于一体，建造工艺精湛，规模宏大，富丽堂皇，从平面布局到建筑形体、空间层次、细部装修，再到砖、石、木构雕饰及色彩装饰，构成的整体建筑造型艺术，具有独特的风格特征。尤其是大量精美砖雕装饰的运用，使其在内蒙古地区众多古建筑中独树一帜。对于研究20世纪初鄂尔多斯地区的社会文化、各民族的融合交流都有重要的历史价值。

注释

① 雍正十三年（1735年），清廷在归化城（今呼和浩特市旧城）东北五里处勘定一处城址，作为右卫城北移屯兵之用。同年雍正皇帝亲自批准兴建。但由于雍正皇帝驾崩，工程延误至乾隆二年才开始大规模修建。乾隆四年（1739年）告竣，清廷赐名"绥远城"。

② 康熙皇帝亲征噶尔丹之后，清廷大军曾屯军驻守于长城以内的右卫城（简称右卫城，今山西省右玉县旧县城）。后因政治、军事需要，便将右卫城驻军北移至长城之外的绥远城，作为稳定北疆边陲局势和强化军事威慑及对西北地区的有效统治。

③ 清光绪十六年（1890年），绥远将军克蒙额。

④ 清代营造尺寸规定，一尺等于32厘米。

内蒙古古建筑

第五章 传统民居

传统民居是一种最具民族性、地域性文化特质的建筑类型。传统民居的形态、构成及空间，取决于各民族特定的文化审美、经济基础及价值理念。今日内蒙古自治区内的民族格局，初步形成于18世纪。在这片戈壁、草原、河流、森林延绵数千公里的神奇的自然生态环境中，有蒙古族、汉族、回族、满族、达斡尔族、鄂温克族、鄂伦春族等多个民族世代繁衍生息，构成了多元化的民族文化图景。而各民族的传统民居建筑是这一图景中最为真实直观且最具代表性的视点。

蒙古包是蒙古族的传统住居形式。历经数千年的游牧文化历程，蒙古族传承了北方游牧民族的穹庐毡帐文化，创造了以蒙古包为主，以各种帐幕类简易居所为辅的住居文化；达斡尔族于17世纪中叶从外兴安岭以南迁至呼伦贝尔草原，创建了定居聚落，其三合院式院落结构与烟囱立于地面的土木结构房屋具有十分鲜明的民族特色；古时即被称为"森林百姓"的鄂温克族、鄂伦春族先民在漫长的狩猎生活中创建了简易而实用的斜仁（仙人）柱；18世纪初始迁入呼伦贝尔境内的俄罗斯族延续了其古老的住居形态——木刻楞，丰富了北方草原传统民居文化类型。为了体现内蒙古传统民居的地域性特色，本章将选取上述五个少数民族的四种典型民居予以详细介绍。

在特定的历史时期，西至中亚草原，东至库页岛的广阔区域曾是阿尔泰语系诸民族的历史舞台。相似的生态环境、材料、技艺及文化习性等元素造就了这一片区域典型的风土型建筑形态。甚至从阿姆河至北美平原的亚温带地域内，曾有突厥毡庐至印第安圆锥形棚屋在内的种种简易居所类型。内蒙古草原位居其间，秉承了包括毡庐、斜仁柱在内的几乎所有的简易居所形态。故内蒙古区域的传统民居是有别于其他地域民居的，具有悠久历史渊源且独成体系的系列民居形态。

传统民居是能够有效保存和展现本民族文化记忆与特色的物化遗存，其存续与演变反映着民族文化的传承与变迁。内蒙古地域内各民族的传统居所在传承各自文化脉络的同时见证了族际历史的互动与对话。达斡尔族与满族的传统民居在形态、构造上十分相似，从事游牧生产方式的通古斯鄂温克人亦居住于蒙古包中等。如今，现代化的侵蚀使各民族传统文化的特征趋于淡化。然而，传统民居作为民族文化之重要容器，依然以各种涵化、符号化形式存留于各民族文化中，成为民族传统文化的关键性要素。

第一节　蒙古包

形制浑成、材料质朴的蒙古包（Ger or Mongolian Yurt）是蒙古民族的传统居所。这一居所类型分布甚广，几乎遍及世界各地。然而，在气候干旱、广阔无垠的温带草原似乎更能展现其强劲的生命力，得以完好地传承下来。

蒙古人自古自称为"耶斯给－陶日嘎坦"（isgi-turagtan），其意为"毡壁人群"。如今，毡包又冠以族名而闻名于世。这恰如北美洲易洛魁人称己为"长屋的民族"一般，居所已成为民族文化的象征。因受限于材料的耐久性，蒙古包的寿命非常短暂，这对我们考证其历史面貌带来了一些困难。然而，建筑寿命的短暂与其结构的程式性、材料的单一性恰好合拍，对建筑原型起到巧妙的记忆与保护作用。故此，对于关注并想了解蒙古包的人来讲，比起探究某一固定建筑，释读蒙古包却更加得心应手。借助古代历史典籍记载，我们可以断定蒙古包至迟在13世纪业已基本定型，其结构已非常成熟。解读深含游牧文化智慧的蒙古包，成为解密草原文化的一种重要途径。因无实例可供分析，故以如下体例对古老的蒙古包作一番叙述。

一、蒙古包的演变

繁衍生息于茫茫草原的游牧民最初以何种居所作为其藏身之处？今日的蒙古包由何种居所逐步演进而来？多年以来，带有浓厚进化论色彩的观点风行于学界。组合拼凑多民族原始性建筑元素而构拟的进化图示显然具有削足适履的症候。因此，借助丰富的历史文献信息与文化遗留物，实证探究地域建筑史的方法成为人们所信赖的研究路径。一个必须明确的事实是，蒙古包绝非游牧民唯一的居所类型。在历史长河中游牧民创造了以蒙古包为主，以各类帐篷、窝棚为辅的多样性居所结构。

（一）远古的记忆

关于北方草原先民的居所进化史，学界有一种成见，即同人类其他的居所，是由天然的洞穴上升至半地穴，最终升至地面，由木杆支起骨架，再裹以树皮或兽皮，构成最早的窝棚式居所。各种类型的原始居所元素在各民族传统居所中都有所遗留。因此，需从更广阔的视野审视游牧民的居所。内陆欧亚草原是游牧民的历史活动区域，也由此成为各类毡帐的主要传承区域。在内蒙古地域范围内，有两幅岩画值得关注。

内蒙古自治区巴丹吉林沙漠内的曼德拉山上有数千幅岩画，其中有一幅刻绘原始聚落的岩画（图5-1-1）。聚落由16座形制相近的帐幕与一幢巨大的帐幕构成。大帐幕形似楼阁，位于聚落中心，应为用于举行祭祀仪礼或议事的公共场所。其左上侧的3座帐幕以格子状架构明显区别于其他帐幕。

在内蒙古自治区阴山支脉狼山乌拉特后旗布尔很哈达山岩画中有一幅穹庐岩画（图5-1-2），其形制已与蒙古包非常相似。刻绘这些岩画的人究竟是谁？相继驰骋于北方草原的各支游牧族群无疑是其作者。虽无法确切考证其刻绘年代，但草原先民以最直观清晰的写实方法留下了他们生存的居所场景，成为珍贵的草原文化记忆。

（二）蒙古兴起前各游牧族群之居所

关于战国至辽金时期的北方游牧族群之居所，中国古代文献中载有丰富的历史信息。文献中常以"穹庐"、"毡帐"统称北方游牧民的居所。《释名·释宫室第十七》载，"宫，穹也，屋见于垣上穹隆然也"。穹庐为顶部隆起的圆形建筑已无可争议。

在北方草原，在蒙古兴起之前，有数十支游牧族群相继闪现于历史舞台，并留下了丰富的历史足迹。这些游牧族群为：公元前475年至公元220年战国秦汉时期的匈奴、东胡、乌桓、鲜卑、林胡、楼烦、丁玲、月氏、乌孙；魏晋南北朝时期的鲜卑、高车、柔然；隋唐时期的突厥、回纥、吐谷浑；宋辽金时期的契丹、女真等族群。《史记·天官书》载，"故北夷之气如群畜穹闾"。穹闾，或穹庐，已是这些游牧族群传统居所之统称。

《史记·匈奴列传》载，"匈奴父子乃同穹庐而卧"，一言道出草原社会之迥异于中原的风俗习性。关于匈奴时期的穹庐结构虽无文字记述，但在匈奴彩棺上已有穹庐形象（图5-1-3）。北朝彩棺上的穹庐似有两扇窗（图5-1-4）。两幅图中的穹顶皆呈格子状，大致框架与门窗等细部十分相似。其顶如阴山穹庐岩画所绘。

据《汉书·匈奴传下》，匈奴有"汉使不去节、

图5-1-1　曼德拉山上的聚落岩画　（资料来源：特日更巴彦尔摄）

图5-1-2　阴山穹庐岩画　（资料来源：《内蒙古岩画》）

图5-1-3 南匈奴彩棺上的穹庐形象 （资料来源：《蒙古民族毡庐文化》）

图5-1-4 北朝彩棺上的穹庐形象 （资料来源：《蒙古民族毡庐文化》）

不以墨黥其面，不得入穹庐"的习俗。又记载了乌珠留单于以"匈奴西边诸侯制作穹庐及车，皆仰此山材木"之由，回绝汉使索要张掖郡出产奇异木材的一座山的历史事件。

《后汉书·乌桓传》载，"以穹庐为舍，东开向日"。《南齐书·芮芮虏传》载，"所居为穹庐毡帐"。《隋书·突厥传》载，"毡帐望风举，穹庐向日开"。南朝齐武帝在齐永明十年（公元492年）遣将出使北魏，他们回到江南后，这样描述拓跋鲜卑的毡帐："以绳相交络，纽木枝枨，覆以青缯，形制平原，下容百人坐，谓之，一云百子帐也。"

不仅北方草原各族群以穹庐为居所，唐人也习于使用穹庐毡帐。宋人程大昌《演繁露》十六《百子帐》曰："唐人婚礼，多用百子帐，盖其制本出塞外，特穹庐，拂庐之具体而微耳者，卷柳为圈，以相连锁，可张可阖。故以百子总之，亦非真有百圈也。"

至于辽代，关于穹庐的记载更为详尽。一幅描绘契丹人生活场景的石棺画（图5-1-5）中，牧营地由穹庐与车组成，其颜色呈黑白两种颜色。契丹人的穹庐之门亦东向。辽上京遗址出土的鹿纹灰陶骨灰罐及内蒙古博物院从赤峰地区征集的灰陶骨灰罐为辽代穹庐的有力物证。两者均有一门两窗，所不同的是前者为单扇门，平顶，后者为双扇门，尖顶，与北魏灰陶穹庐模型相比，在形制上有着明显的区别（图5-1-6）。

图5-1-5 辽墓出土石棺上的画 （资料来源：《蒙古民族毡庐文化》）

图5-1-6　北魏与辽代灰陶穹庐模型之比较 （资料来源：《北方文物图集》等）

　　综上所记，可以概括战国至辽代，13世纪蒙古兴起前的穹庐毡帐之基本形制。此时的穹庐之基本架构与今日蒙古包大致相同。其材料以毛毡、柳为主，朝向为东，柳编栅栏墙可卷可合，有时覆以布料。穹庐室内空间已可以容纳百人，可见其结构之复杂与技术之熟练。穹庐与车以白色或黑色毛毡加以覆盖，与13世纪的"黑车白帐"及以黑色涂料涂染穹庐围毡的记述相似。

　　据《胡笳十八拍图卷》的局部画面，可以透视其格状内壁及铺于地上的毯子。穹庐门为毡帘，白天卷起置于门框之上（图5-1-7）。画面中的穹庐与南宋人描绘的穹庐形象（图5-1-8）极为相似。

　　与今不同之处为，穹庐类型多样，据一种类型的穹庐之天窗似乎不在穹顶之正中，而是在穹顶之侧面，与门朝向一致。除天窗外，穹庐似有窗户，另设于两壁。匈奴彩棺及契丹骨灰罐上均绘有两扇窗的穹庐。另外，匈奴彩棺上的穹庐顶呈格子状。这一形状如同今日内蒙古乌珠穆沁草原等地区使用的临时性居所"迦热−陶布"（Jara-tob），即刺猬栅。此居所由单片格子状栅栏筑成，故其顶呈格子状。依据文献的零星记载无法断定穹庐的基本形制，但可以猜想这一长达2000年的历史时期，穹庐曾有多种形式，但基本构造已十分接近今日的蒙古包。

　　（三）13世纪的毡帐

　　公元13世纪蒙古人兴起于北方草原，继承并发

图5-1-7 《胡笳十八拍图卷》局部画面 （资料来源：《蒙古民族毡庐文化》）

图5-1-8　佚名瑞应图卷（南宋）（资料来源：《蒙古民族毡庐文化》）

扬了北方草原的游牧文明。丰富的文献典籍予以我们借助文字记载，拼贴复原草原帐幕之基本架构与形制的可能性。

13世纪时，出使或供职于蒙古的中原、西欧、阿拉伯、波斯等众多地区的旅行家在其游记中或多或少地留下了穹庐毡帐的珍贵信息。

道教全真派教长丘处机（1148-1227年）应成吉思汗之邀，于1220年启程西行，次年到兴都库什山谒见成吉思汗。其弟子李志常（1193-1256）将沿途所见辑录成书，记载了"皂车毡帐成列数千"的草原聚落情形。从其"皆以黑车白帐为家"、"取柳造庐帐"、"出入庐帐须低徊"、"南岸车帐千百"、"中伏，帐房无蝇"等记载可以获知庐帐的颜色、材料、规模、尺寸及室内舒适度等信息。

宋人彭大雅、徐霆分别于1232年和1235～1236年随奉使到蒙古，其著《黑鞑事略》详尽记述了穹庐、帐舆及金帐之构造。尤为值得关注的是对穹庐之类型的详细记载。

意大利人约翰·柏朗嘉宾（Jean de Plan Carpin.1182-1252）于1245年奉英诺森四世教皇之令出使蒙古，在其游记中详细描述了帐幕的架构、部件、类型。据其记载，蒙古人的帐幕在其面积上因主人的社会地位而有所不同。除帐幕，也记载了蒙古可汗用于接见使臣的巨型帐篷，"很大的紫色帆布帐篷，足可以容纳两千多人，四周围有木板栅栏，木板上绘有各种各样的图案"。

法国人鲁布鲁克的威廉（William of Rubruk.1220-1293）于1253年奉法兰西国王圣路

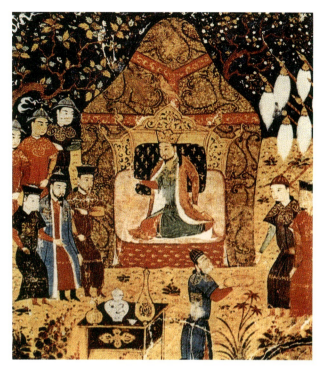

图5-1-9　觐见蒙古大汗图　（资料来源：《世界征服者史》）

易士九世之命出使蒙古，在其游记中专设一章介绍了鞑靼人的居所，对帐幕的架构、朝向、围毡颜色及涂料、图案、车载帐幕的尺寸、室外空间格局予以详细描述。

波斯人阿老丁·阿塔蔑里克·志费尼（Juvaini）于1252年（或1253年）在蒙古汗国之都——哈剌和林开始撰写其《世界征服者史》（图5-1-9、图5-1-10），详细描述了窝阔台汗的宫室与驻地，记载了一处被称为"失剌斡耳朵"，即金帐的帐殿。有趣的是，其关于金帐的描述与柏朗嘉宾的记载有所不同。

意大利人马可·波罗（Marco Polo.1254—1324）于1275年到达元上都，并在朝廷任职，从此留居中国达17年之久，留下举世闻名的《东方闻见录》（马可·波罗游记）（图5-1-11）。马可·波罗记载了帐幕的基本架构、朝向及元上都的一种特殊的宫殿——竹宫。

除游记，成书于1240年的历史典籍《蒙古秘史》中记有额别孙粘不列格日（草庐，ebsen-embule-ger）、哈勒哈孙格日（柳条包，halahason-ger）、

图5-1-10 御座上的成吉思汗 （资料来源：《世界史》）

图5-1-11 马可波罗游记插图 资料来源：《马可波罗游记》

图5-1-12 帐幕 （资料来源：《Die Mongolen und ihr weltreich》）

绰尔汗格日（qorhan-ger）、失勒帖速台格日（xilatasutai-ger）、亦尔格台格日（yirgetai-ger）等多种类型的穹庐。显然，史料文本中的韵文体叙述方式也有将毡包的某一部件作为定语修饰于毡包之前的需要。如上述类型中的后两者分别指编壁的毡包及铺地的毡包（图5-1-12）。

《蒙古秘史》中除毡包之外也有某种帐篷类居所的记载，如豁室（hos）、豁失里黑（hoslig）。依据文中的人物背景、使用目的及蒙古语构成规则判断，两者应是简易的帐篷类居所，后者较前者更为窄小轻便。至于毡包结构，书中已出现天窗（eruhe）、门（ude）、门楣（dotog）、门槛（boxog）、床榻（iseri）等蒙古包部件和设施名称。最为值得关注的是，书中记有一种独特的居所，典

籍112节有"别勒古台从右门入室，其母从左门出走"的记载。若蔑儿乞惕人的居所确定为穹庐，这段文本证明了在13世纪时已出现设有两扇门的穹庐或连体型穹庐。

13～14世纪的历史文献中常述及的两种特殊的毡帐类型为车载帐幕与"失剌斡耳朵"。然而，在此后的历史文献中几乎未曾提到这两类毡帐。可以认为，车载帐幕与失剌斡耳朵是13世纪蒙古草原上层社会所使用的典型帐幕类型。

1. 车载帐幕

车载帐幕（图5-1-13）为以牛、马、骆驼、大象等动物牵引，在车上固定或临时搭建毡帐，从而使车帐合为一体的移动型帐幕。其尺度可大可小，小则仅需一峰骆驼，大则需用数十头公牛。

图5-1-13　车载帐幕　（资料来源：《马可波罗游记》）

　　彭大雅与柏朗嘉宾都将帐幕分为可以拆卸组装的帐幕和不能拆卸的车载帐幕两大类。彭大雅指前者为燕京之制，指后者为草地之制。可以认为车上载行的车载固定式帐幕为十分普遍的类型。鲁布鲁克记载，"一辆车的轮距为二十英尺，当把房舍放在车上时，它在轮的每侧至少伸出五英尺"。这说明车载大帐幕的直径可以达9米。将庞大的毡帐安装于车上时必然需要将其永久固定于其上。鲁布鲁克继而估算，"每辆车用22头牛拉，11头和车并行，另11头走在前头。车轴粗若船桅，并有个人站在车上房门口，驱赶着牛群"。

　　柏朗嘉宾记载由车辆搬运的帐幕大小有别。小帐幕仅需一头牛，而大帐幕需三四头或更多的牛。这说明车载帐幕有多种类型。彭大雅记述，"牛马驼以挽其车，车上室可卧可坐，谓之帐舆，舆之四角，或植以杖，或交以板，用表敬天，谓之饭食车，派而伍之，如蚁阵"。

　　那么，承载帐幕的车到底有几个车轮？车轮的数量与行使的道路及帐幕的尺度有直接联系。意大利人鄂多立克（Friar Odoric.约1286-1331）十1322～1328年在中国旅行。在其游记中记述了元帝在两都巡幸途中所乘坐的车辆，"皇帝乘坐一辆两轮车，其中布置了一间极佳的寝室，均为沉香木和金制成，用大而精美的兽皮覆盖，缀有很多珍宝。车子由四头驯养的上笼头的大象拉曳，还有四匹披戴华丽的骏马"。在元代，帝王所乘车辆的形制显然具备了中原风格，甚至吸纳了东南

亚的因素，但也不排除仍在延续着草原车载帐幕的基本构造。鄂多立克记载的这辆车，无论从其所记述的十字形队形，还是从牵引的动物数量来看绝非普通篷车。

　　车载帐幕在专设道路上行进时可能仅需两轮，而在平坦草原上行使时可能有四至更多的轮。摩洛哥旅行家伊本·白图泰（1304-1378）在出访金帐汗国时记载了一种被称为"阿赖白"的车。"每辆车有四个大车轴辘，有的用两匹马拉，有的用几匹马拉，也可根据车载的轻重由牛或骆驼来拉。车夫骑在一匹拉车的备有鞍子的马上，握有一根大木杆，马如偏离了方向，就用木杆将马拨回正道。他们用木棍和细皮条在车上扎起拱形的顶架，然后蒙上毛毡或苫布。车行时，车内的人可随意走动、睡觉、吃饭、看书或写字。"依据伊本·白图泰的记载，此类车载帐幕似乎在中亚草原普遍存在，而并非由可汗贵族所专有。其主要使用者，或称创造者为蒙古人的说法也很难确立，因为此时的统治者虽为蒙古人，但亦有很多游牧族群共处同一国度内。可以认为，车载帐幕在13世纪广泛分布于内陆欧亚草原，且其形制十分多样。

　　13世纪之后的文献中几乎看不到有关车载帐幕的记载，至近现代也无使用大型车载帐幕的生活记忆，但民国时期运送成吉思汗陵包的黄车依然是一种小型车载帐幕（图5-1-14）。每辆车只需一峰骆驼用以拉车。但陵包并非固定安装于车上，也可以将其搭建于地上。在蒙古族口传文本及日常用语中常以"格日·特日格"作为固定用语，这或许是车载帐幕的一种话语记忆。格日指蒙古包（英语中音译为Ger），而特日格（terg）意为车，两词均出现于13世纪的蒙古文献中。

　　在13世纪的特定社会形态下，车载帐幕作为政治精英至高权力的标志，毅然耸立于庞大的移动型聚落之中央。其特点为装饰豪华、长期固定，故可避免频繁的搭建与拆卸，在游弋不定的生活中尽可能保持领袖人物的安稳生活。因此，促成大型车载帐幕的社会因素要大于其实际作用。

图5-1-14 运送成吉思汗陵包的车 （资料来源：《蒙古萨满教祭祀祭典研究》）

2. 金帐

几乎所有使臣提及的"失剌斡耳朵"（或昔剌斡耳朵），即金帐，是13世纪蒙古皇室居住使用的大型帐幕。"失剌"（xira）意为黄色，"斡耳朵"（ord）意为宫殿，在汉文文献中又译作窝里陀、兀鲁朵。可汗居住的帐幕为何得名金帐？可以从其结构、特征取得答案。

关于蒙古帝国四大可汗的金帐，除成吉思汗的金帐外文献都有所记述。志费尼记述了窝阔台汗的金帐，"其墙是用格子木制成，而它的顶篷用的是织金料子，同时它整个覆以白毡"。柏朗嘉宾记述

了贵由汗的帐幕，"用来搭帐幕的支柱以金片相裹，然后用金键将其他支柱钉在一起"。唯独柏朗嘉宾记载的一个重要信息为，金帐设有"三个像门一样的入口"。彭大雅记载了金帐的得名由来："上下用毡为衣，中间用柳编为窗眼，透明，用千条索拽住，一门阃与柱皆以金裹，故名"。而鲁布鲁克记述了蒙哥汗的金帐，"屋内整个覆盖以金色料子"。

除四大可汗拥有金帐之外，成吉思汗之长子拔都所建钦察汗国亦有可汗所居住的金帐，也由此该汗国在史上被称为金帐汗国。伊本·白图泰记述了月即伯汗1312～1341年的金帐。"每星期五聚礼后"素丹"都到那个被人叫作'金拱顶'的圆窟窿顶的宫内坐坐。金拱顶的所有明柱都用金箔包起来，华丽非凡。"

另据《蒙古秘史》的记载，克烈部首领王罕曾立一顶被称为阿勒·帖儿篾（金撒帐，altan-terem）的帐房并在其内设宴。阿勒 意指金，而帖儿篾在阿拉善蒙古语中至今指哈那，两者合称应为金壁帐幕。可以设想，阿勒·帖儿篾是13世纪指称金帐的专用语，金帐是13世纪原贵族普遍使用并主要用于宴饮的居所。

据史料记载，可以认为金帐多数为毡包，有时也可以是一种大型的帐篷。体积庞大的帐幕需用木柱支撑天窗。室内设有木柱证明金帐是一座大型帐幕。

蒙古包内的天幕与内壁可以用绣毡、毛毯或布料加以覆盖，以遮住木架构，使室内空间显得温馨舒适。近代王公高僧的帐幕内也常覆以包括黄色在内的各种颜色的绸缎。

蒙古包构件内门槛、柱子为神圣构件。出入蒙古包时忌讳用脚踩门槛，因为门槛如同主人的颈项，是家族兴旺的象征。鲁布鲁克曾被告诫不要碰帐索，"因为帐索被当成是门槛"。而柱子为阳性的象征。金帐内用金外裹门槛与柱子，为其注入神圣的喻义，合乎蒙古族的传统文化理念。

成吉思汗的直系嫡孙称己为"阿拉坦乌如格坦"（altan-urugtan），即黄金家族。黄色具有神圣高贵的象征意义。因此以金色修饰帐幕，或以金

裹柱，或以金色料子覆盖穹顶或室内框架符合蒙古贵族阶层的象征需求。

13世纪的金帐在其形制上可能有多种类型。"草木子"载"凡新君立，复自作斡耳朵"。借助文献可以断定，金帐是一种大型穹庐，其形制与普通帐幕相似，特殊之处就在于门槛与柱子为金裹，顶篷或内壁有时以金色料子加以覆盖。至于其室内空间的大小，应将此帐幕与帐篷相区别看待。柏朗嘉宾所记可容两千人的紫色帐篷显然不是毡帐。但14世纪初，由波斯人拉施特（Rashid al-Din Fadl Allah, 1247–1318）所修撰《史集》中却记述，"昔刺斡耳朵是一座大帐，其中可容千人，这座大帐从来也不拆卸收起，它的挂钩是黄金做的，帐内覆有织物"。

3. 古列延——行宫布局

13世纪的使臣们惊叹草原上的大片营地，蒙古贵族巨型宫帐的外围有成百上千的黑车、白帐，"看来像一座延伸在它（拔都汗的斡耳朵）驻地四周的巨大城池"。聚落布局是社会形态的具象化表达。13世纪蒙古社会的阶层结构决定了其聚落形态，而游牧集团内约定俗成的行为规范与秩序决定了聚落布局。以可汗及以"十进制"权力结构层层划分的大小游牧集团成为独立的游牧单位，分散于广阔的草原。

一个游牧集团领袖的帐幕聚落由位居中心的首领毡帐与有序排列于其两侧及后侧的妻妾、幕僚、侍从的帐幕构成。其具体布局为，帐幕的门朝着南方。以领袖的帐幕为中心，其两侧排列着妻妾所居帐幕，依照蒙古人尚右习俗，地位最高的妻子所居帐幕位于右侧，其余妻妾依次排列。侍从及牧人的则排列于其后。领袖帐幕之正南及正北处不许搭建帐幕。帐幕群外围排放上千辆箱车，组成外圈。整体聚落形式呈圆形或半圆形，蒙古语称为"古列延"（hurie），今多译作"库仑"。

（四）14世纪至清初的蒙古包

蒙古帝国的大一统繁荣局面从14世纪末开始趋于衰败。元朝皇族退居蒙古高原与明朝分庭抗礼。

因历史文献的匮乏，无法推断此段时期内蒙古高原的帐幕结构与类型。仅依据少量的历史信息间接推断这一时期的一些变化。

1. 颈式天窗的替代

据学者考证，13世纪的毡包与之后几个世纪的蒙古包之最大区别体现于其天窗上。颈式天窗最初见于鲁布鲁克的记载，"顶端辐辏成小小的圆环，上面伸出一个筒当作烟囱"，又将烟筒用绣毡围裹。其形式与古代画卷中的毡包穹顶较为相似。在近现代流行于蒙古各部的多样化天窗类型中已无此类天窗。然而，位居鄂尔多斯的八白宫之桃形尖顶很容易使人认为它是13世纪蒙古包建筑元素的"遗存"。在近代，天窗虽有多种形式，但已无此类高耸的天窗。

2. 车载毡包逐渐减少

象征着可汗与游牧领袖无上权力的大型车载帐幕已基本消失。随着社会结构的变迁，以古列延形式迁移的大规模部族游牧形式被以家族为单位的小规模游牧形式所取代，大型车载毡包逐渐被遗弃。

3. 毡包结构、朝向的变化

有学者称，13~16世纪之间蒙古包的高度、天窗形状曾经历了屡次的变化。而在朝向方面，明人萧大亨记载，"其竖帐房，门必巽向，卧于西首，今受胡僧之约，已南其门矣"，"酉首之门，今已南向"。八卦中巽的方位为东南方。这似乎说明了14世纪之后蒙古社会方位系统的变化。

在北元初期，位居中西亚的蒙古四大汗国的统治仍在不同程度地延续，蒙古文化以涵化的形式融于地域文化体系内，草原游牧文化的元素渗入了中亚建筑文化中。有人试图从中亚古建筑中搜寻蒙古包建筑元素，显然这是一种徒劳无功的尝试。然而，以中亚民间居所与居住习俗作为切入点，可以发现众多文化亲缘性因素。哈萨克、乌兹别克、吉尔吉斯等民族均以毡包作为传统居所。其装饰、形态与蒙古包不同，但基本构造却十分相近。而在中亚与蒙古高原的中间地带，蒙古包之形状兼具两者的风格。如新疆蒙古族聚居区域与内蒙古阿拉善盟的毡包与中亚毡包十分相近。

（五）蒙古包建筑史小结

综上所述，通过对北方草原居所形态数千年发展演变史进行梳理后，大致可以作出如下结论。

在远古时期，窝棚与帐篷类居所遍布世界各地。由于技术的制约，各类居所的结构、材料有着很多相似处。其区别完全源自文化的不同。因此，可以从各类简易居所中探寻蒙古包的原型。仅在内蒙古地区，曾有斜仁柱、各类帐篷等多样化居所类型。它们是共处一个文化时期的居所，而非居所进化史上不同阶段之遗存。

在蒙古兴起之前，北方游牧族群一直以穹庐毡帐作为其居所。虽无法推测穹庐的细部结构，但可以断定此时的穹庐不止一种类型。从天窗的设置到室外空间布置，与今日蒙古包有着明显的区别。随着游牧族群的南迁西移，穹庐扩布至整个欧亚大陆，并与本土建筑形态相融合，产生了突厥化、蒙古化的各类毡包形态。

13世纪的帐幕已发展至结构成熟、形制完善的程度。巨大的金帐与车载帐幕是此一时期的典型帐幕类型。与中西亚、与中原的频繁文化交流促使蒙古工匠的技艺更加精湛多元，可容数百人的帐幕见证了帐幕建筑的高端水准。14~16世纪，帐幕建筑在体积与装饰上显然有所式微，但总体上保持了原有结构。

17世纪，蒙古各部相继归附于清朝。之后的三个世纪蒙古包依然承袭原有形制，主要借助装饰语言来区分阶层之差别。值得深究的一个事情为，历经数千年演变史的帐幕在清朝时期正式得名"蒙古包"，成为世界建筑史上特定建筑类型冠以族名的经典一例。蒙古包的"包"字来自满—通古斯语。清人西清在其《黑龙江外纪》中记述，"穹庐，国语曰蒙古博，俗读博为包。冬用毛毳，夏用桦皮及苇"。满洲语"博"，意为"房"、"屋"、"家"。蒙古包至此成为草原帐幕之正式名称。清代的蒙古包形制与今日的蒙古包已基本相同（图5-1-15）。皇室贵族亦沿袭蒙古传统，在朔漠行营时使用大型帐幕（图5-1-16、图5-1-17）。民国时期，有学者撰文称，"蒙古包有广狭二义，广义的包系指社会组织的单位而言，狭义的包系指住居的式样而言"。此时，蒙古语"格日"、满洲语"博"、汉语"包"完全成为同义词。

当世界被卷入现代化浪潮，世界各地建筑形态日益变化，新建筑思潮此起彼伏而传统建筑成为"非主流"的时候，蒙古包依然活态地延续着其数千年的营造模式与结构。各式传统建筑被贴上历史建筑标签而被视作文化遗存的时代，蒙古包的生命力似乎毫无削减。20世纪70年代末，内蒙古中西部牧区开始出现砖瓦房，固定式建筑逐渐成为草原牧区主要居所类型。但至今，蒙古包仍然是夏营地及

图5-1-15　草原生活图　（资料来源：《蒙古民族毡庐文化》）

图5-1-16 凯宴成功诸将 （资料来源：《蒙古民族毡庐文化》）

图5-1-17 万树园赐宴图 （资料来源：《蒙古民族毡庐文化》）

临时牧点的主要居所类型（图5-1-18）。在冬季，蒙古包被用作储存食物的仓库。在砖瓦房旁搭建蒙古包成为新时期的草原牧区景观（图5-1-19）。

二、蒙古包的类型

对于一种具有数千年发展历程，且广泛分布于内陆欧亚的传统居所进行分类显然不是一件易事。人们常依据区域、形态、结构、材料，以及一些特殊部件，为散居于内陆欧亚的蒙古族及与其有着密切文化联系的民族之毡包进行分类。对于内蒙古地区的蒙古包，我们可以依据形态将其分为蒙古式与突厥式两种类型，依据天窗的结构将其分为插孔式与捆接式两种类型。

（一）蒙古式与突厥式

毡包为内陆欧亚众多游牧族群的传统居所。因自然因素与文化传统的区别，各族群所居毡包在结构与形态方面有着显明的区别。可以说毡包是一种内涵多种风格与模式的住居类型，而冠以族名的蒙古包仅仅是其中之一种类别或分支而已。

依据学界惯常的分类模式，我们可以将游牧于中

图5-1-18　2013年苏尼特草原上的夏营地

图5-1-19　2011年杜尔伯特戈壁牧区的冬营地

图5-1-20 土尔扈特蒙古包 （资料来源：《蒙古的人和神》）

图5-1-21 土尔扈特蒙古包室内 （资料来源：《蒙古的人和神》）

图5-1-22 20世纪50年代的阿拉善和硕特蒙古包 （资料来源：《内蒙古古建筑》）

亚草原的哈萨克、吉尔吉斯、乌兹别克等民族的毡包统称为突厥式毡包，而将蒙古族所居住的毡包指称为蒙古包。当然，在漫长的历史时期内，毡包文化的传播与互融如同民族之间的历史互动一般纷繁复杂而难以言表。仅在蒙古各部之间，毡包又有多种区别。

在内蒙古境内，西部阿拉善和硕特、土尔扈特等部族的蒙古包在形制方面更接近于突厥式毡包（图5-1-20、图5-1-21）。阿拉善以东地区普遍使用蒙古式毡包。然而，在阿拉善和硕特蒙古，也有介于两者间的蒙古包，其天窗虽为突厥式的十字形天窗，但其低矮的外形却近似蒙古式毡包（图5-1-22）。

蒙古式毡包的天窗较大，乌尼杆顺直且长，哈那高。突厥式毡包的天窗小、乌尼长，哈那弯曲且矮。突厥式毡包在形态上明显高耸，与低矮的蒙古式毡包形成明显的差距。而在结构上，两者的区别主要在天窗的构造上。由2～4根木条交错形成，中部明显隆起的天窗为突厥式毡包的结构特点。而蒙古式毡包的天窗却明显不同于突厥式毡包。与哈萨克毡包相比其直径较小，隆起的弧度不很明显。突厥式毡包的室内空间明显高于蒙古式毡包。

（二）插孔式与捆接式

依据天窗与乌尼的连接方式，可以将蒙古包分为插孔式与捆接式两种类型。插孔式天窗指天窗与乌尼是分开的，搭建蒙古包时将乌尼的细尖插入天窗外圈的侧孔内，使天窗立于若干乌尼的支撑下，而拆卸蒙古包时将乌尼从天窗外圈孔内逐一抽出。捆接式天窗为天窗外圈指头与乌尼上端事先由细马尾绳串接固定，天窗与乌尼从而成为一体。搭建时将一端连接于天窗的乌尼撑开固定于哈那上，而拆卸蒙古包时仅分开乌尼与哈那。在结构上插孔式天窗为不可分解的整体，而捆接式天窗可分为两个半圆形部件，搭建时将两者对准插口再捆绑。

在内蒙古牧区，捆接式与插孔式蒙古包的使用量几乎相当。牧民依据牧场类型与驮载方式，灵活选择蒙古包类型。以牛车作为主要驮载方式的草甸草原牧区，人们多用捆接式蒙古包；而以骆驼为驮载牲畜的戈壁荒漠草原，人们更倾向于使用插孔式蒙古包。

（三）以蒙古包构件搭建的居所

牧民在日常生产实践中，常根据需要灵活组合蒙古包木构件搭建简易居所。此类居所与窝棚、帐篷类居所不同，前者的基本构件来自蒙古包，而后者可以用其他木杆、绳索及覆盖物搭建。两者均广泛运用于各类畜牧业生产环节。本文仅对前者加以介绍，以示蒙古包灵活多样的变化空间与可能。

以蒙古包构件搭建的简易居所是蒙古包类型中的一种特殊类别，其类型丰富，结构简易，每一种类型都潜藏着蒙古包的基本建筑原理。蒙古包结构已十分成熟之后，多样化的简易居所仍被牧民所使用，并沿用至今。在狩猎、运盐、打草等短暂的生产环节，牧民每每不搭建蒙古包，而是以简易居所代之。有时，牧民也将蒙古包旧件及残留部件加以修整，在其蒙古包旁搭建简易居所，存放食物。

牧民所使用简易居所之类型十分丰富，其结构、框架各不相同，由于地域原因其名称也有所不同。其共同特征现在构造的简易性、空间的狭小性、形体的多样性及构件的不完整性上，即虽以蒙古包构件搭建，但仅需其中之两三种构件。此类居所有哈那帐篷、圆锥状窝棚、平顶哈那篷等三种基本类型。

1．哈那帐篷（敖包海，obohai）

斜靠两片张开的哈那构成的人字形尖顶帐篷为哈那帐篷（图5-1-23）。蒙古人将这一类型的居所称为敖包海、博合（bohe）或敖如查（oroca）。在短途游牧、赶路、打草时搭建敖包海作为一人或二人的临时居所。近年亦有牧民以铁制栅栏作为哈那，在人字形三角框架下另增设两片栅栏构成较宽敞的敖包海用于短途游牧。此类居所显然属于哈那帐篷的范畴。

2．圆锥状窝棚（切金格日，qejin-ger）

仅由天窗与乌尼构成圆锥形框架，再覆以包毡的居所为圆锥形窝棚（图5-1-24）。蒙古人称蒙古包哈那以上的斜坡包顶或包括门在内的半圆形部分为蒙古包的"切金-波伊"（qejin-beyi），即胸部体位。故省略掉哈那部分，将乌尼末段斜立于地面上的居所称为"切金格日"。只有捆接式蒙古包才可以构筑此类窝棚。在阿拉善地区，圆锥状窝棚是夏营地的主要居所类型。而在一些地区，此类窝棚是供特殊人群或用于进行个别事项的专用居所。在苏尼特牧区，只有萨满巫师才居住在此类窝棚，并行降神仪式。

3．平顶哈那篷（敖如木吉，oromji）

由两至三片哈那围起一圆圈，其上横搭几根乌尼或平放哈那，再覆以毛毡的简易居所为平顶哈那篷（图5-1-25）。此类帐篷空间较大，适于存放物品。有时在哈那围上加设门框，使其成为一种低矮且完整的空间。

在日常生活中，除上述三种居所外也有帐篷、窝棚等临时性住居形式。这些简易居所并非是处于蒙古包进化史中某一阶段的居所类型，而是与蒙古包共处的功能性居所类型。在《蒙古秘史》中即有草棚、柳舍等简易居所的记载。至今，牧民常用细

图5-1-23　哈那帐篷　（资料来源：《细说蒙古包》）

图5-1-24　圆锥形窝棚　（资料来源：《细说蒙古包》）

图5-1-25　搭建于蒙古包旁的平顶哈那篷　（资料来源：《内蒙古师范大学博物馆图片资料集》）

柳枝编制各类简易居所、储物箱及牲畜棚。在那达慕会场等公共场所，搭建以布匹覆盖的大型帐篷用于遮阳。可以说，草原传统民居建筑是以蒙古包为主，辅以各类帐篷、窝棚的建筑总称。

简易居所符合牧民的多样化生产条件与空间需求。在繁忙的季节，家庭成员需分工完成各项生产环节，只有一两个人时无需搭建蒙古包。然而，在牧民的文化思维中似乎有一种成见，即帐篷永远都是帐篷，而毡包才是真正的家。

（四）连体蒙古包

蒙古包是一种变化多样、灵巧多用的居所。这一属性不仅显现于其变化多样的形态构造功能方面，也呈现于其灵巧多用的自由组合属性。蒙古包是独立居所，其围合空间呈圆形，内无隔扇，室内设施一览无余。拥有若干顶蒙古包的家户，常将蒙古包间隔数步并排搭建，分为佛堂、待客室、起居室，分别使用。但其空间相互独立，并无通道连接。然而，在一些地区亦有将两顶蒙古包相连，构成一体的特殊情形。

在内外蒙古相接壤的戈壁地带，至新中国成立前夕仍有一种被称作"斡日格-格日"（orgo-ger）的连体蒙古包。斡日格意指宫室、内室，是帐幕之尊称。故贵族富户或活佛高僧常使用此类蒙古包。以各有六片哈那的两顶蒙古包组成的斡日格-格日为例，其具体搭建方法为，在门框两侧各捆接三片哈那，在即将围合的两翼哈那之间再捆接一门框，构成具有前后两个门框的哈那围墙。将设有两个门框的蒙古包搭建起来后，将第三个门框对准前一座蒙古包之后门，将两个门框牢牢地捆接在一起，连接哈那后再搭建第二座蒙古包，构成连体的蒙古包（图5-1-26）。

搭建后的连体蒙古包仅设一扇外门，正对外门有一扇内门，悬挂毡帘用于遮挡。据居住者回忆，此类双重蒙古包的外屋常用于接待客人，内屋通常为私密空间，不许外人随意介入。内室装饰较为华丽，并有妇女在内室更衣的习俗。斡日格-格日常呈前后连体状，却无左右连体或两座以上的蒙古包相互连为一体的情形。民国时期的成吉思汗陵包即呈连体状（图5-1-27）。其内室为供奉神圣物件的神秘空间。因此，连体毡包与设有门廊的毡包相同，是分隔室内空间、丰富空间意义的一种营造实践。

在哈那数量相等的前提下，连体蒙古包因多加

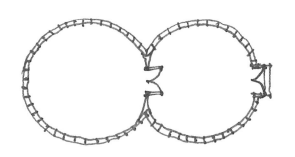

图5-1-26　连体蒙古包的平面

图5-1-27　民国时期的成吉思汗陵双重蒙古包　（资料来源：《成吉思汗陵》）

设一道门框在体积方面略显大一些。连体蒙古包虽只有前后连体的一种情形，但不可排除其选择多种连接图式的可能性。蒙古包具有无穷无尽的变形体，因此完全可以在单体蒙古包或连体蒙古包上同时设置两扇门。连体蒙古包证实了《蒙古秘史》所载，"别勒古台从右门入室，其母从左门出走"的奇异穹庐之存在的可能性。

（五）帐宇与毡府——高雅的毡包

居所向来是社会阶层的重要象征。蒙古社会各阶层、群体虽都以毡包作为居所，其间的差别与等级却在蒙古包的体积、装饰上显露得十分清楚。

居所不仅能够象征一个阶层或群体，有时亦能象征规模更为广大的邦国。在13世纪，成吉思汗之孙拔都所建的钦察汗国，又称金帐汗国；拔都之弟昔班所建汗国为蓝帐汗国；拔都之兄斡儿答所建汗国为白帐汗国；金帐汗国分裂后出现的一个小汗国为大帐汗国，1502年灭亡。作为蒙古四大汗国之一的金帐汗国，以其统治者所居帐幕之称而闻名遐迩。而之后的蓝帐、白帐、大帐汗国显然是以其领袖所居帐幕的装饰作为区别的。也由此巧妙地应合了西方历史叙述的需要，形象地表达了游牧社会的文化特征。

在清代，蒙古社会分化的一个重要现象是庞大的僧侣阶层之出现。由此，蒙古社会正式进入了由王公贵族、活佛高僧、黑头平民三大阶层组成的三分式社会阶层时代。其区别清晰地体现在各阶层的居所——斡耳朵（ord）为王公贵族居所之尊称；

斡如格（urgo）为活佛高僧居所之尊称；平民百姓之居所仍为格日（ger）。

1. 王公府邸——毡府

直至20世纪30年代，内蒙古中西部乌兰察布盟与锡林郭勒盟的各札萨克旗王公几乎都以蒙古包作为其衙门府邸。王府由若干座蒙古包组成，除其规模及装饰，与一处游牧营地无多少区别（图5-1-28、图5-1-29）。一些札萨克旗虽修建了固定建筑，但装饰华丽的蒙古包依然是其主要的礼仪性场所（图5-1-30）。

在单体蒙古包的装饰方面，与普通蒙古包的显要区别为门口接有门廊（图5-1-31），顶上有时装有高耸的长颈天窗（图5-1-32）。这是一种非常有趣的建筑装饰形式，其灵感与原型来自重檐歇山顶庙宇建筑。寺院活佛高僧的居所或经堂也与此相似。两者的主要区别为，王公的蒙古包遮盖蓝色的饰顶毡，僧侣的蒙古包遮盖红色的饰顶毡；作为寺院经堂的帐宇之门廊、天窗上常有祥麟法轮等宗教装饰，王府蒙古包却没有这些装饰，但常在蒙古包正南方两侧竖立苏鲁锭或风马禄旗。

2. 神圣的毡包——帐宇

从16世纪始藏传佛教广泛地传入蒙古高原，各地兴建寺院，藏式、汉式或汉藏结合式建筑成为草原建筑史上的三种主要建筑类型。而多数人却忽略了寺庙建筑中非常重要的一种类型——蒙古式建筑。

（1）帐宇类型

蒙古式帐宇有三种类型，其一为蒙古包式大经

图5-1-28　20世纪上半叶的伊克昭盟沙贝子王府全景　（资料来源：（蒙古包群）_《北支蒙疆的住居》）

图5-1-29　20世纪上半叶的乌兰察布盟乌拉特中公旗王府全景　（与大型帐篷的结合）（资料来源：《蒙古高原横断记》）

图5-1-30　20世纪上半叶的锡林郭勒盟阿巴嘎王府全景　（与固定建筑的结合）（资料来源：《蒙古高原横断记》）

图5-1-31　20世纪上半叶的锡林郭勒盟苏尼特右翼旗王府蒙古包群　（资料来源：《北支蒙疆的住居》）

图5-1-32　20世纪上半叶的伊克昭盟沙贝子王府蒙古包　（资料来源：《北支蒙疆的住居》）

图5-1-33　格日独贡的营造过程　（资料来源：《蒙古建筑》）

堂——格日独贡（ger-dogan）（图5-1-33）。它有圆形、方形（图5-1-34）、多棱形等三种平面形状。有人认为，寺院时轮学部常使用蒙古包经堂的目的是为了借其构造与空间研究天文历法。

其二为带有门廊与长颈天窗的大蒙古包（图5-1-35）。此类蒙古包在外形构造上体现了其特殊的功用，体积较大，一般带有固定门廊，门廊多为木结构。顶为硬山或卷棚小顶，其上有祥麟法轮塑像。锡林郭勒盟寺庙经堂几乎全部有抱厦、柱廊。在蒙古包门口安装一间小门廊是很巧妙的一种创造和模仿，由此使普通毡包更像一座经堂。

其三为专用于佛事的普通蒙古包。此类蒙古包在室内装饰上体现了特殊的功用。体积与牧民日常所居普通住宅相同。20世纪20年代末至30年代初，在蒙古高原进行考察的西方旅行家记载了蒙古包庙篷。瑞典人斯文·赫定（Sven Hedin.1865-1952年）记述了四子部落旗协理达瓦公的蒙古包庙宇；丹麦人亨宁·哈士纶（H.Haslund）记述了额济纳土尔扈特人的庙篷（图5-1-36）。

（2）帐宇结构

带有门廊与高窗的蒙古包，即上述类型中的第二类帐宇，是清末至民国时期普遍流行的蒙古包类型。体积大并非是其最为显著的特征，而结构的创新与模仿以及对本土文化元素的巧妙吸纳是其最值得关注的特点。

首先，帐宇门前设有木质门廊。架设于蒙古包

图5-1-34　方形格日独贡　（资料来源：《蒙古建筑》）

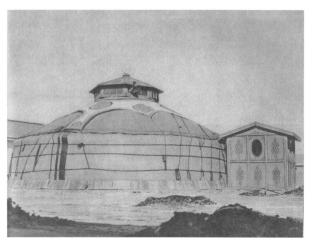

图5-1-35　蒙古包经堂　（资料来源：《内蒙古古建筑》）

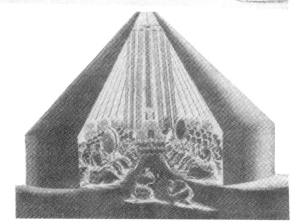

图5-1-36　土尔扈特庙篷室内　（资料来源：《蒙古民族史料集》）

门口，与门框相连的卷棚顶门廊，在日常生活中虽不多见，但却有其本土的文化渊源。在察哈尔地区，直至20世纪50年代，牧民仍在使用一种被称为"哈布尔"（haabor）的柳编门围，主要使用于冬季，用于防寒、防野生动物的侵扰。其用法为，先对准门框两侧各竖立一片高1米、长2米的柳编墙，再用一片高1米许，宽与包门相近的柳编墙作为门，构成一个围合的无顶空间（图5-1-37）。

蒙古包门廊在沿传古老的门围部件的同时模仿了经堂的前廊，营造了仪式空间所需的静谧、分隔的空间。其功能除有防风避寒等实用功能外，更重要的是为单一的蒙古包圆形空间多增一个方形空间，对经堂空间进行了分类，内化了神秘的空间，增设一道阻隔，加强了仪式中的通过效益。有时将蒙古包搭建于经堂正前（图5-1-38）。

其次，帐宇可设多个门供经会参与者出入。20

世纪40年代，在阿巴嘎右翼旗哈热占诵经会曾有一顶被称为"达赖查干斡如格"的大型帐宇。此帐宇共有18片哈那，南、东、北侧各设一门。门的设置在符合场所特殊需求（包括公共行为与仪式）的同时巧妙地模仿了藏传佛教经堂的设置。在清代，阿巴嘎右翼旗及其周边各旗寺庙之汉式经堂常设有后门，以供仪式所需。而藏式经堂常在佛殿东侧设置一门，专供僧人出入。

再次，帐宇之顶设有高耸的天窗，多呈圆形或多边形单檐攒尖顶。若为寺院所用，其上另立屋脊宝瓶，加高了建筑中心点，保持了顶窗与门廊顶应有的、合理的高低差别。这种高窗虽与13世纪时的颈式天窗相似，但它只是加高天窗的独立部件。以玻璃或其他材料制成的长颈顶窗加高了经堂的顶棚的同时加强了采光功能。从室内仰视，也会有类似多层经堂的室内藻井。蒙古包经堂有特殊饰件，其

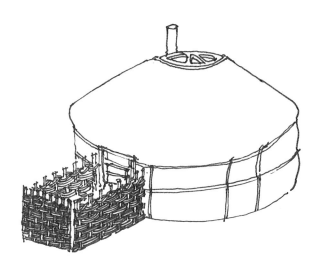

图5-1-37 察哈尔蒙古包门口的哈布尔

图5-1-38 锡林郭勒盟贝子庙经堂前的蒙古包 （资料来源：《内蒙古古建筑》）

颜色也有专门规定。室内有黄色绸缎挂帘，遮盖哈那围毡。就构成与形态而言，蒙古包经堂是对固定经堂的模仿（图5-1-39）。

（六）柳编包与芦苇包

在过往历史中，毡包一直是以移动性的木架加盖毛毡的形式存在吗？这是一个值得关注的问题。现代化或生产方式的变迁并非是毡包得以固定化的唯一因素。因地域、环境、气候、风俗及特定行为之需，毡包在各历史时期内曾以多种形式存在。其中，固定的柳编包与可移动的芦苇包为沿用至今的特殊类型。

1．柳编包

柳是在蒙古高原普遍生长的植物。牧民用其编制篮筐等日用器具，幼畜棚（图5-1-40）或羊圈等生产设施，供人居住的简易住房，甚至编制神圣的祭祀物体——敖包。在苏尼特草原南部、察哈尔草原北部，牧民在夏季常住于一种被称为绷阔（bonko）的柳编包（图5-1-41），待冬季来临时，将其留在夏营地，迁回冬营地。此种柳编包形似蒙古包，平面多呈圆形，但有时也呈方形。四壁与屋顶均由细柳编制而成，外壁涂有牛粪，通体坚固，不可折叠。宋人彭大雅所述穹庐之一种类型——"草地之制，以柳木织成硬圈，径用毡挽定，不可卷舒"，值得深究。"草地之制"的穹庐实为一种柳

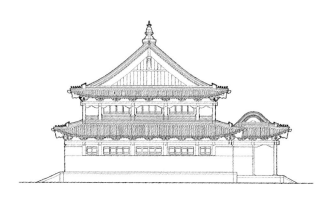

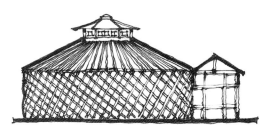

图5-1-39 蒙古包经堂与固定经堂的对比

图5-1-40　柳编的牛犊棚与羊羔棚

编包，与可折叠的穹庐并存于13世纪，而并非是移动性的毡包向固定的砖瓦房过渡时期出现的一种特殊居所类型。

　　自然生态环境方面与察哈尔北部相似的鄂尔多斯高原也有类似的柳编包。直到20世纪60年代，鄂尔多斯地区仍在使用一种被称为"夏兰·格日"（xalan-ger）的圆形固定居所（图5-1-42）。其墙壁由柳条编制，并涂以牛粪或稀泥，并带有两扇窗。值得关注的是，反映蒙古兴起之前各游牧族群生活场景的古代图画中常有类似居所，此类居所有哈那状墙壁，又有两扇窗户。

　　2．芦苇包

　　在内蒙古东部地区，从今日赤峰市巴林、阿鲁科尔沁至呼伦贝尔市的巴尔虎、鄂温克的广阔草原区域，人们一直在使用芦苇包（图5-1-43）。在草甸草原，植物茂密，雨水充足。牧民用河流或泉水边生长的芦苇作为材料，编制覆盖蒙古包的芦苇帘。

　　芦苇包的木架构与毡包相同，只是覆盖物由编制的芦苇充当。牧民在初秋时节打草时带回纤细的芦苇，将其竖向排列修整后用细毛线加以缝接，通常在1.4米高的芦苇帘上有11道横向缝制的毛线。其长度远胜于普通围毡的长度，故一片芦苇帘可以完整地覆盖蒙古包木框架。其搭盖方式与传统毡包稍有不同，以呼伦贝尔草原的鄂温克包为例，芦苇帘为坚硬的整体，故只需一根外围绳加以固定。在哈那脚下钉固四个铁或木桩，其间拉条长绳，将稳固屋顶的绳索系于其上，以此稳固芦苇帘。

　　夏季凉爽是芦苇包的显要特征。而在严寒的冬季，牧民只需更换覆盖物就可以越冬了吗？以阿鲁科尔沁蒙古包为例，牧民在春、夏、秋季使用芦苇帘遮盖蒙古包，冬季则在芦苇帘内夹铺包毡。因此，蒙古包外壁在一年四季均以芦苇帘所覆盖。使用芦苇、柳条或竹子，构筑或编制蒙古包框架、覆盖物的营造习俗似乎有更久远的历史渊源。马可波罗所记元上都的"竹宫"是一种特殊的类型。"此草原中尚有别一宫殿，纯以竹茎结之，内涂以金…茎粗三掌，长十或十五掌，逐节断之。此宫盖用此种竹茎结成。"元上都为"清暑之地",竹宫、棕毛殿等帐幕又是"非常时临御之所",因此,搭建一顶竹宫是符合当时的使用需求及游牧民搭建夏季居所的惯常模式的。

在广阔的欧亚内陆,毡包几乎是所有游牧民的传统居所。从材料、技术上而言,各民族所使用的毡包在基本结构上无很大差异,但从形态、装饰上而言,毡包作为各民族的文化创造物和生活空间,体现了其不同的历史传统、宗教信仰及文化风格。形体与结构的相似性并非一定就是文化传播的

图5-1-41　柳编包　(资料来源:《内蒙古画报》)

图5-1-42　固定柳编包

图5-1-43　鄂温克芦苇包　(额尔德木图摄)

结果。居所是一系列社会文化因素作用的产物，而气候、材料、技术只对形式的产生起着一定的修正作用。因此，蒙古包作为一种前工业时代的、原始的风土性建筑，凝聚了游牧民千百年来的思索与成就。故此，只有对其进行全方位的深度释义，方可理解其中所含生活智慧。

三、蒙古包的构成

依据材料与构造关系，可以将蒙古包（图5-1-44、图5-1-45）构成分为木制部分、毡制部分与绳索三大部分。这一划分符合了地方性分类传统。牧民将蒙古包基本构件分为"家木"（ger-in-mod）、"覆盖物"（buriyes）两大部分。就其在整体中的作用而言，木制部分为框架结构，毡制部分为遮盖物，绳索部分则起到连接、固定的作用。

（一）木制部分

蒙古包木制部分（图5-1-46）包括天窗、乌尼、哈那、柱、板门、底板、哈那围板等7类部件。蒙古包的木制部分相互衔接，构成了包体框架。其尺度适应了人体活动尺度的需要。各部件尺度的变化决定了蒙古包体积与容量的变化。而各部件的变化又遵守着严谨的尺度与数量比例，天窗的直径、乌尼的长度、哈那的数量、头数、高度之间存在着一种协调的比例关系。这一关系若失去比例，包体外形则会走样，框架衔接将不牢固，甚至根本无法搭建蒙古包。在木制部分中天窗、乌尼、哈那、门

为缺一不可的基本构件。

1. 天窗（陶脑，tono）

天窗位于蒙古包穹顶之中心，是用于采光、流通室内空气的窗户和烟囱。天窗位居蒙古包之顶，集中连接众多乌尼，锁住整体木架结构，成为包体框架的中心节点。天窗呈圆形，其直径与蒙古包直径一般保持约1：4的比例。然而，季节与气候、室内空间的需求、部族对包形的审美差别三者成为决定天窗直径尺度的变量。

（1）胡鲁天窗（horo-tono）

在天窗十字形交错的主架构最外围用柳条弯编三道双重外围之后，在其间插入被称为胡鲁的若干小木件，再穿入皮绳加以固定的天窗为胡鲁天窗（图5-1-47）。此类天窗有插孔式与捆接式两种。如将乌尼上端与胡鲁相连接固定就成为捆接式天窗。

（2）轮式天窗（moron-tono）

借用木车轮的传统制作技艺，在天窗十字形交错的主架构最外围衔接5～6片弯曲的木框形成外圈，在木框一侧凿开用于插入乌尼尖的方形小口，构成轮式天窗（图5-1-48）。此类天窗只有插孔式天窗一种类型。乌尼与天窗无法串接，在拆卸蒙古包时将乌尼尖从孔内直接抽出。

（3）天窗的分解与组装

在多数情况下天窗是不可拆装的单体部件。但有时也有从正中间分割成两个半圆形部分的可分解

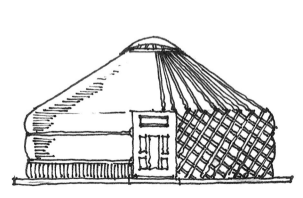

图5-1-44　蒙古包立面

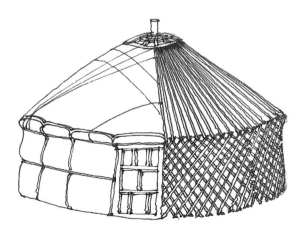

图5-1-45　蒙古包透视

式天窗。在搭建蒙古包时将天窗两部分相交合的主木以榫卯相接，构成一体。分解式天窗一般用于捆接式蒙古包，其作用在于减轻搬运时的负担。在清代，寺院所用大型蒙古包的天窗也可分为四块，其原理与二分式天窗相同。

2．哈那（hana）

哈那（图5-1-49）为围合蒙古包圆形空间的网状栅栏，故称哈那墙更为形象生动。哈那能展能合，具有很好的伸缩性，蒙古语称这一特性为努奇（nuuq），即移动性。哈那的伸缩程度直接影响包体的高度与面积，故哈那成为决定蒙古包体积尺度的关键性部件，即蒙古包的大小由哈那数量决定。

（1）哈那的数量

至少有3片哈那相接时方可构成一顶蒙古包，近代牧民的居所由4～6片哈那组成，富有的牧民或王公的居所常由8～12片哈那构成。在日常生活中，牧民也将修复的旧哈那分成半截，补入哈那围墙

图5-1-46 蒙古包木架构

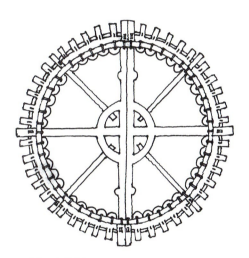

图5-1-47 胡鲁天窗的结构

图5-1-48 轮式天窗与胡鲁天窗的比较

图5-1-49　20世纪上半叶的哈那　（资料来源：《蒙疆之旅》）

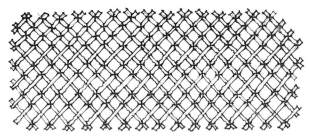

图5-1-50　察哈尔蒙古包哈那　（资料来源：张帅绘）

内，因此也有5个半哈那等说法。

（2）哈那的构造

哈那由若干条红柳等木枝相交，用皮索将其交叉点加以串接而成。兹以沿用至新中国成立前夕的一片察哈尔蒙古包哈那（图5-1-50）为例，看看其固定的规制与比例。哈那的高度蒙古语专称额日斯（hana-in-eres），这片哈那在收缩合并时高1.72米，长0.40米；标准伸展时，即网眼呈正方形时高1.40米，长2.20米。其制作方法为先选择长短粗细相同的30根红柳枝，将其中16根柳枝（一面8根）交叉排列于中间，再将剩余的14根按比例切断置于两侧（每侧14根，一面7根）排列，形成四边形网眼，用骆驼皮钉将交叉点穿孔连接而成。哈那之上下端及两侧均有丫状交叉形支架，上端部

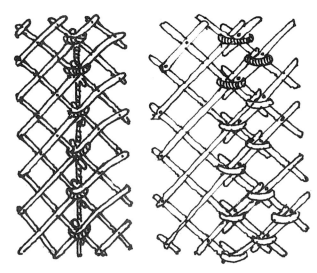

图5-1-51　两片哈那的对接形式与拴法（资料来源：张帅绘）

分蒙古语称哈那头（hana-in-tologoi），侧面部分称哈那嘴（hana-in-ama），下端部分则称哈那脚（hana-in-xiir）。该哈那有15个哈那头，6个哈那嘴，横向皮钉行为15个。内蒙古地区的传统蒙古包之哈那因其哈那头数大致有两类：小哈那有12个头，大哈那有15个头。其头数并非固定不变，一些地区也有13～18个头的哈那。

伸展时呈长方形的哈那墙之四角因其穿孔皮钉的数量而有所不同。上端之两角分别呈2、3，而底端之两角分别呈3、2。若将两者分别称为两孔角与三孔角，在捆接两片哈那时将一片哈那的两孔角对准另一片哈那的三孔角，将两侧的哈那嘴相吻合，使穿孔竖行贴近，再用驼毛绳捆接即可（图5-1-51）。

（3）哈那木的弯曲形状

哈那的另一个重要特点为其弯曲性。即从侧面看哈那头部与脚部呈外翘状，而中间部分呈弧形。近代的哈那只呈头部外翘而脚部顺直。近几十年亦出现一种无弧度而完全顺直的哈那，牧民称之为茂仁哈那（morin-hana），有时用于搭建临时的圈舍，以抗风雪。

哈那的网状外形与弯曲性特点使其具备了承接包顶的压力，再将其分散给各支架的物理特性。弯曲的哈那在伸展并连接成围合状圆圈时更显圆润顺畅，用围毡加以覆盖后，其顶部略呈肩状，底部向

外略翘一点，除了使整个包身变得协调流畅以外亦能起到防水的作用。

3．乌尼（oni）

乌尼为连接天窗与哈那的橡木，故称乌尼杆更加形象贴切。乌尼由顺直的细木杆制成，截面呈圆形、方形与上方下圆三种形状，其粗细与编制哈那的木杆基本相同。在蒙古包木架构中，乌尼为制作简易、类型单一的构件。

（1）乌尼的类型

乌尼在其结构上因蒙古包类型的不同而有所区别。若乌尼之上尖穿有小孔，并与天窗外围的胡鲁交错串接，从而将众多乌尼与天窗固定相接时便成为捆接式蒙古包。而乌尼杆之上端未穿孔，并呈小方尖，便于插入天窗外圈的孔内，天窗与乌尼并未加以固定时便成为插孔式蒙古包。无论是何种类型，乌尼杆之末端均有小孔，其内穿入毛绳，结成小套索，套在哈那头上，从而连接天窗与哈那，构成完整的木架构。

依据材料与形制，乌尼有修直的乌尼（jasamal-oni）与削直的乌尼（jusumel-oni）两种类型。前者由柳木制成，通体为圆形，上尖略呈方形。由于其材质简易，轻便耐用，因此牧民喜用此类乌尼。而后者由松木制成，上端呈方形并涂以彩绘，较前者显华丽富贵，但也硬脆易折。此类乌尼多使用于不需频繁搬迁的寺院府邸蒙古包。依据乌尼杆的顺直程度，可分为顺直和末段弯曲等两种类型。突厥式毡包所使用的乌尼之末端呈弯曲状，能有效增高哈那墙的高度。

（2）乌尼的数量

一顶蒙古包究竟需要多少支乌尼杆？这与天窗外围的孔数与哈那头的总数量有直接的关联。以6片哈那构成的蒙古包为例，若每片哈那有15个哈那头，而门楣上方有6个用于固定乌尼的小木尖的话，所需乌尼的总数量为（15×6）＋6＝96。因此，知道哈那数量就可以大致推算出乌尼的总数。

4．板门（哈拉嘎，halaga）

由门框与门板构成的门是与哈那连接成圆形围合空间，供人进出的关键部件。其高度与伸展的哈那高度相同，哈那蒙古包的门高大约有1.40米。故进出蒙古包时需低头弯身，这也成为蒙古包的一个显著特征。蒙古包的门原为毡帘，直到20世纪中叶，蒙古包的毡帘才由木板门所取代。但常将两者结合使用，直到20世纪30年代，内蒙古地区常合用木板门与毡帘。

（1）门的类型

蒙古包的门有毡帘门（乌德ude）与木板门（哈拉嘎halag）（图5-1-52）两种类型。后者有单扇和双扇之区别。单扇门被称为洁新哈拉嘎（jexin-halag）。此类门在近代普遍流行，在木板门内占据多数。双扇门被称为达拉布钦-哈拉嘎（dalabqin-halag），意指翅膀门。在开启门板的方向上有单扇门向外，双扇门向内的区别。

蒙古包的门也通常使用复合形式，即将两种门用门框捆结在一起。其类型有二，一种为外设毡帘内设板门（图5-1-53）；另一种为外设单扇门，内设双扇门。通常双扇门会被置于内侧。在日常生活中，冬季多使用复合门，夏季将毡帘取下。

（2）板门的结构

板门由门框、门轴、门板三部分组成。门框之门楣（dotog）、门槛（boxog）为单层，而门侧（hatabqi）有单木和双木之别，门侧呈单木状时一般用较宽的木材制成，其上凿有四个方形眼，用于串接围绳，加固包体。此类木框较多见。而后者由并行的两条竖木构成，其间距可大可小，到近代，一些地区习于在其间嵌入小窗，使包内更显宽敞明亮。双木门框可以有效增加蒙古包之平面，但其体积、重量较单木门框大，从而不易搬运。

5．柱（巴嘎那，bagana）

柱子（图5-1-54）为用以支承天窗，承受包顶的压力，从而保持包形的竖向杆件，其截面呈圆形。蒙古包因长时间搭建而走形，或体积过大时需用柱子支承天窗，以维持木架构的稳固。柱子顶端装有形似托木的木件，用于加大支承面。

一顶蒙古包内需用双柱或4根柱子，而不许使

图5-1-52 蒙古包木板门

图5-1-53 蒙古包复合门 （资料来源：《蒙古的人和神》）

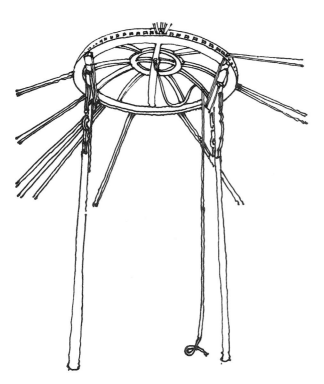

图5-1-54 蒙古包木柱

用单数或更多的柱子。蒙古包若走形也可以使用柱子支承天窗，待木架构恢复原样后再将柱子收起。在近代，少于8片哈那的蒙古包一般不需柱子，哈那数一经上8片则需用木柱支撑顶窗（图5-1-55）。

6. 哈那脚围（哈亚布其，hayabqi）

哈那脚围指绕蒙古包围毡下方一周，用于防止透风，保持室内温度，装饰包体的带状构件。从构成材料而言，哈那脚围有木制、毡制两种。

木制哈那脚围的做法为，选择若干片高一尺余，三指宽的木板，从木板侧面穿两个孔，再用马鬃绳串接而成。围哈那脚围时将其一侧的双股绳子系于门侧，顺蒙古包绕一周将末端系于另一门侧。然而，哈那脚围并非是蒙古包的基本构件，日常生活中通常不使用哈那脚围。并且，较木制哈那脚围，毡制哈那脚围更为多见。在冬季，牧民为避寒，常用湿牛粪抹住围毡底部，用来取代哈那脚围（图5-1-56）。

7. 底板（夏拉，xala）

底板是用于搭建蒙古包的木台，在木资源较丰富的地区或需长期搭建的寺院府邸等聚落内常使用底板。人们对接多块木板制作双层或带脚的木底板，其周长大于蒙古包周长，而高低有所不同。底板有装饰美化、防水、调整室内温度的作用。底板是解决蒙古包防潮、防寒问题的重要部件，但沉重、厚实的底板不宜于游牧迁徙生活，故在草原牧区人们几乎不使用底板。

（二）毡制部分

蒙古包毡制部分由天窗毡、顶毡、围毡、内顶毡、饰顶毡、内挂毡、门、门楣毡、哈那脚围等9个部分组成，通常合称为包毡。其中，天窗毡、顶

图5-1-55　蒙古包的柱子　（资料来源：《内蒙古画报》）

图5-1-56　蒙古包的木制哈那脚围　（资料来源：《蒙古游牧社会》）

毡、围毡、门四者为缺一不可的基本构件，至近代，门逐渐由木板门所取代，从而前三者成为基本构件。蒙古包室内铺设的绣毡垫通常被视为室内设施，因而不计入包毡范畴内。

　　用以覆盖包身的毡制部分是蒙古包最为显见的部分。因此，牧民很重视包毡的颜色与装饰。包毡的洁白程度直接反映一个牧户的家境状况。牧民常用蓝色绸缎或骆驼毛绳在包毡的边角缝制条状边条，蒙古语称结格（jege），以使包毡变得更加牢固与美观（图5-1-57）。包身洁白，装饰美观的包体反映着主人之勤劳、智慧与富裕。遍布于草原牧区的形形色色的蒙古包显示着牧户家境、生活态度之不同。

　　1．天窗毡（斡如和，eruh）

　　用于加盖天窗的正方形毡子为天窗毡（图5-1-58）。其长度大于天窗直径，能够有效覆盖天窗，不至于漏风；但也不宜过大，以至包体失去比例。在天窗毡之四边缝制细边条时，略微缩紧边

图5-1-57　缝制包毡边条　（资料来源：《富饶的额尔浑盆地》）

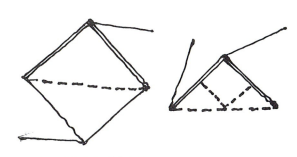

图5-1-58　天窗毡的展开与折叠形式

条，凸起中部，便于紧扣在天窗上方。其四角各扎有一条长绳，称为天窗毡绳（eruh-in-osor），当搭起蒙古包木架构并加盖包毡后，将天窗毡折为三角形，将三角之最长的一线重叠于天窗的横中轴，置于包顶，露出半圆形的天窗。故而，从蒙古包内仰视天窗时只可看见半圆形天窗。将四条绳中的三条分别系于蒙古包左、右、后三侧，其拴法为：将绳下拽至哈那脚，并套于其上，再折回系于外围绳上。而对准包门的一条绳是灵活的，掀起天窗时将其拴在蒙古包后侧，加盖天窗时将其拴在靠近门框的右侧围绳上。天窗在夏季一般昼夜开启，雨雪天或冬夜用天窗毡遮盖天窗。

2．顶毡（德布日或额勒博斯，deber，elbeec）

用于遮盖包顶的半圆形包毡为顶毡（图5-1-59）。其上领呈圆形，用于外露天窗，下围至哈那墙之尖，用于覆盖由天窗伞形辐射的众多乌尼杆。一顶蒙古包至少需用两块顶毡，若以天窗横中轴为轴线将圆形包顶一分为二的话，两块顶毡一前一后，恰好合为一个圆，中露天窗，覆盖整个包顶。

顶毡虽大致呈半圆形，但两侧明显要长出一截，在加盖顶毡时两块顶毡交错重叠，防止外露乌尼致使包顶有缝隙。顶毡四角各有一条绳，将其交错压于包顶，系在外围绳上。在日常生活中，蒙古

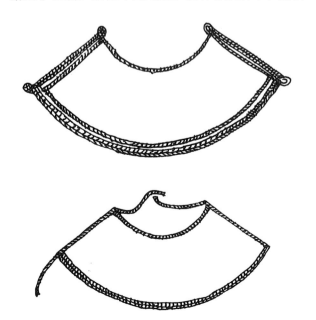

图5-1-59　顶毡

包顶需要加盖2~3层毛毡，故实际所需的顶毡要多于两块，但在表层仍需两块质地较好的顶毡覆盖包体。在风雪大的季节，也有牧民在顶毡贴近哈那头的边上固定若干条短毛绳或布条，系于上围绳，以防止透风。

3．围毡（陶古日嘎，turaga）

用于围盖哈那的长方形包毡为围毡。其长度有4~5米，高度越过哈那一尺余。其做法为，在长方形毛毡之上端每隔一尺穿一小孔，用被称为高德如勒（goderul）的长绳串接起来，构成具有伸缩性的围毡，以便将其悬挂于哈那上端。为使围毡华丽而耐用，在其竖向的两边或外露的一边缝制饰边条。

因季节与气候的不同，一顶蒙古包所需的围毡数量常有变化。以6片哈那的蒙古包为例，在冬季需用10~12块围毡重叠加盖，以至达到三层毡壁的厚度，在严寒时节也可在包体后侧多加一块围毡，用于御寒。而在夏季，仅需3~4块围毡。炎热时期，甚至将其中一块取出，露出哈那骨架，刮风下雨时用其他毡帘临时遮盖。

4．饰顶毡（胡鲁图日格，hulturge）

套盖于顶毡之上，用于修饰包顶的包毡为饰顶毡。其形状如同十字，中间有一圆孔，用于露出天窗，四个方形长角伸展至蒙古包前后左右四侧的哈那头，四角之间各有一个三角形角毡。

在过去传统中饰顶毡为地位与权利的象征，故平民不可使用饰顶毡（图5-1-60）。清代蒙古地区，有红、蓝两种颜色的饰顶毡，红色由活佛高僧的毡包加盖，蓝色由王公贵族的毡包加盖。在藏传佛教盛行时亦有活佛使用黄色的饰顶毡。

5．内顶毡（恰布格，qabeg）

铺在包顶之南半部分，夹衬于乌尼与顶毡之间，起到加厚与美化作用的包毡为内顶毡。在包毡中唯独不系绳索的构件为内顶毡，其作用仅在于加厚包顶。内顶毡尺寸大小不一，完整的内顶毡与顶毡几乎相同。牧民常将使用多年的旧顶毡加以修补后作为内顶毡使用。

图5-1-60　红、蓝、黄色的饰顶毡　（资料来源：《蒙古画》）

图5-1-61　毡帘门　（资料来源：《北支蒙疆的住居》）

6. 内挂毡（呼希格，huxig）

围挂于室内，用于遮盖哈那，使室内更显温馨舒适的包毡为内挂毡。与其他包毡不同的是，内挂毡为置于室内的唯一的包毡。内挂毡形同围毡，在其上端背面系有若干套索，将其悬挂于哈那头上，从而遮蔽哈那的网状木架。牧民常选用毛色纯白、质地极佳的毛毡作为内挂毡，在其沿乌尼脚的横向顶端缝制饰边条，在四角绣上精美的图案。

内挂毡也可用毛毯、绸缎及各种布料代替。近代曾出现以厚绒布或绸缎遮蔽哈那与乌尼，只露出天窗的内帘布。牧民在冬季喜用毡、毯，而在夏季，选用绸、布顶替内挂毡。就居住者的感受而言，材料的同质性营造了一种特殊的氛围。冬季在蒙古包内悬挂内挂毡后，地面、围壁、屋顶全部为毡制，营造了温暖而舒适，却多少有一些单调的空间氛围。然而，乌尼的辐射与绣毡的纹样使室内空间摆脱了单一的空间格调。

7. 门（乌德，ude）

传统的蒙古包门并非是木板门，而是毡帘门（图5-1-61）。门一般由精美的绣毡制成。平常将毡门卷在门楣上方（图5-1-62）。其尺寸略大于门框，挂门帘时将上端夹在内顶毡与顶毡之间，并将固于两角的绳子系于门侧或其他木架构上。门是常经人手而容易破损的构件，故牧民用骆驼毛绳在其上刺绣各类图案或将两块毛毡叠在一起加以刺绣，使其变得厚重结实。直至20世纪中期，内蒙古地区的蒙古包一直以毡帘作为门，后来出现板门与毡帘合用的复合门。20世纪50年代也曾出现过在毡帘上斜钉一条木板，从侧面开门的独特方式。

8. 门楣毡（道特格布其，dotogobqi）

重叠悬挂于毡门之上端，遮盖门缝，阻挡风沙尘土，起装饰美化作用的短毡帘为门楣毡。其宽度与

图5-1-62 卷在门上方的毡帘门 （资料来源：《蒙古的人和神》）

图5-1-63 毡帘门与门楣毡 （资料来源：《蒙古高原横断记》）

门相同，而长度只有门的五分之一或更小。其上方与门相同，夹在顶毡底端之下，将两角的绳系于乌尼上。门楣毡并不多见，贵族的毡包常在毡帘上方悬挂门楣毡，使蒙古包更显优雅富贵（图5-1-63）。

9. 哈那脚围

最常见的哈那脚围是毡制的。其做法如同围毡，在高一尺余、长度恰好够蒙古包周长的长条细毡上穿两个竖向并列的小孔，再用绳子串接，并顺着围毡下方，紧绕包身一周，将一端系于门侧。牧民常裁剪破旧的包毡制作哈那脚围。

（三）绳索部分

蒙古包的绳索部分主要由天窗绳、哈那绳、里围绳、外围绳、乌尼套索及包毡边角上的各类绳索构成。牧民常用骆驼毛、马鬃尾编制绳索，用骆驼皮、牛皮制作皮索。

1. 天窗绳（恰格塔格，qagtag）

将一段固定于天窗中心之下方，通过下拽蒙

古包顶，使包身稳固的长绳。平时将天窗绳（图5-1-64）的另一端夹在乌尼杆之间（图5-1-65），起暴风雪时将其系在哈那墙下侧或包内的桩子上。

2. 乌尼套索（萨嘎拉都日嘎，sagaldurga）

穿于乌尼末端之圆孔，结成一小套索，再套入哈那头上，将乌尼固定于天窗与哈那之间的套索。在内蒙古，乌尼套索有穗（sui）、瑟伊格（seyig）、瑟格勒特日格（segelterg）等多种称谓。

3. 里围绳（道特日-布斯鲁日，dotor-buslur）

搭起蒙古包木框架后，将一段系于门框，顺着哈那上半段向内弯曲的部位，绕一周再系于另一门侧的长绳为里围绳。其截面呈扁形，一般用马鬃制成。里围绳用于勒紧哈那围，防止哈那的伸展，从而稳固全部木架构。蒙古包只需一条里围绳围捆哈那。

4. 外围绳（嘎德日-布斯鲁日，gadar-buslur）

在哈那外加盖围毡后用于将毡壁固定的长绳为

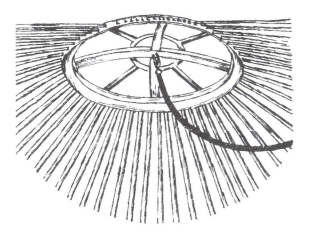

图5-1-64　天窗绳　（资料来源：《蒙古传统生活图典》）　　　　图5-1-65　天窗绳的夹法

外围绳。其截面、质地、系法与里围绳相同，不同处在于后者在未加盖围毡时用于稳固木架构。体积小的蒙古包需用上下两条外围绳，而体积较大的蒙古包则需上中下三条外围绳。

5. 皮索（乌德日，uderi）

用于串接哈那木杆之交错点上的小孔，起到中轴作用，使木杆张合的皮钉为哈那皮索。网状的哈那由若干条木杆相交错而成，在木杆交错处先钻一小孔，穿入经浸泡后变软的细皮索，两头打结，待皮索干透后收缩，成为坚硬的皮钉。为使哈那具备良好的伸缩性，哈那木的每个交错点并非都需穿入皮钉，有时可以忽略某一排的交错点，隔行串接。

（四）蒙古包的制作技艺

蒙古包的制作，与其说是一项营造工程，不如说是一种手工艺制作实践。体系化、程式化的框架与构成使古老的毡包拥有了一种历经千百年而稳固不变的相对固定成熟的结构。细究历史画面中的毡庐与今日蒙古包之异同，几乎无多大收获。可以说蒙古包是游牧文明的活化石。蒙古包的制作过程是凝结科学技术、生态智慧、生活理想、信仰习俗的一项综合实践。

1. 选材

蒙古包具有取材天然，修造方便的特点。在蒙古高原广泛生长着柳、榆、桦、松等树木，供给牧民制作蒙古包木架构。而作为畜牧业经济的优势产品，毛毡一直是蒙古包覆盖物的首选材料。马鬃尾、牛皮、骆驼毛皮等是制作绳索的材料。

从自然界择取原材料的行为，体现着牧人珍爱自然的生态意识。木工在相材时要注意砍伐季节与时辰、树木的位置与形态等多种事项。构件的不同或单一构件的部位不同均会影响选材的方式。以天窗横木为例，乌珠穆沁人常选择生长于山麓向阳处，枝叶偏向西南，略显弯曲且无伤疤的桦树作为制作横木的木料。预先选好树木后由家庭完整、名称吉祥的男性在清晨时去砍伐。再将木材削皮后埋于牛粪堆中烘干，此一过程需3年时间。

在内蒙古中部浑善达克沙地生长着茂密的灌木林，生长于沙丘间的沙榆、红柳、黄柳、棕柳是制作蒙古包木架构的原材料。察哈尔牧民常在柳木生根发芽时用镰刀砍伐柳枝，制作哈那。而此时需遵循一系列的习俗惯制。牧民忌讳整丛砍伐，而是从数丛中精挑细选粗细相同的柳枝，从而保证灌木丛的持续生长。民间有言"只许背着太阳砍，不许抱着太阳砍"。背着太阳砍，即指背对阳光砍伐时，刀痕斜向阴面，柳枝易于愈合并能够迅速长出新芽。

榆树为制作天窗的原材料，牧民在选取榆木时忌讳砍伐沙地中的独树或形态奇异的榆树，木工在相材时善于辨识木料之硬度、材纹及树龄，常选择老榆木制作天窗。老榆木制成的天窗虽有耐久坚硬的特点，但多少暗含着牧民合理使用自然资源的生态智慧。

2．木质部分的制作

蒙古包木架构中，做工最为复杂的是天窗与哈那。轮式天窗只需榆木一种材料，若设为两半，仅以榫卯相接。胡鲁天窗需用榆木做横竖主架、内圈及众多胡鲁，柳条做外圈，用皮绳串接固定。木工诸环节中虽不乏精巧的技艺，但不需每每细解，而是选择介绍其中之一种传统绝艺——"压哈那弯"，以示精湛绝妙的蒙古包制作技艺。

哈那并非是顺直的，而是两尖外翘，中部呈弧形的弯形构件。牧民常用加热的方法将笔直的柳杆压弯，制成哈那木。仅在察哈尔牧区就有三种传统方法。

（1）先在地上挖一小坑，将柳杆平铺于其上，用三个热沙袋压在压弯部位（图5-1-66），经加热与冷却，柳木终呈弯曲状。此前需用大锅炒沙粒，待热后装入袋中，且沙子的热度必须相同。

A 沙袋 B 哈那 C 地面 D 地槽

图5-1-66　沙袋压弯

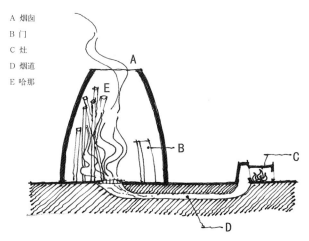

A 烟囱
B 门
C 灶
D 烟道
E 哈那

图5-1-67　烟道压弯法

（2）先在硬地上挖掘能够放入柳杆的槽子，放入柳杆后用热沙填埋，并以适量重物压在其上，制成哈那木，其原理与上述方法相同。

（3）在地面上垒筑圆锥状烟囱，其旁筑灶台，烟道设于地下并连接二者（图5-1-67）。烟囱侧面开口，将柳杆成捆放入，再烧火烤热柳杆，待其烤软后拿出压弯，其具体方法为：将烤软的柳杆放入专门制作哈那的模具中或人工掰弯。

制作哈那的柳杆需要去掉树皮。牧民用专用刮削器在柳杆上刮上三四道竖行后予以加热，待柳杆被烤热后其皮自然掉落，露出顺畅自然的原色。

蒙古牧民自古以看似简易却巧含智慧的技法制作木架构，整体蒙古包框架从不使用一个铁钉。需要时自制木胶，用于粘贴部件。蒙古民间素有"牢粘胜过劣制"的说法。

木架构的原料因家境状况、社会身份与搬迁需求有所不同。天然轻质的柳木、桦木等木料符合迁移不定的游牧生活需要。而长期搭建于寺院、城镇聚落中的蒙古包却用檀木、松木等较为昂贵、沉重的材料制作。

3．毡制部分的制作

毛毡是畜牧业经济的优势产品，也是蒙古包主要的覆盖物，因此常以"穹庐毡帐"、"毡包"指代蒙古包。毛毡的主要用途为制作包毡、绣毡垫及车篷毡。

在秋季，牧民剪下羊毛，用桎柳条将羊毛弹松后（图5-1-68）铺平，再卷起用马拉后制成毛毡。牧民将毛毡制成长方形、正方形及半圆形的包毡，再用驼毛绳或蓝布缝制其边缘，使包毡更显美观与牢固。室内铺设的毛毡更需精心绣制（图5-1-69）。在外人看来几乎无区别的毛毡双面其实有细微的正反之分。毛色顺畅、光滑的一面为正面，加盖包毡时正面需朝外。

4．绳索的制成

蒙古包的毛绳由马鬃尾和骆驼颈、膝上的长毛编制而成。毛绳的编制与打结方式有多种方法。牧民习用马鬃尾编制的坚韧粗扁、结实耐用、美观大

图5-1-68 剪羊毛与弹松羊毛的方法 （资料来源：《美丽富饶的额尔浑盆地》）

图5-1-69 绣制毛毡 （资料来源：《蒙古高原横断记》）

方的长绳充当外围绳，用骆驼毛编制细短的乌尼索套与稍粗的哈那绳。坚固易解的绳结是反映牧民灵巧思维的标志，故牧民习惯从绳索与打结方式判断蒙古包主人的智慧与力量。

蒙古包的皮索由骆驼皮或牛头蹄部位的皮制成。皮张经浸泡、刮毛、拉软、裁割等步骤成为坚韧平整的皮条。根据需要再将皮条细割成皮绳，用于串接天窗胡鲁与制作皮钉。因骆驼皮有良好的耐潮性，故常用其制作哈那皮钉串接哈那木。

至现代，蒙古包已走上工厂化、专业化、规模化生产道路。在内蒙古一些旗县有多家蒙古包厂在生产、销售各类蒙古包。然而，与传统蒙古包相比较，可以说除材料外只有忘却而无更新之处。细究其生产环节，可以发现传统结构未有多少变动，且一些关键构件，如哈那索等，仍需传统材料与技法。

（五）蒙古包的取暖方式

以毡木为壁的蒙古包何以抵抗冬季严寒的气候一直是许多人关注的问题。或许，如何有效抵御风寒是蒙古包至今未能成功解决的一项问题。

频繁迁移于草原牧场的蒙古包无法装置厚实的地板用于除湿隔潮。直至20世纪五六十年代，内蒙古牧区仍在沿用古老的铺地方法，即在地上铺一层干牛羊粪，其上平铺牛羊皮，再铺设绣毡，构成地面。睡眠时再铺以山羊皮。一些地区使用半圆形的木质床榻。其高一尺许，可分为三块，以便搬运。其实，床榻的使用可以追溯至13世纪，《蒙古秘史》载有一种被称为伊瑟日（iseri）的床榻。

蒙古包内的采暖用具最初为火撑石，即用于架锅的三个石块，之后有了铁制火撑，并一直沿用至近现代。近代出现土坯垒筑的灶台及铁炉，但其散发的热量不足以驱散由于墙壁太薄而吹进的寒气，形成中热边寒的温差。然而，在寺院府邸等不需频繁移动的场所，情况有所不同。日本人伊东恒治详细考察了20世纪40年代锡林郭勒盟盟公署的一顶蒙古包的取暖方式（图5-1-70）。此蒙古包西南侧有一处挖于地面上的方形烧火口，蒙古包东北侧立有高度不及哈那的小烟囱。接连两者的烟道从蒙古包地下迂回弯曲通过并构成地暖。这一方式显然与当时的柳编包及其他类固定建筑相同。

当然，传统蒙古包的取暖方式与燃料、服饰、饮食，甚至与居住者的习性、体质均有一定联系。游牧民"咸食畜肉，衣其皮革，被旃裘"的生活习俗，乃是身居北方草原，"皮裘毡帐亦开颜"的根

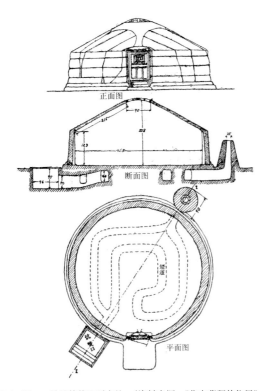

图5-1-70 一种独特的取暖方法 （资料来源：《北支蒙疆的住居》）

图5-1-71 捆接式蒙古包的搭建过程 （资料来源：《农业支那的游牧民族》）

本原因。

（六）蒙古包的搭建与拆卸过程

蒙古包具有搭建迅速、拆卸方便、搬迁轻便等特点。作为一种传统的居所类型，蒙古包的搭建（图5-1-71）、拆卸与驮载过程不仅仅是一种纯粹的建筑行为，其过程中充斥着一系列习俗秩序，使整个过程变为充实着象征寓意的民俗实践。

1. 搭建过程

蒙古包的搭建过程（图5-1-72）由清理包址、捆接哈那、连接门框、拉里围绳、上举天窗、插入乌尼、铺设顶毡、围铺围毡、铺设天窗毡等9个基本步骤构成。因蒙古包的结构不同，其搭建与拆卸过程稍有不同。捆接式蒙古包与插孔式蒙古包的搭建方式基本相同，只是捆接式天窗与乌尼已事先连接，故省去插入乌尼的环节。

在内蒙古地区，多数地区的蒙古包搭建实践遵守着这样的原则，即"从右至左，从下至上，从内至外"的原则。上述9个基本步骤在具体搭建过程中可以同时或连续完成，某些步骤，如铺设包毡在不同地区有着相反的顺序。因此，可以分为6个基本步骤，以下予以介绍。

第一步为，捆接哈那。先解开哈那绳，将折叠的哈那伸展开，以至其网眼呈正方形，将其高度对齐门框，将其右侧与门框相接，再将左侧与另一片哈那相接口。此时应遵守上述原则，以4片哈那的蒙古包为例，先展开西南侧的哈那，再接西北侧的哈那，将两者对准后再展开东北侧的哈那，与西北侧的哈那相接口，最后展开东南侧的哈那，并与东北侧哈那相接口。将东南侧的哈那与门框捆接后构成一个由门和哈那构成的围合空间。

第二步为，拉里围绳。从门框右上侧穿入围绳打好结后，顺时针绕蒙古包一周系于门左侧。

第三步为，连接乌尼。捆接式与插孔式天窗在这一阶段有所不同。前者在高举天窗后，人站在哈那围里边，将乌尼举起，将其套索逐一套入哈那头上。后者在高举天窗后，人站在哈那围外边，拿起靠放于哈那围的乌尼，对准天窗外圈的侧口，逐一

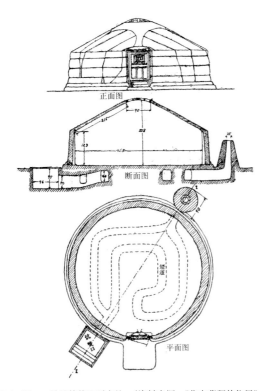

插入并将套索套入哈那头上。高举天窗时，前者可以用长木杆或柱子支承，而后者需由人举起，从不同方向迅速插入若干乌尼并将其悬空稳固之后，再插入剩余的乌尼。无论是哪一种天窗，均须在门楣上的指头套上4~6根乌尼。此时，从天窗中间拴一个下拽的重物，调整其平稳程度。

第四步为，铺放内顶毡。将内顶毡扔上蒙古包斜顶，将其铺开，先铺前顶毡，再铺后顶毡。铺开叠好的顶毡时用一根多余的乌尼或长木杆将其推向包顶再铺开。

第五步为，铺设围毡。展开叠好的围毡，从门框右侧围铺，在其左侧接上另一块围毡继续铺设，直到门框左侧，勒紧并固定围毡绳。铺开围毡后，又从门框右侧系好外围绳，从上至下的顺序将三条外围绳依次拉紧并系于门框左侧。此时，两块围毡必须有部分的重叠，从而防止出现缝隙。

第六步为，铺设顶毡、饰顶毡及天窗毡。在蒙古包顶铺设最外层的顶毡，将绳索交错压好，并系在外围绳上之后，再铺设饰顶毡，最后铺盖天窗毡，将其绳索系牢，完成整个蒙古包的搭建工作。

2. 拆卸过程

蒙古包的拆卸过程由卸下天窗毡、松开顶毡

图5-1-72　插孔式蒙古包的搭建过程　（资料来源：吉雅图摄）

绳、揭开顶毡、松开外围绳、取下围毡、取下乌尼、取下天窗、揭开门框、分开哈那等9个基本步骤组成。每取下一块包毡时将其叠好，以备再次搭建。将乌尼分为两组分别捆好，将哈那合起，用捆接哈那的绳绑好每一片哈那，以备驮载。此时需遵守一些习俗与秩序。因蒙古包之天窗与天窗毡为神圣的部件，故取下天窗后将其越过哈那上边，置于将迁至的方向。若家中供有佛龛，就将天窗朝上置于所载毡木之上，形成碗状空缺，再将天窗毡叠好并铺在里面，其内安置佛龛。

与蒙古包搭建原则恰好相反，拆卸过程遵循"从左至右，从上至下，从外至内"的原则。在游牧转场时代，蒙古包的拆卸过程同时也是驮运的过程。取下每一件包毡时均要叠放整齐，将绳索整理好并夹在包毡内侧。以插孔式蒙古包为例，将乌尼

抽出之后，分成两部分捆扎，将哈那缩并后用哈那绳将其捆好，按其弯度，叠放整齐。

3. 驮运

驮载蒙古包的方式主要有骆驼驮载、牛车载运、牦牛驮载等三种类型。在内蒙古牧区主要以前两者为主。草甸草原牧区，人们常以牛车载运，而在荒漠戈壁，人们常以骆驼驮载。插孔式与捆接式蒙古包的驮载方式略有不同。在乌珠穆沁草原，牧民以牛车载运蒙古包，将其列入由篷车、箱车、水车等组成的勒勒车之最后（图5-1-73）。载运时天窗需朝向驮载牲畜的头部，但有时也可以横放（图5-1-74）。

在戈壁，牧民以包毡作为衬垫，用木质部分作为架构，分驾于驼峰两侧，将天窗扣放在驼峰上，仅用一峰骆驼驮载整个蒙古包。

图5-1-73 捆接式蒙古包的搬运方式

图5-1-74 捆接式蒙古包的横放搬运方式 （资料来源：《青城老照片》）

图5-1-75 蒙古包聚落——20世纪30年代的土尔扈特营地 （资料来源：《蒙古的人和神》）

四、解读蒙古包的空间

蒙古包看似简易的结构与材料能够轻松掩饰其空间与意义的复杂性。对于他者而言，蒙古包就是一种草原文化的古老"文本"，因此，从结构走向意义，从观赏深入至感悟，是对蒙古包认识水平的一大提高。蒙古包的方位、朝向、装饰、设置、空间均有意义。因此，只有深度阐释蒙古包，方可理解游牧民古老的宇宙观与生活智慧。

（一）蒙古包与环境

从建成环境的意义来看，牧民在认知、释义环境的过程中深刻地认识了自身所处的境地与角色。将蒙古包搭建在何处？将其朝向什么方位？所有的选择都在证明牧民对环境的一种朴实的理解。蒙古包所处环境有草原自然环境与聚落建成环境等两种主要类型（图5-1-75）。对于在天地之间，逐水草而牧的游牧民之宇宙图式中，自然界仿佛就是巨大的穹庐。牧民不但以人体的部位拟人化命名其居所的部位，也以同样的方法理解并命名自然体。毡包与环境的结合是关乎宇宙生命气息的神圣实践。

1. 选址

中原文化中有择地建屋的风水学问。而在蒙古草原，人们能无视自然环境而随意搭建居所吗？其答案是否定的。在地形、地貌特征不很明显的草原环境中寻找一处营盘基址，更需居住者具备敏锐的观察眼光与丰富的认知、想象能力。

蒙古人自古就有神奇的相地之术，用以在广阔的草原中择地搭建穹庐，建成有深刻文化意义的生活场所。在随季节轮牧的草原牧区，营地（图5-1-76）的选择需考虑风向、地形、植被等现实因素。然而，在已选中的广阔牧场，将其蒙古包搭建于何处便是一种相地的学问。

图5-1-76 草原中的蒙古包 （额尔德木图摄）

图5-1-77 蒙古包营地选址 （额尔德木图摄）

在营盘选择中，牧民忌讳在光秃的丘陵、红色土壤的地方、形态奇异的地方，以及有人曾居住的旧址搭建居所。而喜欢选择以丘陵为靠背，面朝平地，视野开阔的地方作为营盘。蒙古包的朝向通常向东南，即草原传统方位系统的正南方。忌讳将门对准山岩、丘陵等高地，以及修筑敖包的神圣区位，忌讳将蒙古包搭建于对准河流或道路直冲的区位。在山崖陡峭、丘陵连绵的地区，牧民习惯将天窗对准某一高峰。类似"依山傍水"（图5-1-77、图5-1-78）的区位或平整的原野成为牧民首选的营地。牧民的相地学问常伴以丰富的象征喻义。如宅前有横向流淌的河流或绵延的道路，则被牧民理解为"手举哈达"的吉祥区位。

2．与环境的互动

牧民很在乎别人对其居所与所处环境的评价，相信每个人都有一种精神气质，毡包、营地也有一种形貌与气势。内蒙古中部戈壁牧区的蒙古人称之为"其日"（qiir）。在戈壁牧区，有一种习俗，即人们到某一营地做客，下马后从不会径直走向毡包，而是留意观察营地环境，并在问候语中融入对营地环境的理解与赞美。

当牧民骑马越过高地与草场，经常从不同的视点、距离观赏某一营地的居住环境，时常会有一种整体的体会与评价。其头脑中浮现的图式将是他对环境的整体理解。蒙古人很重视其居所与环境的结合程度，因此其迁移与扎营也绝非是随意的游牧实践。牧民往返于各营地之间，虽然每次搭建蒙古包的位置都有所不同，但经常会选择同一地理区位。据口述史推断，直至20世纪30年代，牧民在一年中的迁移次数远比今日想象的要频繁。在同一牧场范围内的频繁移动可以被看作为一种区位的调试，其目的在于寻找最适合自己的位置。

夏季，人们常掀起围毡底部，露出哈那网眼，使室内空气变得清爽舒适的同时让室内空间更加通透。室内与室外仅以一张网状木壁相隔，躺卧于其中，可以看到室外景色，闻见营地的生活气息与远处的草香味，达至室内、室外合为一体的绝妙感受。

（二）蒙古包空间秩序

蒙古包室内、室外的空间均遵循着特殊的习俗惯制。在蒙古包内，人们依据性别、社会角色有序

图5-1-78 蒙古包营地选址 （额尔德木图摄）

享受特定的区位。在蒙古包外，车辆、储食架、拴马桩、牛粪堆等按照特定的方位被排列。这里仅对蒙古包室内空间予以介绍。

1. 空间划分

在蒙古包圆形围合空间内，男主人占据西侧、女主人占据东侧的空间划分已成为一种常识。早在13世纪时已有此空间划分，鲁布鲁克记载，"男人的位置在西侧，即是在右手，进屋的男子从不会把弓放在女人的一边"。

蒙古包的圆形空间可以被分为西北、西南（可以细划为西南与西南靠门处两个区位）、东北、东南（可以细划为东南与东南靠门处两个区位）、中央等五个区位。除一些行为约束与导向外，仅依据各区位内摆设的器具可以断定区位属性与性别分工。

以内蒙古中部戈壁牧区的杜尔伯特蒙古包为例，西南角靠门处的区位有骆驼鞍、马鞍与踩夹子等畜牧与狩猎用具（牛粪筐不是男人使用的器具，只是在下雨天临时放在屋内的用具）；而在东南角靠门处的区位有各种炊具与水桶、杵臼、旅行用火撑、铜锅等用具；西南及西北区位有工具箱、银马

嚼子等用具；东北区位放置碗具、针线盒与首饰盒（图5-1-79）；东南区位有摆满奶桶、锅具的碗架子及放在底端的羊毛剪子（图5-1-80）。

蒙古包中央，天窗正下方的方形区位为神圣的火撑区，通常用木格子加以限定，其内不准放置火具之外的任何东西（图5-1-81）。而火撑区与门之间顺着木格子延伸的方形区位为入门处的方位，多数地区铺以牛皮或木板。

2. 空间与行为秩序

在圆形的蒙古包空间内，行为秩序由约定俗成的习俗来维持。在春节，牧民成群结伴组成10～20余人的马队挨户拜年。若假设15个成年人在5个哈那蒙古包中共同宴饮的话，其入室与就座的顺序又该如何？首先，牧民以长者在前，晚辈在后的年龄顺序排成长队，逐一行礼后入门就座。人们通过入门处后，视包内既定就座仪轨及拥挤程度有序地分流至两侧席地就座，一般女客在左侧，男客在右侧，少年靠门侧。若单排无法就座，晚辈背贴哈那，坐在长辈后面（图5-1-82）。人们围拢神圣的火撑区，形成双重圆圈形式。

图5-1-79　蒙古包室内西南角靠门处、东南角靠门处、西南及西北交接处、东北等四个区位

图5-1-80　蒙古包室内东南区位

图5-1-81　蒙古包室内中央火撑区位

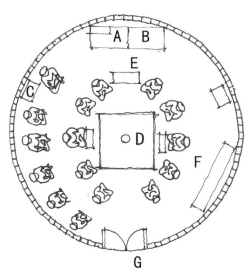

A 佛龛
B 板箱
C 柜子
D 火撑
E 茶桌
F 碗架
G 门

图5-1-82　蒙古包室内人们的围坐形式

有序地分流与就座使主人在招待客人时更加轻松自如，主妇在倒茶敬酒时不至于慌乱。牧区无足够的器具供每人享用单独的茶碗或银碗，主妇先给长者敬酒，长者抿一口后按年龄辈分顺序将银碗传至另一人，以至银碗顺利传至最年幼的客人为止。

3．空间的二次限定

由于特殊的原因，需要在包内分隔出一块阻挡人们视线的空间时，牧民常在两个对角的哈那间临时拉一块布帘。在婚礼仪式的某环节，如打扮新娘时，一些地区以新布作为帘子加以遮蔽。然而，空间的限定并非每每要靠这一方法。室内的用具及装饰已是每块界域的标志。家具或铺在地面上的绣毡均起到划分空间的作用。

（三）空间与功能

蒙古包室内室外空间的合理设置与布局，究其根本目的是为了保证牧民日常生活与生产实践的正常运行。其圆形的平面有着日晷式的方位划分功能。其立面形状与天窗、地面的同心圆格局具有标示时间的功能。这在特定的社会发展阶段发挥着非同寻常的功能。

1．蒙古包与历法

建筑与历法的结合是传统民居颇具魅力的一个特征。牧民将蒙古包的圆形平面划分为十二个向度，并分别以十二生肖命名。十二生肖所分别具备的象征喻义恰好与蒙古包各区位的象征喻义相重叠（图5-1-83）。在日常生产实践中，以每个方位的生肖喻义作为重要参考。坐在蒙古包中的牧民有时以生肖方位代称某一方向。

蒙古包与历法的结合取决于其圆形的平面。在清代，内蒙古地区的一些寺院，如锡林郭勒盟阿巴哈纳尔左翼旗贝子庙内曾立有日晷（图5-1-84），在圆形石制晷面上用蒙古文标注了12生肖名称，其顺序与蒙古包的方位划分完全相同。在搭建蒙古包时牧民选择南向，从而恰好与晷面下端方向所一致，共指向南天极。

2．蒙古包的计时功能

在钟表时间传入蒙古地区之前牧民以其居所作为太阳钟，准确地判断时间，并以此调整生产生活节律。蒙古包的天窗与圆形平面构成巧妙的计时结构。阳光从天窗射入，照射在蒙古包特定部位上。牧民通过观察这些照射点来计量一天的时间（图5-1-85）。由4片哈那及60根乌尼组成的蒙古包为标准形式，可以准确地计算时间。

在一天内，阳光依次照射天窗、乌尼尖、哈那尖、哈那中、卧榻、正北方的位置、东卧榻之左脚、碗架后再回到乌尼尖、天窗。牧民依据时点调整挤奶、将羊群赶出营盘、饮羊、从牧场赶回羊群等日常工作。随着钟表时间的传入，这一习俗逐渐被忘却。但直至20世纪80年代，牧民仍习惯以此作为划分时间的标准。

3．蒙古包与行为引导

"禁忌"的一项重要功能是为保证人们在包内的有序活动。从接近蒙古包到入门就座，蒙古包室外、室内的每一个行为几乎都需遵循特定的习俗惯制。

在清代蒙古地区，行人骑马走近某一营地时忌讳径直骑向蒙古包门，更忌讳快马加鞭直冲营地，而是在适当距离减速并拐弯从侧面走近营地专设的

图5-1-83 以十二生肖划分的蒙古包室内空间设置 （资料来源：《蒙古包》）

图5-1-84 锡林郭勒盟贝子庙的日晷 （资料来源：《蒙古包》）

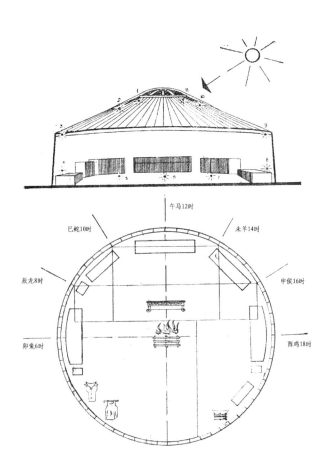

图5-1-85 蒙古包的计时功能 （资料来源：《蒙古包》）

拴马桩，呼叫主人看狗，待主人出来后下马行问候礼仪再进蒙古包。因为在当时有一条不成文的法规，即旗衙仆人抓捕或审讯某人时才会直对包门骑马赶来。

当人们开门入室时将随身携带的马鞭、马绊脚或弓箭等放在门外，而忌讳带进室内。入室时需掀起门的右侧，先迈右腿入室，并忌讳踩在门槛上。入室后从火撑区的西侧绕行至西北角席地就座。虽说在蒙古包圆形空间内左右两侧分属于妇女与男士，中间为客人席位，但在日常生活中，无论有多高的辈分与职位，人们总忌讳就座于直对门的正中间区位，而是略偏西侧就座。其坐姿也要遵循传统的方式，即弯单腿坐于另一腿上，妇女则用衣边遮盖膝部。

关于传统的坐姿，蒙古各部族稍有不同，一般而言，男人盘腿就座，而妇女弯单腿蹲坐。此时，无论坐于哪一侧，脚心需朝向门，而忌讳朝向火撑区。躺卧住宿时依据室内铺设与人数，自由摆正位置，但双脚决不允许对准中央火撑区。

蒙古包是一种文化活化石，它记录并凝固了北方游牧民族数千年的生活文化智慧。空间与秩序的变化将会导致功能的衰退。对于一幢建筑物，其所处文化生态环境尤为重要。纵观蒙古包变迁史，其赖以存续的文化生态环境之变化是导致其简易化的重要因素。然而，蒙古包还是历经数千年的历史风雨，得以完好地留存下来。人类多样化的需求及文化认知力的提升为古老的蒙古包赋予了新的生存可能与无限的变化空间。

第二节　其他民族传统民居

本节所收录的民居形式都集中在内蒙古呼伦贝尔地区，以呼伦贝尔北方四少民族①即达斡尔族、鄂伦春族、鄂温克族、俄罗斯族具有特点的民居形式进行编辑整理。

呼伦贝尔地处内蒙古东北部，东与黑龙江毗邻，西、北与蒙古国、俄罗斯接壤，是蒙古高原的一部分，具有丰富的地貌特征与自然资源。具有丰富的森林资源的大兴安岭南北横贯境内，岭西为水草肥美的呼伦贝尔草原，岭东有适合发展农业经济的低山丘陵与河谷地带，境内河流纵横，是北方少数民族和游牧民族的发祥地之一。今被称为"森林民族"、"狩猎民族"的达斡尔族、鄂伦春族、鄂温克族，以及有外来血统植入的俄罗斯族，在这片土地上各自创造了具有原生态的民俗文化，这一文化与他们建立在依赖大自然基础之上的生产生活方式有着直接的联系。因此，作为民俗文化的一部分，诞生了契合生产生活方式、特定环境特点，以及寒冷气候的原生态民居。今天除了木刻楞在俄罗斯族聚居的地方仍在广泛使用外，达斡尔族民居，尤其是鄂伦春族、鄂温克族的斜仁柱由于生产生活方式的巨大变化，基本上已经退出了历史的舞台，于是对于这些记载着北方少数民族历史与文化的民居的整理与研究也就具有相当的意义。

一、达斡尔族传统民居

达斡尔族②是北方具有农业文化传统的古老民族之一，也是一个早期定居的民族，因此，达斡尔族的居住形态具有自身鲜明的特点，同时也与其他北方游牧少数民族的居住形态有明显差异。

17世纪中叶，达斡尔族曾居住在黑龙江以北流域，为了响应清朝政府关于断绝沙俄侵略者粮源的决策，陆续从黑龙江北岸南迁嫩江流域，在嫩江中下游的沿岸、讷谟尔河沿岸等地建立村落，形成了达斡尔族聚居的地域③。

现今的达斡尔族人口有13万余人，主要分布在内蒙古自治区莫力达瓦达斡尔族自治旗、鄂温克族自治旗、扎兰屯市、阿荣旗及黑龙江省齐齐哈尔市区、梅里斯区、富拉尔基区、龙江县、富裕县、嫩江县、爱辉县，少数居住在新疆塔城市④。

（一）选址及村落布局

1．选址

达斡尔族在17世纪中叶就已经形成了多种经营的经济结构。达斡尔族居住的大兴安岭、嫩江流域山林茂密，土地肥沃，并且江河众多，草原辽阔，他们充分利用依山傍水的自然条件，从事着农业、定居畜牧业、狩猎业、渔业采集业等众多产业。

因此，达斡尔族在村落的建设中，非常重视自然环境与水源的选择。他们的村落大都建在依山傍水、平整背风的向阳之地，与自然环境有机地构成了大自然园林式的村落，这样既可抵御大兴安岭漫长冬季的寒风，也可利用周围的资源进行农业生产、捕鱼、放牧，河套子里的柳条还能编织筐篓和篱笆，山林可以提供做饭取暖的烧柴。清朝同治年间所编纂的《黑龙江通省舆图总册》中所记载的达斡尔族村落，周围都有农田和牧场，反映了达斡尔族人定居的特点⑤（图5-2-1）。

2．村落布局

达斡尔族人村落的布局与他们的生产方式有直接的关系。达斡尔族人从事农业生产和定居牧业，其中农业生产又分为大田耕作和园田耕种，大田耕种中的耕地一般距村落几里至20里远，主要生产传

图5-2-1　达斡尔族村落

统农作物燕麦、荞麦、稷子、大麦等；园田耕种是在庭院的东、西、北开辟园田，每家有几亩到10亩左右，种植满足生活基本需求的蔬菜、烟叶、玉米和麻。为防止牲畜破坏，园田四周用柳条编篱笆圈围。

这种园田围篱笆，远耕近牧的生产方式使得达斡尔族人村落占地比较宽阔，各家住房沿东西向排列，每座住房的前后、左右相隔很大距离，中间开辟有园田、院落，村中以东西为干线，形成纵横的车马道路，通向村外。

（二）院落空间

1．空间布局

达斡尔族在住房的四周筑墙围成院落，形成典型的三合院院落空间。院子呈长方形，正房坐北朝南，位于院中南北轴线的最北端，是达斡尔族进行室内活动的主要场所；东西厢房分别布置仓房与磨房，用于储藏粮食和农具以及粮食的加工；院子中的院门居于主轴线的南侧，和正房遥相呼应。在院

子中靠近院门的左右布置堆放柴垛、牛马圈，在正房的南墙下或东南、西南侧为狗窝，这是达斡尔族民居院落空间的典型布置手法。讲究一点的人家在院子的南侧还要再加一道院门，俗称"大门"和"二门"，这样的做法是要把牛马圈和柴垛与内院分离开来，从而形成两进院落：主院套和外院套。在庭院的东、西、北外层是园田耕种的场地（图5-2-2、图5-2-3）。

2．院落细部特点

（1）院门

达斡尔族的院门开在南向，一般是立两个一尺多粗的木门柱，相隔距离以能过拉草的大轱辘车为准。门柱上凿出两三个孔，需关门时，横穿木杆即可。有时为了方便，会把其中一个木杆上下斜插，以防止牲畜的出入（图5-2-4）。

（2）围墙

达斡尔族人院子四周都有围墙，当地人俗称"障子"，各家的园田连成一片，仅由障子加以分

图5-2-2　达斡尔族院落　（资料来源：《达斡尔族风情》）

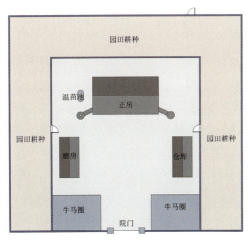

图5-2-4 达斡尔族民居院门 （资料来源：朱秀杰摄）

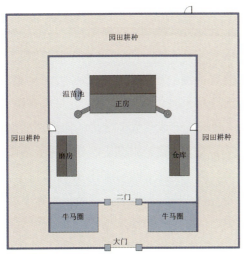

图5-2-3 达斡尔族民居院落平面示意图

图5-2-5 柳编障子 （资料来源：朱秀杰摄）

隔。障子有用柳条交叉编成的，也有用柞树或白桦、黑桦围成。以柳条编织而成的，每隔600～700毫米会有一个立柱(图5-2-5)；用柞树或白桦、黑桦做成的障子，中间会植入间隔1000毫米左右的立柱，现在的材料多以松木为主(图5-2-6)。

（3）温苗床

达斡尔人家宅院中很别致的是，在住房的西窗外有约10平方米的温苗床。上铺小石头，作为烟苗或蔬菜苗的温床。

在达斡尔人的经济生活中，烟是主要的商品，也是达斡尔人的重要经济来源。达斡尔人生产的烟叶具有极佳的口碑。清嘉庆年间的《黑龙江外记》卷八中记载："（黑龙江）人家隙地种烟草。达呼尔（过去达斡尔的称呼）则一岁之生计也。自插秧至

晒叶，胼胝之劳，妇女任之。"因此在达斡尔族人院落的布局中，温苗床成为特别的一景。

（三）建筑单体

1. 正房

（1）房屋结构与功能

传统的达斡尔族民居为土木结构，大多用草坯垒墙，也有用土坯的。整个房屋的骨架为全木结构。正房以间为单位，有两开间、三开间和五开间之别。传统的达斡尔族正房多为两间和三间房。

两间房西屋为居室，东屋为厨房，在东屋开房门。厨房有南北两灶，南灶用于日常做饭，北灶处设"额勒乌"[⑥]，即池式火炕，用于炕干粮食，平时上面铺木板。西屋为家庭成员的起居处，设南、西、北三面连炕，成为"凹"字形（图5-2-7）。

图5-2-6 柞木障子 （资料来源：朱秀杰摄）

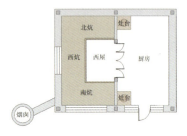

图5-2-7 达斡尔族民居两间正房及平面 （资料来源：朱秀杰摄，齐卓彦绘）

而三间房中间为厨房，东西两侧为居室，其中尤以西为贵，东屋次之，房门开在厨房。厨房设有4个灶，有的在中屋设"额勒乌"，有的设在东屋。西屋同样为"凹"字形炕，是长辈的起居处，东屋有的为东、南、北三面炕，有的是南、北两道炕，是晚辈的起居处（图5-2-8）。

人口多的人家，也有建五间房的。五间房的结构是在三间房的东西两侧各多建一间。家里长辈在靠厨房的西间起居，东面两间的北炕各设一个"额

勒乌"。

西屋在门框上中央装有一根东西向的木横梁，不起结构作用，只是作为日常生活使用，可以挂婴儿的悠车（图5-2-9）。

（2）房屋的建造

传统的达斡尔族房屋建造工序严谨而复杂，具体的程序为：

先打地基，在已选定的建房位置上，夯出高出地面30～60厘米的地基。之后挖一米左右深的大坑，里面垫上石头，在坑里下主柱。主柱的数量视房间的间数定，三间下8根，两间下6根，之后填土夯实。在进深方向的两根主柱之间加两根稍细的辅柱，埋入地里30厘米左右。为了防止柱根的腐烂，在柱子根部涂苏子油，用桦树皮把柱子根部包起，或在其周围放些草木灰。柱子上讲究上双层檩桄，在檩桄上放三角架，形成"人"字形的突脊。从房脊到房檐每隔一尺二寸架一根椽子。好的椽子为破成方形的松木，涂上苏子油，用铁钉钉在房桄上。除此之外，房子上不用任何铁钉，而是用木料上的榫槽接合固定。在椽子上面铺柳编的房笆，有的住房上面铺拇指粗的柳杆编排的房笆（图5-2-10），在柳笆上抹一层泥，上面铺苫房草，由下而上铺，一层压一层，直到房脊（图5-2-11）。房脊上用编成鞍形的草架子压封（图5-2-12），既防风吹散，又整齐美观。好的苫房草，可保持20年之久。

达斡尔族砌墙用的材料大多用草坯，也有些地方用土坯。草坯是从草甸子上挖出，也可以挖芦苇根密集的地皮，草根上包着泥块。草坯长约300毫米，宽约200毫米，厚约200毫米，经太阳晒后，具有很高的强度。房屋的墙厚一般为600毫米，北墙由于防寒的缘故会更加厚实，房墙砌好后，内外用羊芥草和泥抹平整，房里墙面多用沙泥打平抹光，有的地方的达斡尔人还取来白石灰粉刷墙壁，使室内光洁明亮。室内间壁墙用柞木杆或柳杆夹成笆，在上面抹泥即可（图5-2-13）。

（3）细部

炕：达斡尔族传统民居的正房中主要起居空间

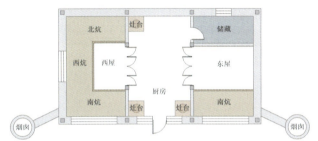

5-2-8 达斡尔族民居三间正房及平面图 （资料来源：朱秀杰摄，齐卓彦绘）

图5-2-9 正房中挂婴儿车的横杆 （资料来源：朱秀杰摄）

图5-2-10 屋顶结构及柳编房笆 （资料来源：张寒摄）

图5-2-11 屋顶苫房草 （资料来源：张寒摄）

以炕为主，在正房西屋的北、西、南三面设有连在一起的三铺火炕，叫凹形炕。火炕长度等于房间宽度，宽度通常为1.8～2.2米，高度0.6米，略高于成人膝盖。炕上早年铺兽皮或桦树皮薄片，与汉人接触后改成铺芦苇席或高粱秆皮编成的席。炕沿多为木板，讲究一点的人家炕的外壁多用木板镶嵌，木板上还雕有各种各样精美的图案（图5-2-14）。

达斡尔族是一个非常注重礼仪的民族，尊敬老

人和长者。在西屋的凹形炕中，又以南炕为上。南炕一般居住老年夫妻，北炕为少年夫妇所住，中间的西炕是客人的位置。

门：室内西屋的隔扇门的制作比较精致，讲究的以红松为原料。隔扇门分为门扇和门楣两部分。门楣上多雕花瓶或五福捧寿等题材图案，有的人家则雕饰满、汉文的福、禄、寿、喜、财。门扇由4扇门组成，当中的两扇可经常开关，两边的两

图5-2-12 房脊上用编成鞍形的草架子 （资料来源：张寒摄）

图5-2-13 用草坯砌的墙身 （资料来源：张寒摄）

图5-2-14 达斡尔族民居中的凹形炕 （资料来源：张寒摄）

扇平时总是关着。扇门上有雕刻的菱花、盘长纹形棂子，门板上雕有花草、飞禽、鹿的吉祥图案（图5-2-15）。

窗：达斡尔族传统民居有在西面开窗的习惯，有利于室内采光和通风，这是达斡尔族住房的一个特色（图5-2-16）。三间房有10扇窗子，其中西屋南面3扇，西面2扇，中间房门的两边各一扇，东屋南3扇。传统的窗子分为上下两扇，上扇可以支起敞开，下扇可以向上抽出取下。窗扇由相距10厘米的细窗棂纵横交错组成许多小格子，外面糊窗纸，在窗纸上喷上豆油，起到防雨雪潮湿和透亮美观的作用，现在都镶嵌为玻璃（图5-2-17）。

图5-2-15　达斡尔族民居中的隔扇门　（资料来源：朱秀杰摄）

图5-2-16　正房中的西窗　（资料来源：张寒摄）

图5-2-17　正房窗户　（资料来源：张寒摄）

图5-2-18　达斡尔族民居中的烟囱　（资料来源：张寒摄）

烟囱：达斡尔族传统民居的烟囱很有特色，它们设在住房的侧面，三间或五间的住房会在左右有两个烟囱，分别距离东西墙面一二米远。烟囱有圆柱形、有方柱形，同样用草坯垒成，直通火炕。早先的烟囱收口的部分会用枯木树干，现在有些会直接用草坯垒砌，或用铁皮烟囱代替。这种烟囱的建构可以在一定程度上防止火灾的发生，具有一定的科学性（图5-2-18）。

2．厢房

（1）仓房

图5-2-19　仓房　（资料来源：张寒摄）

仓房一般有两间到三间大小，也为纯木框架结构，柱子的埋设方式与正房相同。仓房的地板离地700～800毫米左右，墙壁一直到房檐用粗木头垒起或镶嵌木板条，为双坡屋顶，屋顶上用苫房草做顶盖。仓房因距地有一定高度，易于空气流通，四面墙壁也透风，保持仓内干燥，宜于贮藏谷物和不常用的东西。盖建时，在仓房正面留有800～1000毫米宽的平台，平时可作为晾晒物品之用（图5-2-19）。

（2）磨房

磨房很宽绰，通常有两间大，里面有臼和簸箕。建造方式与仓房相同，只是地面没有抬高（图5-2-20）。

二、斜仁柱

斜仁柱又称"仙人柱"，是鄂伦春人对这一居住形式称呼的音译，"柱"在鄂伦春语中是"房子"的意思，意为"遮住阳光的住所"。满族人把它称之为"撮罗子"，后来成为斜仁柱的俗称[7]。斜仁柱是北方狩猎少数民族鄂伦春族、鄂温克族原始的、可移动的居住形式之一（图5-2-21），但这种建筑形式并非是两个民族所独有，赫哲族和雅库特人也出现过类似的建筑，历史上黑龙江两岸中下游直到库页岛的广大区域内的民族也都有过，甚至在内蒙古阿拉善盟的古代岩画中也发现过斜仁柱式的建筑岩刻。

斜仁柱的形式是特定历史时期、特定自然环境的产物。它具有取材方便、建造迅速、设备简单和易于搬迁的特点。

以下以鄂伦春族为例介绍斜仁柱建造与使用的特点。

鄂伦春族是在历史上经历了漫长的具有原始特

图5-2-20 磨房 （资料来源：张寒摄）

图5-2-21 鄂伦春族建在一养殖场里的斜仁柱和奥伦

征狩猎文化的北方少数民族，17世纪中叶以前，他们生活在贝加尔湖以东，黑龙江以北，直到库页岛的广大地区，过着"土地旷阔，人民散居，无市井城郭，逐水草为居，以射猎为业"的生活。因此"迁徙无常，居无定处"是鄂伦春族人在长期的狩猎生涯中所形成的一个非常显著的特点，现在主要分布在内蒙古自治区东北部呼伦贝尔市的鄂伦春自治旗、扎兰屯市，黑龙江省北部的呼玛县、塔河县、逊克县、嘉荫县和黑河市。

（一）斜仁柱选址

鄂伦春族人在搭建斜仁柱的时候，很重视对地点的选择。他们一般会在前有河流，背靠树林的向阳坡地建房，或者是选择位于半山腰的向阳地，也有的选择丘陵地带。这样可以充分利用自然条件，创造相对舒适的居住环境。鄂伦春族人还会因季节不同，在选址上注意一些细节：比如在夏季，他们会选择通风好、蚊虫少的地方，斜仁柱也会搭得较高，以便空气流通；在冬季则选择枯树较多容易取烧柴的地方，斜仁柱搭建得矮，以便保暖。但无论什么季节，这些斜仁柱一定都会建在距离动物活动很近的地点，以便鄂伦春族人每日的打猎活动。

（二）斜仁柱部落

鄂伦春族以父系家族公社"乌力愣"[⑧]为基本的社会单位，他们自行安排生产和生活，生产资料公有。一个"乌力愣"由若干个同一父系小家庭组成，一个家庭住一个斜仁柱。这些斜仁柱往往一字

图5-2-22　斜仁柱部落　（资料来源：《走进中国少数民族——鄂伦春》）

排开，长者居中，小辈分列两边（图5-2-22）。一字排开的缘由来源于鄂伦春族人对神偶的崇拜。鄂伦春族人习惯将放有神偶的桦皮盒挂在斜仁柱后的树上，所以斜仁柱的后面不许再建斜仁柱，而要建成一排。迁居的时候要先将神像移走，到达新的定居地点的时，也要先安置神位。

（三）斜仁柱的建造

1．建造方式

首先搭建骨架。斜仁柱的外观呈圆锥形，由直径约10厘米，长约4～5米的细木杆20～30根，最多用40根搭建完成。细木杆一般用桦木、柳木或是落叶松做成。斜仁柱在搭建之初，首先用3根（最好是端部有叉的）细木杆在地面呈三角形分布、在顶部交叉作为基础骨架，之后把其他的细木杆均匀分布在基础骨架之间，顶部集中于一点并相互交叉，用湿柳木条捆扎好，底部在平面上形成圆形。这样形如伞状的房屋骨架就建成了（图5-2-23）。

第二步是覆盖围子。围子分夏季与冬季之用。夏季用桦树皮。早先时候是直接把桦树皮剥下来后，一块一块从斜仁柱的底部向上逐层围盖。由于桦树皮较厚，覆盖后斜仁柱内的光线很暗，于是，之后鄂伦春人对桦树皮进行改良，即剥去面上的结节和疙瘩及外层白色易脱落的皮，留下中间很薄的一层，之后在沸水中煮2～3个小时，在水中浸泡使桦树皮变软，然后一块一块对接缝好。这样特制的桦树皮卷柔软不容易折断，透风性、透光性好，易于在搬迁中卷好带走，但它有一个很大的缺点就是害怕冰雹。柔软的桦树皮也是从底部围起，层层相压向上覆盖，外面用有间隔的木杆压在上面（图5-2-24）。

冬季围子换成厚绒的狍皮。狍皮围子一般由三大块组成，两块较大的用狍皮25张，小的用狍皮10张左右。这三块围子缝合成扇形，在扇形的四个角上系有较长的皮条，之后把狍皮围子覆盖在房子的骨架上。覆盖时，两块大的放在房子骨架的两侧，小的盖在后面，用皮条绳系在房子的骨架上。之后仍然在围子的外侧用均匀分布的细木杆压牢。围子

图5-2-23 斜仁柱骨架搭建过程 （资料来源：呼伦贝尔市申遗中心）

图5-2-24 斜仁柱桦树皮围子 （资料来源：呼伦贝尔市申遗中心）

图5-2-25 斜仁柱狍皮围子 （资料来源：呼伦贝尔市申遗中心）

图5-2-26 斜仁柱帘子——呼伦贝尔市申遗中心

与地面之间的缝隙用茅草塞严，有的还会在茅草外面加一层土，使斜仁柱的保暖性更好（图5-2-25）。

最后是搭门，斜仁柱的门是放在朝南或朝东的两根木杆之间，门高约1米，宽约80厘米，夏天多用柳木或苇子编织成帘子覆盖，冬天则用绒毛厚的狍皮鞣软后覆盖（图5-2-26）。

一般而言，斜仁柱内部高度可以达到3~4米，底部圆形的直径为4米左右。但也可以依据季节、人口的不同，大小进行调整。内部空间在夏天时会较大，冬天会小一点。

鄂伦春猎人在游猎迁徙时，只是把外面的围子打包拿走，至于斜仁柱的木杆骨架就弃在原地，待到新的驻扎地点的时候，可以就地取材，再重新进行搭建。

斜仁柱可以说是搭建非常快速、简易的一种可移动性住房，制作的材料完全就地取材，森林中的桦木杆、桦树皮、芦苇、动物的皮毛都成为建造斜仁柱的原料。

2．细部特点

（1）天窗

斜仁柱的围子在对房屋的骨架进行围裹的时候，在靠近圆锥顶部的地方会留有一定的距离，这样在斜仁柱的室内正中的顶部会出现一个小口，这个小口对于斜仁柱来说非常重要，它有采光、通风及排放烟气的作用，遇到雨雪时会稍加覆盖。冬天则用狍皮做成锥形套，夜晚套在上面，白天取下（图5-2-27）。

（2）火塘

在斜仁柱的中央设有火塘，用于取暖、照明、

图5-2-27　斜仁柱里的天窗

图5-2-28　斜仁柱中的火塘和铺位

保存火种和做饭。火塘其实就是简易的篝火，多用木材堆积而成，上面架设三角形支架，支架上吊着双耳铁锅，可以随时煮食。

（3）内部陈设

在斜仁柱内，除了门的位置，剩下沿着室内周边都是铺位，供鄂伦春人在其中坐卧。铺位有席地铺和木架铺两种。席地铺以直接摆放在地上的半圆形木杆为铺沿，铺沿内铺干草、桦树皮和兽皮褥子；木架铺则是先在地上支起四根30～40厘米高的小木柱，在柱子上搭两根横木，再在横木上一根挨一根紧密排放小木杆，最后在木杆上放干草和褥子。席地铺由于防潮且坐卧方便，因此在鄂伦春人的使用中较为普遍（图5-2-28）。

斜仁柱内的铺位非常的讲究，对着门的铺位是正铺，鄂伦春人称作"玛路"[9]，铺的上方悬挂着桦树皮盒，里面装着神偶，是供神的地方。正铺在家中只允许老年男子或男性客人坐卧。正铺的两侧被称作"奥路"[10]，是家族的席位，左边为儿子、儿媳的居处，右边为长辈父母的居处。男主人只有丧偶后才能在正铺居住。子孙比较多的，结婚后要另建居所，一般会留下最小的儿子和长辈住在一起。斜仁柱内铺位的四周会摆放桦树皮箱、皮被、皮口袋、猎枪等必备物品。

（四）高脚仓房——奥伦[11]

对于迁徙中的民族鄂伦春来说，奥伦是存放物品的仓库，是阁楼式木构建筑（图5-2-29）。奥伦的搭建依然遵循就地取材，搭建快速的特点。首先在树林中选出4棵自然生长的呈长方形对角的树木，在高出地面三四米左右的地方把树头砍去，在其上面横铺两根平直的木杆，在两根横撑上再铺设木板，形成底座。之后用树枝做成半圆形的顶棚支架6～8条，扣合于底部横撑之上。支架的外面覆盖桦树皮，用柳条将其捆扎结实。仓库的一侧用桦树皮封死，另一侧在封堵时留有小门，以便取放食物。为了登上仓库，把两根较粗的树干用湿柳条木捆在一起，每隔一定距离处砍出一个凹格，作为梯子，不用时把木梯放在仓库的底下，防止动物顺梯而上。为了防止野兽及小动物的侵入，人们还将四根柱子的外皮剥光、磨光，使其光滑，使动物不易爬上。奥伦中一般存放干肉、粮食以及过季的衣物等。

奥伦在使用上有两大优点，其一，透风性好，

图5-2-29 高脚仓房——奥伦

可以保持存放物品的干燥；其二，建造的高度可以防止野兽的侵袭。

在敖鲁古雅鄂温克人居住的密林中也有类似"奥伦"的阁楼式仓房，有所不同的是，鄂温克人在4棵树干上建的是圆木垒砌的建筑，顶人字坡形，之后以桦树皮覆盖后压条（图5-2-30）。

三、木刻楞

木刻楞是具有典型俄式风格和建造方式的一种纯木结构房屋，它的基本构造特点为用圆木水平叠成承重墙，在墙角相互咬榫，木头的榫槽用手斧刻出，有棱有角，规范整齐，为迅速排除积雪，屋顶都是陡峭的坡顶。这一建筑形式在中国被统称为木刻楞。

木质结构建筑是俄罗斯传统建筑形式，具有一千多年的历史。俄罗斯具有丰富的森林资源，在公元10世纪拜占庭石头技术进入到基辅罗斯之前，都保持着木质结构建筑传统，在经历了近10个世纪建筑的发展，这一传统的木屋建筑大多以民居的方式保留下来，分布在乡村。它具有适应寒冷气候、冬暖夏凉、取材方便、构造简单的特点。

木刻楞在中国主要分布在内蒙古东北部、新疆

图5-2-30 鄂温克族的奥伦

俄罗斯族聚居的地方，以及中东铁路的沿线。内蒙古境内的木刻楞主要分布在额尔古纳市俄罗斯族聚居的乡村以及满洲里等中东铁路沿线城市。

（一）木刻楞传入的途径

历史上木刻楞从俄罗斯进入内蒙古境内大概可分为三种途径：

第一种：中东铁路的建立。中东铁路，又称东清铁路、东省铁路，是19世纪末20世纪初沙皇俄国为攫取中国东北资源、称霸远东地区而修建的一条"丁"字形铁路。在这样的背景下，1900年（清光绪二十六年）4月，中东铁路西段在中国境内的西端满洲里开始铺设，随着铁路的铺设，城市中涌入大量的俄国铁路员工、俄国商人，并建设了大批俄式风格房屋，其中包括大量的木刻楞。

第二种：1689年中俄签订《尼布楚条约》后，仍然有俄国流民非法越境放牧、垦种。从1860年始，大批俄国人越过额尔古纳河涌入中国境内，主要以盗采黄金为主。这些人中的大部分后来就留居在额尔古纳河南岸生活。俄国十月革命（1917年）后，一部分带有明显政治流亡性质的俄国人流入额尔古纳河南岸，特别是1920年，额尔古纳河沿岸的俄国居民相继越过界河来此定居。这些人在中国境内的生活，和中国人的联姻，使得俄罗斯的文化与居住形式扎根在这块土地上。

第三种：清顺治六年（1649年）到民国时期有大批中原汉人闯关东，其中不少人继续北进，进入俄国境内的工厂充当华工，这些人大多是单身男子，与俄国姑娘的频繁接触后，中俄男女开始通婚。后来这些人携妻子和子女回国大多也定居在额尔古纳。使俄罗斯的居住形式进入中国成为可能。

（二）满洲里木刻楞

20世纪初中东铁路的铺设，使得沿线各站均相继出现大量木刻楞房，它们有的作为站房、服务用房，更多的是作为职工宿舍。在这些木刻楞房中，建筑年代最早、结构制式规范且保留完整的典型标本大多集中在满洲里一带。据统计，现今满洲里市区内的木刻楞建筑保存完整的共计有25栋，它们主要分布在满洲里市道南的一、二、三、四道街和市北区天桥下的中苏街和一道街（表5-2-1）。

满洲里木刻楞具有典型俄罗斯的建筑样式和装饰风格，并逐步与当地民俗及生活习惯相融通，形成自身的风格，它们虽然建筑形式各异，但就其共同特点可以总结为以下几点：

1. 平面形制

木刻楞由于建造和材料的局限性，平面形式都是规矩的矩形，稍微复杂一点的房子也是几个木屋的组合。满洲里木刻楞平面大多为矩形或为矩形的变体工字形、十字形，入口门的方向在四面都有，没有固定方位。现存木刻楞无论从已有保留的格局来看，还是里面进行重置后从体量的推断，其内部的格局基本对称分布。为了防寒，进入建筑都会经过门斗或门廊再进入各户（图5-2-31）。

满洲里市区现存木刻楞分布曲　　　　　　　　表5-2-1

区位	编号	图片	位置	始建时间	介绍
南区	M-1		四道街机务段路东	1910	铁路员工住宅
	M-2		四道街机务段路东	1910	铁路员工住宅

区位	编号	图片	位置	始建时间	介绍
南区	M-3 M-4		三道街机务段路	1904	铁路员工住宅
	M-5		二道街靠近火车站	1903	1949年后为铁路地区两户领导住宅，现为车行
	M-6		二道街	1903	铁路员工住宅，现为棋牌室
	M-7		一道街靠近站前广场	1901	铁路员工住宅，现为商店、旅馆
	M-8		一道街东端	1954	铁路员工住宅
北区	M-9		一道街最东端	20世纪初	1951年开始为铁路换装所东吊车间办公室，1985以后为换装所集体经济青年加工厂厂办公室、换装所综合服务处办公室。2008年开始为换装所职工之家、图书阅览室
	M-10		一道街靠近红军烈士公园	20世纪初	现为满洲里当代美术馆
	M-11			1902	现为泾水洗浴
	M-12			20世纪初	现为个体经营饭店
	M-13			1902	现为个体经营旅店
	M-14		一道街海关路	1908	满洲里海关办公地 (1908—1950)
	M-15	无图片	一道街海关路	1908	同上
	M-16		一道街天桥东	1907	现为铁路用房

区位	编号	图片	位置	始建时间	介绍
北区	M-17		一道街天桥东	1907	现为铁路用房
	M-18		一道街天桥西	20世纪初	最早的电报局
	M-19		一道街中苏步行街	1901	现为个体经营旅店
	M-20		一道街文明路	1907	现为住宅
	M-21		一道街水源路东	1907	曾经为苏联领事馆附属建筑，1949年后为满洲里市政府招待所，现为个体经营饭店
	M-22		一道街水源路西第一栋	1902	现为住宅
	M-23		一道街水源路西第二栋	1902	现为住宅
	M-24	无图片	铁路西线机车库附近		
	M-25	无图片	水塔下		

（图片来源：王铁樵、张寒摄）

2. 立面及装饰

（1）立面

满洲里木刻楞的总体轮廓为横向三段式构成，底部为厚重的石质基础，在其上为圆木摞砌或板条的木质墙体，顶部为铁皮屋顶。石质的基础可以使木质墙体不被腐蚀，有效地保护了房屋的整体结构；木质墙体以舒展的水平线条展开，美观的同时又利用木材的属性适应北方的气候特点，形成冬暖夏凉的室内环境（图5-2-32）。屋顶为坡屋顶加铁皮瓦，可以有效地排泄雨水并且在冬季削弱积雪对屋顶的压力（图5-2-33）。

（2）装饰

三檐：《建筑美学》中曾通俗地将房檐、门檐和窗檐比喻为人五官中的眉毛、嘴和眼睛，而"木刻楞"在装饰上的典型特点就在于着力妆绘这处于最佳视角又是视觉中心部位的"三檐"。在木刻楞中，

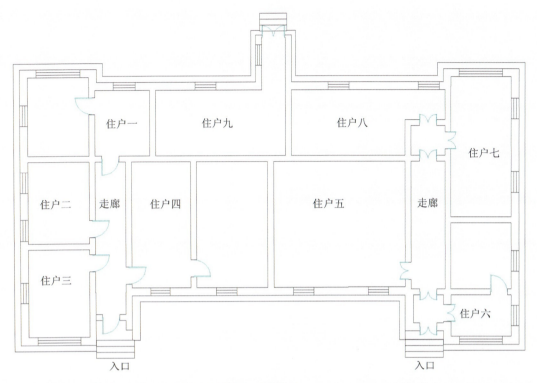

图5-2-31 满洲里市区现存木刻楞M-22平面图 （资料来源：齐永强绘）

图5-2-32 满洲里木刻楞外观 （资料来源：张寒摄）

图5-2-33 满洲里木刻楞屋顶铁皮瓦 （资料来源：张寒摄）

三檐的雕花精美，富有层次，在装饰了门窗的同时，也使建筑物凸凹有致（图5-2-34）。

色彩：北方寒冷的气候特点使得建筑物被赋予温暖的视觉感。满洲里木刻楞的木质立面大多被涂以黄色或橙色等饱满鲜明的颜色，为一年中近6个月的寒冷期增添了一抹色彩。同时木雕花纹的装饰部分则运用蓝、绿、紫等冷色进行处理，使建筑物色彩在对比中更显跳跃，也使得屋檐、门窗重点装饰的部分更加的突出。屋顶与外门以及护窗木板相呼应，大多为棕红色，延续整体建筑暖色的基调。

老虎窗：满洲里木刻楞大多在屋顶有老虎窗，老虎窗在形态上很好地呼应了屋顶的形式，起到了丰富建筑立面的作用，同时，老虎窗对室内的通风也起了一定的作用。

总结：可以说满洲里木刻楞是在诸多对比碰撞中产生的给人视觉感官以强烈冲击的建筑形式。冷暖色彩强烈的对比、宽广粗犷的建筑形态与精美雕花的对比，以及立面中横向线条与夸张的门窗装饰所形成的竖向线条的对比都使得这一建筑具有强大的魅力。

3. 室内

满洲里木刻楞的室内地面、墙面、顶面都为木质，门的高度低矮（图5-2-35）。

（三）额尔古纳木刻楞

额尔古纳木刻楞主要分布在各个俄罗斯族聚居

图5-2-34 满洲里木刻楞三檐装饰 （资料来源：张寒摄）

图5-2-35 满洲里木刻楞M-22室内 （资料来源：张寒摄）

乡中，成为这一区域普遍的居住形式。但相较于满洲里木刻楞，它们偏重于简单、朴实、实用，没有过多的装饰（图5-2-36）。

1. 平面

俄罗斯族住宅每户人家自成小院，小院内有菜地、牲畜圈舍。住房的入户方向不定，一般为朝向街道的方向。

俄罗斯族住宅多为两间，外间和里间。外间为厨房，连接通顶火墙，为房间供暖，里间是起

图5-2-36 额尔古纳木刻楞民居

居的地方，放置生活用的家具。俄罗斯族喜睡床，没有睡炕的习惯。屋内布置干净整洁，虽然朴素，但处处体现俄式的浪漫情怀：桌子、窗户、床上喜欢布置白色绣花的布帘；家中四处都是开满鲜花的植物。由于俄罗斯族人信奉东正教，所以一般都会在里间的墙角处供奉着圣母玛利亚的神像（图5-2-37）。

2. 立面

早先的木刻楞是直接把圆木墙体落在地面上，但这种情况时间一长，木头就会腐烂，进而房屋也会倒塌，所以之后所建住宅，都会有石头作为基础。额尔古纳俄罗斯族的住宅立面仅在窗上附加窗套作为装饰，其余地方都很难见到装饰的痕迹。房屋不施色彩，完全再现木头最原始的风格。也有的

图5-2-37 额尔古纳木刻楞火墙及室内

图5-2-38　木刻楞的建造：打地基

图5-2-39　木刻楞的建造：垒墙身

图5-2-40　木刻楞的建造：打木钉

图5-2-41　木刻楞的建造：垫青苔

房屋在圆木外面抹一层白灰和泥来御寒。

（四）木刻楞建造方式

木刻楞的建造可以分为以下几步：

打地基：在平坦的地面开挖基槽，基槽宽约500毫米，深约300毫米，之后在基槽内垒砌石块，形成表面平整的矩形基础，基础高出地面依地形及户主的要求而定，一般为300~500毫米。基础用水泥灌缝，使其结实、牢固（图5-2-38）。

垒墙身：挑选直径为18~20毫米的挺直松木几十根，去枝杈剥皮晒干后两端削平，再按尺寸把圆木的下侧做出圆弧形凹槽，上端保持不变，以使得上下圆木在相叠时能够相互咬合，稳定牢固（图5-2-39）。上下两个圆木之间还会以木楔相连接，即在木头上钻以圆孔，敲入木钉（图5-2-40）。木钉在每根松木上一般有两三个，上下层木钉彼此错开。层层圆木间用青苔塞缝（图5-2-41），用以增

大摩擦并且保温。有的墙体垒完圆木之后会在门窗洞口之间加立柱支撑，以保持结构的稳定。

木刻楞的平面一般都为矩形，相垂直的两面木墙在相交时会有两种做法：硬角、悬角（图5-2-42）。硬角（燕尾形角），先把每根松木放在转角处一端加工成楔形，如同燕尾，再根根上摞。转角处先出挑30~50毫米，供人在建造房屋时抬用，摞好后锯掉，形成整齐的硬角，也有的在硬角外再包上长条木板并涂油漆，作为装饰和保护。这样处理的建筑转角干净利落，外大里小的燕尾榫使转角处松木结合稳固。悬角（大码头角，也叫大角），每根松木边摞边刻槽，在转角处多面刻槽使两圆木相贯，转角处两侧圆木出挑约200毫米左右，形成一种十字形悬角。出挑的圆木外大里小把转角处紧紧卡住，使其结合稳固。悬角使木刻楞房豪放粗犷，具有原始的野趣。

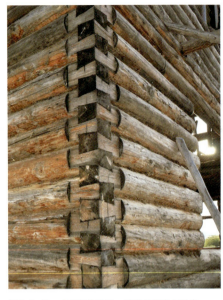

图5-2-42 木刻楞的建造：墙体的硬角与悬角

图5-2-43 木刻楞的建造：上屋架、上窗框

　　上屋架：木刻楞房常用人字形屋架。一般房屋有7根大柁，在每根大柁处钉人字形屋架。每个屋架用两根斜木筋或金属吊筋吊住，起连接大柁、稳定屋架的作用。沿人字形屋架间隔约一米钉檩条，檩上挂椽，然后钉木楞，上覆雨淋板或石棉瓦，现在大多数采用镀锌铁皮或金属板做屋面。因为金属材质阻力小，冬季不易积雪，可减轻屋架荷载。保温层做法是在大柁上钉一层木板，形成顶棚，上覆一层灰袋纸，抹一层草泥，晾干后再压250毫米厚干马粪（因马粪颗粒细小且不易燃，保温效果好）或煤灰、锯末等达到保温御寒作用。大柁下面做屋内天棚，抹麻刀灰，再刷一遍白灰。同时木刻楞房的屋檐距外墙出挑500毫米左右，可防雨防晒。

　　上门窗框装饰：因木材具有很好的抗弯性能，故在门窗洞口上不需另加设门窗过梁。多为木框双层玻璃窗，之后在门窗洞口上加上富有民族风情的装饰框（图5-2-43）。

注释

① 呼伦贝尔是多民族聚居的地区，在众多少数民族中达斡尔族、鄂伦春族、鄂温克族、俄罗斯族人口最少，称为呼伦贝尔四少民族。根据2010年第六次全国人口普查结果，20个人口在10万以下的少数民族中，内蒙古自治区占有3个，分别是鄂温克、鄂伦春和俄罗斯族，其中鄂伦春族约8200人，俄罗斯族约1.56万人，鄂温克族约3.05万人。达斡尔族约13.24万人。

② "达斡尔"的族名来源于达斡尔人的自称。虽然达斡尔的称呼在明末清初才较多记载于史籍，但在此很久以前，达斡尔族就已经繁衍、生息在北方广袤的土地上。有关达斡尔族的族源的研究说法不一，其中绝大多数学者认为达斡尔族源于古代的契丹人，属辽代契丹后裔。

③ 毅松.走进中国少数民族丛书-达斡尔族.沈阳：辽宁民族出版社，2012：16。

④ 毅松.走进中国少数民族丛书-达斡尔族.沈阳：辽宁民族出版社，2012：3。

⑤ 毛艳，毅松.达斡尔族-内蒙古莫力达瓦旗哈利村调查.昆明：云南大学出版社，2004.9页。

⑥ 达斡尔语，意为池式火炕。

⑦ 鄂·苏日台.鄂伦春狩猎民俗与艺术.海拉尔：内蒙古文化出版社，2000：119-120。

⑧ "乌力愣"是通古斯语，意为"子孙们"。

⑨ 玛路：鄂伦春语，意为北铺位。

⑩ 奥路：鄂伦春语，意为侧铺位。

⑪ 奥伦：鄂伦春语，意为高脚仓库。

传统民居

内蒙古古建筑

内蒙古古建筑

第六章 敖包

内蒙古典型敖包分布图

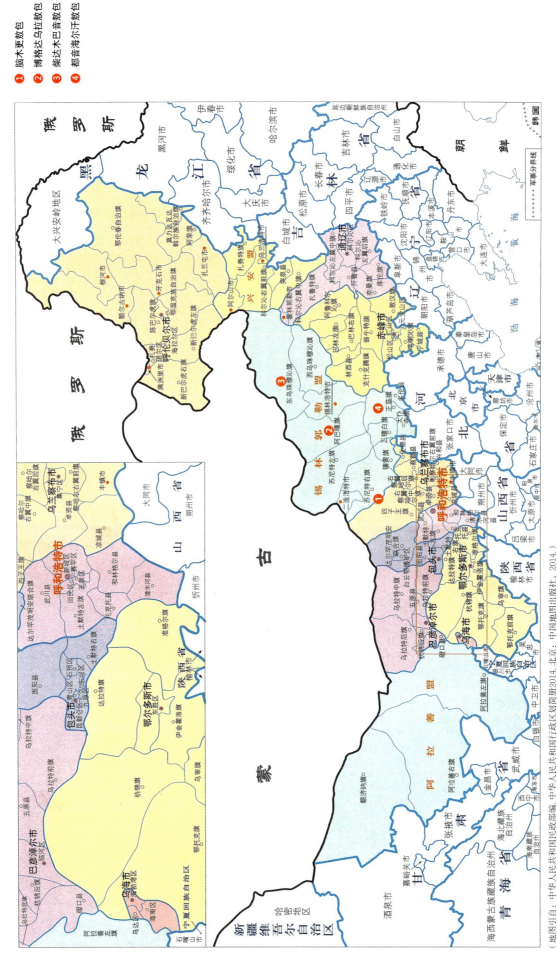

① 脑木更敖包
② 博格达乌拉敖包
③ 柴达木巴音敖包
④ 都音海尔汗敖包

（地图引自：中华人民共和国民政部编. 中华人民共和国行政区划简册2014. 北京：中国地图出版社，2014.）

在寂静的草原，默默地矗立于河川、原野的石堆是一道美丽而神圣的风景。转场的勒勒车或驼队远远地绕行敖包，每日清晨牧民都用新熬的奶茶向其行祭洒礼。若有行人路经这些石堆，必须下马并虔诚地为其添置石块或取一缕马鬃系在其挂满经幡与哈达的绳上，以求生活的幸福安宁。蒙古语称此石堆或堆状物为敖包（Obo）。敖包是集地域性、民族性、历史性为一体的神奇的文化载体。敖包秉承了曾遍布于世界各地的石文化之脉，以其丰富的类型、神秘的布局与数量，展现着草原文化之悠久而纯朴的美。

从北方游牧族群之建筑史看，可以说敖包与穹庐一样是游牧民亲手创建的本土建筑形态。作为一种草原地域性建筑形态，敖包承载了游牧民特有的简易且富有智慧的营造技艺和最大限度使用室外空间的场所理念。敖包无供人使用的显明的内部空间，却为人们营造了一种室外空间与行动秩序。其营造理念与蒙古包很相近，即室内空间窄小而有限，而室外空间广阔而丰富。游牧人生活生产实践多在室外，在他者看来模糊而无明确标志的场所，对牧民而言却是秩序明确、一目了然的公共空间。人工堆砌的石圈、石堆与只有牧民才能够识别的自然体足以构成一种独特的空间场所。对于牧民而言，敖包是草原的守护神、故乡的符号、牧途中的灯塔、社区生活的边界。

敖包为游牧人提供了举行盛大宗教礼仪及那达慕的神圣场所。或许，在藏传佛教寺院广泛建立于蒙古高原之前，敖包满足着人们各类祭祀、聚会等公共行为的场所需求。除仪式时间外，在茫茫的草原，人们借助敖包确定方向、方位，划定游牧界域。可以说敖包是组织和保证游牧社会正常运行的一种空间坐标。关于敖包的种种传说、敖包神的想象均在见证着游牧人对草原、本土文化的热爱与认同。敖包成为蒙古人生产生活实践中不可缺少的场所。

敖包的考古学研究意义虽非同小可，但作为活态的信仰文化特质，始终保存了遮盖于其上的那层薄薄的神秘面纱。在20世纪的"文化大革命"中内蒙古地区的敖包几乎全部被拆毁或遗弃，时隔20余年，敖包多被修复，重新进入牧区的生活世界。因此，难以用实例说明某一未经修复而保持原有形态的敖包。然而，在牧民的记忆中敖包却从未消失，其简易的形制与材料容易使人迅速在原地修复重建，在这一点上敖包与草原上的固定建筑，如藏传佛教寺庙建筑有着明显的区别。敖包是一项技艺与材料都相对简易，而文化喻义却深刻久远的大众化、本土化的营造实践。

第一节　敖包文化史探源

敖包常以石堆形状为外人所认知。其材料与形状接近于遍布世界各地的石文化遗迹。敖包之所以神秘莫测，是因为其渊源与属性的难以确定。人们猜测敖包为祭坛、陵墓、山岳之象征及种种，但至今未取得使人信服的定论。有人怀疑敖包是否为本土文化产物，因16世纪之前的历史文献中无一敖包名称的确定记载。因此，绕过无尽的溯源而去探寻其活态的文化意义与功能成为一种有效的认知途径。

一、神秘的石堆——文献中的敖包

敖包或形似敖包的由人工堆砌的石堆遍布于蒙古高原以及欧亚大陆。敖包到底为何物？它与古代两河流域的祭坛（Altar）、中原的社稷、青藏高原的玛尼堆、朝鲜半岛的社郎堂、日本的十三冢等石堆或石坛有无亲缘关系？虽不排除形似而意异的可能性，但它们是否在述说着远古的泛欧亚文化类型？石文化是世界远古文化中的一种重要类型。石堆、石墙、巨石碑、石人像等石文化遗存遍布于世界。筑于高山顶的石堆及向石堆添置石块的习俗见于欧亚大陆至菲律宾群岛的广阔区域。

（一）北方草原的石文化记忆

在内陆欧亚（Eurasia），除史前时期的石文化遗存外，有文字记载以来又出现石人、鹿石、石板墓等多种石文化类型。在分布与功能上石堆与这些

遗存有着密切联系。如常见的赫列克苏尔墓（图
6-1-1）就是一座庞大的石堆。

相继兴起于内陆欧亚草原的多支游牧族群是这
些文化的创造者。那么文献中有无敖包或石堆信仰
的相关记载？《史记·匈奴列传》载，"岁正月，诸
长小会单于庭，祠。五月，大会茏城，祭其先、天
地、鬼神。秋，马肥，大会蹛林"。颜师古云"蹛
者，绕林木而祭也，鲜卑之俗，自古相传，秋祭无
林木者，尚竖柳枝，众骑驰绕三周乃止，此其遗法
也"。文献所载信息与蒙古族敖包形制、祭礼十分
吻合。

关于匈奴、突厥等游牧族群祭拜天地的文献记
载已十分接近敖包祭祀礼仪，关于朔方山川河流文
献亦有详细记载，其中不乏值得考究的记载。明人
撰《译语》载："曰都斤山，突厥可汗常处于此，
其西五百里有高山迥出，无草树，谓勃登疑黎，犹
华言地神也"。然而，文献却无敖包或石堆名称的
任何确切记载。

（二）13世纪文献中的记载

关于蒙古高原上的敖包，13世纪的历史文献
中有着零星而模糊的记载。《蒙古秘史》记载不儿
罕合勒敦山为可捕猎的野兽繁多，且立有"不儿
罕"的富饶的山。在近现代蒙古语中"不儿罕"意
为神，因此，可以猜想那是一座立有祭神标记的圣
山。欧洲、波斯、中原诸游客之见闻录作为历史生
活场景的真实叙述，虽富有历史价值，但仍无一丝
有关敖包名称的确定记载。

《长春真人西游记》载，"及升高陵，又有祀神
之迹"的信息使人轻易地联想到高山上的敖包及祭
祀仪式遗迹。

然而，只有张德辉（1195-1275年）的记述最
为贴切。其《岭北纪行》载："东北又经一驿，过
石堰。石堰在驿道旁，高五尺许，下周四十余步。
正方而隅，巍然特立于平地，形甚奇峻；遥望之若
大堰然，由是名焉"。这说明13世纪的蒙古高原确
曾有石堆，且其位置在驿道旁。敖包有指示方位的
功能，或许在无明确自然体的旷野修筑敖包是为了

图6-1-1　赫列克苏尔墓　（资料来源：《蒙古国古代游牧文化考古调查报
告（2005—2006）》）

标示驿站的确切位置。至今在蒙古高原有一些体积
庞大且无任何装饰的敖包（图6-1-2）。被考古学
家鉴定为元代敖包的乌兰察布市四子王旗汗乌拉敖
包也位于古老的驿道旁。

关于敖包，13至17世纪的历史文献均无确定的
记载。当然，有石堆不能说明那就是敖包，敖包是
集多种功能为一体的复杂的文化载体。关于敖包至
今仍然有很多未解之谜。或许打开草原文化之谜的
钥匙就潜藏于敖包之中。

（三）清代文献记载

18～19世纪的清代文档中已有修筑敖包的若
干记录。清康熙年间的诗人钱良择撰《出塞纪略》
载："山有喇嘛处，叠乱石为坟，其高丈余，其上
遍插旗枪，以木为之，类优人所执者"。"有乱石
堆，高数十丈，其上器械如林……凡蒙古人过此者
必携一物置其上，叩首而后敢行，闻归化城守土之
官，春秋必以牲牢致祭"。

在清代方志、呈文中详细记载了作为划分游牧
疆界的敖包名称与修筑时间，其时间多在雍正至乾
隆年间。如"呼伦贝尔之地总律"及"五当召呈
文"中对敖包名称、所处位置、修筑时间均有详细
记载。在清代蒙古疆域志中，有着敖包、卡伦（哨
所）、驿站等的详密统计。敖包是康熙至光绪年间
国家一直用于标示草原界域的主要方法。一些边界
敖包可以承担标示边界与行祭祀礼仪的双重功能。

察哈尔格什罗桑楚勒图木（1740-1810年）所撰传记中有修筑敖包的详细记载。察哈尔镶白旗查干乌拉庙之属庙八苏木庙于清嘉庆五年（1800年）迎请察哈尔格什在巴嘎都音山顶修筑敖包一座，"在敖包下填埋宝瓶，在敖包正中竖立印有经文的木杆，其外插入柳枝与绘有鸟、日、月、三宝图案的风马旗，并在木板上刻写满愿金敖包"。在清代，僧人已负责修筑敖包、制定祭祀仪礼的各项事宜。

然而，敖包究竟是先于藏传佛教的本土文化形态或是随着藏传佛教的传入而盛行于蒙古高原的外来文化的问题，一直有两派人各持己见。梅日更葛根罗桑丹毕坚赞（1717-1766年）在其文中称："近来吾人常谈修筑祭祀敖包事宜，并称此为远古之俗，实乃此俗未曾盛行于此地。"然而，清末文人罗桑却丹（1875-？年）称："早先蒙古地区无召庙时地方官员视哪一山岳峻峭就在其上修筑敖包作为地方神灵"。总之，在18～19世纪，蒙古高原确曾有过修筑敖包的热潮，并多由僧人主持兴建。法国遣使会士古伯察（1813—1860）于清道光二十四年（1844年）在内蒙古察哈尔等地旅行，记载了"在鞑靼的所有地区，大家经常会遇到这类不成形状的建筑（敖包），它们遍布所有的山顶，蒙古人把那里作为经常性朝拜的目标"。之后的西方旅行家游记中多有关于敖包的记载。

至于清代敖包的形制，漠北蒙古画家希日布（1869-1939年）所绘《蒙古的一天》中有清晰的描绘（图6-1-3）。画面局部呈现了一幅祭祀敖包的仪式场景：敖包呈圆锥状，顶上插有柳条及红、白、蓝三色经幡，敖包位居山顶，僧侣与祭拜者围坐于敖包正前方，其所乘马匹拴于外围。场面集中紧凑，符合口述史记忆范围内的敖包仪式格局。

在学界，人们普遍持后一观点，即认为敖包原为本土萨满教祭祀神灵的场所，藏传佛教传入蒙古地区之后将敖包信仰巧妙地纳入自己的教义体系，僧侣开始替代萨满巫师成为祭司，并渲染敖包的佛教礼仪色彩，创造刻绘具象的敖包神，编著敖包祈祷文。

二、敖包形态探源

关于神秘的敖包，人们一直追溯探源其原型。敖包是祭坛、陵墓、空间坐标、塔的雏形，使大地丰产的远古巫术，众说纷纭。其主要依据为敖包特有的形态特征。究竟敖包原初只是其中之一种，还是承担上述所有功能的建筑物，有待考证。

（一）敖包与祭坛

在形制、选址与祭礼等方面，敖包与祭坛最为相似。内蒙古地区的一种常见的敖包形制为三层圆锥体敖包，其形态颇似红山文化遗址中的三重圆形坛（图6-1-4、图6-1-5）。以牛河梁第二地三号祭坛为例，祭坛的三重圆形台基逐层递收高起，直径分别为22米、15.6米、11米，其体积显然比三层圆锥体敖包宏大。以锡林郭勒盟巴嘎都音敖包（五苏木敖包）为例，直径分别为5.8米、4.5米、3.5米。并且该敖包的体积在同类敖包中是属于较大的。在

图6-1-2 卡伦敖包 （资料来源：《蒙古草原上的历史遗迹》）

图6-1-3 蒙古的一天（局部）（资料来源：《蒙古画》）

图6-1-4　牛河梁红山文化遗址第二地点三号祭坛　（资料来源：《牛河梁红山文化遗址与玉器精粹》）

图6-1-5　牛河梁红山文化遗址东山嘴遗址祭坛　（资料来源：《牛河梁红山文化遗址与玉器精粹》）

选址方面，两者均选地势较高的山顶或沿河台地。在祭礼方面，两者均为祭奠天地、神灵、祖先的圣坛，其形制符合了摆放供物、装饰修葺等神圣的仪式性需要。

（二）敖包与墓葬

地处偏远牧区，也未经大面积修葺的古敖包周边常有石堆圈、石板墓遗迹。这使人容易联想到敖包与远古石文化遗存的同脉渊源。敖包似乎与石板墓、石人、鹿石共同成为匈奴、突厥等草原游牧族群的丧葬文化遗存。敖包所具有的纪念意义以及修筑敖包时需遵循的习俗佐证了这一属性。以某一历史英雄人物命名的敖包通常是为该英雄行祭奠礼仪的祭坛或陵墓。

虽有地方性习俗差异，但修筑敖包的过程大致由取地、压匈、修筑等三个阶段组成。取地是从自然界索取一块神圣之地，以备修筑敖包的行为，其具体仪式过程为，先从自然界选择合宜的地形，在选好的地方行鲜奶祭奠礼，再用藏羚羊角画一5哈那蒙古包大小的圆圈，在圈内埋一小袋金银。压匈是指在敖包立地中心挖洞穴填埋灵性物品，使敖包具备神圣属性的行为。

在民间有着将全副武装的勇士与良驹关在洞穴内或将身体硕大、带有络腮胡的异地人灌醉后关入洞内作为敖包匈的习俗记忆。其真实性虽有待考证，但民间记忆至少证明了敖包内部类似墓室的多

样性结构。修筑敖包的习俗过程与蒙古族传统丧葬仪式十分相近。并且蒙古人常说的"敖包-邦康"（obo-boncon）一词值得推敲。敖包之义已知，而邦康意为陵墓。这似乎说明了两种习俗的一种历史亲缘性。

敖包与石棺墓、石人的亲缘性为学界所关注。在今内蒙古中部乌拉特中旗、达尔汗茂明安联合旗境内的一些敖包周边有石棺墓遗址。虽然从敖包遗物内至今未发现人骨，但埋有石人的消息时有所闻。据牧民回忆，在今察哈尔右翼中旗境内的脑木更敖包下曾有一具石人像，"文化大革命"中曾被挖出弃于野外，后牧民在20里处新建一座敖包将其运去，然不幸被人窃走。

（三）敖包与塔

敖包的外形如佛塔。无论从其选址、式样、结构、功能来看，两者均有一定的相似度。若敖包的原型确曾为墓葬形式，那么在渊源、原型上两者就更加相同了。

塔，梵文Stupa，起源于吠陀时代的印度诸王死后皆筑一半圆形坟，原义为坟、庙。可以试想遍布于内陆欧亚的石堆与最早的塔确曾为相似的文化现象。如排除文化独立发展的模式，以传播论范式思考，某一建筑文化的传播定与传入地本土建筑技艺与传统相结合。那么，游牧人以本土简易的方式仿造塔也就有可能了。同样，印度佛塔在传入中原

后与本土建筑形制相结合，形成楼阁式塔。

然而，塔与敖包又是同处一个时代的建筑物。在今内蒙古地区有着多座辽代佛塔遗存，在藏传佛教寺院中亦有多座覆钵式佛塔。与建筑技艺高深精细的佛塔相比，石砌敖包更加符合民间社会的现实与需求。敖包位居山岳之顶与流水之旁，其形如塔，结构有建筑体与地洞之分，敖包亦有镇地功能。所有这些均与塔十分相似。

（四）敖包与山岳崇拜

敖包与山岳有着密切的文化联系。蒙古人常称"敖包-海日汗"（obo-hairhan），敖包有指称堆状物与山丘的双重意义，海日汗则为山岳之尊称。与此相似，藏区的玛尼堆亦称拉则（lardzas），其意为山顶或山峰。词义的关联说明两者的密切联系。13世纪的蒙古文献中确无敖包记载，但有丰富的山岳崇拜信息。

《蒙古秘史》有铁木真祭祀不儿罕合勒敦山的记载。波斯人志费尼记述了成吉思汗、拔都汗等领袖在征讨途中上山祭祀祈祷的事迹。除史料记载，在蒙古族英雄史诗《江格尔》中亦有相似的记载：江格尔的将领在出征讨伐敌人之前，登上江格尔所奉"不儿罕哈日"山顶，行祭祀仪礼后再出征进入敌人的领地，登上并休憩于敌人所奉"特日曼哈日"山顶。敌人败北逃至江格尔所奉山顶，江格尔的悍将追至山顶，将其擒获，避免其血沾染圣地，将敌人扔在山谷。作为一种文化记忆，史诗阐述了山岳与王权相同的象征喻义。那么，敖包与山岳有何关联？显然，为了标记或限定山岳祭祀空间，需构筑敖包。从敖包之选址、装饰而言，敖包更像是对山岳的模仿或象征。敖包常居山岳之巅，山岳有山石、林木、流水，敖包则下筑石阶，上插柳木，有仪式之先需祭圣水、圣树的相关仪式规定。

在蒙古地区，山顶上立有敖包的山岳几乎普遍被尊称为海日汗、汗、博格达，前者居多数。如克什克腾旗的五大海日汗为赛汗海日汗、陶高海日汗、嘎拉达苏台海日汗、巴音查干海日汗、准海日汗，五大海日汗之顶均立有敖包，山神被想象为战马配盔甲，手持利剑的兄弟五人。

（五）敖包与堆积石块的习俗

在平时或进行祭祀仪式时人们常从地下随意拾起一块石子扔在敖包上，以此作为特定的献祭行为。蒙古文化中素有"以其石子献其敖包"的习俗。其实，对于神圣的石堆（图6-1-6）——敖包而言，石子或石块便是最适宜的祭物。这是一种非常朴实而悠久的献祭行为。在固定的祭祀日牧民常以全羊、羊背或羊尾等特定部位作为祭品，摆放于祭台之上，然后顺时针方向绕行敖包三周，边行边从地上拾起石子扔在敖包上。而在平时，途经敖包圣地的牧民常以随身携带的少量食物、所乘马匹之鬃毛作为祭品或捡石子添在其上。

以石块献祭的习俗也见于日常生活中。牧民若在野外见到骏马的头颅，必在其上堆砌一些石子；草原上散落的石人、石龟、石柱等远古文化遗迹上常有牧人添置的石子或系于其上的哈达（图6-1-7）。在旷野中常会遇见不知其缘由的石堆，或许这些石堆只是牧民随意堆砌的东西而已，但不能排除这些石堆所暗含的某种远古文化喻义。

除上述观点之外，也不乏其他玄妙的想象。如有将敖包之形态想象为扣压的锅、生殖器等的巫术论，敖包是依照地脉之枢纽特意修筑并用于祈雨的地脉论，敖包是模仿星斗之列而排列布局的天文说等。有学者亦从词义学角度，推断敖包如同带有"b"音的"敖包格"（氏族）、"阿布"（父亲）等蒙古语，暗含着父系血缘关系的意义。敖包究竟为何物？与其对历经数千年的神秘石堆进行无尽的溯源，不如探究解读其活态的文化意义。

三、敖包——草原时空坐标

在蒙古高原，凡在山丘、河流、湖泊、泉水等地势险要、风景独特之处均立有敖包。其数量之多、形态之丰令人叹为观止。仅以当前的大致统计，内蒙古中西部各旗平均每旗有近百座敖包。草原何以承袭曾经遍布于世界各地的石堆文化形态？或许，大草原独特的地理环境及游牧文化是传承这

图6-1-6 元上都遗址某建筑遗迹上的石堆

图6-1-7 石龟额头及背上的石子 （资料来源：《富饶的鄂尔浑盆地》）

一文化形态的根本原因。尽管上述关于敖包原型的种种猜测各有其耐人寻味之处，但敖包所具有的空间坐标功能被众人所认可。在空旷无际的草原上，敖包可以划分空间、指示方向。敖包也为顺着自然节律，逐水草而牧的游牧人提供了"时间表"，敖包成为"敖包钟"。

（一）界标敖包与巡境仪式

在蒙古地区，敖包一直承担着划分各盟旗地理疆界的空间坐标功能。《大清会典事例·理藩院·疆理条》载："游牧交界之处，无山河以为识别者，以石志，名曰敖包"。在无明确自然体以示界域的平整草原区域，敖包的功能尤为明显。在清代所绘各札萨克旗地图中以密布的敖包作为旗界加以标注。在德国国家图书馆藏21幅绘于1890年至1920年之间的鄂尔多斯七旗地图中，多数敖包立于旗界周边区域（图6-1-8）。立于疆界的敖包多数有固定的祭祀仪式，但有一些敖包仅为界域坐标，并没有祭祀仪式。

一些立于旗界的敖包由土地接壤的两旗民众从各自的方位共同献祭或错开时日轮流祭祀，并通过仪式及竞赛加强各自的群体与地方认同。清代蒙古地区盛行一种被称为"转甘珠尔"的巡境仪式，即由旗札萨克王委派僧人与箭丁用骆驼驮载甘珠尔经（大藏经）某卷，在旗敖包祭祀仪式结束后绕旗境巡游，每隔一段距离鸣枪诵经，以求全旗民众的幸福安宁。此时，每一座疆界敖包是其必经的空间

图6-1-8　清宣统二年绘鄂尔多斯右翼中旗地图　（资料来源：《蒙古族萨满教祭祀祭典研究》）

点。如今，在内蒙古地区也有很多位于盟界、旗界甚至苏木界、嘎查界的敖包。也有敖包立于接壤的三旗之界。

　　在清代，土地相连的两旗每年各派一名官员共同巡视旗界，勘查并清点敖包方位与数量，并呈文上报调查结果。以归化城土默特旗为例，依据光绪十一年（1885年）的一篇呈文，该旗与茂明安旗交界处共立有新旧70座敖包。据光绪十五年（1889年）的一篇呈文载，土默特与四子部落旗商定按照已呈报形制、数量共同修葺界标敖包的事实。这说明敖包的数量、形制均有规定。不仅各旗以敖包为界，一些召庙也以敖包作为界域标示，严防外人侵

入圣界。乾隆三十五年（1770年）的一篇呈文中详细记录了筑于五当召四界的69座敖包的名称。

　　界标敖包的间距与数量视地形、社会势态而有别。清末民初，政府放垦蒙地，耕地逐步渗入游牧疆界。各旗、召庙的敖包勘查工作日益频繁，敖包间距逐步缩小，数量明显上升。如五当召的界域敖包从原有26座上升至乾隆三十五年（1770年）的69座。至咸丰八年（1858年）五当召界域敖包几乎保存完整，只是一些地方已有耕地侵入迹象。界标敖包的方位、立地、体积、形制也有严格的规定。因此，扩建、改建敖包需由管辖方呈报上层准予允许。五当召僧人准备拆卸位于寺院之北山上的一座

敖包，换置埋于敖包下的"匈"时特意呈文禀告章嘉呼图克图。

（二）敖包与土地测绘

古代蒙古人曾使用独特的地理学方法测定疆界敖包的方位与距离，绘制平面地图。一种方法为先画一个圆盘，以蒙古历法中类似干支纪年法的方法将圆盘分为由十二生肖、八个天干（除戊己外）及八卦中的恒、和等四向共24个刻度。将圆盘拿到某一敖包上，并将子鼠对准正北方，观望另一座敖包，以刻度间的线与角计算敖包间的距离。由此推算每座敖包的方位与间距，记录于纸上，在旁标注其具体距离（图6-1-9）。另一种方法为在旗地理中心点立一个刻有360度的轮盘，从不同刻度所指方向派若干名测量员在预定的距离处修筑一座敖包，依次修筑所有的疆界敖包（图6-1-10），将方向与距离记录于纸上再绘制地图。有时，将旗界划分为24个刻度，使旗界敖包对准这些刻度。

以敖包作为地理疆界标示的做法并非在清代首创并使用。敖包与草原天文历法有着密切的联系。游牧人自古十分重视天文历法，早已掌握精湛的地理学知识与方法。蒙元帝国时期，来自中原、波斯的天文学家汇聚蒙古地区，修筑司天台，进行了一系列天文观测。或许敖包与历法测算及土地测量有一定联系。迄今为止，人们在测算历法或选择方位

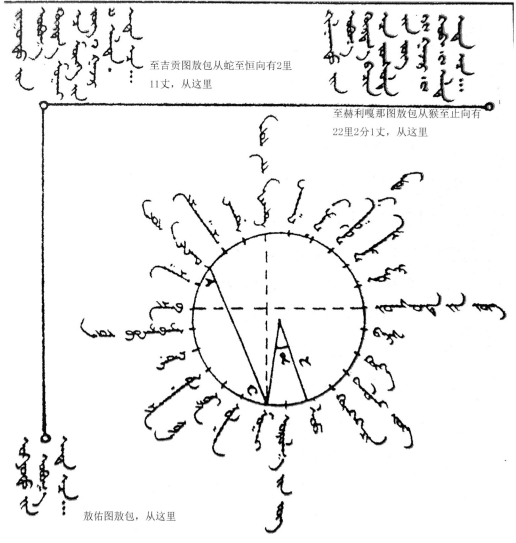

至吉贡图敖包从蛇至恒向有2里11丈，从这里

至赫利嘎那图敖包从猴至止向有22里2分1丈，从这里

敖佑图敖包，从这里

图6-1-9　获取敖包间距的蒙古方法　（资料来源：《蒙古人的智慧传承》）

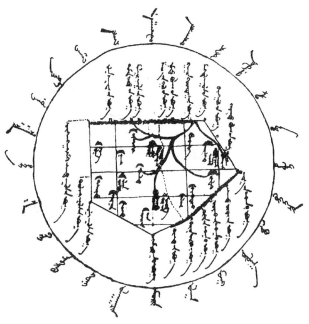

图6-1-10 喀尔喀部图布登加拉布巴拉木道尔吉旗旗界图 （资料来源：《大地骄子》）

时常以敖包作为重要参照坐标。

（三）"敖包钟"

并非所有的敖包都有定期的祭祀礼仪，一些疆界敖包和自然形成的敖包仅作为石堆起到指示方位、划定界域的作用。然而，多数敖包是有规模不等的祭祀礼仪的。祭祀时间集中于农历五月初至六月中旬之间，故蒙古人称这段时间为"敖包-萨日"（obo-sara），即敖包月。远近的各类敖包祭祀礼仪相继开展，牧民的夏营地也向特定敖包方向靠拢，人们穿梭于敖包间，祈求风调雨顺、生活富足的同时参与竞技，购置货物，与人相会。敖包那达慕会场附近形成由毡帐组合的临时性聚落。敖包成为草原"时钟"，游牧生活转入最为安闲舒适的休息娱乐期。牧民在祈福仪式、献祭仪式及竞技赛事等公共活动之余，达到相互交流的目的。

四、敖包的重建模式

今分布于内蒙古地区的敖包多数在20世纪80年代照原有形态、布局予以复建。随着敖包祭祀仪礼的逐步恢复，各地兴起修建敖包热。旅游业及各类文化事业的发展促使各地在其旅游景区及主干道边新建敖包

或以砖、水泥、花岗石等新式材料重新修筑或加固敖包，敖包的材质、形态有了多样化发展趋势。

综观今日之情形，可以作出三点总结：首先，与新中国成立前相比敖包数量明显减少，多数敖包因其意义与功能的忘却而被遗弃；其次，敖包空间意义与仪式程序趋于简化，而参与人群数量却大幅上升；再次，相比城镇附近或景观区的敖包，地处偏远牧区的敖包则相对完好地保持了原有形态。与新中国成立前的形制相比，敖包重建大致呈现遵循、改变原有形制等两种形式。

（一）遵循原有形制的重建模式

内蒙古地区多数敖包的重建均遵守了原有形制。这些敖包往往在形态、数量、布局、朝向、立地、场所划分、祭祀日期等七个方面完全遵循了传统，而在装饰、材料、仪式程序、敖包下的珍宝等四个方面有了一定变化。今锡林浩特市贝子庙正北高处的额尔顿敖包为原锡林郭勒盟阿巴哈纳尔左翼旗旗敖包。该敖包修筑于清乾隆十八年（1753年），之后共迁徙三次。至1957年一直举行敖包祭祀仪式。从20世纪30年代时日本人拍摄的额尔顿敖包照片（图6-1-11）看，敖包体积庞大，气势雄伟，装饰精美。右翼六座子敖包前有一座建筑物。至解放初期的20世纪50年代，该敖包的形体与布局仍保存完好（图6-1-12）。现今的额尔顿敖包重建于2004年，敖包（图6-1-13）除材料、装饰外，在数量、布局、形态方面完全遵照了原有式样。

（二）改变原有形制的重建模式

一些敖包在重建时完全或部分改变了形态、数量、布局、材料、装饰、朝向、仪式程序等原有设置。有时会在立地方位及地下珍宝方面进行小尺度的调整。以原乌兰察布盟四子部落旗西拉木伦庙（普和寺）敖包为例，重建后的敖包除主敖包形态之外基本遵循了原有形制。1940年时主敖包为圆锥状石堆，子敖包以大石块充当（图6-1-14）。而在当前主敖包已呈单层石台状，子敖包呈小石堆状（图6-1-15）。围绕主敖包的四个外置旗杆及子敖包布局完全遵照了原有设置。

图6-1-11　20世纪30年代的额尔顿敖包 （资料来源：《蒙古高原横断记》）　　图6-1-12　20世纪50年代的额尔顿敖包 （资料来源：《内蒙古古建筑》）

图6-1-13　2012年的额尔顿敖包

图6-1-14　20世纪40年代的西拉木伦庙敖包　（资料来源：《蒙古草原植物调查》）

图6-1-15　2012年的西拉木伦庙敖包

除遵循与改变原有形制的敖包重建模式之外，亦有简化、象征化的多种手法。一些地区将原有组合敖包简化为单敖包。乌珠穆沁草原的某敖包由1024块石块砌筑了主敖包，由2048块石块砌筑了子敖包，主敖包直径为9米。分别象征了该地曾举办的博克赛参赛选手数量及蒙古人的吉祥数字。除数量与布局之外，选材方面也考虑了材料本身所含象征意义。如重建敖包时将原敖包石料视为首选材料，或从周边寺庙遗址运来石料砌筑敖包。综上所述，现今的敖包较之前虽有一定的革新，但在象征语言及手法上却尽可能延续了传统。可以说，敖包绝非简单堆砌的构筑物，而是凝结了游牧民恒久的思考与美好意愿的建筑体。

第二节 敖包的类型

敖包是一种谱系庞杂、形态多样的建筑物。因此，界定与辨清敖包概念与类型成为研究敖包文化的必要开端。敖包类型纷繁复杂，故在分类以前，应分清各类型之序列及由此构成的层次。首先，依据构成关系可将敖包分为单一敖包、组合敖包、敖包群三种类型。其次，依据组合敖包（其中一些依据适用于单一敖包）的构成材料、形态、数量、布局、功能、祭祀群体将其分为多种类型。组合关系、形态式样、数量、布局四者为显示敖包建筑美学特征的关键依据。

一、敖包概念及构成关系类型

界定与辨识敖包概念及宏观类型是理解敖包文化的基础。在日常用语中敖包一词所含单数、复数意义并不明显。因此，并非是数量，而是敖包间的构成关系是界定敖包独立意义的关键的及首要的标准。

（一）敖包之概念

仅就词义，敖包有堆和凸起之意，故凸显于平坦的草原中，且形状独特的小丘陵或巨石被牧民称为敖包，蒙古地区常有"白音敖包"、"敖兰敖包"

等地名，然而，这些地方却未曾修筑敖包或敖包被遗弃，甚或移建于他处。如环绕元上都遗址的众多土堆被民众称为敖包（图6-2-1）。由人堆砌的货物亦被称为某某敖包。本文所谈敖包为人工修筑而并非用于生产实践的敖包。并依据有无特定祭祀礼仪，可以继续将其分为两个范畴，一些仅作为边界标示的敖包或随机堆积于高处的敖包通常无祭祀仪礼，而一些敖包具有规定的祭祀礼仪。如果对后者再进行细分，可分为定期祭祀（有固定祭祀日期）和不定期祭祀等两种敖包类型。因此，本文所论述的敖包最终可被定义为，由人工修筑于某一特殊区位，并用于进行祭祀仪式的堆状物。下文所指敖包均指此类敖包。

（二）依据构成关系的分类

遍布于蒙古高原的敖包，其形制各异，意义多元。此处将依据其构成关系，进行进一步的划分，以使其概念、轮廓更显清晰。常人所理解的敖包为立于山顶上的单个石堆。其实，敖包远比单纯的石堆复杂多样。分布于内蒙古地区的敖包通常被分为如下三种类型。

1. 单一敖包

由单个石堆构成的敖包为单一敖包。此类敖包分布极广，或立于山岳之首，或立于河川之旁，其祭祀规制可高可低，呈层级式、塔式、圆锥式等多种形态。单一敖包常被修建于地势险峻、视野开阔的地方。少数单一敖包处在地形崎岖、较为隐蔽的方位。

2. 组合敖包

由若干座敖包呈不同布局排列于一处的敖包为组合敖包。通常其中之一座（或两座）在体积、装饰方面明显胜于其余敖包，此敖包为主敖包。除主敖包外其余敖包体积小、装饰简易，并呈各样布局排列于主敖包周边，通常称此敖包为子敖包。牧民也形象化地比喻子敖包为侍从敖包、学徒敖包、士卒敖包、边角敖包等，子敖包数量不限，可多可少。组合敖包常以主敖包统领若干子敖包，以不同数量、布局形态呈现。组合敖包的序列关系十分明确，子敖包充当界定空间、衬托主敖包的作用。锡

图6-2-1　元上都遗址北面的敖包

林郭勒盟额尔顿敖包为主敖包位居中心，两侧各有六座子敖包并排布局的十三座敖包。

3．敖包群

若干座单一敖包或组合敖包分布于有限区域，并在祭祀仪式、功能方面相互关联的一组敖包为敖包群。敖包群通常有统一名称，其各组成单位另有独立的名称。其中之一座（或一组）常充任主导位置，可以称其为主敖包，而另几座（或一座）单一敖包或组合敖包为附属敖包。相比单一敖包或组合敖包，敖包群占据着更为广泛的空间，各单元分居多处，遥相呼应。其所承担的神圣功能、祭品及祭祀群体有所不同，故祭祀仪式更显复杂细密。锡林郭勒盟阿巴嘎旗博格达敖包为敖包群，由一座单一敖包和一组十三座敖包构成。

敖包群所占据的区位并非很广，各单元通常处于视野所及之处。有时出于仪式需要，某单元位于隐蔽的方位，但在必要时可以轻松游走其间。敖包的分化是一种空间处理方法，它将单一敖包的仪式职能分担给若干敖包，以使空间划分与仪式秩序更加清晰。共处一个社区的多个敖包共居一处并依照特定布局排列的敖包并非都能组成敖包群。只有辨识其仪式的关联性，方可辨别某一敖包群落是否为敖包群。没有一种"特定理由"，敖包是不会近距离被排列在一处的，因为，敖包亦有其"领域主张"。

关于敖包范畴的制定有益于对其进行有效分析。至于复杂多样的单体敖包之形态以及组合敖包的数量、布局类型，本文将专设一节予以论述。

二、形态类型

单体敖包的形态式样是其最为显著多样的特征。敖包有天然敖包与人工敖包之分，前者罕见而后者居多数。如在天然聚拢的石堆或巨石上立杆插柳便会成为敖包。锡林郭勒盟正镶白旗的敖包图敖包为天然敖包（图6-2-2）。依据敖包体积大小，可以将敖包分为多种尺度类型，原巴林右翼旗的达尔汗乌拉敖包为周长大于12哈那蒙古包的巨大敖包，另据口述史可获知也曾有过体积极小的微型敖包（为单一敖包）。至于组合敖包中的子敖包，其体积尺度更有多种类型。单体敖包的常见形态如下。

（一）圆锥形敖包

圆锥形为石堆的自然形状，也是敖包最为远古的雏形。一些无固定祭祀仪式的敖包或组合敖包中的子敖包多呈圆锥形。圆锥形敖包以单一敖包（图6-2-3）为主，但有时组合敖包的主敖包也呈此状（图6-2-4）。一些地区或藏传佛教召庙中也有竖起若干根木杆交错构成的木杆敖包，显然这是一种只取圆锥形形态意义的修筑方法。

（二）塔式层级敖包

塔式层级敖包的平面呈圆形，底层大，由下至上逐层收缩，直到顶层插柳处。其层级有二层、三层、六层等三种。也有单体塔式敖包中底层呈圆形，中层或上层呈方形的混合形态。

1. 双层敖包

依据底层与上层的直径差距大小，可以将双层敖包分为差距较小和差距较大两种（图6-2-5），其中前者为罕见的类型。平常如不细致察看双层敖包，其形如同单层敖包，因为单层敖包常以石块围砌中间的柳枝。

2. 三层敖包

三层敖包是内蒙古中西部地区最为常见的一种敖包类型。有人称三层敖包的阶层比例以半圆比例为准，但在现实中可以自由调整各阶层的尺度比例。三层敖包的体积一般小于单层敖包，其尺度适中，适合于各项仪式性需要。其底层可以作为献祭平台。内蒙古中部察哈尔牧区的敖包多为三层敖包。

3. 六层敖包

六层敖包或称多层敖包，为非常罕见的敖包类型。一般来说，超出三层的敖包即为多层敖包，

图6-2-2 锡林郭勒盟敖包图敖包 （资料来源：《正镶白旗祭祀敖包》）

此类敖包中层次关系较为谐调、阶层高度较为均等的敖包非常少见。位于乌兰察布市四子王旗北部戈壁的额尔顿敖包是一座历史悠久且保持原有形态的敖包，其外形如金字塔，敖包由片状沙石岩块外包一处高耸的土丘而筑成，其各层级呈阶梯状，构成六层螺旋状敖包。据老者回忆，该敖包的层级关系曾较为清晰，各层为独立、断开的层面。后因年久失修，祭祀仪式前人们可以顺着阶层绕行至顶端，装饰敖包。额尔顿敖包的具体创建年代已无从考证。1947年敖包北角坍塌，由旗境内最大的藏传佛教寺院——西拉木伦庙的7名喇嘛在该敖包处住两个月，修葺一新。虽然在两个月的工时内僧侣们定要完成一系列诵经、祈福等宗教仪式行为，但也从一方面证实了敖包修筑工程的神圣与艰辛。2000年敖包西角因强风而塌陷，至今未有实质性修复。

（三）单层圆柱状敖包

此处以层数为分类依据，将不设层级，形态不一的敖包统称为单层敖包。此类敖包以基层面积较大且低矮的圆盘形敖包和基层面积小且高耸的圆柱形敖包（图6-2-6）为主。但也有介于两者间的敖包。单层敖包的形态多样，高矮不等，有时借助于奇特的形态指明敖包特殊的功能及神性。一些敖包呈蒙古包形状，即圆盘形基座上有坡度低缓的穹顶。

图6-2-3　鄂尔多斯市阿拉腾甘德尔敖包

图6-2-4　锡林郭勒盟道特敖包

图6-2-5　包头市华敖包

（四）方形敖包

方形敖包是一种罕见的敖包类型。其形体呈长方形与正方形两种。原乌兰察布盟四子王旗的脑木更敖包（图6-2-7）、原锡林郭勒盟乌珠穆沁右翼旗喇嘛库伦庙的敖包为方形敖包。

三、数量类型

数量与布局是敖包最具象征寓意的属性，而数量又是敖包最难统计与划分的分类依据，因此，本文就常见的敖包数量予以分类。依据数量，敖包可以被分为单一敖包与组合敖包两种基本类型。组合敖包中的主敖包为中心，其体积高大，形制完善。子敖包体积相对小，呈不同布局排列于主敖包旁。子敖包形制与主敖包或相近或不同，但其材料、装饰与主敖包基本相近，亦有旗杆、柳条等部件。有时也可以用人工堆砌的圆锥形小石堆或由三五块石头堆砌的石堆充当和代替子敖包。敖包的数量有确

定的象征含义，藏传佛教传入蒙古地区之后，佛教教义渗入本土萨满教意义系统，敖包数量有了新的阐释。有时数量相同的敖包也有不同的象征喻义。

（一）单敖包

单敖包为独建一处的敖包，其旁无子敖包陪衬。此类敖包的分布较广。也有在单一敖包周边堆砌若干小石堆的现象，但这是人们随机堆砌并无规则分布的小石堆，一般不计入子敖包范畴内。

（二）双敖包

双敖包由形制相近的两座敖包组成。双敖包是一种敖包群，故只有功能划分，却无主次之分。通常，两座敖包的功能、祭祀仪轨、祭祀人群各不相同。乌兰察布市的西热敖包（图6-2-8）为形制相同的两座敖包，两者无单独名称，其不同之处为祭品的不同，一座以白食，即奶食献祭，另一座以红食，即肉食献祭。包头市花敖包与乌兰敖包为双敖包的一种特殊形式，两座敖包各有独立名称，相距

图6-2-6　包头市乌兰敖包

图6-2-7　乌兰察布市脑木更敖包

图6-2-8 乌兰察布市西热敖包

较远，形态各异，其中乌兰敖包禁止妇女靠近，献祭仪式较为神秘，花敖包则允许妇女祭拜，那达慕会场设于花敖包附近。

（三）三敖包

三敖包通常由一座主敖包与两座子敖包构成。有人称三敖包为出现较早的敖包类型，三者分别为天、地、人三者的敖包。主敖包为人的敖包，位居中间，天、地敖包各居一侧。一些三敖包也喻指三世佛。一些形制相同的三座敖包通常用于标示三个旗相接壤的地方。

（四）四敖包

四敖包由一座主敖包与三座子敖包构成。主敖包后连贯排列三个子敖包的组合敖包常喻指佛教吉祥主题中的和气四瑞，主敖包喻指大象，子敖包分别喻指鹁鸪、猴子、野兔。

（五）五敖包

五敖包的寓意有五大神、五个苏鲁锭、五行等不同解释。以喻指五畜的敖包为例，主敖包为马敖包，子敖包分别代表牛、骆驼、绵羊、山羊，并环绕主敖包。

（六）七敖包

七敖包的寓意有七大护法神和北斗星等两种释义。用于求子的儿童敖包常由七座敖包构成。在蒙古民间素有在家中邀请七个孩子，供其吃喝玩耍，以此祈求子嗣的传统习俗。有时，敖包的数量喻指着某一行政区域内的各组成单位，如清代的乌兰察布盟敖包为七敖包，其主敖包喻指盟，六座子敖包

则分别代表四子部落旗、茂明安旗、达尔汗贝勒旗及乌拉特三公旗（左、中、右三个旗的统称）等六个札萨克旗。

（七）九敖包

九敖包通常喻指九斿白纛、九颗恒星、九位天神。这一敖包类型较为罕见。

（八）十三敖包

十三敖包为分布最广的敖包类型，其布局呈多种形式，并在不同部族与地域呈现类型化特征。锡林郭勒盟额尔顿敖包为十三敖包，关于其喻义有不同解释。一种观点为，十三敖包喻指十三天神，即战神、财神、风神、雨神、雷神、马神、牛神、绵羊神、山羊神、骆驼神、地神、军神、岱青天神；另一种观点为，额尔顿敖包作为原阿巴哈纳尔左翼旗旗敖包，其主敖包喻指旗，十二座子敖包则分别喻指十二个苏木。人们倾向于选择十三敖包的一个重要原因为十三是蒙古人的吉祥数字。

（九）二十七敖包

二十七敖包为并不多见的敖包类型。或许，此类敖包是十三敖包的一种变体或超越形式。当两组十三敖包与一座主敖包构成组合敖包时便成为二十七敖包。巴林右翼旗达尔汗乌拉敖包为二十七敖包，在主敖包正南、正北两侧各有十三座子敖包。

（十）其他数量的敖包

除上述敖包外，一些地区也有三十三敖包、四十九敖包、五十三敖包、九十九敖包，以及由上百座敖包组成的组合敖包。如乌兰察布盟西拉木伦庙敖包为四十九敖包。关于其数量喻义有多种解释，有时敖包的数量记录着某一历史事件，故很难对其作出确切的解释。

四、布局类型

组合敖包的布局是敖包最具魅力且有建筑意蕴的一种特征。数量相同的组合敖包有时呈不同布局排列，故其限定的空间与意义会迥然不同。敖包的布局，亦可称为"敖包阵"，不同的阵列模式构成

图6-2-9　锡林郭勒盟浩齐特王庙敖包

不同的建筑语言，对其进行解释是理解敖包空间概念的关键。遍布于内蒙古地区的敖包虽在类型与数量方面因地域、部族而有所不同，但总体来说呈现了一种类型化的特征。在此仅以十三敖包为例，为敖包的不同布局模式进行分类。这一分类模式适用于所有组合敖包。

（一）单行排列布局

子敖包对称分布于主敖包两侧构成单行排列布局的类型较为多见。可以依据子敖包的排列方向，将此类布局分为南北向排列式与东西向排列式两种类型。也可以依据子敖包的排列位置，将此类布局分为双翼排列式与单侧排列式两种类型。今锡林郭勒盟与鄂尔多斯市的敖包多为十三敖包，但在布局方面，前者呈现以十二座子敖包以对称形式分列于主敖包两旁的双翼排列式（图6-2-9）；而后者呈现为十二座子敖包以主敖包统领式格局分列于一侧的单侧排列式（图6-2-10）。不同的分布格局有其不同的象征意义。前者强调了主敖包的中心地位，而后者更加强调了主敖包的统领地位。据乌审旗牧民解释，单侧排列式敖包一般位居边界，其主敖包朝向异地，而十二个士卒敖包（即子敖包）紧随其后，强化了敖包的指向与冲力。

图6-2-10　鄂尔多斯市察哈尔十三查干敖包　（资料来源：《敖包的传说》）

（二）多行排列布局

子敖包位居主敖包的不同方向构成多行排列布局的类型也较为多见。可以依据子敖包的排列方向分为三向式、四向式（即十字形）及多向式等三种类型。锡林郭勒盟阿巴嘎旗博格达敖包呈三向式排列布局（图6-2-11）。锡林郭勒盟伊和都音敖包呈十字形排列布局（图6-2-12）。十字形布局为常见的布局类型，此类布局也有指示方向的重要功能。

（三）圈式排列布局

子敖包围绕主敖包呈圆形排列布局的类型为较罕见的类型。可以依据子敖包的排列形式，将此类布局分为单圈式与辐射式两种类型。锡林郭勒盟正镶白旗纳木斯赖敖包呈单圈式排列布局，此敖包为柳编敖包，而子敖包为插于地上的柳枝，

图6-2-11 锡林郭勒盟博格达敖包

图6-2-12 锡林郭勒盟伊和都音敖包

故十二座子敖包之间的距离适中，轻松围绕主敖包一周又不显拥挤。数量与布局各有其不同的喻义指向，因此辨清敖包数量、布局尤为重要。常有数量相同布局不一，或数量不同布局相同的敖包。有人曾统计过内蒙古地区常见的敖包布局类型（图6-2-13）。

五、其他类型简述

除形态、数量、布局的不同外，敖包也因功能、行政等级、祭祀群体的不同被分为多种类型。因每一座敖包所指明的意义取向有所不同，故在其形态、装饰、布局、数量等方面有着必要的修饰与展现。富于经验的牧人能够通过端详敖包上述细节而获知其主要功能。可以说，敖包是垒筑于原野上的一种符号体系。

（一）依据功能划分的类型

敖包各有不同的功能，其功能指向有祈福，也有诅咒；其助佑对象有善民，也有马贼，可以说敖包是持有多重性格的信仰体。在草原上，有专供无子嗣的人祭拜的儿童敖包、牧民为某一畜种祈福而祭拜的牲畜敖包、猎人为祈求猎物而祭拜的狩猎敖包、占卜者观察天象的天文敖包、巫师为嫁祸于某人或某群体而立的诅咒敖包、行人为保路途平安而祭拜的道路敖包、摔跤手祭拜的搏克敖包等多种类型的敖包。

各类敖包一般在外形特征上强调了其特殊功能，一些敖包在仪式、娱乐环节方面也有其自身特色。以儿童敖包为例，其摔跤手为儿童，参赛的马匹为二岁马。如锡林郭勒盟苏尼特右翼旗艾日格查干敖包为儿童敖包。儿童敖包的分布较广，从阿拉善至呼伦贝尔草原，几乎每旗境内至少有一处儿童敖包。

（二）依据行政等级与祭祀群体划分的类型

在清代，敖包具有不同的行政等级。各盟有会盟敖包，各札萨克旗有旗敖包，各苏木有苏木敖包，一些游牧营地也有其营地敖包。盟敖包、旗敖包由官方主持祭拜仪式，承担礼仪费用。以盟敖包为例，参与仪式的盟长、札萨克王及台吉王公以参政队列形式登上敖包所处高地，行祭祀礼，并在礼仪与那达慕之余商议处置一年内的盟内行政事务及案件。盟（或旗）敖包的数量有时与各盟（或旗）所辖札萨克旗（或苏木）的数量相符，即有多少札

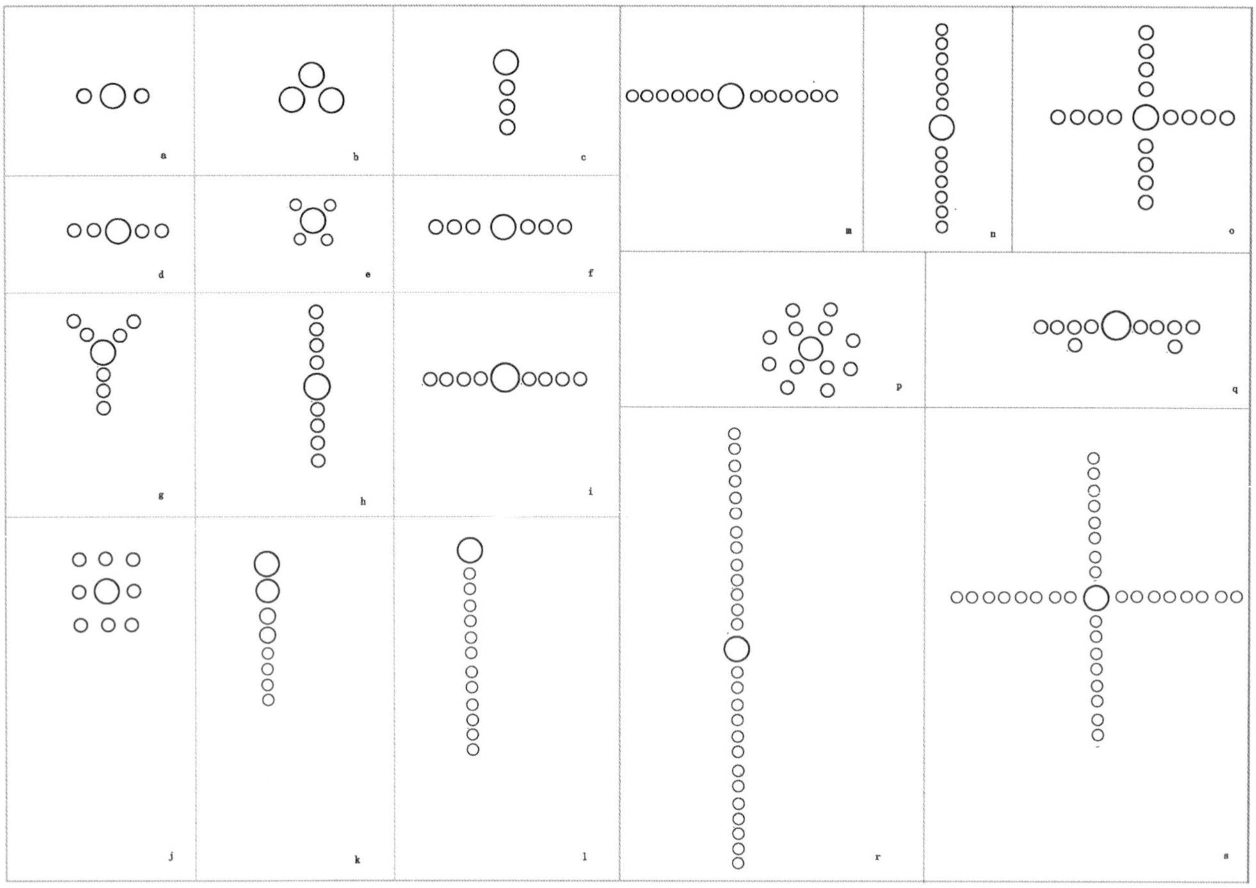

图6-2-13 内蒙古地区常见的敖包布局类型

萨克旗，便有几座敖包。

依据参与敖包祭祀礼仪的主要群体，可以将敖包分为儿童敖包、妇女敖包、成人敖包、搏克敖包等不同类型。如儿童敖包由儿童群体在成人的指导下完成祭祀仪式。无子嗣的人可以祭拜儿童敖包祈求敖包神赐予其子嗣。甚至偷盗畜群的马贼以及善于诅咒的巫师也有其祭拜的敖包。此类敖包一般位于秘密的地方，据民间解释，马贼的敖包通常立于凹陷的盆地，以区分于立在高处的其他敖包。

在内蒙古地区，敖包是蒙古族、达斡尔族、鄂温克族等少数民族普遍持有的信仰形态。故敖包也有不同民族的敖包之分。鄂温克人常祭拜其哈拉（氏族）、莫昆（氏族下的支系）之敖包。各民族的敖包祭祀仪式及关于敖包象征意义的解释虽有不同，但敖包的形态、类型大致相同。

第三节　特殊的建筑形态

仅就敖包简易的外表很难断定其为一种北方草原古老的建筑形式。唯有走进敖包，参与观察敖包仪式，在场体验其功能、界域、秩序、尺度等，方可理解其作为建筑物的种种特征。敖包的内部结构由地上建筑体与地井构成，地井也曾以各类宫室形式存在。敖包的外部环境有着清晰的空间秩序，以多个敖包构成的敖包群之限定、组织、分类空间的功能足以能使研究者为之惊叹。古老的敖包以其独特的形式满足了游牧民的场所与空间需求，这就是敖包作为建筑的根本原因。

一、敖包作为建筑

敖包是建筑吗？多年来人们谨慎地绕过这一问题，将其视为一种简单的构筑物，从渊源、类型、布局、仪式等视角予以关注。其实，敖包是一种具有悠久历史的草原地域性建筑形态。敖包没有供人使用的内部空间，但却为人们营造了一种室外空间与行动秩序。故此，从构成建筑的基本要素看，敖包确实是一种类型丰富的纪念性建筑。

（一）建筑的功能

敖包是为特定祭祀仪式提供场所与标示的建筑物。敖包本身结构虽无复杂之处，但由敖包限定和指示的空间却丰富而细致，以此保证信众在仪式现场向敖包献祭和行各类娱神行为。但与其说敖包便是神灵，不如说敖包是人们借以祭祀地域、先祖和天地神灵的象征物。游牧民从自然界寻找一片地势险峻、景色秀美之地，依据仪式行为之需，构拟空间、制定秩序、赋予意义，建构了仪式场所。人们就地取材，以石、木构筑敖包，依据预先设定的秩序，制定敖包的数量、布局、间距、朝向，借助地形，再借助若干座小石堆围合或分隔空间，创建了敖包仪式场所。因此，将敖包视为单一的石堆太过浅显。敖包满足了祭祀仪式的各种功能要求。

1. 人体行为的要求

遍布于蒙古高原的敖包形态、数量、尺度各不相同。但从基本尺度而言，敖包满足了行为者祭祀天地、神灵的信仰行为需要。从"文化大革命"后依据原有尺寸、形制复原的内蒙古西部区10座敖包样本看，单一敖包或组合敖包中的主敖包的平均高度为2.1米，平均半径为1.8米，祭坛式敖包的第一层台阶高度最高为1米。因此敖包适于人体活动尺度的要求，便于信众在仪式前与仪式过程中为敖包插柳、装饰、挂经幡、献祭、绕行等行为。近年在各地新建的采用新材料、新样式修筑的巨型敖包显然只关注了敖包的景观性，而忽略了其原有的合理比例。

出于对仪式行为的考虑，组合敖包的间距通常保持在1～35米的距离。由2～3个主敖包构成的敖包群中，敖包间距通常保持在30米至1公里的距离。每座敖包的仪式细节与先后顺序互不相同，故祭拜一座敖包后再到另一座敖包的距离符合了过渡仪式的适度间隔。另一方面为聚集的人群提供了宽敞合理

的仪式空间。而由1个主敖包和若干子敖包构成的组合敖包中，子敖包的距离通常保持在0.5～2米的距离。符合人群绕行敖包阵列的体力限度。古人以步距测量敖包间距，使其尽量符合行人的行为需要。因为多数敖包在其祭祀空间内是不许人们骑马的。

敖包多处地势险峻的地理区位。一些位据地势险要的敖包通常禁止妇女、孩童接近其旁。由若干独立单元组合的远距离敖包群中，主敖包通常选在难以攀登或介入的山崖之上或沙漠腹地。因此，祭祀空间与竞技娱乐空间，即那达慕场所相距数公里。仪式规定少数青壮年男性骑马或步行走至敖包旁，行完祭祀礼仪后再返回竞技场地。而其余民众只能采取遥祭形式，向视野所及方向祭拜。仪式中的许多禁忌看似是对特殊人群的排斥与限制，但实际上也有思量参与者体能、生理特点的人性化原因。

2. 使用过程与秩序的要求

敖包虽无内部空间供人使用，但敖包有效地组织了其外部空间，规定了一套详细的行为秩序。以组合敖包为例，它以主敖包统领整体格局，由若干座子敖包与特定自然物体有序分隔组织的形式，在有限的空间内形成许多点、线与圈，标明了仪式场域、那达慕场地的界域及各类功能区间的路径。这样使进入该场所的人们按照一定的顺序和路线行事。敖包祭祀场所是草原上偶尔出现的人群聚集的临时场所，引导人群有序行动是保证仪式正常运行的关键环节。

（1）空间设置

敖包通常以布局、排列、朝向指明场所、路径、边界。敖包场所由神圣的仪式场域与世俗的那达慕场地等两大类空间及若干次级场所组成。如在仪式场域中有祭祀、献祭、诵经、招福等多个点。多数敖包在仪式日之前1～3天内要完成祭拜泉眼、净化泉水、祭拜神树等多项预备仪式。所有仪式均按照严格的空间、朝向与路径进行安排。

（2）行为制约

敖包所处地域本身是一处神圣的区域，制约着人们的日常生活实践。而在仪式现场，禁忌更加严

格而繁多。其实，这些禁忌就是空间对人行为的一种巧妙的制约。在绕行敖包的方向与次数、祭品的选择与准备、对特殊人群的限制等方面，每座敖包又有所不同。仅以绕行敖包的朝向为例，有顺时针与逆时针、近距离与远距离等多种不同规定。

（3）过程指引

就祭祀仪式的历时安排看，它是一个戏剧式行为过程。结合预先设置的空间（舞台）与约定俗成的礼俗（剧本），行动者（演员）将涉入这一特定场域，完成规定动作。以由数百座子敖包引导的组合敖包为例，子敖包从山脚呈单一纵线等距排至最高处的主敖包。祭祀日凌晨起，信众每人手拿酸奶瓶顺着子敖包向上走，在每一座子敖包上点一滴奶子，或添加石子，直至敖包阵列延伸的终点——主敖包。

（二）物质技术条件

作为简易的堆砌体，敖包无须设有承受荷载的骨架。但敖包形态、尺寸不一。体积高大，形制独特的敖包若要抵抗草原暴风雪，必须有一定的强度和稳定性。敖包常处高山峻岭等地势险要的地段，所承受的风力大。敖包的坍塌又被视为不祥之事，故牧民必谨慎对待修筑工程。因此，在每年阴历五月祭祀敖包前只需更换敖包顶端的柳条、绳索、经幡即可，而无须再垒砌石块。多数敖包在建造后历经数百年，其基本形态从不走形，这说明敖包建筑需要一定的建筑技术与艺术。在建造技艺方面最为重要的是石砌技术。

1．内部结构

在内部结构方面，多数敖包为实心，但也有一些敖包是中空的。巴彦淖尔市桑根达来东南高山上的敖包在"文化大革命"中被破坏，1981年复原祭祀时，文物工作人员观察到其二层顶部有圆口，向下为竖井。竖井没有盖，露天，井圆形，深1.5米，井底平整无物。与此敖包相似，被破坏后的乌拉特中旗哈布台敖包、嘎拉登敖包等敖包内部均有竖井，深2～4米。一些敖包下方曾有面积较大的地井或地下室，室内筑有石屋、蒙古包及小型殿宇，其

上加盖石板后再筑敖包。

2．构成材料

在构成材料方面，多数敖包由石块、木杆构成，但在缺乏石材的地区，常有以柳条、草皮、土、积雪、冰块、草、贝壳等材料堆砌或捆绑的敖包，构成敖包的材料呈多样性。与蒙古地区敖包最为相似，且有一定亲缘性的"社"亦有不同质地。《淮南子·齐俗训》载："有虞氏社用土，夏后社用松，殷人社用石，周人社用栗"。

察哈尔地区浑善达克沙漠深处常见有柳条编织的三层敖包（图6-3-1）。达尔汗茂明安联合旗腾格尔湖畔筑有土坯堆砌的敖包（图6-3-2）；呼伦贝尔草原贝尔湖岸边曾有贝壳敖包；鄂尔多斯乌审旗有草捆敖包（图6-3-3）；一些蒙古部族在大年三十用积雪块堆砌敖包（图6-3-4），以此作为祭坛，献祭于天神；阿鲁科尔沁旗的牧民曾以冰块修筑临时敖包等。多数敖包选用当地易得的天然材料，但亦有从远处运来石料修筑敖包或拼凑多种材料构筑混合敖包的现象。有时，材料的选择与敖包特色之凸显及需求之间有一定关系。

作为草原地域性建筑形态，敖包的修筑技艺与所处自然环境的资源条件及牧民的传统生产技艺密不可分。浑善达克沙漠深处的察哈尔牧区缺乏石材，却遍地生长着各种柳木（图6-3-5）。当地牧民就地取材，使用柳条编制各类生产用具，其中包括牛粪圈（图6-3-6）、院墙（图6-3-7）及神圣的祭祀场所——敖包。牧民的居所随着时代的演进有了巨大的变化，但柳条编制技艺作为"传统"完好地保存下来，作为一种重要文化符号，敖包承载并延续了这一"传统"。

（三）建筑形象

无论在祭祀仪式当天或平日，敖包总有一种使人肃然起敬的神圣、庄重感，同时又不乏一种天然和谐的美感。由于方位、材质、形象、布局、规模的不同，一些敖包显出粗犷的、原始的、无规则的风格（图6-3-8），一些敖包则呈现出细腻的、风雅的、规整的风格（图6-3-9）。

图6-3-1 锡林郭勒盟伊和都音敖包

图6-3-2　包头市宝如勒套海敖包

图6-3-3　鄂尔多斯市阿巴海呼日胡敖包　（资料来源：《敖包的传说》）

图6-3-4　用积雪块堆砌的敖包　（资料来源：《内蒙古画报》）

图6-3-5　草原中生长的沙柳

图6-3-6　柳枝编制的牛粪圈

图6-3-7 用柳枝编制院墙

图6-3-8 包头市宝日敖包

图6-3-9 锡林郭勒盟宝拉格查干敖包

敖包是神圣的场所，是牧民所敬畏的神灵之栖所或停留处。神的居所何以能用简单的石堆充当之？人们只能尽其所能营造、呈现这一场所，而非草率应付。源于形式的美感对于习惯现代建筑的人而言无疑是简单的。敖包其实是游牧民精心设计并认真营造的神圣的纪念性建筑。

1. 颜色

前面已列举石、木、土等蒙古地区常见的敖包材料。人们常见到的敖包由草原上易得的各类石材所修筑，因此石块是最主要的敖包构成材料。而仅从石材而言，有沙石、花岗石等多类石材，故敖包呈现白、黑、红、棕、黄等多种颜色，与所处地理环境完美呼应的同时，显现了每座敖包的神性色彩。

牧民也依据敖包本身或所处区位的自然景观颜色命名敖包，如"查干敖包"（白敖包）、"宝日敖包"（灰敖包）、"乌兰敖包"（红敖包）、"哈日敖包"（黑敖包）等。当然，颜色的认知与识别体现着蒙古族传统文化特点，其中渗入了蒙古人对大自然的独特理解。

每一座敖包建筑体的颜色与其神性，或称"敖包性格"，有密切联系。白色、黄色显文雅、高贵，而黑色、红色更显苛刻、严厉。蒙古人视白色为纯洁、美满的象征，故在一些地区人们在敖包上浇灌白灰使其变得更加白净和坚固。而黑色敖包常被理解为具有使人畏惧的神性，故此类敖包对祭祀礼仪及祭祀群体有着严格的要求。

2. 形态

作为一种神圣而固定的建筑体，敖包的修筑是否要遵循一定的营造法则与规律？敖包是否具有固定的形制式样和尺寸比例？这一问题虽尚不清楚，但敖包的修筑过程、布局与构件组成在历经数百年的历史演变后已趋于程式化。敖包虽形态各异，布局多样，但终究有其类型化、地域化特点。仅就单体敖包的平面看，可以分为方形与圆形两种类型，其中后者占据绝大多数。圆形敖包主要有圆锥形、层级式、塔式等多种类型，其中单层和三层敖包的数量最多。

二、单体敖包的结构

单体敖包的内部结构是多数人不曾知晓的神秘问题。敖包并非是在平地上随意堆砌的构筑物，而是由牧民凭借其智慧与想象精心设计营造的建筑体。敖包的内部结构正是体现其建筑特征的主要依据之一。由上而下，敖包单体结构可以分为地上、地下两大部分。地上部分又分为石砌主体与旗杆装饰等两大部分。

（一）敖包地上部分——敖包的构件

敖包的地上部分由敖包主体与各类装饰构件组成。构件通常包括旗杆、柳条、绳索、经幡、香炉、祭台、各类牧业用具、各式武器、日月与鸟类等自然体模型。

旗杆为插入敖包中心的长木，其数量因地而异，多数敖包只有一根旗杆，而有些敖包有一根主旗杆与4根立于敖包之外的子旗杆，主旗杆位于中心，明显高于子旗杆。子旗杆有插入敖包主体内及敖包外单立等两种类型。旗杆的顶端通常装有被称为"道格"（doge）的饰件（图6-3-10、图6-3-11）。该饰件有时以苏鲁锭替代，也有敖包在其正前方立有苏鲁锭祭祀台（图6-3-12）。

柳枝为敖包的主要饰件。每年祭祀敖包之前，需更换柳枝。负责仪式的牧民从干净无污染的草场采伐新柳枝，将枝叶朝上立于马鞍上运至敖包，插于敖包顶端。柳树在一些地区被称为"蒙古树"，遍布于草原的各类柳树在农历五六月的敖包季节率先长出新芽，供牧人用于装饰敖包，以显生机。

敖包绳索由骆驼毛绳、羊毛绳、马鬃尾绳编制而成。绳索有围捆主敖包柳枝的绳索与用以连接子旗杆或众多子敖包，使之与主敖包连为一体的长绳等两种类型。祭祀当日牧民将羊羔与牛犊的耳印串（图6-3-13）、风马旗、哈达及印有经文、佛像的经幡拴在绳上。

香炉与祭台是确定敖包朝向，用于焚香或摆放祭品的器具（图6-3-14）。香炉有石制与铜制两

图6-3-10 被更换后放在敖包上的木质道格

图6-3-12 敖包前单立的苏鲁锭祭祀台，中间为敖包的旧旗杆

图6-3-11 常见的道格类型

图6-3-13 挂在敖包上的牛犊耳印

图6-3-14 摆在敖包前的石制香炉

种，前者居多。祭台主要以石块砌筑，一些祭祀仪轨较复杂的敖包通常设有多个祭台。祭台与敖包主体之间的距离视仪式需要而设定。

装饰敖包或用于在敖包仪式上祈福的牧业用具主要有羊羔索、牛犊与驼羔笼头、套马杆等。一般将绳制用具拴在敖包上，将套马杆插于敖包之顶，以求生活的富足与畜群的安宁。

刀剑与长矛是颇具特性且古老的敖包装饰物。一些敖包上常有零散破旧的盔甲与武器，立刀枪时常将其尖朝向天斜插于敖包顶端。乌珠穆沁、巴林等部的一些敖包上有日、月状铜盘及乌鸦、鹰等鸟类的木制模型。

（二）敖包地下部分——地井

多数敖包并非直接修筑于平地上，而是有着神秘的地下洞窟或石室，用于放置神圣的珍宝。洞窟面积与深度可大可小。据修筑者（或拆除者）讲述，一般为深三尺，直径小于敖包底座的小洞。其内装入珍宝后用平板石加盖于洞口，再修筑敖包。而在民间记忆中，敖包地下洞窟似乎更为宽敞且结构较为复杂。据传在敖包地下洞窟内修建的建筑类型主要有蒙古包、穹顶石屋、小型殿宇三种类型。

在乌珠穆沁草原，人们曾用石块垒筑洞窟内壁，其内搭建一座小蒙古包，内置敖包神所用器具。

在阿巴嘎、乌珠穆沁等地区，修筑敖包前先掘出四哈那蒙古包大小，四丈深的洞穴，用石块砌筑二尺宽四尺高穹顶石屋，预留一处供人进出的小口，再用石灰涂抹，构成形似一口锅的小屋。在室内放置敖包神的四季服饰、弓箭、鞍具等用具，中置火撑，由僧人在室内举行开光仪式后从预留的小口出来，再将小口密封后填土垫平再筑敖包。

据传鄂托克旗第一任札萨克王善达贝勒所筑宝日陶勒盖敖包下，曾用10大筐砖茶修筑一座经堂，内存108部甘珠尔经。在民众的想象世界里，每一处敖包都有栖居于其内的神灵。敖包神的形象、性格多样，有慈祥的老人、也有盛怒的勇士，如在锡林郭勒盟伊和都音敖包祭祀文中，敖包神的形象被生动地描绘成"脸色红润，神气十足，穿戴盔甲，身跨战马，手执武器"的伊西都音勇士。筑于地井内的宫室就是信众为敖包神准备的寝宫。敖包的体积尺度完全允许在其下搭建一座4～5片哈那的蒙古包或小型殿宇或石室（图6-3-15）。

据敖包修建者的回忆，锡林郭勒盟镶黄旗的某敖包下面挖有直径与高度分别约有1米的洞，敖包约有5米高的主旗杆直通至铺有石板的洞穴底端，洞内放置五个瓷碗与两个小罐。罐内放五色绸缎、五谷、五种香料、五种珍贵金属、五种牲畜的畜产品等物件。五个碗内分别装有五种圣水（图6-3-16）。

（三）敖包的修筑

修筑敖包的步骤大致分为选址、填埋珍宝、立杆、筑石、插柳、装饰等6个部分。在日常生活中，

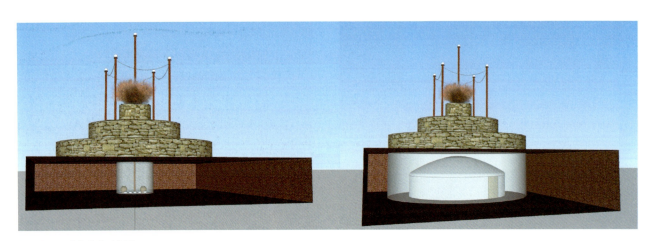

图6-3-15　敖包地井示意图

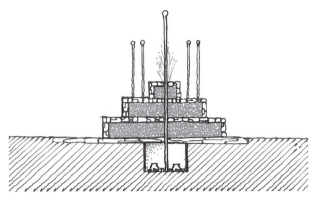

图6-3-16 敖包结构剖面图

修筑敖包是一项不宜公之于众，或忌讳被外人获悉的秘密行为。因此，其步骤与细节多有神秘之处。为清晰说明敖包的形制结构，将其概括为选址、填埋珍宝、修筑等3个步骤予以论述。

1. 选址

修筑敖包一般要选地势较高且地形、土质较为独特的地方。蒙古地区的山岩、河流、泉水旁均立有敖包。藏传佛教传入蒙古地区后，僧侣们夺得祭祀话语权，著有各类敖包祭祀文（图6-3-17）。在不少祭祀文本中详细记述了修筑敖包的缘由、敖包神的形象以及选址的依据等。

在历史传统中，敖包所处地势之高低与社会阶层之属性有着密切联系。在一篇题目为《筑敖包之俗》的蒙古文经卷中记载："帝王之敖包立于高山之巅，王公及贵族僧侣之敖包立于丘陵之顶，庶人平民之敖包立于高坡之地"。敖包位于视野开阔的高处，以便凸显其神圣的属性及开阔的视野。牧民在僧侣或萨满的指导下，选择立地，行特定仪式后以置石块或立木杆形式为符号，从土地神处择取修筑敖包之地。

2. 填埋珍宝

上节所述"压匈"习俗实为在敖包下掘地填埋珍宝，使其具备神圣属性的建筑行为。凡有祭祀仪式的敖包均在其内藏有各类灵性物件。修筑敖包时必行的一项仪式环节为填埋珍宝仪式。在埋藏部位方面，有置放于地面和填埋于地下等两种方法。前

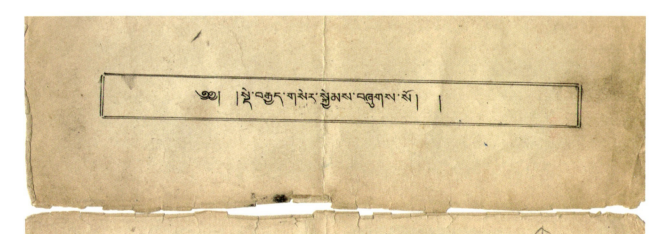

图6-3-17 敖包经文

者指在敖包主体下无人工挖掘的洞穴，将珍宝放入某种容器置于地面或填入石堆中间再修筑敖包的形式。后者指在敖包主体下挖掘洞穴埋藏珍宝或深挖面积较大的洞穴，其内修筑小型建筑置放器物并以石板加盖于其上的形式。

填埋的珍宝并非是稀世珍宝，其象征喻义胜于本身价值，其类型复杂多样，包括贵金属及各类圣物。在民间，一座敖包的地下珍宝常由祭祀群体成员们自愿捐献。敖包下也有埋藏动物或动物骨骸的古老习俗。蒙古各地有以骏马或其头颅作为填埋物以及苏尼特地区以蛇作为填埋物的记忆。当然，由人或动物转化为物品的习俗变迁有赖于敖包祭祀仪礼由萨满教巫师主持转向藏传佛教僧侣全权主持的文化变迁过程。

3. 修筑方法

洞窟被封顶后在其上修筑敖包，其具体修筑方法有自然堆砌和精心垒筑等两种主要方法。前者指将石子或石块堆成圆锥状的方法，而后者指按照预先设计的式样，精心修筑的方法。因材料与式样的不同，此一方法又有一些技艺和步骤的区别，在此介绍两种方法。

（1）石砌敖包的修筑

以圆筒状实心敖包的修筑为例，修筑工程由选材、砌筑外壁、添加中心等步骤构成。牧民先选择质地、颜色相同的石块作为修筑材料，石块有就近拾取和远处拉运两种方式。在就近拾取时必须选取零散分布于山顶，并未曾被人用于修建房屋、棚圈，未曾添涂或坐于其上的"干净"石块。先在地面画一个圆圈，通常用石块或预先置于中心的木质旗杆作为中心点，将一根毛绳或皮索的一端固于其上，在绳另一端拴牢羚羊角或黄羊角，以线长作为规定半径画圆圈，其直径约有4~10片哈那蒙古包大小。选择大块板石垒筑底座，将石块光滑、平整的一面朝外，逐一垒砌外壁，错开石块缝隙，逐层咬合，在内圈填充石子，达至预设高度时留一处用于插柳的锅状口，外壁上端加以固定。有时在敖包正面用一块小木板悬架一处长方形祭台嵌入敖包体

内，用于摆放佛灯与祭品。

（2）柳编敖包的编制

以三层塔状敖包为例，修筑工程由编制外圈、填充草皮、编制中圈、编制内圈、再填充草皮等步骤构成（图6-3-18）。牧民在敖包立地，围绕事先埋下的旗杆，固定若干木桩，用细柳条编织外圈，其方法与编制棚舍或柳编包的方法一致。编成围合状圆圈后，在内填充草皮，待夯实后在其上固定木桩编制周长小于外圈的中圈。待中圈编制成后，将预先编好的长筒状内圈（其周长小于中圈，高度为中圈的一倍）套入中圈内，再用草皮填充其空处（图6-3-19、图6-3-20）。有趣的是，柳编敖包若为组合敖包，通常将一小捆未剪枝叶的柳条埋在地上充作附属于主敖包的子敖包。

三、敖包与环境

敖包是草原景观中不可或缺的物体。敖包与自然环境、建筑环境的融合诠释了草原社会的一种文化场景——空旷的原野由敖包所点缀，展现了草原及游牧民和谐共处、天人合一的生活场景。而敖包

图6-3-18 柳编敖包

图6-3-19 柳编敖包细部

图6-3-20 外圈的对接形式

走进建筑群落并嵌入于聚落的情形，记录了游牧社会历经变革、包容开放的历史情景。

（一）敖包与自然环境

从远处观望敖包，方可体会敖包与环境相和谐共处的整体面貌。在内蒙古地区，地理特征鲜明的区域或自然体上几乎均立有敖包。在平坦的草原上拔地而起的山岩与巨石、高耸的山峰、边界清晰的台地之四周、河床高处、沙漠深处是敖包所处的理想区域。因此，穿越空寂无人的草原途中偶遇一座敖包，顿然会使人不至于寂寞、恐慌。虽然很难寻求一种敖包与环境的相处规律，但有时仅凭感觉就会感悟或享受环境给身临其境者带来的玄妙感受。

1. 敖包对环境的强调

敖包作为符号，强调了区位、领地、社区的神圣属性。在传统社会，敖包与牧业营地之间的距离往往大于今日的状况。营地与敖包有一定的距离，人们喜于选择在敖包的视野范围下，且有一定距离的区位搭建营地，并在某些生活实践中也要根据情况避开敖包视野。在牧区常闻由于在游牧途中露宿于敖包附近，畜群受惊吓而连夜走失的事实及外乡人因将营地设于敖包附近而屡遭祸患的逸闻。

在乡民多少带有一些恐慌、谨慎的话语背后其实暗藏着一条规律——即世俗的人居环境与神圣的自然环境之间的分野与各自界域之存在。在牧区，除祭祀日，平日接近敖包是被禁止的。在生态环境恶化至远不如从前的今日，在某些敖包近处依然会看到蛇、狼、岩羊等动物或其足迹。这说明，敖包多少保持了所处环境的原始、野生的一面。在某种程度上，敖包限定了人的行动空间，而这对游牧生活并非是无意义的。

在广阔的草原，牧民并非使用全部的空间，牧羊人从不接近敖包，只有骆驼、马等自由放养的大牲畜经常光顾这些神圣奇特的界域。因此，在偏僻区域之边界常筑有体积小、形态不起眼的小敖包等特殊的敖包，专供牧人用于祈祷其畜群的安宁。如乌兰察布市北部戈壁的桑图敖包为骆驼敖包，牧驼人不定期献祭于此敖包。

2. 敖包对环境的塑造

敖包是修饰与改变环境的朴素而有效的方法。在其加以强调的神圣界域，敖包起着凸显、修饰、限定等塑造功能。相比一处未立敖包的空地与立有敖包之地，将会发现敖包对环境所起的明显作用。

首先，敖包具有凸显地理环境的作用。在平缓的丘陵上修筑敖包之后使所处区位更显高大神圣。除贺兰山、阴山、大兴安岭等三座绵延数百里的山脉之外，内蒙古地区整体地势较为平缓，局部草原地区极为平坦。在视野上，加筑于弧形高地上的敖包使整个地形拥有了一个制高点，从而使其看上去更加清晰而高耸。对于世代生息于草原的牧民而言，立有敖包的丘陵具有"陡峭险峻"之感是情理之中的事。

其次，敖包具有修饰环境的作用。在植物茂盛的山岳上修建敖包能够使环境更显优雅，而在贫瘠的沙漠与荒野，敖包能使环境更显有生命力。插于敖包顶的柳枝多少会给荒寂的原野一点绿色的气息。敖包仪式的另一功能为祈雨仪式，牧民总渴望能够通过愉悦敖包神而换取滋润大地的甘霖。若身临风尘飞扬、人喧马嘶的乡土那达慕场地，即刻会发现这一渴望之急切程度。此时，至少在视觉上，并排列于高地的敖包总会给人些许的安慰。

再次，无论是哪一种敖包类型，均能将特定环境限定为有序空间。由多组敖包构成的敖包群可以分隔、组织一大片草原环境。敖包之间相互对视交接，共同营造一种场所秩序感。一些单一敖包与所处环境的其他自然体连为一体，共同组织环境，如敖包周边常有圣树、圣泉等祭祀体。

3. 敖包对特定环境的标示

形制高、仪式严密、规则森严、远近闻名的大敖包通常位于地形独特神奇的地方。敖包所处高地通常是突然凸起于平坦草原上的孤峰，其地形自然有神奇属性。乌兰察布市的脑木更敖包与锡林郭勒盟的博格达乌拉敖包，都位于地形独特罕见的高地。博格达乌拉山形似仰面观天的成吉思汗之面相。其中一敖包所处孤峰——阿布德仁图山的山顶为自然形成的椭圆形平地。黑色岩石筑起的13座敖包位居中心。地形奇特而离天近的山顶是王公贵族选为祭祀天地神灵的首选区位。通过敖包的标示，特定区域将会区别于周边环境。

（二）敖包与人造环境

藏传佛教将传统的萨满仪式有选择性地融入自身意义体系内的一项物证为，敖包与藏传佛教召庙（以下简称召庙）建筑的完美融合。内蒙古地区的所有召庙几乎都有专属敖包。一些召庙将敖包修筑于其建筑群近域内，与经堂、佛塔等建筑融为一体或干脆将其嵌入召庙院落内。

召庙在其建筑布局上常以敖包作为边界标志立于其四周，或沿着寺院中轴线在其正北方的高处修筑敖包。如锡林郭勒盟乌珠穆沁左翼旗喇嘛库伦庙、原浩齐特左翼旗王庙在其正北近处修筑了敖包。寺庙建筑为汉式建筑，山门、天王殿、大雄宝殿、召殿等4座殿宇位居中轴线，召殿正北的高地上立有十三敖包，其主敖包两侧各有6座子敖包呈双翼排列。主敖包正对召殿，处于中轴线最后（图6-3-21）。

敖包嵌于召庙建筑的另一种形式为敖包以固定建筑形式成为召庙院落组成的一部分，如斡耳朵斯市乌审旗的乌审召敖包呈墙体状，主敖包自成一体，12座子敖包并排修筑于砖砌墙体上。敖包与佛塔、召庙院落融为一体（图6-3-22）。呈墙体状的敖包可另举乌审旗嘎鲁图庙的敖包。其实，将墙体与敖包，尤其是佛塔合为一体的建筑手法常见于蒙古地区其他召庙。

敖包更具普通建筑特征的一种倾向为，敖包形态逐渐倾向于佛塔或小经堂式样。一些寺庙敖包或在僧侣主持下新建的敖包已有专用于祭拜的内室。

在清代察哈尔、鄂尔多斯等地区，人们已开始在一些敖包山下或近处修建三间经堂，用于举行法

图6-3-21　锡林郭勒盟喇嘛库仑庙布局，正北为十三敖包

图6-3-22 鄂尔多斯市乌审召敖包 （资料来源：《敖包的传说》）

图6-3-23 20世纪50年代锡林郭勒盟喇嘛库仑庙敖包 （资料来源：《内蒙古古建筑》）

会。祭祀日之外，室内存放仪式用具并锁门，待来年祭祀日再开启使用。如果说原初的敖包形似蒙古包，那么，藏传佛教传入后一些敖包开始具有了召庙建筑风格（图6-3-23）。

第四节　解读敖包空间

在草原，人们骑马路经敖包时须下马从适度距离步行走到敖包旁，祭献石块，祈求路途的平安与

故乡的风调雨顺。在没有明确指示物的前提下，人们在何处下车或究竟依据什么来确定他们的方位？这与草原空间的境界与阀门（阀门指进入某一空间的口子）有密切联系。在特定祭祀日，敖包仪式现场的空间划分与行为制约更加清晰化，始终存在于敖包场域的秩序感更显浓烈，因此，解读敖包空间是理解敖包文化的必要切入点。

一、敖包与草原空间

对于熟知地方的牧民而言，其生存繁衍的地方是一组具有明确秩序的空间体。在外人看来是空旷的、无明确界限或标志的茫茫草原，对当地牧民却是界域明确、一目了然的生活空间。很不起眼的一个小沙丘就有它的名称与方位，在方圆几里的一小片区域内有若干地名。故此，牧民在丢失牛马后以问讯方式获取信息，准确断定其具体方位。这是一种借助于传统的、地方性智慧的定位方法。在地理特征不是很明显、人烟稀少、缺少参照物的大草原，敖包就是一种路标。对于外来者而言，它具有警戒、告示的作用。

（一）敖包网——空间尺度

敖包遍布于内蒙古草原，并形成一张敖包网。敖包与敖包之间常被人联想为存在一种默契的联系。在牧区常有"敖包相互观望"、"敖包互为兄弟姊妹"的说法。因此，间隔数百公里的敖包常被人解说为相互之间具有一种联系。据传，锡林郭勒盟阿巴嘎旗博格达敖包、正蓝旗伊和都音敖包与原牛群敖包为彼此间观望、照应的三座敖包（图6-4-1）。一些同名敖包有大小之分，分居各处，遥相呼应。视点的连接或牧民的想象都证明了大尺度空间内的敖包连接线之存在。在清代，三座敖包分别隶属阿巴嘎右翼旗、察哈尔正蓝旗、察哈尔牛群等三个行政单位。但游牧区域的连接与牧民间的生产往来不受行政区划的影响。敖包间相互观望的说法便是源自游牧社会自身文化需要的一种解释。

（二）敖包的朝向

草原上的敖包均有特定的朝向。人们可以依据

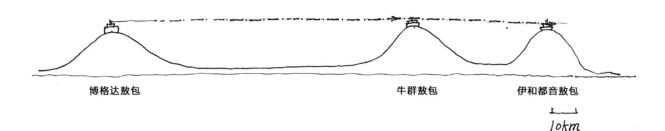

图6-4-1　彼此观望的三座敖包

博格达敖包　　　　　　　　牛群敖包　　　伊和都音敖包

10km

其祭台、香炉、旗杆、苏鲁锭等装饰物的方位与指向，轻易辨清敖包的朝向。敖包的朝向无普遍遵循的定则，然而，每一个朝向都有其缘由。

大凡祭祀群体均惯于将其敖包朝向自身所处营地，以图使敖包神护佑自己。召庙的敖包通常朝向所属召庙。互为关联的两座敖包通常相互对准朝向。相互间具有隶属关系的敖包，如旗敖包与苏木敖包，后者将朝向前者。一些敖包群的各组成敖包呈相互观望形态，由此形成由敖包"视线"所交织的地域单元。

一些敖包遵循草原固有方位体系设定了其朝向。乌兰察布市额尔顿敖包的朝向完全遵守了内蒙古地区传统的方向。当地方向与传统方向相差45度（图6-4-2）。额尔顿敖包的四个方向如图6-4-3所示。

（三）敖包与道路

作为公共空间，敖包场所的营造须考虑由其作为中心的道路网之设置。在一篇题目为《筑敖包之俗》的蒙古文经卷中记有"多条道路从四面八方汇集，官员与庶民汇聚一般，此处修筑甚为吉祥"。由此可见，敖包与道路的关系很早即已被人们所关注。然而，必须留意旧时的道路之形态、设置与今日有所不同。骑马人可以自由穿行草原，而驱车载帐，赶赴仪式现场的人群需沿着预先规定的方向与路径接近敖包。进入敖包界域后秩序更加清晰、严格。祭拜人群攀登敖包山时须遵守特定的方向、路径。以旧时乌珠穆沁王盖敖包的祭祀礼仪为例，每岁按惯例，王公及侍从成列顺左侧，活佛僧侣成列顺右侧，从敖包北侧上山，走至东北角向西转至敖包。

图6-4-2　蒙古地区传统方向示意图

在敖包仪式之先，登上高处观望祭拜者接近敖包的路径时会发现，人们沿着曲折的草原路从不同方向汇聚于敖包周边的那达慕场地，再折向敖包献祭。以敖包为中心节点，向四处辐射的道路网可以使空无一人的敖包场地顿时充满人群。一些敖包群借助自身复杂的布局，蓄意使道路曲折迂回，绕行其所有单元。

（四）遥祭——空间的跨越

内蒙古人相信自然界的万物皆有灵气，因此，常以拟人化手法解读其繁衍生息的自然界。敖包作为地方性的标志在草原各类口述文本中扮演着重要的角色。民间传说中常有"敖包跟随牧人迁移"、"敖包想念某支远迁的游牧群体"等情节，敖包之喜怒哀乐更是常见的传说元素，其实，这些传说是一种有关游牧社会真实情景的记忆。

敖包素有固定的祭祀群体。牧民每年农历五至六月间必须参与所属群体敖包的祭祀仪式。牧民相信无论人们游牧迁移至何处，故乡的敖包神始终会护佑他，并在固定的祭祀日会守望远离故土的牧

图6-4-3　额尔顿敖包的四个朝向

民。因此在传统时代，远离故乡学经的僧人或服兵役的旗丁要到敖包上祈祷，并用哈达包一小块敖包石当作护身符随身携带。

因游牧路径过于遥远而无法在祭祀当天返乡祭拜的牧民、移居他乡而不便回故乡的部族群体、因特定禁忌而不能参与某敖包祭祀仪式的妇女群体常以遥祭的形式祭拜敖包。遥祭指从远处祭拜某一敖包的祭祀形式，其具体过程为到一固定敖包或临时堆砌一小敖包，将祭品置于其上，向其故乡敖包的方向祭拜。内蒙古地区有许多用于遥祭的敖包，一些形制较高的敖包通常在其旁修筑一座敖包，让移居该乡多年的人祭拜自己故乡的敖包。在历史长河中，游牧民往返迁移于这片区域。一支游牧群体在一片草原生息一段时间的唯一物证为敖包。因此可以借助敖包还原游牧民的迁移史。

（五）敖包的移动

敖包几乎遍布于内蒙古地区所有山川河流，其数量繁多，难以统计。据不完全统计，内蒙古各旗平均每旗有100余座各类敖包。仅乌审旗境内就有170余座敖包。原阿拉善旗有不包括界标敖包在内的有名敖包173座。敖包数量增多的一个主要原因为蒙古族的游牧生活方式与特定历史背景。

清代的蒙古史是一部部族往返迁移，交错杂居的民族迁徙史。由于清廷的防御策略，蒙古各部离别故土，重新被置于新的行政区划内。大规模的迁徙可以列举乌拉特、茂明安等部的西迁与厄鲁特部的东移。大至部族、小至家户的交错迁徙，构成了游牧民错综复杂的游迹图。人群的迁徙必定会导致敖包的移动，至今在鄂尔多斯地区有察哈尔敖包，察哈尔地区有巴尔虎敖包的事实证明了那一段部族与敖包的迁移及重建史。

在离别故土时，人们从故土敖包的石块中象征性地拾取一块随身携带，到达新地点后将故土的石块归入新建的敖包加以供奉。在清代亦有移动敖包下的镇物或用铜镜吸纳敖包神等方法。

新建敖包的形态、名称往往与旧敖包相同。在迁徙初期，牧民以遥祭形式连同祭拜故土的旧敖包，后逐渐忘却而只祭拜新敖包。由此，留下诸多"敖包跟随主人迁移"及"敖包怀念主人"的传说元素。族源的纽带使遍布内蒙古高原的敖包相互连接，成为超越地方的空间标示。

（六）敖包对日常生活的影响

一片草原区域由矗立于其四周的若干座敖包加以限定，并有效限定其界域内的生产生活实践。游牧区域的四周以敖包加以确定，故此祭拜敖包便是确认界域的社会行为。清代以敖包识别旗界的规定显然源自于借助敖包限定界域的传统方法。清代札萨克旗的巡境仪式十分强调旗界的清晰度与准确性，常有"若在旗界内巡游会失去土地，若在旗界外巡游便会失去敖包"的说法。因此，以山河作为疆界标志显然太过粗略，只有敖包才能够明确指示边界。

敖包对游牧社会日常生活的影响是多方面的。首先，敖包从牧场空间里划分出一片神圣的敖包领地。每座敖包因其等级、形制、所处地形的不同，有大小不等的领地。敖包的面积大约是以敖包主体为中心的半径约1.5公里的区域。平时，牧人不可接近敖包，不许蓄意将畜群赶入敖包领地放养。若敖包在山顶上，不可砍伐或采摘那座山头上的林木与果实。

在日常生活方面，迄今为止在牧区有关于敖包的多种禁忌，如修建居所或搭建蒙古包时房门朝向禁止对准敖包；野葬亡者时必须选择一处回避敖包视野的地方；牧户每天的早茶首先要敬献于牧场周边的所有敖包；不准朝着敖包方向扔垃圾或解手；忌讳手指敖包；开辟道路时要避免敖包的向度与领地等。

位于乌兰察布市北部戈壁靠近中蒙边界的一座敖包（图6-4-4）为无定期祭祀礼仪的敖包，相传漠北喀尔喀蒙古的一支驼队从京城赶往大库仑的途中路经此地，其中一员死于内外蒙古的交界处，其遗体就地埋葬，之后人们在其骨骸上堆砌敖包，作为护佑过往行人旅途安全的道路敖包。至今过往车辆分道绕行该敖包，向南行驶时取道右侧，向北行驶时取道左侧，并且必须下马或下车敬献祭品，方可离去。敖包在空间、朝向、行为约束等各个方面影响着牧业社区。

二、敖包的仪式空间秩序

敖包仪式空间由祭祀场所、那达慕场所组成。划分空间的标志性物体为子敖包、小石堆或河流、湖、树木等自然体。在祭祀群体内口耳相传，成为约定俗成的一套空间秩序。敖包的仪式与场所秩序是游牧文化的活化石，因为程式化的仪式与秩序能够记录并保存古老的文化习俗。仅以敖包那达慕大会上的竞技——搏克、赛马为例，很多敖包对参与摔跤比赛的搏克手数量及赛马的起点、朝向、路程距离有着严格的规定。

（一）敖包祭祀场所的秩序

敖包圣地的崇高与神圣常借以祭祀礼仪的众多禁忌与严格的空间秩序来显现。相比祭祀场所与那达慕场所，前者在地势上选择高地，后者选择平整开敞的平地，前者所需空间面积小，而后者需较大的空间。两者间有相连与分隔两种情况。敖包若在

图6-4-4　乌兰察布市扎门敖包

图6-4-5　20世纪80年代的敖包祭祀场景　（资料来源：《内蒙古风情》）

台地边缘，两者就会相连，但有时以等距排列的小石堆进行分隔。敖包若在山丘等高地，山脚的平原为那达慕场地，两者间有自然的分界线。

有时，敖包的祭祀空间也由祭祀区位（图6-4-5）、招福区位、分享献祭食品区等区位构成。与那达慕场所不同，祭祀空间有着较复杂的规定。在民众的想象中敖包神的性格迥异，因此须投其所好选择祭品。敖包的祭品常有红食（即肉食）、白食（即奶食）、玉石等三种。仅以宰牲献祭为例，只有绵羊、山羊、牛可以作为献祭牲畜。在仪式中除对牲畜的种类、毛色有严格规定外，宰牲备祭的地点方面也有不同的规定。通常有先宰牲后带到敖包、在敖包旁宰牲等两种形式。这是一种有关场所设置的习俗惯制。在敖包旁宰牲和背着敖包宰牲除反映了佛教与萨满教不同的祭祀仪轨外，更重要的是它体现了一种场所的设置与认知。内蒙古地区的多数敖包祭祀场所不允许妇女群体参与，也有敖包不许部族之外的人或陌生人参与祭祀活动。对参与群体的限定与特殊行为的制约体现了敖包空间秩序。

（二）那达慕会场空间的秩序

那达慕场所的设置往往在敖包旁或敖包山下能够望见主敖包的方位。那达慕意为娱乐竞技。为能够使敖包神赏阅各项竞技，即为达到娱神的目的，那达慕场所需设于敖包神视野所及之处。在祭祀场所与那达慕场所相连时，将摔跤场地直接设于主敖包之前相应位置，赛马的终点线需设于敖包的一侧，以保证每匹参赛的马从其前面横向通过。

那达慕会场空间内的设施主要包括帐幕、蒙古包、车辆、灶台。大型的帐幕起到遮阳作用的同时，限定了会场空间中心。搏克场地设于帐幕之前，观众在帐幕两侧呈圆圈围坐观看搏克竞技。车辆与马匹构成外圈，整个会场呈两个同心圆形状。在清代的大型敖包仪式场所，往往搭建多顶帐幕，贵族、高僧及其随从、家属各有专用帐幕，并分别就座观看竞技。多数敖包为僧侣专门搭建一座蒙古包，充当临时庙宇以满足民众问询、占卜、治病等需求。拉运器具及帐幕的车辆位于会场外侧，起到划定界域的作用，而参与者所乘马匹均拴在车上或套上马绊脚散放于会场周边。故机动车辆盛行于草原之前，那达慕会场的占地面积往往很小。会场内的所有设施均有规定方位。以灶台为例，一些敖包的灶台（图6-4-6）和铁锅是固定安放于会场的设施，并忌讳挪用或修筑于他处。

近代以来，敖包那达慕会场空间的一个重要变化为行商的介入。在民国时期，就有旅蒙商驼队与牛车满载货物到敖包仪式场地进行交易。而仪式主持者常在会场周边约百米处专设集市区，划分货摊、安置商旅。这一规定延续至今。

牧民自古将搏克、弓箭手、参赛的快马作为向敖包献祭的"特殊祭品"。清代大型敖包祭祀仪式上，仪式主持者向每一个参与群体预先公布参赛的搏克及马匹数量。未能预备祭祀品的男子常报名参与搏克竞技，以此作为向敖包神敬献的"礼物"。

敖包的空间秩序是非常值得探究的一个环节。如何设置祭祀与娱乐的空间、朝向及相应的行为禁忌，体现着牧民对所处环境的一种理解与创造。待敖包祭祀仪式及各项竞技结束后人们将分享献祭的食物。此时由敖包司仪为人们分发神圣的食物。除将羊头、带踝骨的骨头和尾巴留献于敖包之顶外，剩余的肉由参与者共享，每人分得一份"敖包福分"，即一块肉。未来得及参与仪式的家庭成员也会分得一份。

分散居住于牧区的牧民，只有借着公共生产生活行为，如制毛毡、打马鬃等生产环节及婚宴、祝

图6-4-6 固定的灶台

图6-4-7 20世纪80年代的鄂尔多斯地区敖包祭祀仪式 （资料来源：《鄂尔多斯》）

寿礼等人生仪礼宴请才能聚集在一处（图6-4-7），其中，敖包祭祀仪式是最为隆重、聚集人数最为众多的公共活动。人们聚集在敖包祭祀仪式上，在祭拜神灵的同时观看、参与娱乐竞技，商议社区事务，购买日常用具（早在民国时期的一些大型敖包祭祀仪式上已有旅蒙商的商业活动）。在公共生活的意义上，敖包充分地满足了牧业社区的社会交往需要。

第五节　敖包个案分析

为充分展示敖包与环境、场所、空间的密切联系，本节选择内蒙古地区的4座敖包，分别从仪式空间设置、敖包群布局、仪式空间的行为序列、敖包之间的关联等4个角度予以个案分析。所选敖包在材料、形态、数量、布局、等级方面均有代表性意义。个案分析未以全景式再现方式展现敖包仪式

的整个过程，而是依据各自侧重点，描写其某一方面，试图尽量展现今日内蒙古敖包的类型与现状。

一、脑木更敖包

脑木更敖包（图6-5-1）位居今乌兰察布市四子王旗脑木更苏木宝日化嘎查与锡林郭勒盟苏尼特右旗额仁淖尔苏木赛音希力嘎查交界处。每年农历五月初三由两旗民众共同祭祀，敖包仪式的两名司仪从两个嘎查牧民中产生。脑木更敖包为位于盟界、旗界的著名敖包，由于地处偏远边境，未受旅游热袭扰，完好地保存了其民间的、古朴的色彩。

（一）敖包形制

脑木更敖包为单一敖包，呈方形，敖包体积较小，平面呈正方形（边长1.6米），高1.25米，被修筑于一块1米高的天然砂石岩上。敖包由白色板石修筑而成，外涂以石灰。敖包位居从平地自然拔起的圆锥形红土丘上（海拔1118米，土丘高25米）。土丘（图6-5-2）距其西侧的台地70米，形成一道独特的景观。平整的戈壁滩上突然拔起一座巨大的天然敖包，其上立有人工修筑的方形敖包（图6-5-3）。天然与人工、圆与方、红与白在此融为一体，使敖包在工、形、色方面更显和谐美观。

（二）敖包祭祀仪式

敖包祭祀仪式虽属草根，但官府对其非常重

图6-5-1 脑木更敖包

图6-5-2 敖包侧面

图6-5-3 修筑于天然巨石上的敖包

视。在清代，四子部落旗札萨克郡王每年派专员从王府（位于今查干宝力格苏木，距敖包约有350里）远程赶赴此敖包敬献祭品。敖包位处为两旗接壤之地，故关于敖包归属与草原权属之议从未间断过，但在民间却保持了共同祭祀的传统，并延续至今。现每年由两旗分别选出一名牧民共同主持敖包祭祀仪式。敖包空间（图6-5-4）内的所有设置均依照传统布局排列，其数量、朝向有传统规定。两旗各自有固定的献祭石台；必须搭建3顶蒙古包，若苏尼特右旗搭建一顶，四子王旗需搭建两顶。

牧民的生活节律与自然界的规律影响了仪式秩序的决定。脑木更敖包的赛马路程分为两种，但方向一致。水草丰美的好年景，赛马要跑20公里的路段；而干旱遭灾的年景，赛马要跑10公里的路段。不加限制参赛搏克手及赛马数量。来自两旗的搏克、快马在那达慕会场上激烈竞争，在共同愉悦敖包神的同时以仪式性竞技方式相互博弈。牧民相信两旗中的哪一个旗的马（图6-5-5）或搏克（图6-5-6）夺冠，其旗将会拥有风调雨顺的美好年景。那达慕场地上的车辆与行人构成两个圆圈（图6-5-7），牧民们围观搏克比赛。待最后八名选手胜出时比赛间歇片刻，此时，人们到赛马终点观看参赛马匹的到来（图6-5-8），赛马的胜负揭晓后人们返回场地观看精彩的搏克决赛。

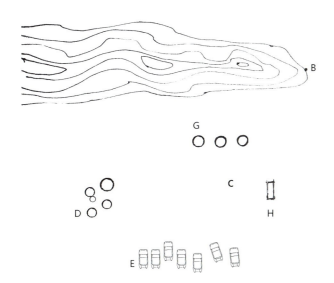

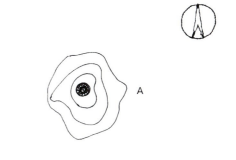

A 敖包	E 车辆停放处
B 圣泉	F 赛马回来的方向
C 会场	G 蒙古包
D 集市	H 灶台

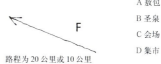

路程为20公里或10公里

图6-5-4 敖包空间设置

图6-5-5 参赛的马在赛前顺时针绕行敖包三周

图6-5-7 人们围观搏克比赛，构成以蒙古包为中心的两个圆圈

图6-5-6 两个旗的搏克手在摔跤

图6-5-8 赛马接近终点时，人围解散，人们奔向赛马终点处

二、博格达乌拉敖包

博格达乌拉（意为圣山）敖包（图6-5-9）位居今锡林郭勒盟阿巴嘎旗别力古台镇萨如拉图雅、巴音杭盖、赛汗图门三个嘎查交界处，著名的成吉思博格达乌拉山之顶。

（一）敖包群的布局与形制

博格达乌拉敖包为原阿巴嘎右翼旗旗敖包，原为单一敖包，后成为敖包群，由一大一小两组敖包构成，近年，在山脚下又新增一座敖包，故成为由3组敖包构成的敖包群（图6-5-10）。大敖包为主敖包，也称巴音孟和敖包。敖包呈双层台状，尺度比例不均衡，平面呈圆形，体积较大（高2.45米，不含旗杆，周长约20米），由黑色岩石修筑而成（图6-5-11），跨于一条黑色岩石带上，与所处崎岖环境有机融合，达到了与环境的完美呼应（图6-5-12）。敖包位于成吉思博格达山之顶（海拔

图6-5-9 博格达山全景

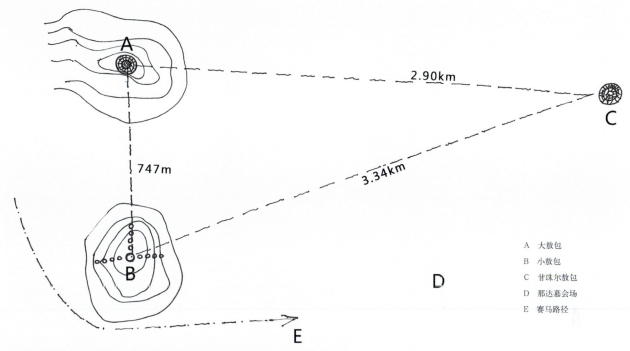

A　大敖包
B　小敖包
C　甘珠尔敖包
D　那达慕会场
E　赛马路径

图6-5-10　敖包群3个敖包之间的距离

图6-5-11　大敖包

图6-5-12　跨于岩石带上的大敖包

图6-5-13 小敖包

1270米)。从山顶台地边缘可以望见小敖包,但从大敖包近处却看不到小敖包。

小敖包为大敖包的附属敖包,小敖包是由12座子敖包围绕主敖包以三向式排列布局的组合敖包(图6-5-13)。主敖包呈单层蒙古包状,由黑色石块砌筑而成。敖包正南列有4座子敖包,强调了小敖包对准大敖包的朝向。小敖包位居博格达山西南的阿布都仁图山(海拔1221米)之顶(图6-5-14)。山顶平整,呈椭圆状(图6-5-15)。两座山之间有沟壑。

2003年,人们在成吉思博格达山脚,在大、小敖包东约3公里处(海拔1090米)新建一座敖包(图6-5-16),3座敖包呈三角状构成成吉思博格达敖包群,共同限定了博格达山神圣领域的同时重新设置了敖包仪式空间。

(二)敖包仪式

每年农历五月十五日由全旗民众举行祭祀仪式。敖包祭祀仪礼的最为显著的特征为身着白色蒙古袍的9名骑手各骑一匹白马,代表9个苏鲁锭腾格里,手执长箭,快马争上大敖包,绕行敖包三周行招福礼,将哈达献于敖包,用细毛绳串接9支箭插于敖包上。除9名骑手,严禁他人登山祭拜,待骑手下山后举行盛大的仪式。小敖包被认为"盛怒的敖包",亦

图6-5-14 阿布都仁图山的十三敖包

图6-5-15 阿布都仁图山侧面

图6-5-16　新建的甘珠尔敖包

严禁人们登山祭拜。在清代，无论是王公贵族或庶民百姓，均不许登山祭拜，只能从山脚下祭拜两座敖包。敖包那达慕的搏克手数量限于32名，但不限参赛马匹数量。那达慕场所设于阿布都仁图山东南平地，赛马从阿布都仁图山之南到达那达慕场地。

三、柴达木巴音敖包

柴达木巴音敖包（图6-5-17）位于锡林郭勒盟东乌珠穆沁旗萨麦、巴音胡布尔两个苏木交界处。柴达木巴音敖包（另称巴音哈日）为乌珠穆沁草原著名的大敖包。

（一）敖包的传说

该敖包是由巴音敖包、额吉敖包、巴嘎塔日棍敖包等3座敖包组成的敖包群。敖包仪式由原乌珠穆沁右翼旗喇嘛库伦庙（集慧寺）主持。据传，西

图6-5-17　未修缮前的柴达木巴音敖包

域一座圣山（名曰玛日沁宝马日）之神随佛法之兴盛而来到此地，成为巴音敖包之神，并与额吉敖包（即母亲敖包）之神——一位土地神（合屯匈玛玛，合屯意为王后）合为夫妻。这是一则深具意义的传说，它暗示了敖包文化之复杂渊源的同时肯定了其本土文化属性。

（二）子敖包的功能

巴音敖包为组合敖包，由主敖包及上百座子敖包呈三向式排列布局展开，敖包南端的子敖包一直从山顶延伸至山脚。关于子敖包的数量曾无特殊规制，信众在祭拜时随手堆积石块，构成数量繁多的子敖包。敖包祭祀仪礼的特点为，各敖包的祭祀日期、时辰与功能指向各不相同，3座敖包构成一个敖包祭祀仪式体系。其具体过程为，农历六月初三凌晨3点，首先祭祀位于巴音敖包山西南方向柴达木湖畔的额吉敖包。祭祀仪礼结束后从凌晨6点起，数千民牧民从敖包那达慕会场方向，顺着数百座小石堆向主敖包方向呈长列攀登，每人手拿一瓶鲜奶或酸奶，在每一座小石堆上点撒少许奶汁，边祈福边向上走。"呼瑞，呼瑞"的招福声震天动地，一致延续至早晨7点左右（图6-5-18）。

当举行完祭祀仪式后未能参与伊和塔日棍敖包（即大塔日棍敖包，该敖包位于萨麦苏木，于农历五月二十二日举行祭祀仪式）的人继续走至巴嘎塔日棍敖包（即小塔日棍敖包），从该敖包处遥祭远在萨麦苏木的伊和塔日棍敖包。此敖包为组合敖包，主敖包与子敖包皆呈圆锥形，上插有稀疏的柳枝，显示了用于遥祭的临时敖包之属性。

巴音敖包大量的子敖包起到了空间导向与限制功能（图6-5-19）。从主敖包向三个方向延伸的子敖包将人群隔开，并引导人流按照预定路径行走。从那达慕场地直通主敖包的上百座子敖包引领人群接近主敖包，行毕祭祀仪礼后再沿着对称排列于主敖包两侧的子敖包，顺时针方向绕行敖包。牧民俯伏在地上朝着敖包跪拜，并从敖包周边采摘刚嘎草（用于熏营地与畜群，以使其变为圣洁），再顺着上

图6-5-18 人们顺时针绕行敖包

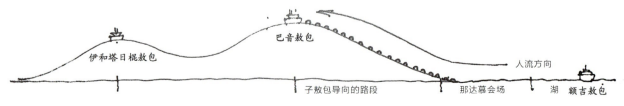

图6-5-19 大量的子敖包具有行为导向功能

图6-5-20 人们下山返回那达慕场地 （资料来源：希吉日塔娜摄）

图6-5-21 远处的那达慕场地 （资料来源：希吉日塔娜摄）

山路径的左侧返回那达慕场地。

（三）那达慕会场

待祭祀仪式结束后人们下山取车（车辆停在山脚下），驱车返回那达慕场地（图6-5-20），场地距山脚约有1公里远（图6-5-21）。那达慕场地立有多顶蒙古包，主持仪式的牧民掘地筑灶，上置若干大锅，煮羊肉供参与者食用。乌珠穆沁草原上的著名搏克齐聚该敖包那达慕场地，激烈角逐（参赛搏克的数量、级别可以直接反映敖包的等级、规模）。围观的牧民形成圆圈或坐或站，津津有味地观赏比赛。待下午4点，所有竞技项目均告结束，牧民们从移动商贩处购得商品，骑马驱车向各自方

向散去。热闹非凡的那达慕场地顿时空无一人。

2008年，牧民重新修筑了巴音敖包与额吉敖包，在材料源地、石块数量、敖包直径、子敖包数量等方面予以了新的阐释。

四、都音海尔汗敖包

都音海尔汗为同名的两座山之统称，两座山素以大小分别指称。据察哈尔百姓讲述，两座山为兄弟山，分属今锡林郭勒盟正蓝旗宝绍黛苏木恩格尔嘎查与正镶白旗伊和淖尔苏木阿尔山德日苏嘎查。

（一）伊和都音敖包

伊和都音山上的敖包俗称伊和都音敖包（即大

都音敖包）（图6-5-22），由哈斯格如德敖包（图6-5-23）、正白羊群旗敖包（图6-5-24）、夏日敖包（图6-5-25）等3座敖包组成，呈南北纵向排列形式。前者为石砌敖包，后两者为柳编敖包，三者的布局相同。每座敖包为十三敖包，由12座子敖包

图6-5-22　由3座独立的敖包构成的伊和都音敖包

图6-5-23　新建的哈斯格如德敖包

图6-5-24　正白羊群旗敖包

以十字形排列形式围绕主敖包构成。

伊和都音敖包实为3个独立的组合敖包之统称。夏日敖包为最古老的敖包，修筑于清嘉庆九年（1804年）。哈斯格如德敖包原为古老的石堆敖包，其建筑年代不详，1980年重建时在旧址东北18米处新建。

3座敖包共居南北向轴线，平均距离为36米，夏日敖包之南，正对巴嘎都音敖包立有两个旗杆，标示敖包的朝向。巴嘎都音敖包位居夏日敖包之南（189度）10.86公里处。

（二）巴嘎都音敖包

巴嘎都音山上的敖包俗称为巴嘎都音敖包（即小都音敖包）（图6-5-26），由五苏木敖包、镶白旗旗敖包两座敖包构成，呈南北纵向排列形式。每座敖包为十三敖包，其排列形式如同伊和都音敖包。巴嘎都音敖包也由两个独立的组合敖包构成（图6-5-27）。五苏木敖包原为镶白旗额尔顿都什庙及八苏木的敖包，修筑于清嘉庆五年（1800年）。旗敖包为20世纪30年代后移建于此处的敖包。两座敖包间距30米，其朝向巧妙地表示了两者间的等级关系。五苏木敖包朝南，正对旗敖包，而旗敖包朝东，正对沙丘下的宝绍黛湖（图6-5-28）。

（三）敖包之间的关联

大、小两座都音山上各有一组敖包，其敖包并非功能、意义相连的敖包群，其祭祀日期也有所不同，伊和都音山上的3座敖包分别于农历的五月十六、六月初三、六月十九日举行祭祀仪式。每祭祀其中之一敖包，为敖包献全羊祭时为另两座敖包稍献祭物即可。巴嘎都音山上的两座敖包于农历五月十三及五月二十五日由赛汗淖尔嘎查与阿尔山德日苏嘎查的牧民分别举行祭祀仪式。

可以说是5座独立的组合敖包分属两块地域单元。但由于地缘关系，敖包之间产生了密切关系。

纵览史书，可以发现游牧民对固定的建筑物并非一直是排斥的事实。在"江格尔"等英雄史诗中常见的一个情节元素，为英雄让某支远道而来的商队为其营造一座富丽堂皇的宫殿。散见于文献的信

图6-5-25　夏日敖包

图6-5-26　遥望牧村的巴嘎都音敖包

图6-5-27　组成巴嘎都音敖包的两座敖包

图6-5-28　敖包下的牧村与湖

息及牧民的口述史均在说明一则关于营造的草原记忆——游牧人对于建筑物的向往与热情。与周边文化区域的频繁接触促使一些游牧人掌握了营造技艺，草原上曾出现过富丽堂皇的楼阁、殿宇、城池。然而，历史的进程如若一股洪水，唯独留存于人民记忆中的文化才能够抵御历史的考验并存续至今。遍布于内蒙古草原上的敖包，如同穹庐毡帐，共同成为游牧民亲手创作的两种代表性建筑物。

内蒙古古建筑

第七章　塔　幢

内蒙古塔幢分布图

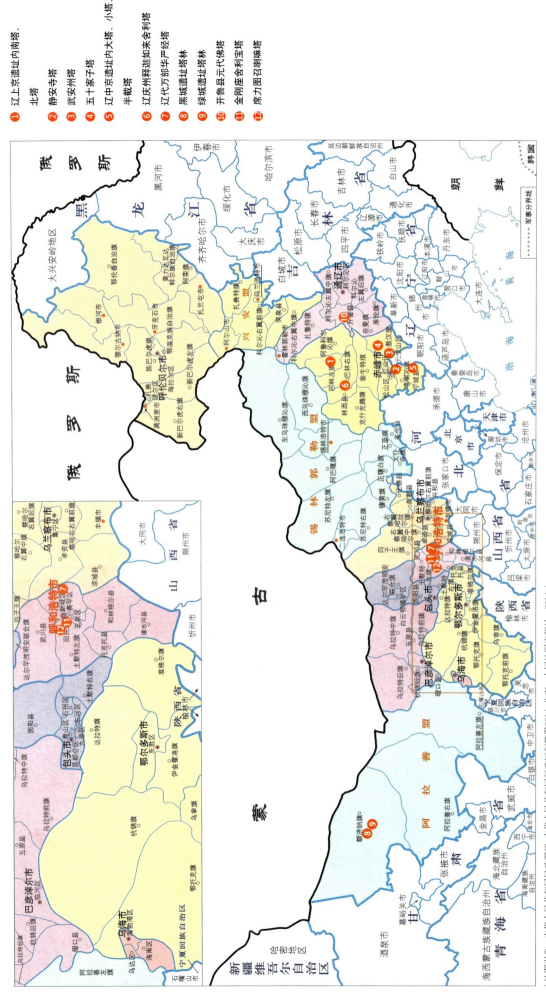

（地图引自：中华人民共和国民政部编 中华人民共和国行政区划简册2014. 北京：中国地图出版社，2014.）

塔幢①建筑是宗教特别是佛教兴起的产物。随着佛教传入中国，在地域广阔的内蒙古地区，塔寺的建设伴随着历史的长河几度兴衰，至今仍留下数十处重要的历史文化遗存。

内蒙古自治区境内发现或发掘的经幢多为佛教石经幢，惜多残破且鲜有涉及建筑史的系统整理与研究，但因其往往记述了一些地方佛事活动的内容、人名与年份，其史料价值不容低估。它们的成形年代主要集中在辽、金、元三代，分别保存于各地文博单位。而区内古代佛塔遗存则较多，光赤峰境内的辽塔就有十余座。本章介绍的古塔可概括为以下三方面内容：

一为辽金佛塔。辽（907—1125年）是我国契丹族在东北亚建立起来的一个幅员辽阔的政权。辽王朝各代皇帝都崇信佛教，在其统治范围内的汉文化地域，如五京城及周边各州城内，均建造了数量众多的汉式寺塔，中晚期尤甚。

辽塔从类型上多属仿木结构砖塔，无论楼阁式还是密檐式，均气势巍峨、体量高大、工艺精美，形制与风格源于唐宋，而又极富创新。由于自治区境内包含了原辽上京、中京及西京等重要佛教文化中心，故不仅有当今中国最为高大的密檐砖塔（宁城大明塔）和辽代最为经典的楼阁式塔（丰州白塔与庆州塔），而且有密檐覆钵复合式（静安寺塔）和空心密檐式（敖汉南塔）等其他形制的砖塔，其建造年代与风格涵盖了辽塔兴起与发展、成熟的各个历史阶段，研究价值弥足珍贵。金（1115—1234年）是我国历史上继辽之后的另一个少数民族政权。由于金代政治、文化均承袭辽制，其佛教塔寺也多仿辽制，没有自己的独特风格和形制。有些佛塔，除有明确纪年（如宁城小塔），单从外观上很难区分；因此学术上常被统称为"辽金佛塔"。

二是西夏至元时期的西域风格覆钵式塔②。它们数量虽众但多已残破，其经典遗存集中分布于原西夏黑土城、绿城（今内蒙古额济拉旗）境内；其功能多为祭祀之用，多为生土建筑，揭示出自治区境内佛教历史遗存的又一文化根系。

西夏政权（1032—1277年）一度占据今内蒙古鄂尔多斯、阿拉善的一部分地域，直至被元所灭。西夏深受汉族河陇文化及吐蕃、回鹘等中亚文化的影响，在寺院和佛塔建造中表现出自己独有的佛教艺术文化。

西夏覆钵式塔平面以四边形居多，个别为八角形和十字折角多边形，其塔体以土坯、泥浆砌筑，通体白灰膏浆粉饰，朴实粗犷，在沙漠背景的映衬下呈现出强烈的异域风情。也正是由于20世纪初俄国探险家对我区黑土城等遗址的掠夺性盗掘，特别是在该城佛塔遗址中发现的西夏文佛经、释迦佛塔、彩塑观音像等，才使世人认识了西夏灿烂的古代文明。

元朝（1271—1368年）是由蒙古族建立起来的庞大王朝。元代统治者对于宗教采取开放政策，在佛教领域推崇喇嘛教（藏传佛教），并将古印度的塔婆式塔作为喇嘛教的崇拜物，发展喇嘛塔。

元代还开始建造金刚宝座塔。不同地域的元代覆钵式塔呈现出不同的地域风貌，但基本形制相同，留存内蒙古地区的代表作为元宝山白塔。

元塔的建筑材料以砖为主，兼用土木、石材，其建筑及雕刻艺术均较为精美，显示出本地域古塔建筑艺术的多样性与个性。

三是明清时期的藏传佛教喇嘛塔及金刚座宝塔。由于年代较近，它们虽数量不多但保存完好。这两类塔以材料论，砖塔居多、石塔也有，其造塔技艺精湛，艺术文化及科技价值较高。主要分布在今呼和浩特地区，以席力图召长寿塔和慈恩寺金刚宝座塔为其杰出代表。它们也是北元汗廷（阿拉坦汗）与西藏宗教势力结盟以及清廷维系蒙古王公贵族背景下藏传佛教在蒙地逐步盛行的历史见证。

第一节　辽代佛塔

内蒙古自治区境内的辽金佛塔从形制上分主要有楼阁式塔和密檐式塔两大类，以后者居多，极少出现覆钵式塔；但个别辽塔却出现了覆钵、密檐二者混合的形制，如赤峰辽代静安寺塔。

辽金塔大都是佛舍利塔，少量有藏经、祈愿等功能，或相兼备；塔体平面大都由唐塔的四边形改为八角形（图7-1-1）；多属实心，不能登临，内设塔心室、地宫与天宫，室中密藏有佛像、舍利、经卷、琉璃器等物。

密檐式砖塔是辽塔形制及艺术特色的经典体现：下设台基，之上有繁复、壮硕的基座（须弥座③）；第一层塔身特别高大，以砖雕券门、棂窗、角柱、枋额等凸显仿木构特色，高度约占总高的1/5；塔身上还以精美的砖质或石质雕饰，表现出佛龛、佛像、力士、飞天等佛国形象，极显艺术魅力；塔身上部有3～13层密檐，第一层檐下常见仿木砖雕斗栱，十分逼真且创新出斜栱等时代特色；其他层多以"叠涩④"砖挑出檐，檐部的椽、飞多用木质，檐头多悬风铎。辽塔多以平缓"攒尖"收顶，上覆筒瓦，顶部安装金属塔刹。从平面规划布局上，凡在寺院内部建塔，大都建在寺院的中轴线上，或大雄宝殿的前面，或山门之内，完全依照唐代佛寺布局（图7-1-2）。

内蒙古自治区境内的辽金佛塔是中国古塔建筑艺术的典范之作，主要分布于自治区东、中部地区，即原辽上京、中京（今赤峰）及西京（今大同，时辖丰州，今呼和浩特）的广袤地域，其中辽上京南塔、北塔，辽中京大塔、小塔、半截塔，辽庆州、丰州白塔等最具有代表性。

一、赤峰巴林左旗辽上京遗址内的南塔、北塔

辽上京是契丹建国之初设立的我国古代漠北地区的第一座都城。公元918年，它由辽太祖耶律阿保机开始兴筑，初名皇都；后改称上京，并设立临潢府，为辽代五京之首。临潢府是长达200多年的辽国军事、政治和经济、文化统治中心，曾是一座殿宇林立（经考古发现在当时辽上京周围的佛教寺院遗址有30余处）、气势雄宏、面积广阔、街道繁华的草原城郭。它位于今内蒙古自治区巴林左旗

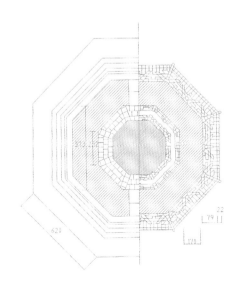

图7-1-1 八角形塔平面 （资料来源：郭厉子抄绘）

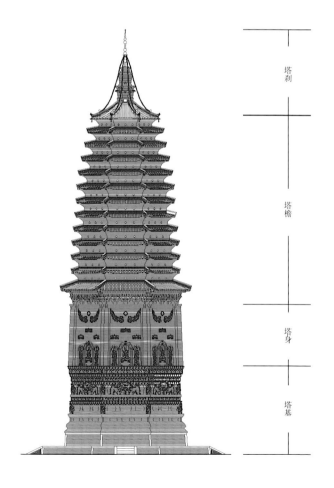

图7-1-2 八角形塔立面 （资料来源：邹晟提供）

图7-1-3　上京南塔　（资料来源：张晓东提供）

林东镇南，1961年国务院公布为全国重点文物保护单位。

城址附近现存砖塔两座。一座位于城南约2.5公里的龙头山北侧（辽称石盆山），俗称南塔（图7-1-3）。由于在塔址的东南发掘出辽开悟寺遗址，二者相距约50米，故被认为是"开悟寺塔"。据此，南塔应建在开悟寺的西北约50米许，与唐制多将塔建于寺庙中轴线的规划制式不符；鉴于无进一步的勘查资料，塔与寺的关系待考。

上京南塔为八角七层密檐式砖塔，分基座、塔身、塔檐、塔顶四部分（下述辽塔各例，除特别说明者外，均同此制，不再一一重述）。南塔塔基现状由素砖砌成八边形锥柱状台座，略显朴素。塔身共出挑塔檐七级，层层内收至塔顶。由于层距拉得较开，密檐收分较大，却无较早的卷杀特点，使整个塔体视觉上显得舒展高大。第一层塔身八角形平

面边长约3米，高约5米，各壁显得窄而高；塔身初建时南壁设券门通心室，西、东、北三壁于正中设假门，其他四个隔面各雕假窗。假门宽约1米，高约合壁高之半。八面转角各角施圆形角柱，侧脚极小。角柱头施阑额和普柏枋⑤，两者均交角出头垂直切割，角柱之内不施立颊；普柏枋上施栱、椽，望砖挂瓦。上京南塔密檐共七层，各层檐下均用斗栱、椽飞，均由砖雕仿制；一至七层，层层如此，做法大致相同。其斗栱檐在塔身建筑立面上十分显眼，学者指出斗栱做法也颇具特点：各层皆挑出双杪华栱，不用令栱，补间铺作一朵或两朵。此塔铺作的特殊之处在于转角铺作，其栌斗较小，出一跳华栱直承替木，旁出45°斜栱，栌斗直接雕刻于栱眼壁上，并无依托。补间铺作仅华栱一跳承替木，此种将补间栌斗抬高，由柱头枋位置出跳直承替木的做法有早期特点。斗栱上置砖雕椽飞，

图7-1-4　上京南塔斗栱

每层的八个角檐处均设柏木角梁，七层共五十六根，梁头置挂钩满系风铃；现状与辽制基本相符（图7-1-4）。

南塔的砖雕艺术特色彰显，达到了当时的高端水平。塔身第一层每面镶嵌高浮雕褐色砂岩石刻佛、菩萨、天王、力士和飞天像；佛像之上砌出华盖，华盖两侧又有伎乐人、供养人，在塔身上方并有飞天一对。浮雕造型姿态各有不同，有的造像中伎乐人、供养人作披绸踏云舞蹈状，舞姿生动；而佛造像则头戴宝冠，袒胸披娑，莲座下孔雀跃动传神；佛像旁妙音鸟、朵云飞动。总之种类繁多，内容华丽、繁缛，其风格类唐。从现状看，塔身有明显的二次改动痕迹，估计假门和假窗应是建塔之时所设，造像则属建塔一段时间后又重新开凿壁面镶嵌上去的。据考证，上述雕像原有84尊，经千年风雨及战火破坏，修缮前包括残躯仅剩21件；为便于保存，原件均存于当地博物馆，今能见到者均为复制品。在馆藏南塔主尊像中竟然还有道教人物，在一座塔上同时雕饰佛道造像，上京南塔应属鲜见的例子，是值得注意的。这对我国唐、辽、宋时期的北方少数民族文化、宗教研究具有参考意义（图7-1-5）。

南塔20世纪末只存7级塔身及塔基，檐椽残损，塔刹塌毁，风铃无存（图7-1-6）。该塔塔顶似应有八角形塔座，上置宝瓶抑或金属塔刹；由于原件已毁，具体形制已无从确认。该塔21世纪初曾被修缮，近年维修将下部残破的基座改为下部直壁、上部逐层内收的砖台；塔刹也改为八角形基座加莲台形式，再上未恢复；塔身和密檐部分仍属原式，各层砖雕椽飞、望砖、覆瓦及檐部木角梁下的风铎，均已修复；现高25.5米。昔日由南面塔门可以直入塔内，内有八角形佛龛，今券门已封闭。上京南塔塔下曾发现砖雕塔记铭，据残文推测此塔可能建于辽统和十二年（994年）或辽重熙十二年（1043年），近年学者根据形制考证推测较倾向于后者。景区说明建塔时间为辽代初期，并说明塔身浮雕为后期嵌设。

另一座位于城址北约1.5公里，俗称北塔，为六角五层密檐式空心砖塔（图7-1-7）。

即使在辽塔当中，六角形的制式也是很罕见

图7-1-5　上京南塔雕像

图7-1-6　上京南塔塔身

的，何况层级仅五层。其层间距比例较辽代中晚期密檐塔大，且上下面阔尺度内收，整个立面略呈橄榄形，感觉玲珑秀美。该塔修复前仅存5层塔身，残高约6米，坐落于一处"较大的"寺院遗址中，传为辽代宝积寺塔。据当年初步勘查，可推断塔建于寺院中，但未能确认其布局。值得注意的是，1990年抢救维修北塔时，在第五层平面的中心发现一处简易穴室（天宫）。穴室长、宽各46厘米，高52厘米，内藏镏金经筒、铁佛像及药材等珍贵遗物若干。在天宫内最重要的发现，是一精美的小木塔内放置的琉璃瓶，琉璃瓶中发现包括骨、血、肉、发等48颗佛舍利子，当年随琉璃瓶出土的文物还有佛教故事帛画三幅、小木塔三件、镏金经筒、铜净水瓶以及盛有中药和香料的白釉碗碟等共16件，被认为是佛教和史学界的重大发现。佛舍利的发现也证实了上京北塔的建筑属性（舍利塔）与规格；它虽然不甚高大，然形制特别，建造规格高，建成年代早，艺术水准及文物价值均不容低估。

　　当地文博部门有资料说经诸多辽史专家研究，宝积寺当属辽临潢府所辖，此塔应为《大藏经》所载授藏佛真身舍利诸塔中的"辽州临潢塔"，所藏舍利即为佛真身舍利；当然，此说有待进一步的考古确证。至于此塔究竟建于何时，目前较多的看法为：辽上京北塔的建造时间当为圣宗朝以前，应建造于辽代中早期（景区说明为辽中期）。

　　上京北塔密檐共五层，各层檐下均使用砖雕斗

图7-1-7　上京北塔　（资料来源：张晓东提供）

棋。一、二、三层檐用砖制椽飞出檐，四五两层又于斗棋上用砖叠涩出檐。北塔的仿木斗棋形制如同南塔，也很有特色，泥道棋、令棋等长⑥，带有一定的辽中期特征。一、二层每面转角铺作两朵，补间铺作一朵，皆单杪四铺作，转角使用列棋。三、四层改为单杪斗口跳，不用令棋，转角也使用列棋，补间一朵。第五层无补间铺作，斗棋制度与三层相同，交互斗上不施撩檐槫，而是代之以素砖一层，上以砖叠涩出檐。各层之间铺作的改变是为适应各层层高、层宽的变化（图7-1-8）。

鉴于该舍利塔的佛教地位，近千年来应修缮不断，塔身形制及细部特征信息紊乱的现象难免。1991年最近一次修缮中，将下部恢复，并重做了塔刹，现通高约10米左右。据介绍，塔身原也镶嵌浮雕，南面设有佛龛。

二、赤峰元宝山辽代静安寺塔

辽静安寺塔建于辽道宗咸雍六年（1062年），又称小五家白塔（图7-1-9），位于今赤峰市元宝山区美丽河镇小五家村北塔山上。相传，辽太祖弟剌葛的五世孙耶律昌允的夫人因长子耶律佶得佛牙一颗和七百余粒舍利子，为保护供奉佛牙舍利而建静安寺。塔东侧小井旁岩石刻有"宝静安山圣城"字样，塔东南150米处则为辽代静安寺遗址，占地6万平方米。据已发现的辽《创建静安寺碑铭》记载，辽建雄节度使、左千牛卫将军、检校太师耶律昌允曾有夙愿"肇开胜蓝"，其妻兰陵夫人萧氏……于辽道宗年间耗巨资历时十二载建成静安寺。建寺期间因获佛牙等，兰陵夫人遂选寺之乾位，于山巅掘地深逾数丈藏舍利子于其中，在其上修佛塔一座，曰永安塔。2000年8月在塔山前麓被盗掘的古墓中又发现了兰陵夫人萧氏志铭并契丹文《耶律昌允墓志》，进一步确认了静安山、静安寺、永安塔的史实。

从上述考证可知，塔与寺相关，但不在寺中。其规划本意应是"每至阳谷欲暝，曦轮将坠，舍利之影落覆邱茔，则太师公之遗墟，承阴

其下"，有祈佛保佑之意。辽静安寺白塔的形制颇为特殊：八角形平面、两层须弥座、三层密檐之上扣覆钵形塔刹，故有学者认为其形制应为覆钵密檐复合式塔。该砖塔建在山顶的岩石上（塔基有修），塔台平面为八角形，直径6米，修后边长2.95米，塔台上建造形制相同的须弥座基座两层，其束腰部分是精美的砖雕花饰及"卍"字符号，由多种砖形砌就；上端边缘雕双层仰莲纹。塔身八角形，转角处为经幢式倚柱，由特制的异型塔砖砌就，颇为规整精致；塔身东西南北四面筑有拱形佛龛，龛上置华盖；在佛龛的正上方原有铜镜放置，现已遗失，只留圆形嵌面。龛内为观音、地藏、文殊、普贤四大菩萨像，其余四面各为浮雕胁侍，其上亦有华盖。所有砖雕人物形体优美，线条流畅；可惜遭受近千年的自然侵蚀与人为破坏，逾六成已经损毁。塔身不见斗棋，但用双层莲花纹砖雕承托双层叠涩砖檐。密檐八面出坡，檐上木椽无存，唯角梁尤在。塔刹为半球形覆钵（已残），其上应有高大的梵式塔刹，有资料说其上原为铜制宝瓶，不论何物，现都已无存，总高16.8米（图7-1-10～图7-1-12）。

静安寺白塔在20世纪80年代末曾作一次抢险性加固，但一直未对其采取过全面修复性的保护措施。根据近30年数次地震后对该塔的观察记录及对其重要部位的勘察，佛塔尚存在以下安全隐患。

1. 台基砌体存在程度不同的酥碱、剥蚀、风化现象及外倾、变形开裂等多种结构险情，特别是西侧台基已处临危态势（仅作包砖处理）。

2. 塔基基座沉降不一，四周出现硝碱侵蚀，最大侵蚀深度为7～8厘米；北侧一面与原旧砌体结构不为一体，现状剥离、开裂，部分砌砖呈解体状态。

3. 塔身在上次维修时未作扰动，文物工作者发现其内有中空塔室，新旧砖层的结构灰缝时合时开，冻融变化在春夏交接期间尤为明显；塔顶覆钵内腹中空，同样缺乏有效的支承加固。

4. 塔顶出檐断面为八角形，层层有所收分，

图7-1-8 上京北塔斗栱

图7-1-9 赤峰小五家白塔 （资料来源：
张晓东提供）

塔
幢

图7-1-10 赤峰小五家白塔精美的异型砖及砖雕　　图7-1-11 赤峰小五家白塔的砖雕塔柱　　图7-1-12 赤峰小五家白塔塔顶的球形覆钵

角部砌砖多为对砌直缝，缺乏有效的叠压拉接，经历代地震破坏，现已扭曲形变，常有碎砖块脱落和明显倾闪，塔刹因早期残损已不知原状。

辽静安寺塔建于辽代中晚期，应是辽代佛教事业鼎盛、筑塔技术成熟创新时期的产物；其三层密檐、球形覆钵塔刹的形制在自治区境内留存至今的众多辽金佛塔中，显得凤毛麟角、极其罕见。此外，其双层须弥座也十分精美，是该塔的又一建筑特色。它的整体建筑尺度协调匀称，砖雕内容丰富传神、砖雕工艺华美细腻，体现了高超的建筑艺术水平，反映出辽代的时代风貌。

它虽然层级不高，但建筑技术极其精工：这可从其异型塔砖的丰富、磨砖对缝工艺的到位，以及在较为矮胖敦实的实心刚体直接坐落于山岩突出部的不利抗震条件下傲然屹立千年不倒，而得到有力佐证。

三、赤峰敖汉旗武安州塔

内蒙古敖汉旗地处努鲁尔虎山脉北麓，科尔沁沙地南缘，南与辽宁北票、朝阳相连，北与赤峰松山区、翁牛特旗隔老哈河相望，发掘有兴隆洼史前遗址等4000余处古代遗存，是全国闻名的文物大旗。

敖汉曾是契丹民族的发祥地之一，辽代重镇武安州就建在境内。武安州位于敖汉旗南塔乡白塔子村西，是辽太祖耶律阿保机在草原上建的第一个头下私城；由于长年被河水冲刷和耕种破坏，如今城垣多不存在，只有北城墙尚依稀可辨。据勘查，武安州城内的文化堆积层厚达2～3米，最深可达7米。

城之周围建有三处寺院遗址，在城北隔河相望高岗上的一处寺院遗址中，曾出土过一批琉璃建筑构件和佛像，说明是辽早期规格较高的寺院。遗址中现存辽塔一座，为八角形密檐砖塔，整塔13层，现存11层，残高36米，塔座每边长6.2米，当地称之为敖汉南塔（图7-1-13）。南塔塔身南、北、东、西面雕有佛龛，原建佛龛内当有佛像；其余四面为砖雕竖格棂窗（图7-1-14），凸显唐风。正南面塔身有严重破损，露出空腹；从塔身破损处可以看到该塔筑有圆形塔心室及靠近塔墙外壁的砖砌梯道。这种壁内折上式塔梯在多数不能登临的辽代密檐式塔中，颇为少见。有学者分析推断，武安州塔应建于由唐塔向辽式塔演变之初，这段夹在塔壁内的塔梯，极有可能就是从塔心室通往南塔中宫的秘密甬道；而中宫是辽代密檐塔的形制特色之一，它应该是在南塔落成前被人封闭的。说明在辽代筑塔的建筑过程中，至少在地宫、塔心室与中宫之间可能会预留出甬道与塔外相通，以备在一个合适的时候奉入舍利或其他塔藏，最后再将甬道口堵死。

南塔的塔身第一层檐和第二层檐均为仿木结构的斗栱承檐，每转角斗栱间各有两朵斗栱、均单杪四铺作；第三层以上各檐为叠涩式承檐。两层斗栱、十一层叠涩……这也是武安州塔不同于他塔的另一特征。每层叠涩檐出挑幅度大至9皮砖，断面略呈唐式反弧线；塔檐自第三层向上斜收较大，塔身立面略呈锥形，塔顶已残类卷刹；塔刹无存。南塔塔檐总高约占塔现存高度的四分之三，明显大于现存多数辽塔的占全塔五分之二的比例，说明其基座尚不够高，当属于早期辽塔形制。其塔身的檐椽与飞椽隐约可见是以砖雕所仿，其精细程度类似上京南塔。现场测量该塔常用塔砖规格为400毫米×200毫米×70毫米，材质坚实；塔身残留下许多木构，疑似角梁（图7-1-15）。

另有研究称，由于考虑当地冬季主导风向来自西北，故建塔时曾有意向西北倾斜三度，待考。此外，该塔脚手眼明显，是研究古代施工技术的重要参证。它说明：当时的辽代工匠最有可能选择的施工方法是"外脚手架法"，它的塔身上至今残留着当年施工时留下的脚手眼（参见下文敖汉五十家子塔身照，亦有此状）。这些脚手眼一定要深入塔身且达到相当深度方能保证拉接的可靠。所以，深留的脚手眼需要后期填补，或者干脆留下孔眼，以备后世修理时固定脚手架之需。

南塔的奇特或学术价值还在于它塔身佛龛及塔心室的穹顶式结构，穹顶佛龛这种造型在辽金古塔中较为稀有（图7-1-16）。

四、赤峰敖汉旗五十家子塔

五十家子塔，也叫万寿白塔（图7-1-17），位于敖汉旗玛尼罕乡五十家子村西，南距新惠镇约25公里，建于金代或辽晚期。该塔矗立于辽金时期武安州城西北隅，元、明及近代曾重修，塔身斗栱等砖雕细部已失辽代特征。

万寿白塔为八角13层空心密檐式砖塔，高约41米。通观此塔：该塔塔刹整体尚完整，但只剩刹杆（一说元代所加），铜宝珠已无存。可以看出，第一层塔身上部有铺作承托瓦檐，其余12层均采用叠涩法出檐。塔身重檐多残损，从残留角梁木构及檐上残瓦看，当初应有层层瓦檐。但尽管如此，仍显瘦削而且上下尺度不协调，缺少多数辽塔的"大壮"

图7-1-13　敖汉旗武安州塔

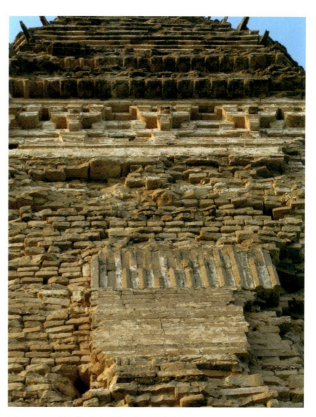

图7-1-14　敖汉旗武安州塔斗栱及假窗残状

图7-1-15　敖汉旗武安州塔的砖砌梯道及施工洞　　　　　　　　　　　图7-1-16　敖汉旗武安州塔的塔心室

风格。

　　塔座每边宽4.47米，砖筑八角形，高约3余米。其上，基座高约6米，包括塔台总高在9米左右，竖看呈"亚"字形，通过束腰与基座上部连成一体；塔台凸出部用一色清水塔砖砌就，与上半部的繁复装饰形成对比。整体皆非辽物，改动是否依原制无考。

　　基座雕饰繁杂，共分四层：下数第一层为简式仿木结构的铺作砖雕；第二层刻有塔、佛等半浮雕图案；第三层又是仿木结构的铺作砖雕；第四层为雕栏平座。雕栏又分上、下格，上格为"万"字图案，下格飞龙和花草纹相间；基座上雕栏的出现应是模仿宋塔的以斗栱承托平座、勾栏形制，但铺作华栱为单砖立砌，厚仅约6厘米，斗子极小，与宽大的泥道栱不相称，带有一定的明代特征。该基座上端为一周两层错排的硕大仰莲纹将塔身托起，但莲瓣多已残损（图7-1-18）。

　　该塔远观确有辽风，例如有较高的基座和塔身，一层檐较上层密檐宽大，檐下用砖雕斗栱，密檐向上逐层收分，轮廓略呈锥形，最上为较高的塔刹等。近观第一层塔身，平面八角形，边长约3米，转角各用圆形角柱一根，高约4米余，各壁面均于正中砌圆拱券龛，整体结构仍属辽代特征。各壁面

装饰相同，俱为一佛二胁侍和二飞天组合，券龛和胁侍上方各施伞盖。龛内佛像无存，胁侍、飞天、伞盖多属后世补做。

　　塔身密檐每层以5级叠涩出檐，上覆木质椽飞或在后期（发现有明代瓦当）重修时去椽飞直接以反叠涩草泥覆瓦；从第一级塔身上端残留的椽飞头都设金属挂钩推断，其原建各级檐椽头部也应有挂钩以悬挂风铎；该塔叠涩檐断面简洁挺拔，已不见辽时的反弧线及大幅出挑之做法。

　　艺术风格：塔身每面镶有佛、菩萨、胁侍及飞天像，造型浑厚，手法简练；胁侍、飞天是采用大块整板雕刻拼合后镶嵌，略同于宁城县大明城遗址内小塔。

　　根据百度百科记录，"1995年秋，塔宫（五十家子塔）被盗，敖汉旗博物馆进行清理……发现……自地宫至第11层檐处全为空心……"，另据草原文化馆网站2011.11.26文载，"塔内原有螺旋式木阶梯可登至顶层，现已塌毁大半"。经调查当事人证明，上述记载属实；另外披露塔顶发现辽代沟纹砖。

　　宋辽时期有一种外密檐、内楼阁式砖塔，壁内空心，以木构分隔数层并以木梯相连。五十家子塔

图7-1-17 敖汉旗五十家子塔

图7-1-18 敖汉旗五十家子塔塔身

可能属此形制，这为"自地宫至11层檐处全为空心"提供了解释。由于木构易于焚毁，这种间隔形式后为结构及耐久性能更好的砖砌隔断所取代，木梯也做成了砖梯。五十家子塔的上述形制以及文物工作者在塔顶发现的辽代绳纹塔砖实物，均使该塔建于金代的原来结论存疑。

该塔断代信息的紊乱与后期修缮有一定关系：不排除后代维修时使用过当代或前代材料的可能。该塔正面塔龛下面及第二三层檐间镶嵌有两块蒙汉文石碑，上一块汉文为"万寿白塔"，为大明万历二十八年秋立；第二块为万历三十一年立，碑文内容为重修记录，反映出主持人地位及所耗人力、物力均不一般。这也从侧面证明该塔的整体艺术造诣及宗教规格颇高，故而历代均有整修，颇受重视（图7-1-19）。

五、赤峰宁城辽中京遗址内大塔、小塔、半截塔

大塔是大明塔或者大宁塔的简称，位于宁城县大明镇辽中京城遗址内，它的正式名称是感应寺释迦佛舍利塔。由于塔身为白色，所以蒙古族人称它"查干苏布日嘎"，汉语白塔（图7-1-20）。

据元《一统志》载，该塔可能建于辽兴宗重熙四年（1036年），属辽代中期的国力鼎盛年代建。该塔历代倍受崇敬，至今塔身表面有两行蒙文，内容是"大清咸丰甲寅年敬修"，即为佐证。

大塔筑于高约6米、宽约50米的龟背形夯土台基上，塔的八面均设有8级台阶，边长20.3米，上面形成一周宽5.2米的台明，各面皆设台阶供人上下。经1986年清理揭露，确认为辽代原铺青砖台基和台阶。大明塔为十三级八角形实心密檐式砖塔，高80.22米，塔基底径48.6米，塔体直径35.6米，周长112米，在现存辽金古塔中雄居魁首，也是中国现存最为高大的砖塔（图7-1-21）。

台基上原应为八角形须弥座，现其下半部以素砖包砌，边长13.87米，顶端全部做反叠涩式。其原因即因为曾经历代的改造修建，能明显看出基座这部分过于粗壮且与塔身不尽协调，如今成为高约

17米的直壁。再上俱为清代维修改建，须弥座的中层砖筑上下枋、枭之间以短柱分作三栏，即每面呈现3个方格，八面共24个方格，每个方格里用沟纹大砖砌出凸起的"万"字。座之上层高约5米，浮雕出彩绘的二层花瓣的仰莲座。其花瓣上下错对，第二层花瓣里还镶有柱头的花蕊，细瓣尚存浮雕仰莲残迹，当为辽时原作。仰莲带上、下施素枋一道，枋下悬悬鱼雕饰八枚，正对应枋上的八朵斗栱，仰莲座的顶部是承托塔身的平座。

塔身平面八角形，第一层高10.99米，转角各用经幢式角柱一根直抵阑额下。幢身两级，上下分别彩书"八大灵塔"和"八大菩萨"名号，似乎在昭示释迦牟尼一生活动中的纪念地与以其舍利建造的不同塔名。该角柱也类似一修长灵塔，灵塔的两级塔身及塔刹都分别坐在仰莲坐上，使细长的塔柱与塔身更显协调并富韵律感。

据研究，大明塔一层塔身的主题造像为八面八佛（所谓"七佛加一"模式），四正面的佛像塑有两菩萨胁侍，四隅面的佛像塑有两天王胁侍。综合看来，共有八佛、八菩萨、八天王、八灵塔（角柱）的图像。大明塔主供"七佛"加一佛（主尊），是辽塔

常见的主题模式。根据造像特征，正南面主尊应为密教主尊大日如来，即毗卢遮舍那佛，其余七面主尊的身份却有两种不同观点。一种倾向于"过去七佛"，而另一种观点认为是"药师七佛"（图7-1-22）。

正南面的大日如来（毗卢遮舍那佛）像戴宝冠，戴佩饰，着装却又与其他七尊佛像相同。佛龛和胁侍像上方皆施伞盖，唯天王像上方雕朵云。大伞盖稍下左右对称雕飞天一身。浮雕刀法简练，线条流畅，形象庄严，是辽代雕塑艺术中的巅峰佳作。由于塔身高大，像身虽为浮雕，但像身突出塔身足有1米。佛的目光覆盖广远，使受众在很远的地方即可受到佛的感召（图7-1-23）。

在第一层塔身之上，是高达39米（约占总高的一半）的13层叠涩式密檐。密檐部分基本呈辽代常见做法：先于下层檐上砌束腰，束腰各面嵌铜镜四面，再上均以八层砖叠涩出檐，不用斗栱，仅施木椽一层，翼角略生起势，上覆瓦顶，八角各施垂脊。第13层顶为八角攒尖式，上以平面呈八角形的砖砌须弥座结顶，是为塔刹之刹座。自下而上各层束腰和檐口宽度逐层递减，尺度基本一致，2～13层檐头线呈向上斜收的直线。

图7-1-19 敖汉旗五十家子塔塔身碑文

图7-1-20 辽中京大明塔

图7-1-21 辽中京大明塔立面 （资料来源：张宏宇抄绘）

图7-1-22 辽中京大明塔浮雕

为了协调塔的体量，必须加大密檐的出挑长度，因而在砖挑叠涩之后，又在其上放置了木质椽飞，上覆筒瓦，极具特色。第一层塔檐的出檐方式却与上不同：不用叠涩，而是以精美的斗栱承托起檐枋和椽飞，显得更为突出和亮眼。

据考证，大塔的塔刹为清咸丰年修缮时所制。

在该塔的西南方另有一塔，俗称"小塔"（图7-1-24）。小塔位于辽中京城外城中，内城南门（阳德门）西南0.5公里处，金大定三年（1163年）所建，是自治区境内唯一有明确纪年的金代佛塔。由于金廷灭辽之后袭承辽制，这里仍称"中京"，据《金史》记载，该地曾达6.4万户、约25万人口的可观规模。佛教在中京依然受人崇信，在金代社会相对稳定时期增建佛塔是完全可能的。在小塔南面土层中发现有青砖、绿釉琉璃瓦片之类的遗物，曾踏勘到具有一定规模的寺庙遗迹。

小塔全高24米，平面是八角形，底座边长3.25米，为砖筑八角十三层密檐式塔。周围无台基，平地而起，是不同于辽塔的一种做法。基座高2.7米，八面的正中都雕有伏狮和力士，均作蹲伏状，伏狮和力士呈背负仰莲的姿态。上部通周砖雕单瓣仰莲至第一层檐以下为塔身，东西南北四正面砌有券形佛龛，龛上雕伞盖，龛内已无佛像。其余四面佛龛是浮雕而成，龛内各雕1.66米高胁侍一对，胁侍头上雕有飞天，线条细腻，流畅自然。塔身各面转角雕成圆柱体，上端施普柏枋，枋上有雕柱头铺作，两柱间有斜栱铺作。再往上接塔檐，坊上设柏木椽，直达十三层，每层都设木椽，层间塔体磨砖卧砌，塔檐以4层叠涩砖垫托（图7-1-25）。诸层覆面以砖代瓦叠砌，呈反叠涩之状。塔刹为砖雕宝珠和火焰并在南面设有一佛龛的小塔，其设计之特殊，在内蒙古地区古塔中亦不多见。

塔体正南面的佛龛两侧有阴刻蒙文各一行，意为：小塔圣地是你信徒们鉴赏之地，修行善境是你信徒们布舍之地，显然，小塔也被后来的蒙古族信众视为圣物。而且，也说明其香火未因时代的变迁而中断（图7-1-26）。

另在中京外城的西南方还有一座残破砖塔，仅存塔身第一层及以上下残留部分，残高约14米，俗称半截塔，也称残塔或三塔。该塔周围古代建筑遗迹颇多，有高5米的砖头和废土堆积物，相传是辽代的园圃地（图7-1-27、图7-1-28）。

半截塔建于辽道宗清宁三年（1057年），平面为正八角形，按一层檐上束腰处砖面线刻的仿瓦条围脊和束腰上残存的栱眼壁雕砖图案分析，此塔可能属层层使用斗栱的密檐式塔。

现场测得八角形塔台边长8.07米，高约0.8米，台明宽在3米左右，西侧对应路的方向设阶级踏垛，可供人上下和在台基上活动。塔基座边长6米，基座部位总高约在4.5米以上。台基与砖台间为素壁，分为三层，层层略有内收，唯西南壁面在约3米的高度残存斗栱两朵及其上砖枋一道，形制、用途不明。

塔身东西南北四个正面出假券门，高、宽各及壁面的2/3和1/3。券门上唯余砖雕华盖，华盖两侧左右对称嵌砖雕各三组，上下成列，浮雕图案现多已佚，仅见中间一组残存的为卷云纹。根据塔壁痕迹推测，佛像及饰物似是预先雕就，尔后粘上去的，所以剥落较早。其余四个隔面的塔身上以开光砖饰突出八大灵塔，两两一组，一共四组。这种主题纹饰十分亮眼，是为纪念释迦牟尼成佛的八个阶段；这也是半截塔不同于中京其他两塔的纹饰特征之一。塔身之八个转角倚柱呈圆柱状，直柱造，略带侧脚。柱头有雀替承托普柏枋，普柏枋之上施仿木砖雕斗栱（含斜栱），每面各有补间铺作一朵，转角铺作两朵，均双杪五铺作计心造。各铺作间栱眼壁饰花卉纹砖雕，似为莲纹（图7-1-29）。

塔檐做法为以砖筑撩檐榑上安木椽一层，上以连檐连接。各角施垂脊，屋面瓦顶无存。再上仅见束腰及线刻围脊和栱眼壁砖雕残迹，上有零星柏椽裸露于外。檐角有柏木角梁，由两根粗大的方木叠压而成。西南面大檐上瓦脊尚存15道。

残塔最上为高约0.6米的砖台，台壁形似仰莲座，但素砖无雕饰。残塔顶部砖台平面上可看出塔壁外围原有相互勾连的木筋一道，后被人拆下。

半截塔的塔座高比大明塔塔座约低10米，据此估计，此塔的总高度一定在大明塔之下许多。另外，据说曾在正南面下破出一洞，入洞后略向东可进入一高宽各2米的地宫；今已封闭无考。由于没有更多的实物和文字资料可以对其进行深入研究，半截塔的神秘性更为引人关注。

大明塔无论从体量、建筑艺术还是雕饰水平，都达到了辽金时期砖塔建造技术的巅峰成就，堪为中京道八角密檐十三层佛塔的样板。大塔前及西南山上大规模寺庙遗址说明，辽中京是辽代的佛教中心之一。往事越千年，如今故城喧嚣不再，很难想

图7-1-23　辽中京大明塔细部

图7-1-24　辽中京小塔

图7-1-25 辽中京小塔塔身

图7-1-26 辽中京小塔细部

图7-1-27 辽中京残塔

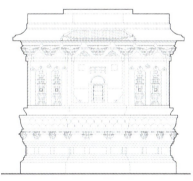

图7-1-28 辽中京半截塔立面图 （资料
来源：李新飞抄绘）

象这里曾是称霸东北亚的大辽帝都，只有这些巍峨
古塔，记载着那段辉煌的历史篇章。

六、赤峰巴林右旗辽庆州释迦如来舍利塔

　　辽庆州是辽圣宗耶律隆绪死后所建的陵邑。位
于赤峰市巴林右旗索布力嘎苏木，处于查干沐沦河
西岸的冲积平原上。建城前这里山环水绕，风景优

美，曾是辽代皇帝游猎之所。辽圣宗死后，兴宗遵
其遗嘱，葬圣宗于庆云山下，并于1031年在庆陵之
南建庆州作为奉陵邑，以后又有兴宗、道宗被葬于
此。庆州逐年增建扩大，成为辽代后期极为重要的
城市之一。

　　辽代庆州塔位于内城西北角，为空心楼阁式仿
木构砖砌建筑，当地俗称白塔（图7-1-30）；据塔

记砖刻，辽代的正式名称为释迦如来舍利塔。该塔启建于辽重熙十六年（1047年），完工于重熙十八年（1049年），是为兴宗生母章圣皇太后特建的释迦佛舍利塔。白塔于1988~1992年进行了全面维修，期间通过系统发掘，获得了很多重要发现，展示出完整的按照密宗规仪进行的法物安放制度。所获之物包括塔刹的覆钵、相轮、刹杆、风索端的铜镏金力士及塔上的垂首等，都对进一步研究辽塔有

图7-1-29　辽中京残塔细部

重要价值。

据考证，该塔为八角七层楼阁式砖塔，应坐落于已毁寺院大殿前中轴线上，佛塔修复后通高73.27米。

塔之基座由重层台基、须弥座、平座勾栏和仰莲座四层组成，总高约7.5米（图7-1-31）。最下部为台基两重，总高3.8米。下层方形，前后附月台，上层砖筑八角形，每边长10.34米，前附较短的平台，台两侧施阶梯踏垛。须弥座平面八角形，下部经维修由素砖包砌，现仅见束腰一层，菴牙砖尚存砖雕花纹少许。束腰转角施圆形蜀柱，设壶门六个，壶门内雕饰不存。蜀柱之上施普柏枋，置平座斗栱勾栏。砖雕平座斗栱形制为每面转角铺作两朵，补间铺作五朵，各一种，均单杪四铺作。勾栏为木造单勾栏，原物已失，维修中未作复原。仰莲座上部周雕有1米高的仰莲，其上以数层砖内收，上砌塔身。

图7-1-30　庆州白塔　（资料来源：张晓东提供）

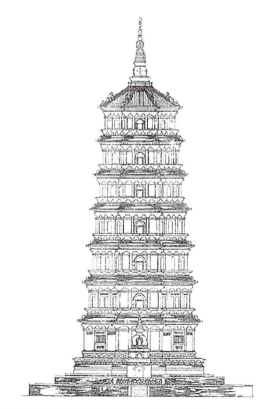

图7-1-31　庆州白塔立面　（资料来源：张晓东提供）

塔身除第一层由仰莲台承托外，其他各层皆下施平座勾栏，做法一致。即先于下层围脊上施普柏枋，上置平座斗栱，转角两朵，柱头两朵，补间一朵，皆双杪五铺作。平座上木勾栏已佚。自下而上各层塔身高、宽度逐层递减。转角为砖雕圆形角柱，每面作面阔三间，中间两平柱作八角形，皆直柱造。明间面阔明显宽于尽间，除一层与柱高相当外，余皆超过柱高，与木结构建筑类似。塔身各层的四个正面均于明间置圆拱券门，门楣雕二龙戏珠纹，两尽间各雕天王像一身。塔身的四个隅面各层稍有差别，第一层四隅面明间各雕假窗，作破棂子窗式，窗额上雕盘中有宝珠、火焰，两旁各为人首鸟身雕像，即所谓伽陵频伽。余下的雕饰四面不同，有胡人牵狮、牵麒麟，胡人献宝等。其四隅面尽间则雕有舍利塔、宝盖、飞天、云龙纹等，尚有罗汉像共计16身。这些雕刻刀法细腻，生动逼真（图7-1-32）。另塔身壁面、阑额等处装饰铜镜千余面，计有圆形、菱形两种。

庆州白塔各层檐下均施仿木结构砖雕斗栱（图7-1-33），角柱上施转角铺作一朵，每面柱头铺作两朵，补间铺作一朵，用于明间，斗栱均为双杪五铺作计心造，栱眼壁装饰砖雕花纹。一至三层补间铺作出斜华栱，四至七层因面阔减小，补间铺作与柱头铺作相同，不出斜栱。

塔顶有八角形砖座，上有镏金塔刹（图7-1-34）。塔内原有阶梯可攀登上塔，因为第一层的阶梯早已拆除，塔室改建成经堂，以致不便上达。该塔整体造型玲珑优美，浮雕精巧细腻，色彩洁白高雅。每层塔檐砖雕斗栱上施木质檐椽，每支椽头各悬挂生铁铸造的风铎一支，每当清风徐来，旋即梵音缭绕。全塔身在枋额、雕像及塔刹等处共悬挂有828块圆形或菱形铜镜，在阳光照射下熠熠生辉。从文化内涵上，塔体浮雕将儒、释、道及萨满的宗教思想表现得淋漓尽致，水乳交融，隐隐透出辽代佛教"星密圆通"的特色。

庆州白塔是辽代楼阁式砖塔建筑中的优秀作品，代表了当时皇家修造佛塔的最高水平。1989年

图7-1-32　辽庆州白塔砖雕细部

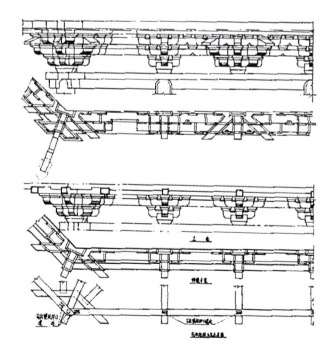

图7-1-33　庆州白塔细部（资料来源：张晓东《辽代砖塔建筑形制初步研究》）

图7-1-34 庆州白塔局部 （资料来源：张晓东提供）

七、呼和浩特辽代万部华严经塔

万部华严经塔位于今呼和浩特市东郊白塔村西南方、辽西京辖丰州故城的西北角，是辽代楼阁式砖塔又一优秀作品。因其通体洁白，当地又称之为"丰州白塔"，简称"白塔"。该塔的确切建筑年代无考，应为辽中晚期⑦。塔下原有一座寺院，称为大宣教寺。之所以有"万部华严经塔"命名，说明其功能是藏经塔，据传塔内曾藏有万卷《华严经》之故（图7-1-35）。

该塔为楼阁式仿木青砖结构，八角七层，经1986年维修恢复为现状，塔高55.6米。塔台基三重，均为维修时补砌，下两层均方形，高分别在0.8米和0.5米左右，台基上各有较宽敞的台明，设踏垛供上下。上层八角形，边长6.05米，高均0.5米，台面较窄，不设踏垛，再上即为双束腰式须弥座。纹饰分三层，上为仰莲瓣，中为束带，下为俯莲瓣。莲瓣由下而上渐次伸出，逐层增大，由人工砍磨砌筑成型，花瓣曲线变化自然流畅，手法细腻，优美逼真（图7-1-36）。

塔身七层，除一层下为仰莲座（图7-1-37）外，皆施平座勾栏，上筑塔身，塔檐施斗栱（图7-1-38），斗栱、塔檐及门窗式样略有差异。

白塔的砖构铺作的运用和品类可分作外檐、内檐（藻井）和平座三类，其式样可达14种之多。外檐铺作均为双杪五铺制，横向栱及枋材分别由塔体内隐出叠砌，头杪砖构华栱由塔体伸出，二杪华拱为木构，为其他辽塔所不具，五层以下各铺作加一批竹耍头，六层、七层无耍头之说。内檐铺作，确切而言即是藻井铺作，仅用于七层塔室，为单杪四铺作，华栱为木构。

塔身第一、二层外壁嵌有佛、菩萨、天王、力士等砖雕像，造像精美生动，线条流畅，为辽代雕塑艺术的杰作（图7-1-39）。塔身各角有角柱，首两层转角倚柱为砖雕蟠龙柱，在辽塔中属少见。第一层南面券门上嵌有石额，汉文篆书"万部华严经塔"六字。塔身外壁各石门、窗两侧砌有方

图7-1-35 辽丰州万部华严经塔 （资料来源：张晓东提供）

维修塔时曾从塔刹相轮等处又发现了按辽代佛教仪轨秘藏的一批辽代圣物如小型佛塔、佛像及雕版印刷的佛经等，使庆州白塔的历史文物价值更加增高。辽庆州是辽极盛时期的重要城市，辽亡后被金沿用，改为奉州，金皇统三年废。但白塔独存并经过历代维修，仍然耸立在庆州城内，为迷人的巴林草原增添了瑰丽的色彩。

形壁柱，以柱承托普柏枋及斗栱，全部仿木结构装饰构件均由青砖砌就且磨砖对缝，加工精细，充分展现了辽代砖工技术的一大成就。该塔塔身门窗设置独具匠心，每层都开有两个半圆形拱门和砌有两个方形假门，各层之间真假门相互交错排列；每层的其他四面都有直棂窗，为塔内采光和通风，于部分门窗上方或正中位置设采光孔，窗中部设有通风气眼。

塔顶采取"反叠涩收檐式"，层层回收，上置基座安设塔刹；塔刹依辽制修复，用刹杆将覆钵、相轮、宝珠、宝盖和宝瓶串联而成，远看类似一玲珑小塔，尤显灵光宝气。该塔还在每层八面檐下嵌以铜镜，共计224面；每层转角和第七层椽下系风铃，风吹铃响，更添古朴风韵。

该塔可以登临，这也是它不同于其他多数辽塔的特征之一。塔身平面布局由外壁、内部塔心壁及二者之间的回廊组成，设"壁内折上式"梯道（一、二层为单路梯道，二层以上均为双路通道），旋转通行上下，可至第七层（图7-1-40）。塔的第七层无塔心壁（柱），塔室中空如庭，与北方游牧民族帐式穹庐顶的造型相似。回廊正面内侧塔心壁均设龛室，为供奉佛像存放经卷之地。

该塔收分极小，立面几近筒形，是其不同于其

图7-1-36　辽丰州白塔立面　（资料来源：张晓东提供）

图7-1-37　辽丰州万部华严经塔塔身局部

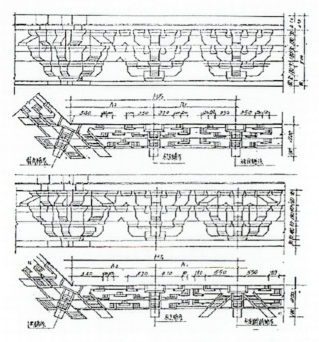

图7-1-38 辽丰州白塔斗栱 （资料来源：张晓东《辽代砖塔建筑形制初步研究》）

图7-1-39 万部华严经塔雕像细部

图7-1-40 万部华严经塔登临通道

他辽塔（包括同为楼阁式砖塔的庆州白塔）的又一特征。至于其原因是为了仿木构需要抑或以此象征"经筒"，只能容后人研究。

该楼阁式塔的椽、飞、挑檐木等构件均为真材实木，不用砖仿，且内部逐层水平暗设了类似"圈梁、拉杆"般的木质构架，其放射形"拉杆"并与塔心木柱相连接。这种"抗震"措施帮它抵御了历次地震，包括1929年发生在本地域的八级地震的破坏，傲然屹立于今。当然，据考证该塔历代都曾维修。1986年的修缮还恢复了塔刹，清理出淤埋地下约4米的基座。此次大修搞清了该塔夯筑数米素土地基、台明培护及砖基浅埋的基础处理方法，这种承袭唐制的技术传统为该塔的结构安全奠定了基础。

20世纪80年代的修缮清理中，在塔内还发现自金、元、明、清以来各时期的游人题记，其中时间最早的是金大定十二年（1172年）。这些题记分别用汉、蒙、藏、契丹、西夏、女真、八思巴文书写，非常罕见。在第一层的塔身内壁，还发现原嵌石碑11块，现存4块，均由汉文书写。碑文整齐工整，虽字数不多，但内容丰富，是研究中国民族历史的重要资料。

无论从建筑艺术或是建筑技术方面，专家认为该塔都是中国现存辽代楼阁式砖塔中的上乘之作，甚至有人说是最精美的一座。

如此精美的佛塔出现于斯不是偶然的，它必然植根于某种雄厚的政治、经济和文化、技术基础中。首先，辽代契丹族首领耶律阿保机于公元920年将原在甘肃境内的降城"天德州"、"丰州"居民全部内迁至阴山南麓，在今呼和浩特东部另建丰州城，由辽西京（今大同）管辖。据考证其形制模仿唐代的里坊制，经济繁荣，人口鼎盛，规模空前。金、元时期沿袭辽制加以保留并有所发展，这里的边城重镇及商贸"榷场"的地位始终未变。史载，金大定二年，还曾对万部华严经塔作过修葺并加覆绿琉璃瓦顶⑧。

至于为何在这辽西京地域修建华严经塔，可能的原因是：经过迁徙流离之苦的边民极需安定，避免时常遭受天灾，求佛保佑实乃一大精神慰藉；而华严宗和密宗是辽代佛教诸派中最为发达的，兴、道二宗本人就极其崇佛，尤其敬奉《华严经》；史载辽清宁八年（1062年）道宗皇帝巡幸西京，"行再生礼"，同年即有西京（今大同）"上华严寺"的修建。之前清宁二年（1056年）已有南邻应县"佛宫寺"释迦塔（中国存世最高木塔）的修建，加之晋北五台山亦靠近丰州，是研习上述两个宗派的佛门重镇；总之西京的寺塔营造在兴宗、道宗时期达到鼎盛，万部华严经塔很可能就修建于辽兴宗重熙十三年到道宗清宁十年（1044~1064年）这段时期，地处西京的丰州城受此影响，并得山西技术材料之便，如此高水准的华严经塔出现于此并非偶然。可以说辽丰州"大宣教寺"即为在西京地域宣教华严经、劝民"常随佛学"（华严经语）而设，白塔原名大宣教寺塔，实为藏经弘佛之举。

丰州白塔的知名度很大，不仅是由于它历史久远、艺术性高，还因为许多人文的因素，如元代著名宰相、元大都的设计者刘秉忠的"过丰州诗"。诗人出使途经丰州，看到了浩瀚的大小黑河"水西流"去，看到了两岸"离离禾黍稠"的丰收景象，更看到了"晴空高显寺中塔，晓日半明城上楼"的难忘图景。另一个著名游客就是马可·波罗，他在游记中也生动描述了丰州城的商贸情况。20世纪80年代对白塔的清理维修中，文物工作者又在塔内发现了印制于1276年、迄今世界上最早的纸币实物"大元至宝通钞"，使丰州白塔更加闻名遐迩。

第二节 西夏—元时期佛塔

西夏政权（1032—1277年）一度占据今内蒙古鄂尔多斯、阿拉善的一部分地域，直至被元所灭。西夏深受汉族河陇文化及吐蕃、回鹘等中亚文化的影响，在寺院和佛塔建造中表现出自己独有的佛教艺术文化。

西夏覆钵式塔平面以四边形居多，个别为八角形和十字折角多边形，其塔体以土坯、泥浆砌筑，通体白灰膏浆粉饰，朴实粗犷，在沙漠背景的映衬下呈现出强烈的异域风情。也正是由于20世纪初俄国探险家对自治区黑土城等遗址的掠夺性盗掘，特别是后来在该城佛塔遗址中研究发现的西夏文佛经、释迦佛塔、彩塑观音像等，才使世人认识了西夏灿烂的古代文明。

元朝（1271—1368年）是由蒙古族建立起来的庞大王朝。元代统治者对于宗教采取开放政策，在佛教领域推崇喇嘛教（藏传佛教），并将古印度的塔婆式塔作为喇嘛教的崇拜物，发展喇嘛塔。元代还开始建造金刚宝座塔。不同地域的元代覆钵式塔呈现出不同的地域风貌，但基本形制相同，建筑材料以砖为主，兼用土木、石材，其建筑及雕刻艺术均较为精美，显示出内蒙古地域古塔建筑艺术的多样性与个性。

一、阿拉善盟额济纳旗黑城遗址塔林

黑城（蒙古语称为哈日浩特）遗址，位于额济纳旗达来呼布镇东南22.6公里处的额济纳河东岸的冲积扇台地上[⑧]。黑城地区是西夏西部地区重要的农牧业基地和边防要塞，是元代河西走廊通往岭北行省的驿道要站，也曾是西夏、元在黑水流域沙漠中的一片大面积绿洲。黑城古城现存城垣为元朝时扩筑而成：东西墙长约398米、南墙约466米、北墙约459米。黑城城垣残存高度10~12米，东西两侧设错对而开的城门，城门外筑有方形瓮城，城四角设置向外突出的圆形角台，城垣外侧设马面19个，城垣内侧四角、城门两侧以及南城正中有登城马道7处[⑨]。大街两侧多集中店铺民居，佛寺遗址散见于城中。

城内西北角城墙上迄今耸立着五座高大的覆钵式佛塔，其中最大的塔高出城墙12米，远在数公里以外的荒漠上就可看到（图7-2-1、图7-2-2）。但其外表泥皮因风沙剥蚀或开裂或剥落。墙角外侧残存佛塔11座仅存基础部分，其具体形制、尺寸已无从考证。城址西侧475米处现存佛塔1座，即著名的

图7-2-1 额济纳旗黑城喇嘛塔

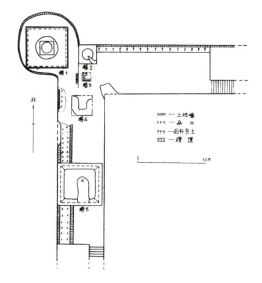

图7-2-2 黑城大城西北角上塔群分布平面图 （资料来源：内蒙古考古研究所）

图7-2-3 额济纳旗黑城残塔

"辉煌舍利塔"，科兹洛夫在此塔身中掘获了大量非常珍贵的文书，现仅存基址部分，长约6.7米，宽约6.7米，高约2米，现状毁损严重⑨。另一组位于城中心的叫作"黑城子三塔"（图7-2-3、图7-2-4）。

黑水城西夏佛塔的平面形式除个别为八角形外，以四边形居多（图7-2-5），说明其形制承袭唐朝者较众、受辽制影响较少。实量这些方形塔座的尺寸，从小到大分别为2.2米、3.4米、4.5米、7.2米、7.5米见方。另外其内城三塔还出现了西夏佛塔特有的亚字形平面。这种平面形式有时也被称为十字折角多边形，多存在于藏传佛教的建筑中，具有明显的喇嘛教特征与中亚犍陀罗风格。这种形制是西夏时期种类繁多的佛塔平面中的一种，我们从吐鲁番高昌残塔及尼泊尔斯瓦扬布塔的类似形制中，或许可以找到西夏造塔文化的另一源流（其中包括回鹘及犍陀罗文化），以及它对喇嘛教建筑进行吸收融合之例证（图7-2-6）。

黑城城址呈方形，城墙夯土版筑，整个城址是由西夏时期的黑水城（即西夏黑水镇燕军司所在地）和元代的亦集乃路城叠压构成。外围大城是元代扩建的亦集乃路故城，也就是我们现今所见的黑城的规模。小城被圈围在大城内东北隅，东、北两面墙体压在大城城垣之下，修筑大城时作为基础使用；西、南两面城垣被元代居民改造利用，分解为不相连属的数段，有的元代居址即建于这些残墙之上或傍墙修筑，即俄国探险家科兹洛夫所谓的"高台建筑"或"厚墙遗迹"。因此，将佛塔建在城墙上也估计是由此改造利用而形成的⑨。究其功能，应主要是高僧舍利塔，故不像辽金佛塔那样单一布置，而是成行成列，形成塔群；古城西北角5座塔因其高低错落、规划有致，显得极富魅力。但其左近应有寺院，不应孤立于荒郊野岭。一些形体较为高大、地位重要的塔礼佛功能突显，塔内或者地宫内可能藏有佛经、佛像等宝物，这已被20世纪初俄国探险家的盗取行为所证实；但这些宝物是造塔时所埋还是事后的应急之举，目前并无定论。

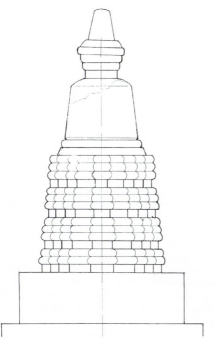

图7-2-4 黑城子城内三塔（中塔）原状立面图 （资料
来源：内蒙古考古研究所）

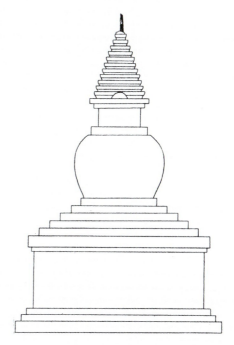

图7-2-5 额济纳旗黑城佛塔立面示意图 （资料来源：
内蒙古考古研究所）

图7-2-6 斯瓦扬布塔及高昌残塔

二、阿拉善盟额济纳旗绿城遗址塔林

　　阿拉善盟额济纳旗绿城遗址位于达来呼布镇东南27公里处。绿城平面近似椭圆形，城墙时断时续，东西长450米、南北宽280米，大部分为夯土砌筑，部分地段为后期土坯补砌，墙宽近6米，残存最大高度约2米，城门位于东南墙，门道宽约5.5米。据说当初曾发现在青铜时代聚落城圈及其南侧寺庙遗址上散布有大量的绿色琉璃建筑构件，故而命名为"绿城"遗址。经发掘，遗址内存有不同时代的文化堆积，年代上自青铜时代的四坝文化，历经两汉、魏晋北朝隋唐，下讫西夏元时期，遗存包括城址、墓葬、寺庙、佛塔、房屋、水渠、池塘以及屯田遗迹等。⑨

　　绿城城内西侧和庙内各有一座覆钵式佛塔。其中一座已基本坍塌，仅剩残迹（图7-2-7）；另一座有残损的基座和少许覆钵连同钵颈以及覆钵上的塔刹小基座（图7-2-8）。残塔的塔座边长约2.8米，总残高约4米。该塔有一说可能建于元代，存疑。正是因为该塔的残损，让我们或许看到了本地域当初的造塔情形：基座为方形须弥座，下无台基，以生土砖坯用泥浆卧砌成型，覆钵亦由土坯环砌成球形，中空；覆钵之上砌方形基座承接"十三天"，顶端再砌方形小基座，上置塔刹。塔的造型沉稳大器，舒展优美而富韵律感，外表通体以掺白灰秸穰的膏泥罩面，并以浆料刷成白色或彩色。实量当地塔砖尺寸大致有两种（毫米）：300×165×40、380×240×95，并不十分合规格，后者多见于基座；据勘查塔体中心还埋有塔心木，直通塔刹；这类做法我们从高昌、交河故城遗址中，亦有发现。联系到黑河地域遗址所见覆钵式塔均为生土建筑物，深感古人因地制宜而因材施用，它反映了本地域的建筑技术传统，并揭示出当地宗教特有的西域文化传承。

三、通辽开鲁县元代佛塔

　　开鲁历史悠久，辽金时期即已繁荣，元朝时期因成吉思汗四弟贴木格斡惕赤斤被封"辽王"并在此建城，开鲁逐渐成为西拉木伦河畔科尔沁草原的政治、经济、文化中心。自辽金以来兴盛发达的佛教事业也在元朝政府的扶植下走向继续。

　　开鲁白塔位于内蒙古自治区通辽市开鲁县开鲁镇东南，塔由大青砖砌筑，通高17.7米；据出土文物考证，此塔为降妖、伏魔塔，始建于元代中早期（图7-2-9）。

　　塔基台原为夯土，呈不规则浑圆状。修缮后成正方形，边长16米。基台高出地表1.2米，用青砖砌

图7-2-7　额济纳旗绿城残塔

图7-2-8　额济纳旗绿城残塔

图7-2-9 开鲁县元代佛塔全景　图7-2-10 开鲁县元代佛塔顶部

成。基台表面以青砖等材料分层铺就。四面分设7步台阶，并设有一周立柱护栏。

全塔由多级组成，最底层为敦实的方形塔座，边宽6米，高4.1米，形制为须弥座。正南面假开券门，宽0.8米、高1.5米、深0.3米。其上是反叠涩式基坛，上置覆钵。钵体为冠状圆柱体，高3.7米，中空外圆，上宽下窄，上圆直径3.9米，下圆直径3.2米。四面各置一个佛眼，宽0.5米、高1.0米、深0.3米，形似佛龛。南面佛眼下1.2米处有一座封闭式券门，高0.7米、宽0.6米。此门是进入天宫的通道。天宫内径2.1米。覆钵上部为方形基座，边长3米，座高2.5米，形制仍为须弥座。座上承托着八角形塔身，塔身13层（因此也叫"十三天"），底最大对角线长3米，顶部最大对角线长2.1米，高为4.3米，由下至上，每隔0.33米拉出一层0.33米宽的闪檐，每层塔檐自下而上渐次收缩，塔身呈锥形，收分时层间略带歪扭。塔顶由圆盘和宝珠合成。其势巍巍，劲秀挺拔，酷似利剑指向天穹（图7-2-10）。

该塔是自治区重点保护文物，历史上可能经过多次修缮，据传建于1287～1297年，具体建造资料不详。细观此塔，其青砖砌筑工艺似不如前朝：塔身线角略显扭歪，通体由素砖砌就，表皮刷白色而无任何纹饰，缺乏辽金砖塔精雕细琢之风格；然而宏观比例适中，整体形态优美，颇具蒙元时期科尔沁地域的粗犷豪放之情韵；塔体外表被通体刷白也彰显了蒙古民族尚白的审美习俗。

第三节　明清佛塔

一、呼和浩特金刚座舍利宝塔

金刚座舍利宝塔位于呼和浩特市旧城五塔寺西街，建于清雍正年间（1723～1735年），据称是全国仅存的5座同类型塔中建成年代较早的一座。该塔原为慈灯寺（俗称五塔寺，蒙古名为"塔布.斯普尔罕"）内的一幢建筑，布局于该寺的正北端。20世纪50年代前寺内其他建筑早已塌毁（近年已大部修复），只有此塔巍然独存（图7-3-1、图7-3-2）。塔系砖石结构，平面为长方形。塔下是一个面积约200平方米、高0.75米的近方形台基，台基上建高大的宝座，其平面呈凸字形，通高14米。宝座立面呈三层布局：下层为须弥座，束腰部分有砖雕狮、象、法轮、金翅乌和金刚杵等图案花纹；中部为7层密檐佛龛，龛中塑佛像，共1119尊，两旁为宝瓶柱，龛上为梵文6字真言，在其上面挑出短檐；上部为冠形石质梵文栏板。金刚座座身下部还镶嵌有蒙、藏、梵3种文字所书之《金刚经》经文，刻工细致，字体工整。金刚座南面正中开券门，门旁为四大天王像，门上正中嵌蒙、藏、汉3种文字书写的"金刚座舍利宝塔"石刻匾额。门内为十字拱形

图7-3-1 呼和浩特金刚座舍利宝塔老照片（资料来源：张鹏举《内蒙古藏传佛教建筑》）

图7-3-2 呼和浩特金刚座舍利宝塔 （资料来源：张晓东提供）

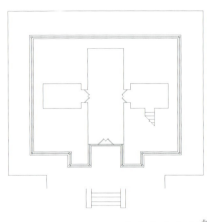

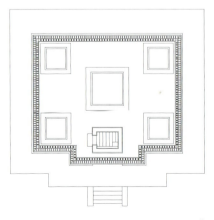

图7-3-3 呼和浩特金刚座舍利宝塔平面测绘图 （资料来源：张鹏举《内蒙古藏传佛教建筑》）

无梁殿，东西隅设有通向金刚座上的阶梯。金刚座上设置5座小塔，中间一座为7层，其余4座为5层。所有塔均由基座、塔身和塔刹三部分构成。基座形式为须弥座，但中塔须弥座的束腰部布满雕饰，而四小塔为素平砖。各塔第一层嵌佛像、菩萨、菩提树等砖雕；第二层以上设佛龛，全塔共有1563个镏金小佛像。塔刹为琉璃覆钵式喇嘛塔形式，中塔还设有莲花石基座，并有金刚圈、露盘等构件装饰；小塔的塔刹与北京真觉寺金刚宝座塔相同，为一小喇嘛塔。塔北的照壁上嵌有3幅精细的线雕刻石——蒙文"天文图"、"六道轮回图"、"须弥山分布图"，都是珍贵文物。全塔造型比例适中，工艺技巧精细娴熟，显得玲珑秀丽，是古代少有的建筑艺术作品。塔后影壁镶嵌的蒙古文天文图石刻，是国内少有的研究天文学史的重要资料。该寺1988年被列为全国重点文物保护单位（图7-3-3、图7-3-4）。

呼和浩特金刚座舍利宝塔在同类建筑中的艺术地位是毋庸置疑的，著名古建筑专家罗哲文在他编著的《中国名塔》中就明确指出，"此塔与北京真觉寺、碧云寺、清净化域并称我国四大金刚宝座塔"，其"须弥座上又用琉璃砖贴面，较北京几座金刚宝座式塔，色彩更为鲜艳"。

二、呼和浩特席力图召喇嘛塔

席力图召始建于明万历十二年(1584年)，是呼和浩特市规格最高、属庙规模最大的寺庙，汉名延寿寺，位于呼和浩特市玉泉区石头巷北端。平面布局沿用汉族佛寺格式，建筑物多为藏汉合璧形制，在中国建筑史上有着重要的地位。"席力图"蒙古语意为"法座"、"首席"，乃因达赖四世云丹嘉措（阿勒坦汗之曾孙）幼年的首席经师希体图葛在此坐堂授经而得名。席力图召原是一座小庙，1602年希体图葛护送达赖四世入藏坐床归来后，方改是名（席力图），经清代的重修与扩建，始具"金碧夺目、广厦七楹"之规模。清康熙三十五年，帝西征噶尔丹回军驻跸归化（今呼和浩特）城时，席力图四世活佛为康熙举行过诵经法会，帝多有馈赠并赐

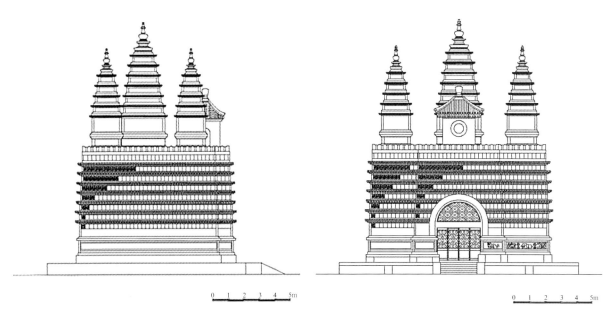

图7-3-4 呼和浩特金刚座舍利宝塔立面测绘图 （资料来源：张鹏举《内蒙古藏传佛教建筑》）

汉名"延寿寺"。

　　寺内大殿东南侧的白石雕砌覆钵式喇嘛塔，建于清代乾隆年间。相传，因席力图召的七世、八世活佛年幼早夭，所以在此建造了一座白塔，塔内供奉长寿佛，祈求保佑活佛大寿，这座白塔故又被称为"长寿佛塔"（图7-3-5、图7-3-6）。它全用汉白玉石雕刻垒砌而成，通高约15米。佛塔建在一座高1.6米，长10.66米的方形台基上，石台基由条石组成，四面有阶梯可登。方坛上面为方形须弥座，束腰部分刻出火焰、金刚杵、狮等图案花纹，四角立圆柱。在覆钵与须弥座之间以阶梯状座身过渡，分五级逐步内收，最下一级刻图案花纹，以上各级刻梵文六字真言。覆钵为宽肩型，周围饰以璎络，南面正中砌出火焰形佛龛。覆钵上面的塔刹，用石刻出十三相轮，再覆以铜制星月和宝盖。相轮（"十三天"）上端两侧配镀金铜饰双耳，俗称"双耳喇嘛塔"，乾隆朝时代特征彰显。白色石料的塔身上，纹饰都用五彩，色调对比鲜明，显得格外光彩夺目，是内蒙古现存喇嘛塔中第一巨制与代表作，保存最为完美，被著名学者罗哲文誉为"石制覆钵式塔中的精品"（图7-3-7、图7-3-8）。

图7-3-5 席力图召白塔老照片 （资料来源：张鹏举《内蒙古藏传佛教建筑》）

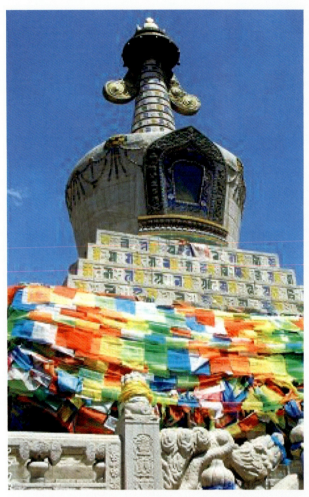

图7-3-6 席力图召白塔（资料来源：张晓东提供）

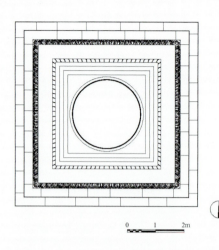

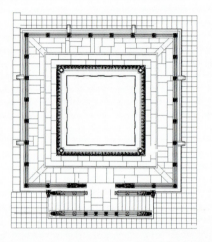

图7-3-7 席力图召白塔平面测绘图 （资料来源：张鹏举《内蒙古藏传佛教建筑》）

图7-3-8 席力图召白塔立面测绘图 （资料来源：张鹏举《内蒙古藏传佛教建筑》）

注释

① 塔幢是塔和幢的合称。塔是一种古老的佛教建筑物。古印度的塔最早是供养释迦牟尼"舍利"（佛身焚化后形成的颗粒）的"窣堵坡"，作为佛的象征供信徒们膜拜。塔随佛教一起传入中国后，印度的"窣堵坡"很快就与中国的楼阁结合起来，形成了具有中国风格的楼阁式佛塔：楼阁在下；代表佛的"窣堵坡"高高在上，被供奉在塔的顶部，称作"塔刹"；而舍利及后来的佛经、佛像等宝物被珍而重之地收藏在塔下的地宫中。在楼阁式塔的基础上，又发展出了密檐式塔、花塔、过街塔、塔门等形式。即便是直接来源于印度，受汉族楼阁影响较少的喇嘛塔、金刚宝座塔以及云南傣族地区的缅式塔，其造型和细部装饰上也加上了不少中国式样。最早的塔以木结构为主，由于木结构不易长久保存，到南北朝时期发展出砖石塔，唐宋以后又有了铜铁塔，宋代以后更出现了琉璃塔，还有瓷器做的塔等。幢，又作宝幢、天幢、法幢，是一种圆桶状的、表达胜利和吉祥之意的旗帜，藏语称为"坚赞"，佛教用作庄严具。《大日经疏》卷九（大三九·六七三上）："梵云驮缚若，此翻为幢；梵云计都，此翻为旗，其相稍异。"幢在最初的用处是号令三军，掌握进退，后被佛教应用。其用料和工艺各不相同。

② 覆钵式佛塔，俗称"喇嘛塔"，是中国佛塔中的一种建筑形式，多分布在藏传佛教传播的地区。因主要兴建于喇嘛教（藏传佛教）的寺庙内外，故称为喇嘛塔，其外形与印度的窣堵坡极像。

③ 须弥座由佛座演变而来，形体复杂。一般用于高级建筑。开始形式简单，由数道直线叠涩与较高束腰组成，没有多少装饰，且对称布置。后来逐渐出现了莲瓣、卷纹饰、力神、角柱、间柱等，造型日益复杂。又名"金刚座"、"须弥坛"，源自印度，系安置佛、菩萨像的台座。须弥即指须弥山，在印度古代传说中，须弥山是世界的中心。另一说指喜马拉雅山（又名大雪山），用须弥山做底，以显示佛的神圣伟大。

④ 叠涩是一种古代砖石结构建筑的砌法，用砖、石，有时也用木材通过一层层堆叠向外挑出，或收进，向外挑出时要承担上层的重量。叠涩法主要用于早期的叠涩拱，砖塔出檐，须弥座的束腰，墀头墙的拔檐。常见于砖塔、石塔、砖墓室等建筑物。

⑤ 阑额指的是檐柱与檐柱之间起联系和承重作用的矩形横木，是宋代的叫法；清代叫"大额枋"，是相同位置的构件。普柏枋（平板枋）：位于阑额之上，用来承托斗栱的木结构。始见于唐代，"玄奘塔下三层均以普柏枋承斗栱，……可知普柏枋之用，于唐初已极普遍，且其施用相当自由也。"（梁思成．中国建筑史，第86页）后世在阑额与普柏枋的尺寸上又不断地演变。

⑥ 宋代栱有五种，分别是华栱、泥道栱、瓜子栱、慢栱和令栱。华栱用于出跳，也称杪栱、卷头、跳头等，即清式的翘；泥道栱用于铺作的横向中心线上，即清式的正心瓜栱；瓜子栱用于跳头；慢栱施之于泥道栱、瓜子栱之上又称泥道重栱；令栱用于铺作里外最上一跳的跳头之上和屋檐栱下，有时还用于单栱造之扶壁栱上。

⑦ 张汉君．辽万部华严经塔建筑构造及结构规制初探[J]．内蒙古文物考古，1994，（2）69页。

⑧ 张汉君．辽万部华严经塔建筑构造及结构规制初探[J]．内蒙古文物考古，1994，（2）71页。

⑨ 内蒙古博物院编制《内蒙古黑城遗址文物保护规划》。

内蒙古古建筑

第八章 建筑营造工艺

内蒙古地区古建筑传统工艺不同于官式做法和中原地区的常见做法，它在内蒙古特定的自然环境下，受到了本地域宗教、周边地域建筑艺术及工艺的影响，同时，对各种新元素进行了不断的重组、整合和创新尝试。

本章阐述内蒙古地区古建筑的营造工艺，并依据实地调研、测绘和访谈等所取得的第一手资料，对具有地方特色的工艺做法加以研究和归纳，以期展现内蒙古古建筑区别于其他地区古建筑的工艺特征。

内蒙古地区古建筑传统建筑营造技术和装饰艺术的主要特点是"多元共生，兼收并蓄"。从古至今，建筑文化和建筑营造技术工艺的交流与融合一直是一个具有动态色彩的过程，内蒙古地区亦是如此。由于该地区存在复杂的民族种类和宗教文化背景，内蒙古地区古建筑传统的营造技术及工艺，在历史的长河中，历经多种文化的多次洗礼，完成了由差异与冲突到依赖与认同的过渡，二者矛盾的统一至今仍有所体现。

内蒙古地区在漫长的历史发展过程中所留存下来的建筑遗构类型较为丰富，但保留至今的并不多，故此处的归纳难以概全。

第一节　土工建筑工艺

我们的祖先，从很早的时候开始，建造居住房屋就和"土"打交道，土是被人们最早使用的建筑材料。古代住民以土为穴，就这样经历了漫长的时期。因此，说起古代的建筑工程，从未离开过土。盖房子先讲"动土"，再讲"兴工"。

在内蒙古相当广泛的地区有很厚的土层，其中黏性土占着重要成分。黏性土适宜于建筑工程，富有粘结力。

用土做建筑材料，主要是因为土这种材料分布广袤，取用方便，容易挖掘，经济实用，坚固耐久。在内蒙古严寒的季节里，对房屋的保暖与防寒，土在根本上起到了基础性的防护作用。

在历史发展过程中，人们对住的要求虽然提高了，但由于生产力的低下，建筑材料仍长期以自然材料为主要选择对象，因此，土工建筑技术在长时间内仍得到大量的运用和发展。

一、夯土版筑工艺

夯土墙工艺源于原始的夯土技术。就中国古代建筑发展史来看，最晚在商代，夯土技术就已比较成熟，到西周之后版筑技术又有所提高，高台建筑的盛行亦与之密切相关。春秋战国至秦汉时期，夯土技术已在军事防御性建筑中广泛使用。在广大的黄河流域地区，利用黄土来做房屋的台基和墙身是非常经济便利且实用的，因此土坯砌筑技术和夯土技术都是基于地方自然条件发展出来的建筑工艺。

夯土建筑建造的墙体体量厚重，质量坚固，可以用来实现相当高大的夯筑体量，与土坯墙体作比较，其具有突出的防御性特点。因此夯土墙体常用于建造城墙和军事堡垒。如内蒙古阿拉善盟额济纳旗的额济纳河（黑水）下游北岸荒漠上的"黑水城"遗址（图8-1-1）、乌审旗西夏时期的统万城内部箭楼（图8-1-2）等。内蒙古地区部分藏传佛教建筑仍用民间传统工艺建造，是因为夯土所能实现的高大体量和稳定的实体感符合藏传佛教建筑的形象特征（图8-1-3）。事实上，夯土建筑在藏族聚居地区亦是分布最广、历史最悠久的建筑形式，其历史可追溯到吐蕃时期，因此藏传佛教建筑采用夯土墙体也有着自身的历史渊源。

夯土工艺具体的做法比较简单，但是比较耗工，因为在夯实的过程中，需要若干人同时作业才能完成（图8-1-4）。在夯筑之前，仅将建筑墙体基础素土夯实后就可支模板。建筑墙体为了防潮，一般先在夯土墙下面用砖石配以草泥砌筑墙下肩，然后再在上面支模加土夯筑。图8-1-5所示的墙体可视为由不同建筑材料构成的组合墙，即下肩为石材砌筑，中部为夯土部分，顶部则一般做边玛墙，较重的材料用于下部，这样使得整座建筑重心下降，对于增强建筑的稳定性和抗震性很有帮助。

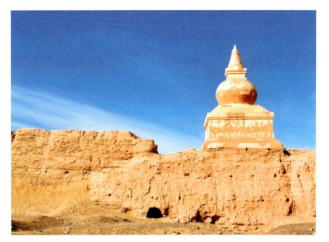

图8-1-1 "黑水城"遗址 （资料来源：张驭寰《内蒙古古建筑》）　　图8-1-2 乌审旗西夏时期统万城内部箭楼 （资料来源：张驭寰《内蒙古古建筑》）

图8-1-3 阿拉善左旗图克木苏木境内的妙华寺遗址

图8-1-4 夯土墙工艺 （资料来源：高旭摄）

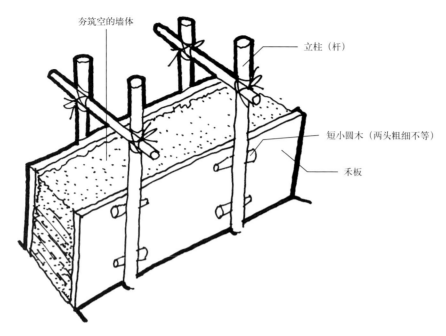

夯筑空的墙体

立柱（杆）

短小圆木（两头粗细不等）

禾板

图8-1-5 夯土墙工艺

值得注意的是，在中国古代木结构建筑体系中，许多围合性的墙体都是在承重的木构架建成后再行施工建造的。而夯土墙体却与众不同，它的筑造先于木构架，这是由其特殊的施工工艺决定的。如果运用夯土墙的建筑先行立起承重的木柱，那么夯土墙将其包于其中，夯筑时的振动则必将对木构架造成破坏，况且木构架也会影响到模板的支设。藏传佛教建筑若采用版筑夯土外墙，首先是依据建筑平面的外轮廓筑起外墙，然后在墙上开槽立柱，最后完成木构的搭建。

二、土坯工艺

在土工建筑中还有土坯。土坯是建筑材料的一种，它是由天然材料变为人工材料的一种尝试。用土坯可以建造各种类型的建筑，这也是土工建筑的另一个重要方面。用它不仅可以砌墙，还可以建造土坯楼、土坯塔等。用土坯进行建筑，方便适用且坚固耐久；特别是其保温隔热之功能，尤其适应本地之寒冷干燥气候。土坯建筑在内蒙古地区分布很广，且历史悠久。

通常，土坯墙工艺是西北及华北地区最为普遍的墙体砌筑工艺。土坯墙工艺几乎只用到随处可见的黄土和少许农作物的秸秆等最为易得且廉价的材料，因此在经济发展水平较低的地区，长久以来这种工艺做法成为民间传统建筑墙体建造的主要方式，它不仅用于大量的民居建筑，也常用于宗教建筑，由此可见，民间传统工艺在历史上占有重要地位。

土坯墙工艺的具体施工做法也相对简单。在素土夯实的基础上，首先以砖或石砌起墙体下肩，在已砌筑的下肩上砌以土坯墙体的主要部分，或者在砖石砌筑的墙基上用土坯砌筑全部墙体。下肩的主要作用是墙体防潮，但在防潮要求不高的地区，用土坯砌筑全部墙体而没有砖石砌的下肩。除此以外，有时也选择用卵石砌筑下肩，做法与夯土墙体的卵石下肩相同。

用于砌筑墙体的土坯有多种做法：黄土比较充足的地方以原生黄土加农作物的秸秆搅合均匀脱模后晾置数日风干制成；有的则直接用原生黄土脱模制作；还有的地方由于黄土不太充足，故在黄土中加一定量的黑土（黏度没有黄土强的一种呈黑色的土）和农作物的秸秆脱模制作。在图8-1-6所示的做法中，以草泥作为粘结材料砌筑，砌筑方法如同砖墙的砌筑一样，也需讲究平、立结合，相互拉结，以保证墙体的整体性。墙体砌筑完成后，在墙体内外表面作墙面处理。民间一般是直接用草泥抹光即可，而内蒙古地区的宗教建筑、衙署府第等在封建社会地位较高的建筑的主体墙体做法则比民间工艺讲究得多，面层也同样讲究，通常罩以"麻刀砂浆"，砂浆须以毛砂调制；也有罩"麻刀灰"面层的做法。

作为木结构建筑的围合墙体，土坯墙的砌筑是在大木构架搭建完成后开始进行的，砌筑时将需要设在墙内的柱子包砌其中。在档次较高、工艺较为讲究的传统建筑中，常以土坯为主体，结合青砖砌筑墙体，发展出青砖立柱土坯墙工艺和青砖包砌土坯墙工艺。

三、土窑洞工艺

我国古代穴居历史久远。《易·系辞》载："上古穴居而野处，后世圣人易之以宫室，上栋下宇，以待风雨；盖取诸大壮。"现存土窑洞和古代穴居有着非常密切的关系，不过在开凿方法和式样上，远比古代穴居进步。窑洞不同于夯土，它不改变土的天然结构，只是利用天然黄土层自身的力学性质。

土窑洞的筑成需要解决的问题是：窑洞位置的选择、洞形的选择，防裂、防塌、防水所需采取的措施。

在张家口以北至呼和浩特一带，土层深厚而又坚硬，土质纯净，易于开窑居住，当地村民很早就开始挖窑居住，并称这个地方的窑洞为"察北窑洞"，实则是土房。察北窑洞的特点是，全部为土洞，不用砖石镶边，窗洞开口小，门框立在正中心。洞内靠门有火炕一面，在进深方向非常注意使洞内加深作为仓库使用。察北窑洞高度，一般在2.8米左右，选择在平沟或半崖的侧面，洞顶距离崖面很高，由于土质坚硬，从不塌崖。

土窑洞一般可使用数十年，年代过长则需另辟新窑。窑洞在发展过程中，除了装饰手法、门窗装饰的进步变化外，其结构方式没有太大变化。

四、民间房屋土工工艺

历代统治阶级占有贵重的建筑材料建造亭台楼阁和各种宫殿，而广大劳动人民只能就地取材，运用传统的土工技术，以土为建筑材料。因此，在广大民间，土工技术得到很大的发展。

（一）圆形土房（固定式蒙古包）

内蒙古地区有一种固定式蒙古包，实际就是圆形土房，它分布在今鄂尔多斯地区、通辽地区、呼伦贝尔地区。

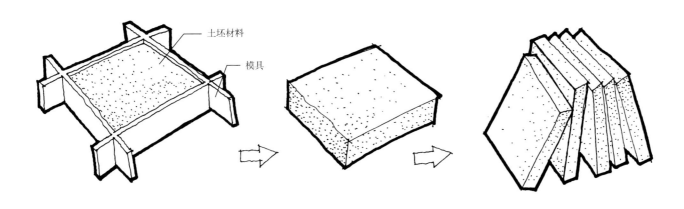

图8-1-6 土坯制作

图8-1-7 鄂尔多斯乌审旗圆形土房 （资料来源:《内蒙古古建筑》）

固定式蒙古包在建造时，其地基处理相对比较简单。一般在平整场地后，直接砌筑土墙，有条件的则在地基上垫一至两层砖。鄂尔多斯地区的固定式蒙古包，地基很薄，用沙柳做骨架，两面抹泥土，上用沙柳做屋顶，或用草类做三段顶子（图8-1-7）。地处东北，气候寒冷的通辽地区、哲里木盟地区，此类建筑外墙用土坯砌筑或者垛草泥，然后再涂抹内外墙壁。房屋直径一般可达4~6米，墙体高度1.8米。通常，固定式蒙古包就地取材，以泥土为主。固定式蒙古包除骨架外，均用泥土建造，但做工很细致，用黄泥浆涂抹的墙面很光滑，实用美观。哲里木盟圆形土房，屋内设火炕，占全

包平面的1/2，成为冬季采暖的主要方式。

（二）察哈尔大窑房

察哈尔大窑房是用固定的木架支撑，用土坯砌出的券洞，其地点分布以察哈尔为中心，并发散至呼和浩特、集宁、张家口等地区，当地习惯夏日住大窑，冬日住窑洞。通常，大窑房全部是用土做成，因为它的形式和做法不尽相同，所以在构造上也有所差别。

土窑房以山室侧壁竖向挖出来的洞室作为房屋，极似陕西窑洞的直洞。通常一家以一洞为主，多至三洞。洞内设土灶、火炉、壁龛、土台。洞口的墙壁安设大花窗，洞顶全部为拱券，特别是土窑房，远望一片土原，看不出有房屋所在（图8-1-8），所以察北人民有句谚语："风雨不自窗中入，车马还从屋上行。"

大窑房的构造方式是，首先以木模支撑，用土坯立砌成土拱，待土坯泥浆干后，拆去木模，上部再夯实土层。个别窑洞砌出洞口，边缘特别整齐，这种房屋受到窑洞影响，也可说是窑洞的一种形式。

（三）集宁地区土房

以内蒙古乌兰察布地区为中心的草原偏南地区，流沙较少，黄土甚多，而且与汉族杂居，建设土房较多。这种土房地基通常挖到冻层（1.6米），每间尺度以间宽2.5米、进深4米为准。外墙全部

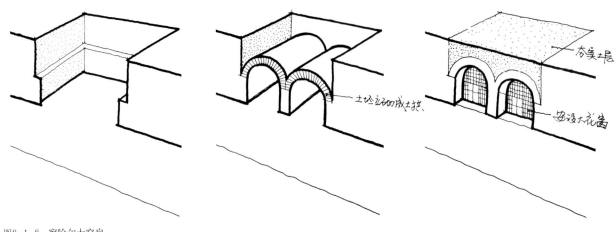

图8-1-8 察哈尔大窑房

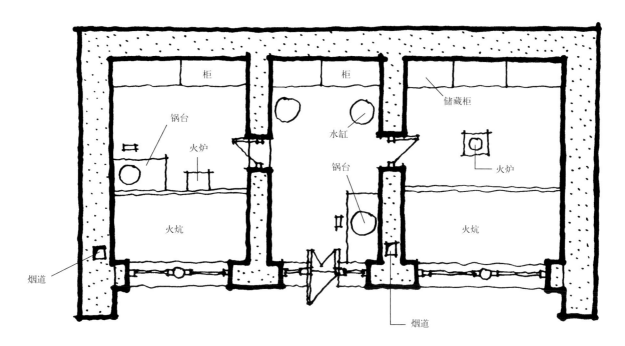

图8-1-9 集宁地区土房平面示意图

用土坯砌筑，土坯长40厘米，宽25厘米，厚7厘米（图8-1-9）。

屋顶通常均采用半坡顶的做法，后在荆笆上抹泥厚10～15厘米，干燥后再抹普通土5厘米，第三次还要抹泥5厘米。这样做不仅防雨，而且延长屋顶使用寿命。

半坡顶在当地称为"尾子顶"，在木椽上铺栈木或木望板（也有用席箔、树枝等材料的），在栈木上铺一层植物的秸秆（常铺"胡麻柴"[①]），弥补铺栈木的空隙，防止泥土下漏。其上部全部抹泥土，土质需要保证特别纯净，不得掺有杂质。在施工前，首先要和泥，使得土、泥、水三者充分融合到一起，并且达到半干状态时再抹平顶部。第一次抹泥6厘米，第二次抹泥3厘米，第三次抹滑秸泥2～5厘米，分层晾晒。这种做法当地经常使用。

第二节 木结构建筑工艺

木结构是我国古代建筑的主流。木结构建筑是以木材构成各种形式的梁架作为整个建筑物的承重结构主体，墙壁只起围护作用，不承担荷载。古代劳动人民用这种方法建造了许多规模宏大、形象舒展、构造坚固的建筑。迄今还保存着历经千年的宏伟木构建筑，显示出木结构技术的成就。

一、木结构工艺

（一）斗栱

"斗栱"是中国古代建筑所特有的形制构件，安装在建筑物的檐下或梁架间，由一些'斗'形构件和一些'栱'形构件及枋木组成，在中国木构架建筑中占有非常重要的地位。

斗栱是建筑物的柱子与屋架之间的承接过渡部分，承受上部梁架、屋面的荷载，并将荷载传递到柱子上，再传递到基础，具有承上启下、传递荷载的功能。斗栱用于屋檐下，可以使出檐更加深远，这对保护柱础、台明、墙身等免受雨水侵蚀有着重要的作用；它还具有增强建筑物抗震性的功能；此外，从建筑学的角度看，经过加工和色彩美化后的斗栱，又很富有装饰性；在古代社会，斗栱还是等级制度在建筑物上的主要标志之一，斗栱使用的规制如何可表现建筑物的等级高低。斗栱按其在建筑物所处位置的不同，名称及作用也不同②。

图8-2-1所示为清代官式建筑平身科五踩斗栱各部位名称图，图中最大的斗为坐斗，一般位于"平板枋"③或坐斗枋之上。坐斗如图8-2-2所示，是每攒斗栱荷载的集中点。斗底直接用暗销与平板枋连接。斗耳上面开十字刻口，用来承接翘，并与正心瓜栱十字相交。翘上承接昂，昂与外拽瓜栱、正心万栱十字相交，昂上承接耍头（即蚂蚱头），耍头与厢栱、外拽万栱十字相交，最后承接挑檐枋、外拽枋等。昂与坐斗之间有翘构件相隔，这是清代斗栱的构造（图8-2-3、图8-2-4）。

通过上述，对清代五踩斗栱构件的连接方式和顺序有了大体的了解，下面即以大召大雄宝殿的斗栱组合方式作一比较（图8-2-5、图8-2-6）。

通过上面两图可以清晰地看出其异同之处，清代官式平身科斗栱的大斗上承接的是翘构件；而大召大雄宝殿平身科斗栱的大斗上承接的是昂构件，这种做法是元代斗栱的特有做法，而昂的做法又属于明代做法，但坐斗又属于清代的做法。清代坐斗的斗底呈直线形，明代及明代以前的坐斗斗底呈弧线形，如图8-2-2所示。从这个案例可以说明民间建筑工艺早于官式建筑工艺，也就是说官式建筑工艺来源于民间建筑工艺。

内蒙古古建筑中，斗栱从结构构件逐渐向装饰构件转化，夸张的构件组装，使檐下的装饰效果愈显强烈，并且在藏传佛教建筑中得到了更为充分的发展。藏传佛教建筑一定程度上有着"低技术，高艺术"的价值取向，因此在吸纳汉族建筑工艺时，对大木结构的要求不及木雕装饰工艺，作为富于地方特色的檐下做法，斗栱成为内蒙古藏传佛教建筑的标志性特征之一（图8-2 7、图8-2-8）。

（二）翼角

翼角是古建筑屋檐转角部分的总称，即建筑物屋顶檐部两面相交的转角，呈翼形或扇形展出而翘起的部位，是中国古建筑屋顶显著特征之一，是古代建筑工匠在长期的建筑实践中为了解决四坡屋顶转角问题而设计的特殊构造形式。庑殿、歇

山、硬山、悬山这几种不同形式的建筑，它们的正身梁架部分的构造大致相同，所不同的地方在于其山面构架的组成。因此，建筑的山面梁架的构造形式及其支撑方式就成为建筑中最关键的结构问题。

翼角组合构件是由老角梁、仔角梁、翼角椽、翘飞椽，以及联系翼角和翘飞椽头的大小连檐、钉附在翼角椽和翘飞椽上面的檐头望板和垫起翼角椽的衬头木等附属构件组成。

翼角的翘起大小与老角梁和金檩、金柱的结合方式及仔角梁与老角梁的结合方式有直接的关系。内蒙古藏传佛教建筑在翼角的做法中多使用老角梁法。翼角的另一种特殊做法即"隐角梁法"，比较少见，此做法多见于甘青地区。

老角梁法角梁翘起主要由以下三个因素构成：

其一，老角梁前端是扣在挑檐桁和正心桁（或与搭交檐檩）上，挑檐桁和正心桁作为老角梁的支点，后尾被压在金檩下，造成老角梁头部翘起，高于正身檐椽。这种做法亦称"扣金做法"。

其二，仔角梁头部探出老角梁以外的部分，比它的下皮延长线又抬起一个角度，使仔角梁比老角梁又翘起一定高度。

其三，角梁自身的立面尺寸大于正身檐椽和飞椽，也是造成角梁高高翘起的因素之一。

"隐角梁法"类似"老角梁扣金做法"，只是把老角梁近乎水平地放置于金桁（檩）之下，老角梁上除前端置有仔角梁外，中后部还置有"隐角梁"（图8-2-9、图8-2-10）。隐角梁的前端置于老角梁中段，后端压在金檩与踩步金上，类似"老角梁压金做法"的后端部。隐角梁用于找坡及固定翼角椽后尾；仔角梁用于檐部的出檐和起翘，紧贴在老角梁之上，类似"老角梁法"的仔角梁放置方式。隐角梁与老角梁的接触距离十分接近，在翼角营造工艺上，隐角梁的作用是屋面找坡和固定翼角椽后尾，其在翼角做法中的作用比较低。内蒙古藏传佛教建筑的檐口处通常非常平缓，以至于檐椽通过老角梁的高度就可以达到檐口屋面的坡度 。

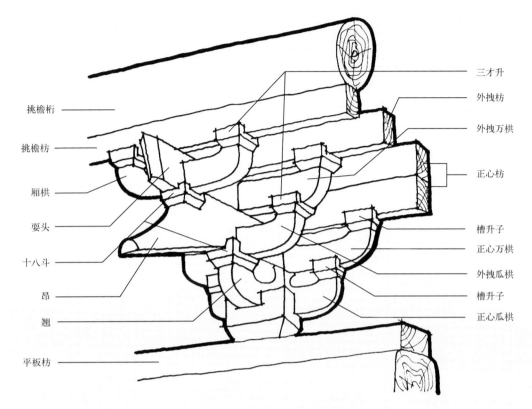

挑檐桁
挑檐枋
厢栱
耍头
十八斗
昂
翘
平板枋

三才升
外拽枋
外拽万栱
正心枋
槽升子
正心万栱
外拽瓜栱
槽升子
正心瓜栱

图8-2-1　清代官式平身科斗栱各部位名称

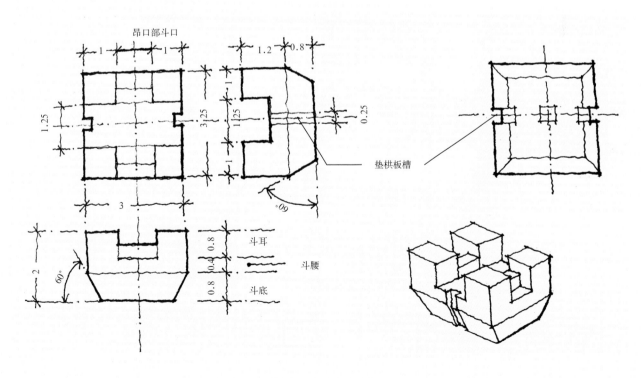

昂口部斗口

垫栱板槽

斗耳
斗腰
斗底

图8-2-2　坐斗

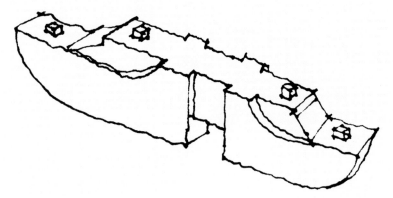

图8-2-3 "翘" 构件

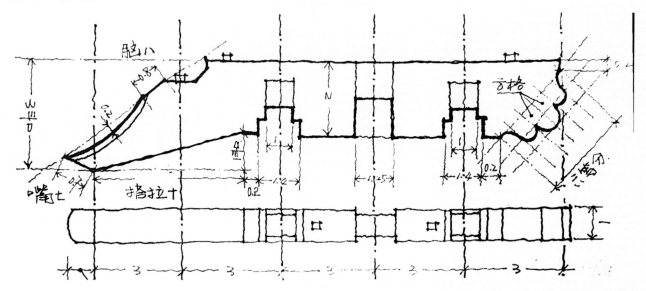

图8-2-4 "昂" 构件

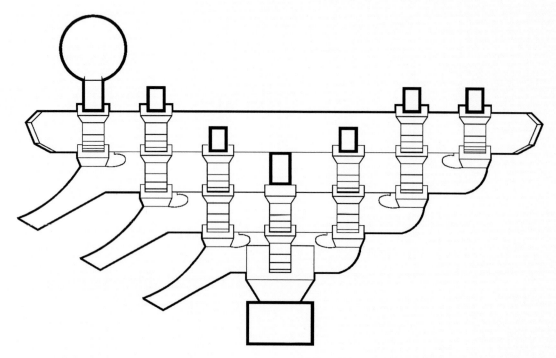

图8-2-5 大召佛殿平身科七踩斗栱

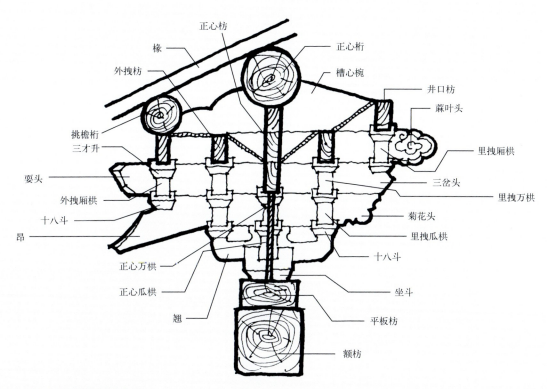

图8-2-6 清代官式平身科五踩斗栱

图8-2-7 呼和浩特市大召佛殿斗栱 （资料来源:《内蒙古藏传佛教建筑》）

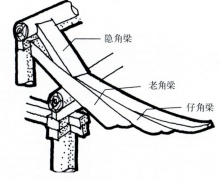

图8-2-9 隐角梁做法

图8-2-8 通辽市福缘寺大殿斗栱 （资料来源:《内蒙古藏传佛教建筑》）

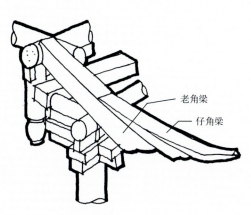

图8-2-10 老角梁压金做法

（三）挂椽方式

檩上置椽，是传统木构建筑常见的节点构造。在大木工艺体系中将安装椽子的工序称为"挂椽"，其关键点在于两段椽如何连接，如何将椽在檩上固定。在内蒙古藏传佛教建筑中，出现三种挂椽方式："乱搭头"、"斜搭掌"（又称交搭掌法）和"椽花"。

1. 乱搭头法

乱搭头挂椽法的具体做法为：上椽和下椽的椽头在檩上相互交错布置。每根椽子的椽头搭在檩上并有少量出头，然后用钉子钉于檩上。上椽头与下椽头在檩上交叠之处用一根带状材料（藤条或竹筋）串接在一起，以增加其稳固性（也有的做法是不用藤条或竹筋，直接将椽子用钉子钉于檩上，这种做法多见于民宅）（图8-2-11）。

乱搭头法挂椽施工简便，这种做法对屋面的整体强度起决定性作用。"据历史信息来看，该种做法定型较早，晋、陕等地现存的唐代至元代时期的大木建筑基本具有该特征，而就整个北方黄河建筑文化圈来看，明、清以来直至今日仍基本沿用这种挂椽方式，表现出早期的工艺特征而未受明清官式斜搭掌做法的影响"[①]。

在内蒙古地区藏传佛教建筑遗构中乱搭头的做法比较常见。这受甘青及山西、河北等周边地区工艺影响，说明了明清时期内蒙古地区建筑文化与黄河建筑文化圈的从属性，反映出其工艺上的传承关系。在这一地带，清代以后以至今日的民间建筑中，乱搭头挂椽法基本成为普遍做法，在内蒙古地区周边工艺影响带范围内，也许乱搭头并未曾在内蒙古藏传佛教建筑工艺中形成一种定制，而是明清交替时期受黄河建筑文化圈影响的一种做法。如位于包头市达尔罕茂明安联合旗百灵庙镇的百灵庙大雄宝殿经堂，采用彻上露明造，可以比较清晰地看到采用乱搭头挂椽的方式（图8-2-12）。

2. 交搭掌法

交搭掌法也称"马蹄掌搭接"，具体做法为：需搭接的椽头被砍削为掌形，即椽头削为斜面。下椽椽头掌面向上置于檩上，上椽与下椽搭接的椽头掌面向下，与下椽掌面相对而扣，以长钉穿透两椽搭接的掌部钉于檩上。在两椽搭接处为屋面举架发生转折之处（图8-2-13）。

该种做法仅见于少量早于清代的建筑当中，因此，内蒙古地区存在的交搭掌法实例很可能是明初至明清交替时期受内蒙古周边地区及北方官式做法影响的结果，而近代至今最为常见的还是乱搭头挂椽法。

3. 椽花法

椽花挂椽法在内蒙古西部地区最为常见。内蒙古地区阿拉善盟右旗和额济纳旗与甘肃省接壤。这也许受甘青地区的影响及用甘青地区的工匠建造，是他们擅长自己的做法的缘故。"椽花"实指一种置于檩上用以连接椽子的特殊构件，这种构件类似官式大式建筑做法中的扶脊木[⑤]或承椽枋[⑥]之类构件，主要是承接椽子的两头[⑦]。其具体做法为：檩上固定一与檩同长的方形断面的木构件，就是前面提到的"椽花"，方形木构件断面的高度比搭接的椽子的直径略高，并在其上凿出燕尾榫槽，来卯接上椽头与下椽头的燕尾榫，这种做法椽子不会左右转动，然后将各椽与椽花榫接为一体[⑧]（图8-2-14）。

椽花与扶脊木或承椽枋之类构件有些差异：椽花是连接和固定椽子的构件，而扶脊木除承接椽子外，还有固定正脊的作用。另外，歇山顶建筑的独特构件——"采步金"[⑨]，其上不做燕尾榫槽或椽槽，其上也用椽花来连接山面的檐椽。椽花挂椽法的做法比较复杂，尤其在椽花上开凿燕尾榫，它不同于普通构件开凿榫卯一样，椽花与将要搭接的椽子之间不在同一平面内，并且两种构件不平行，之间有一定角度，难度增加，因此，该做法不易推广，常被其他做法代替，这也许是比较少见的原因之一吧。

（四）柱式

内蒙古藏传佛教建筑的柱式是内蒙古地区此类做法的典型。柱子从其表象特征，概括分为两类，一类是汉式圆柱，一类是藏式柱。汉式柱工艺特征同北方官式做法，下面主要对藏式柱的制作工艺作

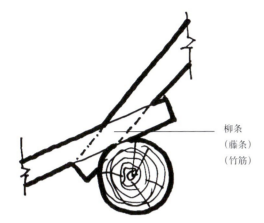

图8-2-11 乱搭头法

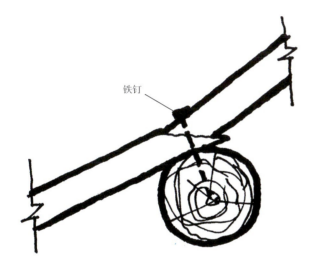

图8-2-13 交搭掌法

图8-2-12 百灵庙大雄宝殿乱搭头挂椽法 （资料来源：《内蒙古藏传佛教建筑》）

进一步的阐述。

藏式建筑的柱式，由柱础、柱身、柱头栌斗及上面的托木、梁等组成。随着藏族建筑的发展，柱式也随之发展丰富，最后定型。藏式柱子既起承重作用，同时起装饰、审美甚至建筑等级标志的作用[10]（图8-2-15、图8-2-16）。

藏族这种独特的柱子式样形成的原因与藏族地区自然条件和地理条件有关，由于在藏区长时间的运用和完善，不断发展丰富，最后定型，最终成为一种约定俗成的样式，即藏式柱式。内蒙古地区藏传佛教建筑中的柱子式样是延续了藏族地区这种柱式。但做法工艺与西藏地区有些差异。

1. 柱身

内蒙古藏传佛教建筑中的柱子大部分为木质，有少量建筑的柱子为石材，如：位于赤峰市宁城县大城子县的法轮寺大雄宝殿等柱子为整石雕制。柱子截面通常有圆形、方形、小八角、八楞形、十二楞形、十六楞形等式样（图8-2-17）。

在内蒙古藏传佛教建筑中，建筑的室内常用圆柱，其就木材的长势，去皮后稍作加工即可使用。根据木材自然生长规律，根部即大头朝下，末梢即小头朝上，柱身已有收分。方柱在藏区一些重要的

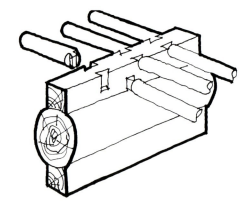

图8-2-14 椽花做法

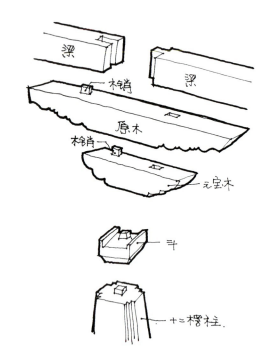

图8-2-15 藏式柱式构建安装示意图

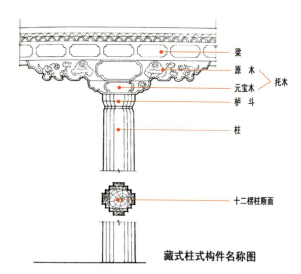

藏式柱式构件名称图

图8-2-16 藏式柱式 （资料来源：陈耀东《中国藏族建筑》）

建筑才用，因方柱用整木加工，用原材直径比较大。方柱需将初加工好的圆木刮刨去至少约36.34%的木材才能成型，浪费较大，所以，只有比较重要的建筑才用方柱是有理可循的（图8-2-18）。

在内蒙古地区，重要的殿堂入口廊柱多用多楞柱，多楞柱的断面据说和佛教坛城图案相同，具有宗教含义，所以为宗教建筑所青睐。

2. 栌斗

一般柱头均有栌斗，平面形状与柱同。但小部分次要建筑中不用栌斗，柱头上即用托木。栌斗的简单做法：是在柱头下刻一道深槽，使之形如斗形。重要建筑的柱头均有栌斗，木纹是横纹，垂直于柱身，大小与柱底同（图8-2-19）。

"栌"，在古代名称很多，有称"栭"（er）和"窠"（jie）的，它们就是一种斗状的柱头。栌之上还有称为"枅"（ji）或者"欂"（bo）的横木或冠板，合称起来就是"栾栌"、"欂栌"等。"枅"其后就发展成为向上弯曲的"曲枅"，于是便改称为"栾"；这个时候就开始形成了斗栱的雏形[11]（图8-2-20）。也许藏式柱式是"栾栌"向另一方向发展和演变的结果。

3. 托木

托木组合构件是由元宝木和原木组成，藏语称之为"修"，是"弓"的意思，故也称"弓木"。托木构件在柱头栌斗上，作用类似于汉式建筑的替木或起增大额枋榫子受剪断面及拉结额枋作用的雀替。两枋头在柱头相交，托木在柱头承枋并与枋实拍相合，增大柱头的承接面，并增强了枋的承载力，是搭接结构上必不可少的构件（图8-2-21）。

中国古代木构件由"枅"向"栾"发展演变中，很可能是"枅"演变为今天藏式柱式的托木。因为从结构和功能上与托木是相似的，托木上承接的是梁枋类构件。不同之处是托木上多了些雕饰的图案。

相比较，内蒙古地区藏传佛教建筑的廊柱柱式与西藏地区的做法存在如下不同：一是柱子本身部分，内蒙古藏传佛教建筑廊柱截面形状有圆柱、方柱、八楞柱、十二楞柱和极少的二十楞柱。除圆

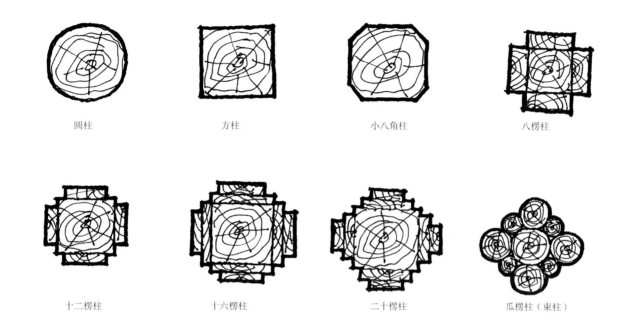

| 圆柱 | 方柱 | 小八角柱 | 八楞柱 |

| 十二楞柱 | 十六楞柱 | 二十楞柱 | 瓜楞柱（束柱） |

图8-2-17　柱截面形状

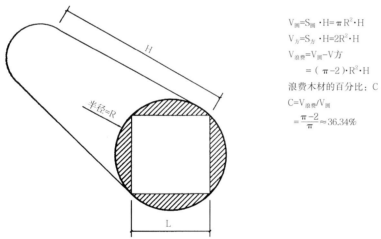

$V_{圆}=S_{圆}\cdot H=\pi R^2\cdot H$

$V_{方}=S_{方}\cdot H=2R^2\cdot H$

$V_{浪费}=V_{圆}-V_{方}$

$\qquad=(\pi-2)\cdot R^2\cdot H$

浪费木材的百分比：C

$C=V_{浪费}/V_{圆}$

$\qquad=\dfrac{\pi-2}{\pi}\approx36.34\%$

图8-2-18　圆柱做方柱浪费材料图

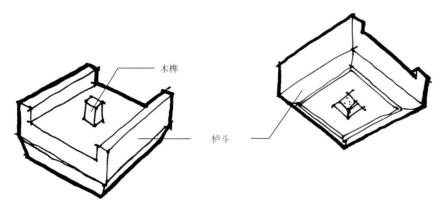

图8-2-19　栌斗

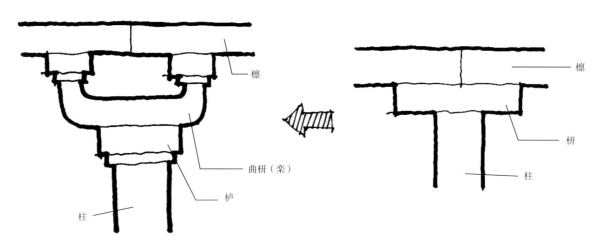

图8-2-20 由"枡"到"栾"的发展

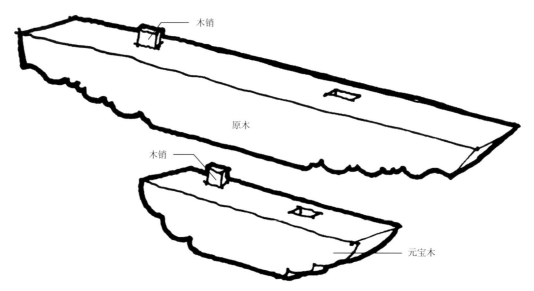

图8-2-21 托木组合构件

柱外，十二楞柱运用最多，柱子样式与西藏地区同，只是其柱子收分没有西藏地区明显。二是栌斗部分，藏区的柱头栌斗放置于柱身上端，并由木销固定防止水平移动，如图8-2-15和图8-2-19所示。而内蒙古地区藏传佛教建筑大部分柱头与栌斗是一根整木加工而成，二者为一体，不能拆卸，其形式同柱身，只是在柱头与栌斗之间做一收腰而已，也有部分柱式虽然二者分开制作，但栌斗部位用一个柱墩代替，在其上做浮雕施彩绘。

二、木装修工艺

木装修是指室内外所用的木质围护结构，南方称装折。它除了具有实用功能以外，也是美学装饰的重要部位，对建筑艺术风格的形成作用很大。木装修的制作工艺一般称小木作，至迟在宋代已从加工结构的大木作中分化出来，专门从事细微纤巧的木件加工，是一门工艺性很强的技术工种。清代建筑受时代审美观的影响，装修技术更向精巧华美方向发展，并取得很高的成就。木装修一般划分为外檐与内檐两部分。外檐装修包括门、窗、栏杆等；内檐装修包括隔断、藻井天花之类。

（一）门

1．板门

在内蒙古地区主要用于寺庙、府邸的大门及民居的外门，全为木板制成。根据构造方法大体分为棋盘门、实榻门及撒带门（图8-2-22～图8-2-24）。

棋盘门四边用较厚的边抹攒起外框，门心装薄板穿带，因其形如棋盘，故称棋盘门。而实榻门是由数块厚板材拼合而成，横向加设数根穿带木条，防卫作用更强。内蒙古地区召庙主要殿堂正门，其厚约6～10厘米，为了加强气势，多突出门板上加固用的门钉，门钉比实际需要的尺寸大、数量多，横竖成排成列。如位于赤峰市红山区西横街的清真北大寺入口门板上设五排七列三十五钉（图8-2-25）；

位于呼和浩特市区内的大召寺大雄宝殿正门，门钉设四排七列二十八钉，另外还加用兽面门环（图8-2-26）。藏传佛教召庙大雄宝殿正门常绘制各种怪兽，抱框做成覆莲瓣、金刚结、堆经等，并且绘制六字真言和变体梵文等复杂的线脚以为装饰，用色十分浓烈刺激（图8-2-27、图8-2-28）。

撒带门的门板凭穿带锁合，穿带一端做榫，在门边上凿做卯眼，将门板与门边结合在一起。穿带另一端撒头，凭一根压带联结。门的其余三面不做攒边，故称撒带门⑫。此类门做工简单，易操作，较简陋，多出现在民居、农舍的屋门，故在此不再赘述。

2．隔扇门

一般每间可用四扇、六扇、八扇等，越晚期的隔扇门比例越高瘦。门中最富于变化的是隔扇心部分，图案变化多，但较朴素。如直棂、豆腐块、步

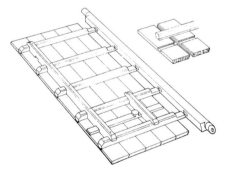

图8-2-22 棋盘门（资料来源：马炳坚《中国古建筑木作营造技术》）

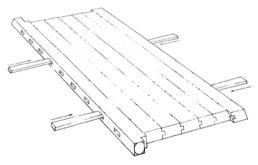

图8-2-23 实榻门（资料来源：马炳坚《中国古建筑木作营造技术》）

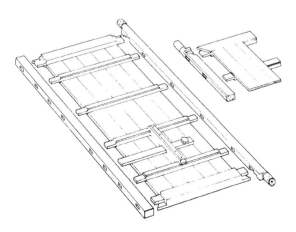

图8-2-24 撒带门（资料来源：马炳坚《中国古建筑木作营造技术》）

图8-2-25 赤峰清真北大寺山门 （图片来源：张晓东提供）

图8-2-26 呼和浩特大召寺大雄宝殿 （资料来源：《内蒙古藏传佛教建筑》）

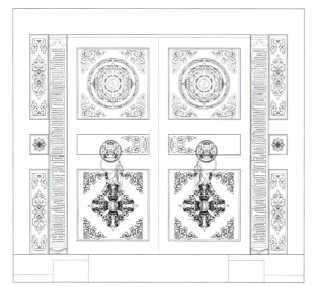

图8-2-27 包头百灵庙寺朝克沁大殿

步锦、灯笼框等。也有复杂并等级高的，如三交六椀、双交四椀棂花隔扇门。有的隔扇门棂条之间尚加用许多结子、卡子等，有工字、卧蚕、蝙蝠、图云等（图8-2-29）。

3. 风门

专门用于住宅居室的单扇格子门，安装在明间隔扇外侧的帘架内。地处内蒙古地区的民居，一般是次间安装支摘窗，明间安装隔扇门。隔扇的缺点是门扇体量大，开启不便，扇与扇之间分缝大，不利于保温。为补救隔扇缺点，前辈匠人采用在隔扇外侧安装帘架，帘架尺寸高同隔扇，外加上下入榰尺寸，宽为两扇隔扇宽。外加边梃看面一份，使边梃正好压住隔扇间的分缝，利于防寒保温。边框里面，最上面为帘架横披，横披之下为楣子（相当于门上的亮窗）。楣子之下为风门位置，风门居中安装，宽约为高的1/2（图8-2-30）。

4. 门簪

古建筑装修构件名称。用于板门门额与鸡栖木（连楹）连接的榫件。簪头外露，常制成方、圆、长方、菱形、六角、八角等几何形，簪身贯穿门额及连楹，簪尾出头，贯以木销。早期建筑中，唐代建筑多无门簪，门额与鸡栖木仅用暗榫销紧，额外不露门簪。宋元时期，门簪普遍使用[13]

图8-2-28 包头百灵庙寺朝克沁大殿

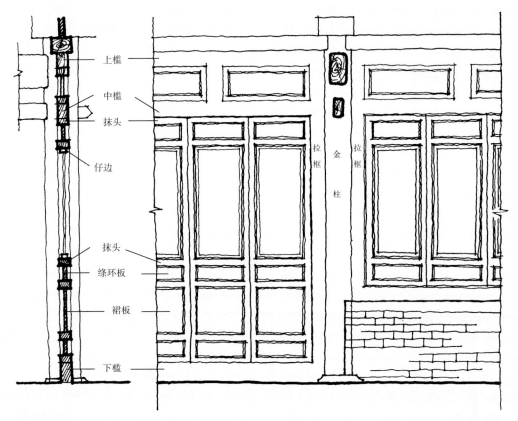

图8-2-29　隔扇门

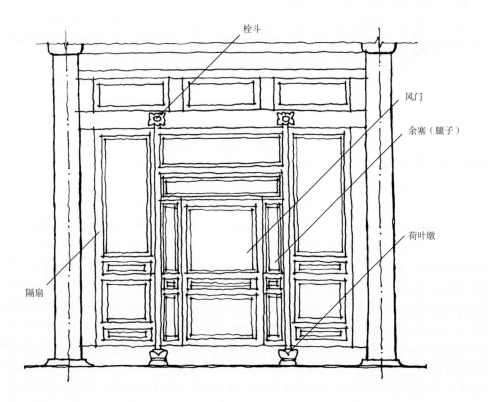

图8-2-30　风门

（图8-2-31）。

内蒙古藏传佛教建筑的门簪可以说是既满足贯穿门额及连楹并且固定它们，也起到装饰作用。根据刘敦桢先生在《河南省北部古建筑调查记》上所说，"一洞门上只需两个门簪便可以起到固定的作用了"，而内蒙古藏传佛教建筑的门额上有三个门簪（图8-2-32、图8-2-33）。官式建筑的门簪的数量上都是偶数，唯有藏传佛教建筑的门簪的数量出现奇数，这也是内蒙古藏传佛教建筑木作工艺的特点。

（二）窗

1. 槛窗

其构造如隔扇门，只是把隔扇门的裙板部分去掉。安装在槛墙之上，槛墙的高矮由隔扇裙板的高度定（图8-2-34）。在内蒙古地区，槛窗的棂条花心与隔扇门组成统一的构图，成樘配套。极少数建筑的槛窗比例与隔扇门一样，但是棂条花心的式样不同，如呼和浩特大召寺的九间楼，隔扇门棂格图案为三角形，而槛窗的图案为灯笼框图案，棂条之间的结子、卡子为祥麟法轮、海螺等佛教题材图案（图8-2-35）。由于槛窗较笨重、开关不便和实用功能差的缺点，所以在内蒙古地区的民居中绝少使用，多用于寺庙、衙署府第等。

2. 支摘窗

支摘窗是常用于北方民居的一种窗户，一般在槛墙上安装间框（又称间柱），将槛墙上部空间分成两半，间框上端与上槛相交，下端交于榻板。抱框与间框之间安装支摘窗。支摘窗分两部分，上为支窗，下为摘窗，即，上可以支起，下可以摘下。

内蒙古地区民居对支摘窗作了简单化处理。如乌兰察布市地区，较偏僻的民居，做法较简陋，棂窗图案多为直棂方格，上部分窗户可以支起，但下部分窗户和间框固定，不可以摘下。在直棂方格窗户的里侧糊裱白色麻纸，到节日期间，制作剪纸窗花，糊裱在窗户上，增加了民族文化的韵味（图8-2-36）。

3. 横披窗

横披窗是位于窗户上部，开设在上槛与中槛之间的横向固定窗。在内蒙古地区的寺庙、官署府邸都可以见到此类窗户，如喀喇沁王府古建筑群中唯一一座楼式建筑——承庆楼，俗称"后罩楼"，在槛窗上部即中槛与上槛之间安装横披窗，棂格式样与槛窗棂格式样相同；奈曼王府正殿，横披窗与支摘窗相互组合，棂格式样不同（图8-2-37、图8-2-38）。

4. 旋转窗

旋转窗在内蒙古地区民居中多有出现，它与

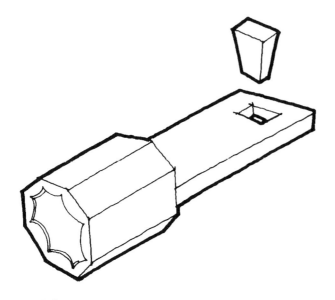

图8-2-31 门簪

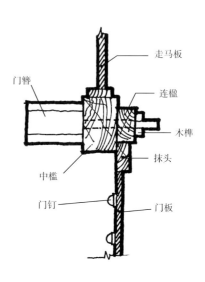

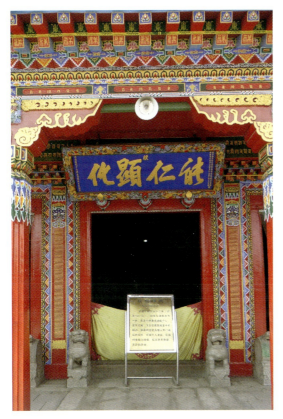

图8-2-32 席力图召大雄宝殿奇数门簪 （资料来源：《内蒙古
藏传佛教建筑》）

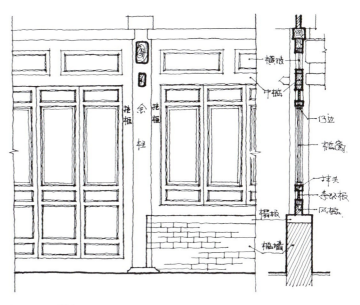

图8-2-34 槛窗

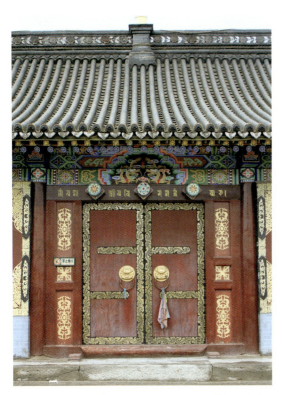

图8-2-33 百灵庙四大天王殿奇数门簪 （资料来源：《内蒙古
藏传佛教建筑》）

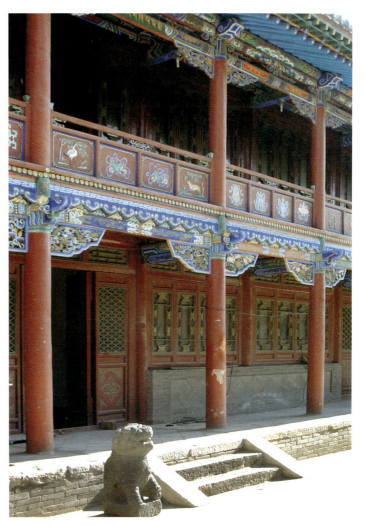

图8-2-35 呼和浩特大召寺的九间楼

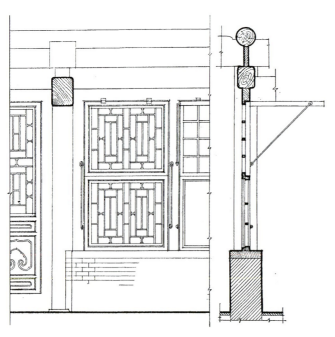

图8-2-36 支摘窗 （资料来源：梁思成《清式营造则例》）

其他类窗户的不同在于它的转轴设在窗户上下抹头的中部，在做法上比较巧妙，开启时只能从一个方向旋转，且旋转只能小于180度（图8-2-39）。

（三）天花及藻井

1. 天花

天花是用于室内顶部的装修，有保暖、防尘、限制室内空间高度，以及装饰等作用。天花有许多别称，如承尘、仰尘、平棊、平闇等，宋代按构造做法将天花分为平闇、平棊和海墁三种，明清则分为井口天花、海墁天花两类。

内蒙古地区寺庙、府邸顶棚装饰以井口天花为主，天花支条纵横相交，形成井字形

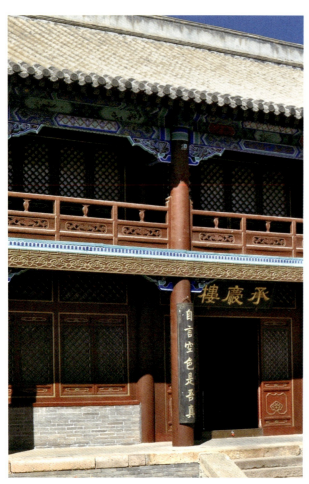

图8-2-37 喀喇沁王府承庆楼 （资料来源：高旭摄）

图8-2-38 奈曼王府正殿 （资料来源：高旭摄）

方格，作为天花的骨架。附贴在天花枋或天花梁上的支条称贴梁，天花支条上面裁口，每井天花装天花板一块（图8-2-40）。内蒙古地区藏传佛教建筑室内天花板上绘制六字真言、莲花等带有佛教题材的图案。王府建筑如喀喇沁王府正殿屋顶天花图案称为"佛八宝"，分别是法螺、白盖、莲花、宝瓶、法轮、宝伞、双鱼、盘长，藏传佛教中，称为"吉祥"（图8-2-41）。

内蒙古地区民居室内顶棚处理，一般不做天花，椽子、檩条、栈木等直接暴露在室内，经常在室内做饭油烟的作用下，颜色为黑褐色，防止腐朽、虫蛀。也有较讲究的民居，做海墁天花，其由木顶隔、吊挂等构件组成。木顶隔是海墁天花的主要构造部分，由边框、抹头及棂子构成，形成方格网状界面，表面糊麻布和白纸或暗花壁纸。在内蒙古有些地区，称顶棚为"仰尘"，沿用了古代的称谓。

2. 藻井

藻井是用在宫殿、庙宇殿堂室内天花中央的装饰，以烘托佛像或宝座的庄严气势，是一项历史久远的装饰手法。《风俗通》记载曰："今殿做天井。井者，束井之像也；藻，水中之物，皆取以压火灾也。"可见最初的藻井，除装饰外，还有避火之意。

内蒙古地区藻井多出现于藏传佛教建筑重要殿

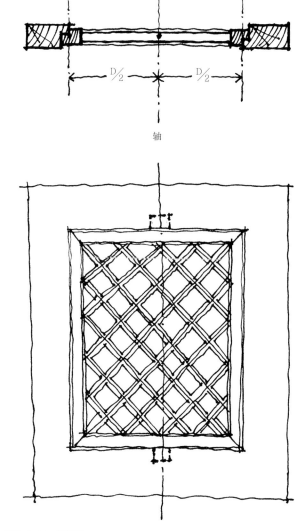

图8-2-39 旋转窗

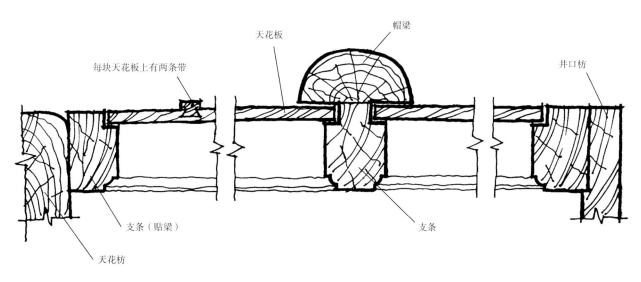

图8-2-40 井口天花构造节点

堂，形式有四方形、八方形，四方变八方形等。如呼和浩特席力图召大雄宝殿佛殿，其藻井形式为四方变八方形，构造并不十分复杂。正好占四个棋格井口天花，面积较小，所以在面阔方向不用施长爬梁，直接在支条上搭抹角短木，形成八角井的内部骨架，而露在外表的雕饰斗栱等也都是另外加工构件贴附在八角井构架之上的，顶盖为油饰彩绘蟠龙（图8-2-42）。

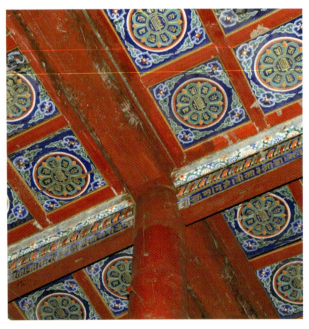

图8-2-41　包头地区梅力更召大雄宝殿天花

图8-2-42　呼和浩特席力图召大雄宝殿佛殿藻井

第三节　砖结构建筑工艺

一、墙体砌筑工艺

内蒙古"汉式"建筑都明确以木框架作为结构承重部分，墙体只起到围护作用，这一点与中国传统建筑体系主流的情况是完全一致的。内蒙古藏传佛教"藏式"或"汉藏混合"建筑是土（石）木混合结构，建筑内部四周的椽子和梁要有一端搭接在墙上，外砖石墙体与内木构框架结合承重（图8-3-1）。因此，墙体除起围护作用之外，还起承重作用，这与单一明确的木框架结构体系形成了工艺技术上的本质区别。这类工艺与建筑工匠的来源、工程合作方式，以及当地建筑材料上的交叉型特征密切相关。

内蒙古藏传佛教建筑不管是墙体与内木构框架结合承重，还是墙体只起围护功能。这些墙体都有各自的特点。这种状况的发生有多种原因，主要原因归纳为三种：其一是对传统工艺的继承，其二是受当地经济条件和地方材料的限制，其三是较为先进的建筑工艺对审美取向的影响。其形式概括起来有多种：主要有土坯墙工艺、夯土墙工艺、青砖立柱土坯墙工艺、青砖包筑土坯墙即"夹芯墙"工艺、青砖墙工艺和亚玛石墙工艺[11]等类型，此外在墙面的装饰方面还有边玛墙等工艺。这些工艺有的同当地的传统工艺体系，有的是周边地区建筑工匠带去的当地工艺体系，有的仅属其中之一，有的两者皆有并结合，同属两套体系的工艺在具体做法中也存在细节上的差异。各类墙体建造工艺在下文中根据砌筑的主体材料逐一介绍。

（一）青砖墙工艺

内蒙古藏传佛教建筑的青砖墙工艺，在具体做法上与明清北方官式做法以及整个黄河建筑文化圈的青砖墙工艺无太大差异，只是在砖的砍磨加工工艺中不像官式做法那样严格细腻、砌得严丝合缝。官式墙体做法中的"干摆墙体"在内蒙古藏传佛教建筑中几乎没有，"丝缝墙体"也不多见，大部分运用"淌白墙"、"糙砌墙"等。其余方面在这里就不作详述。

（二）青砖立柱土坯墙

青砖立柱土坯墙在内蒙古地区民间广泛使用，其做法主要运用于建筑的外墙建造。它在就地取材使用土坯的同时，又局部表现了砖工，是一种既经济又比较讲究的墙体做法。这种做法在原乌兰察布盟地区现代俗称"砖剪边"。建筑墙体砌筑工艺与土坯墙体砌筑工艺相同，青砖立柱土坯墙与砌筑土坯墙体类似，在砌筑墙体时将需要设在墙内的柱子包砌于其中。墙体砌成后，墙体两端的青砖部分形如壁柱，这就是所谓的青砖立柱土坯墙体工艺。其与墙体上肩和下碱共同构成一圈青砖外框，框的中间部分为处理平整、比较美观的土坯墙。从结构上看，青砖立柱不但起承重作用，而且强度比土坯墙部分要高，其作用相当于现在砖混结构中的构造柱。因此从力学上看，此工艺的墙体力学性能比土坯墙的要好。从视觉感受上，两种材料形成对比的效果，虚实结合。这种做法在内蒙古藏传佛教建筑中较为少见，在民间较多见，尤其近代。

（三）青砖包筑土坯墙工艺

青砖包筑土坯墙工艺又称"夹芯墙"工艺，是土坯墙体外包以青砖墙体，这是土坯与青砖的另一种砌筑方式（图8-3-2）。该做法常出现在内蒙古藏传佛教建筑工艺中。这种工艺砌出的墙体全部表现为青砖清水墙面，这种墙体一般较厚。如：位于通辽地区的惠丰寺的诵经殿，在已经破损的墙体可以清晰地看到青砖包筑土坯墙体断面，该墙体比较厚。位于内蒙古赤峰市地区的阿鲁科尔沁旗巴拉奇如德苏木境内的巴拉奇如德庙的苏古沁都宫，墙体亦是此类砌筑工艺，墙体厚约1.6米左右。此类墙体在当地又称"夹芯墙"。顾名思义，青砖包筑土坯墙就是"芯"，是土坯砌筑的墙体，"皮"是青砖包筑的做法。甘青地区把这种砌筑工艺称之为"砖裱墙"，则更为形象[15]。这种做法由于将厚度有限的墙体分解成了两三层皮，因而在各类墙体中力学性能最差，采用各种拉结措施也是出于无奈。在遭遇震害时，砖包土的墙体最易倒塌，其稳定性还不及土坯墙体。由此可见，青砖包砌土坯墙工艺的出现主要是缘于人们受经济

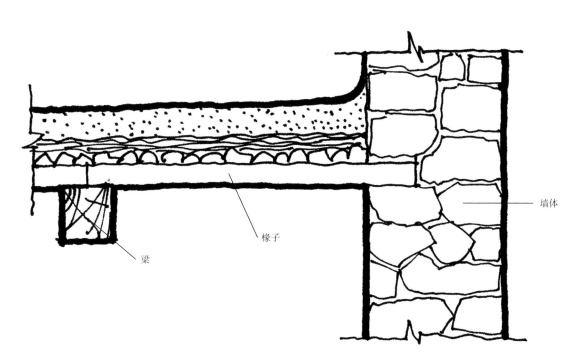

图8-3-1　内蒙古藏传佛教"藏式"平顶建筑梁、椽子、墙体搭接方式

墙体

椽子

梁

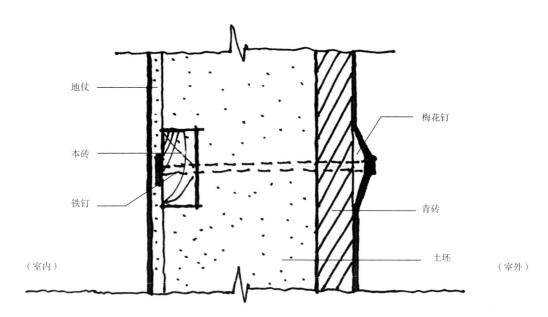

图中标注：
- 地仗
- 本砖
- 铁钉
- 梅花钉
- 青砖
- 土坯
- （室内）
- （室外）

图8-3-2 青砖包砌土坯墙工艺

条件所限的同时，在价值审美上对于青砖墙面效果的认同与青睐。

在内蒙古藏传佛教建筑当中，也有青砖包筑夯土墙的，该工艺与青砖包筑土坯墙工艺类似，在这里不再赘述。

二、砖顶结构工艺

砖顶结构工艺的屋面常常用于上人屋面，在内蒙古藏传佛教建筑"都纲法式"的屋顶回廊多使用。此做法屋面光滑度不及瓦屋面，所以对于屋面排水要求较高。在内蒙古藏传佛教建筑中，此做法多有出现，方砖上和缝隙中有苔藓生长，并且防水性也较好。

三、铺瓦工艺

（一）琉璃瓦屋面

琉璃瓦是表面施釉的瓦，在中国古代建筑中，琉璃瓦扮演了不可或缺的角色，它被广泛使用于皇家和庙宇建筑之上，构成了建筑礼制的重要组成部分。

在内蒙古藏传佛教建筑中施琉璃瓦屋面的建筑比较少，仅有几座召庙使用，呼和浩特大召和席力图召建筑是使用琉璃瓦最多的召庙。其做法没有特殊之处，此不赘述。

（二）布瓦屋面

布瓦是指颜色呈深灰色的黏土瓦。布瓦屋面按其做法又分为筒瓦屋面、合瓦屋面、干槎瓦屋面等。

（三）筒瓦屋面

筒瓦屋面是用弧形片状的板瓦做底瓦，半圆形的筒瓦做盖瓦的瓦面做法（图8-3-3）。这种屋面在内蒙古藏传佛教建筑中应用最为普遍。

（四）合瓦屋面

合瓦屋面其特点是，盖瓦也使用板瓦，底、盖瓦按一正一反及"一阴一阳"排列[16]。此做法多应用于民宅，在寺庙建筑很少出现。

（五）仰瓦屋面

仰瓦屋面[17]是仰瓦灰梗屋面的地方简化做法，仰瓦灰梗屋面在风格上类似筒瓦屋面，但不做盖瓦垄，而在两垄之间用灰堆抹出形似筒瓦垄。但"仰瓦屋面"没有在两垄之间用灰堆抹出形似筒瓦垄，而是两垄瓦之间靠紧，最后用灰勾缝即可。这种做法也不同于干槎瓦屋面，干槎瓦屋面虽不用灰梗遮挡，但瓦垄与瓦垄巧妙地编在一起。而"仰瓦屋面"这种做法瓦垄与瓦垄没有编织在一起，所以与

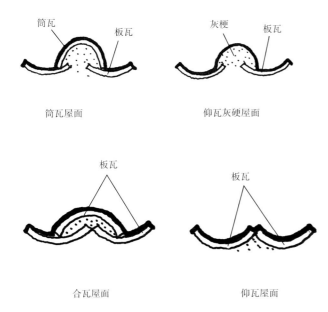

图8-3-3 布瓦屋面瓦的组合方式

干槎瓦屋面做法有异同之处。"仰瓦屋面"的最大缺点是屋面易漏雨，防水性能差。此种做法在赤峰市宁城县大城子镇的法轮寺僧舍屋面出现。

第四节 石结构建筑工艺

石材在建筑材料中具有抗压、耐腐蚀、不易磨损变质的特点，古代劳动人民很早就掌握了石材这种优点，运用在各种石作上，成为建筑工程一种重要的专业技术。下面对内蒙古地区石结构建筑工艺作一简单概述。

一、石材砌筑工艺

（一）亚玛石墙工艺

亚玛石墙工艺源于藏族传统碉房建筑的墙体工艺，是在青藏高原及其周边石材较丰富的地区长期发展形成的一种因地制宜的毛石墙体砌筑工艺，其历史相当久远，可溯至吐蕃时期[18]。"亚玛"音译自藏语安多方言，亚玛石即指用于砌筑石墙的页岩毛石。在内蒙古地区藏传佛教建筑中，这种做法工艺

的建筑为例不多，到目前为止仅见于内蒙古锡林郭勒盟苏尼特左旗洪格尔苏木如昌图嘎查境内的白音乌素诵经会遗址（图8-4-1）。在这残缺的墙体中，可以清晰地看到，建筑外围护墙体用亚玛石墙体工艺，而内墙多用亚玛石包筑土坯墙工艺。外墙上端边玛墙用砖仿制。

亚玛石墙工艺在具体做法上，起承重作用的亚玛石墙与起围护作用的亚玛石墙体做法有些不同，承重的亚玛石墙由于受力的要求，常常在其角部作特殊处理，一般在角部自上而下均匀砌筑。砌筑时通常加一些相对比较长的木枋，其木枋的作用有二：其一是起拉结亚玛石块的作用，类似于钢筋混凝土墙体中的钢筋，目的是增强墙体的整体性能，使其更耐久。其二是增加墙体材料受力表面的面积，防止受力不均而产生不均匀沉降。无论是否作为承重墙体结构，石砌墙体都具有明显的收分。墙体的砌筑手法比较多样，这与当地所出产的石材种类有关。砌筑墙体的石块呈较薄的片状，因此砌成的墙体具有横向致密的表面肌理，如图8-4-1所示白音乌素诵经会遗址所砌筑的墙体。

（二）边玛墙砌筑工艺

边玛墙是一种藏族传统建筑装饰工艺，广泛地应用于藏、甘、青、川、滇、蒙等地的藏传佛教建筑当中，该种工艺主要掌握于藏族匠师之手，专用于藏传佛教建筑的外墙面装饰。

边玛为藏语音译，指高原地区一种野生的灌木——柽柳。边玛墙在西藏地区一般用于宫殿、寺院、政府及达官显贵房屋墙体的上端，设一层或多层由柽柳做成的横向暗红色宽饰带（图8-4-2）。

据前人研究，边玛墙做法是源于农村中农民把自己砍伐的木柴或带刺的草等铺在房屋四周檐口的做法，以防止人上墙入户盗窃，同时保护房屋四周檐口和墙体不被雨水冲刷，起到防护的作用。这种原始的功能逐渐演变为藏式寺庙、宫殿重要的装饰手段之一[19]，这也许就是发展演变的最基本形式。

边玛墙饰带工艺的具体做法为：当建筑墙体在砌筑过程中，砌筑到一定高度即上面准备做边玛墙

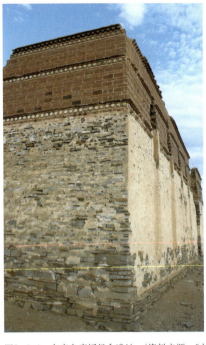

图8-4-1　白音乌素诵经会遗址　（资料来源：《内蒙古藏传佛教建筑》）

图8-4-2　边玛墙装饰带　（资料来源：《内蒙古藏传佛教建筑》）

的高度时，在墙体外侧施椽头椽（即方形截面的短椽），再在其上施一道月亮枋[20]（又称星星木）饰带。在木质椽头椽和星星木上做石片小檐，其最原始的作用是为防止其下的木构件被雨水侵蚀，最后逐渐演变为一种约定俗成的工艺做法。在小檐上就可以放置预先准备好的边玛饰带：将柽柳枝用带状材料捆成许多像手臂粗细的小束，一端用铡刀使其平整，另一端同用铡刀使其平整，这样边玛饰带材料就已做成。再在边玛饰带上施一根星星木，其上再放置椽头椽，最后以墙帽压顶结束。最后施工完毕后，再将边玛饰带用深棕色的当地涂料刷染[21]。也有的做法为：先将柽柳枝捆成小束，在深棕色涂料中浸泡后，晾晒干后即可使用（图8-4-3）。

边玛墙装饰带具有鲜明的民族特色。在内蒙古藏传佛教建筑的边玛墙饰带上，还常常镶有铜皮镏金的"边坚"，内容多为佛八宝、经文等（图8-4-4、图8-4-5）。

在藏区，如果体量较大的建筑檐部，边玛饰带可结合月亮枋、短椽等饰带做出多层，也能在其间开窗，构图形式变化很多。这种多层边玛饰带在内蒙古藏传佛教建筑中少见。除色彩因素外，边玛饰带以特殊质感与墙面的石材、檐口的木材及金属的边坚形成对比。现存内蒙古地区藏传佛教建筑中，

用柳条做边玛饰带的边玛墙不太普遍，大多以砖砌筑，刷以颜色（图8-4-5、图8-4-6）。近代新建寺庙建筑中，多以水泥做成高低不平的肌理，刷以颜色，远看与用柽柳做成的真实边玛墙有同样的效果，但近看却失去了用真实柽柳做成的边玛饰带那种浓郁的民族风味和藏传佛教建筑风格。

二、石构件工艺

明清建筑石工制作，统称为石活，分件细目多达数十余种，房屋建筑（包括门座）的台基和外围墙垣工程使用的石制构件，在石工中占着很大的比重。

（一）台基石构件工艺

官式建筑的普通台基由下列石构件组成：土衬石（土衬）、陡板石（陡板）、埋头角柱（埋头）、阶条石（阶条）和柱顶石（柱顶）（图8-4-7）。

在内蒙古地区古建筑普通台基砌筑工艺中，几乎很少用陡板石材，台帮多以砖砌筑。砖台帮多采用糙砌工艺，极少用丝缝砌筑工艺。在内蒙古地区现存古建遗构中没有发现砖台帮用干摆砌筑工艺。陡板部分（有时包括埋头角柱）的做法比较灵活，常见做法有虎皮石、方形石或条形石砌筑（如赤峰市宁城县法轮寺）、卵石砌筑及页岩毛石砌筑等（图8-4-8）。

在内蒙古地区，寺庙、府邸较重要的殿堂的台

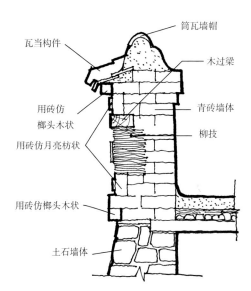

图8-4-3 西藏地区边玛墙做法工艺

（图中标注：墙帽、椽头椽、月亮枋（星星木）、土石墙体、柽柳枝、石片小檐、月亮枋、椽头椽、土石墙体）

图8-4-4 四子王旗希拉木仁庙边玛墙工艺

（图中标注：筒瓦墙帽、瓦当构件、用砖仿椽头木状、用砖仿月亮枋状、木过梁、青砖墙体、柳技、用砖仿椽头木状、土石墙体）

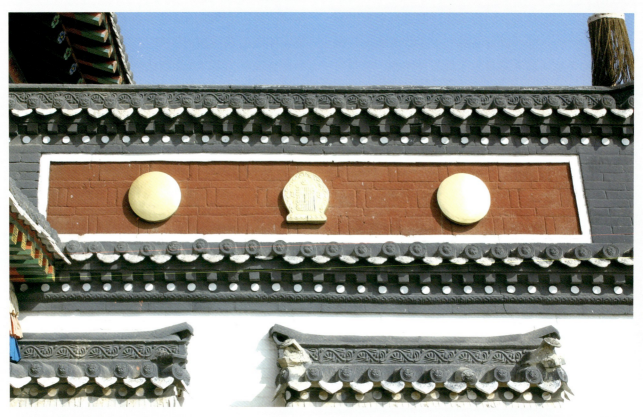

图8-4-5　砖砌边玛墙1

图8-4-6　砖砌边玛墙2

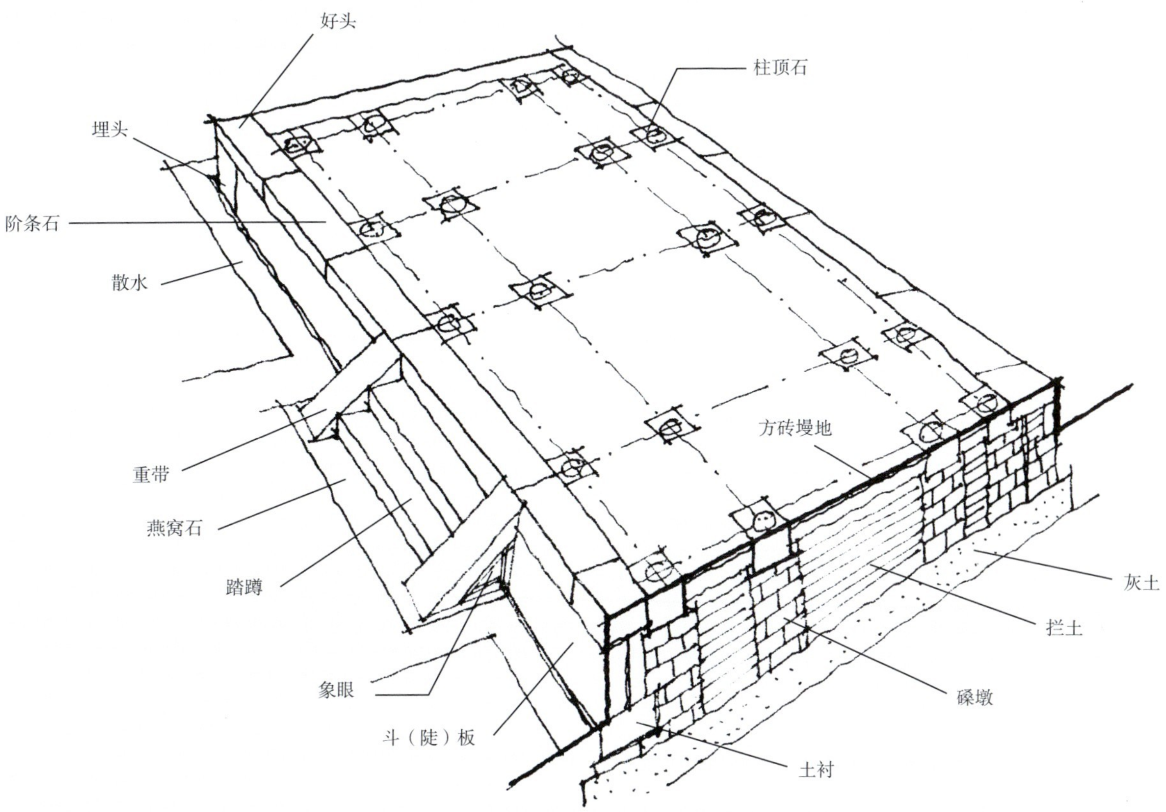

好头

柱顶石

埋头

阶条石

散水

方砖墁地

重带

燕窝石

踏蹲

灰土

拦土

象眼

礓磜墩

斗（陡）板

土衬

图8-4-7　台基石构件组成

图8-4-8　赤峰市宁城县法轮寺大雄宝殿

基运用埋头角柱。如呼和浩特席力图召大雄宝殿台基角部运用埋头角柱，在次要建筑中不用埋头，直接用砖砌筑。土衬石以石材居多，有的与地面齐平或低于地面，并埋在地下少许；有的高出地面10～20厘米，少许次要建筑以城砖代之。

阶条石为台基最后一层石活的总称。内蒙古地区古建筑阶条石的做法比较随意，没有官式做法那样讲究，但基本还是遵循石活的基本做法，如前后檐坐中落心即长活坐中，前后檐两端好头收边等。

柱顶石位于柱子下面，用以承重。柱顶石上高出的部分叫作鼓镜。安装时，鼓镜应高于台基。圆柱下的柱顶石，应为圆鼓镜，如位于包头地区的普会寺大雄宝殿前廊柱柱顶石，鼓镜高出台基6～8厘米，并做覆莲瓣雕刻，上以串珠收边，整体圆润饱满，美观大方（图8-4-9）。有鼓镜做成鼓形，其上不做图案雕刻，只在其表面采用打细道的做法，道的密度不等。方柱或藏式楞柱下的柱顶石，为方鼓镜，雕刻莲瓣或其他纹饰。有不做鼓镜的平柱顶，柱子直接放置在一块方形石材上，石材不做任何雕饰。有部分建筑，经过数次修缮，台基面层有所提高，使柱顶石埋于台基表面以下，看不到柱顶石的形状和大小。在内蒙古地区，古建筑的柱顶石多种多样，在这里只作简单介绍。

（二）墙身石构件工艺

墙身所用石构件有墀头角柱石、压面石、腰线石、挑檐石等（图8-4-10）。

角柱是墀头或墙体拐角处的竖向放置的石活统称。压面石也叫压砖板，是压在角柱上的石活。腰线石由多块条石组成，位于两端压面石之间。一般有压面石就应有腰线石，但位于赤峰喀喇沁旗的会福寺，几十幢建筑，只有角柱石上放置压面石，没有腰线石。挑檐石是用于硬山建筑的山墙墀头梢子部位，其表面一般用打细道的做法，砌筑在墙里的一端做成方头，外露出挑的一端做成桃形弧线，并向上趋势（图8-4-11、图8-4-12）。

图8-4-9　包头普会寺大雄宝殿前廊柱柱顶石

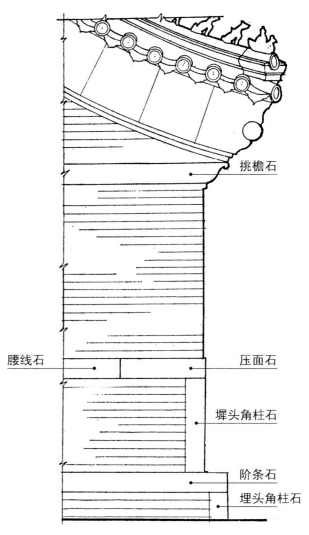

图8-4-10　墙身石构件名称　（资料来源：梁思成《清式营造则例》）

（三）其他石构件工艺

在内蒙古地区现存古建遗构中，有三个群体建筑运用到石柱子工艺。三个群体建筑都位于内蒙古东部地区，分别是：位于赤峰巴林左旗查干哈达乡哈布其拉附近的山谷中，距辽上京遗址40里的"真寂寺"，其4根前廊柱全为整石雕制，中间两根柱子上端2/3处刻有蒙文字样（图8-4-13、图8-4-14）；位于今内蒙古赤峰市宁城县大城子镇政府西院，原系元臣济拉玛之后裔、喀喇沁部落蒙古王公的旗庙——法轮寺，其内有88根（大雄宝殿室外34根室外廊柱、旃檀殿室外18根廊柱、地藏王菩萨殿室外18根廊柱、药师佛殿室外18根廊柱）柱子为整石雕制（图8-4-15~图8-4-19）；位于内蒙古自治区通辽市库伦旗库伦镇内的库伦三大寺之一的象教寺内的玉柱堂，6根室外廊柱为整石雕制（图8-4-20、图8-4-21）。

图8-4-11　赤峰喀喇沁旗会福寺护法殿

图8-4-12　赤峰喀喇沁旗会福寺无量佛殿

图8-4-13　赤峰巴林左旗真寂寺

图8-4-14　赤峰巴林左旗真寂寺前廊石柱

图8-4-15　赤峰市宁城县大城子镇法轮寺

图8-4-16　赤峰市宁城县大城子镇法轮寺

图8-4-17　赤峰市宁城县大城子镇法轮寺

图8-4-18　赤峰市宁城县大城子镇法轮寺

图8-4-19　赤峰市宁城县大城子镇法轮寺

图8-4-20　通辽市库伦旗库伦镇库伦象教寺

图8-4-21　通辽市库伦旗库伦镇库伦象教寺

注释

① 胡麻的秸秆，胡麻是古老的韧皮纤维作物和油料作物，亚麻（胡麻学名亚麻）纤维具有拉力强、柔软、细度好等特点。

② 王效清.中国古建筑术语辞典.北京：文物出版社，2007：79.

③ "平板枋"为"普柏枋"之正写，此枋木扁置，故曰"平板枋"。"普柏"是南方人对"平板"的发音，北方匠人不解其含义，误记为"普柏"。——杨鸿勋

④ 中国科学院自然科学史研究所主编.中国古代建筑技术史.北京：科学出版社.1985。

⑤ "扶脊木"：清式大木作构件名称。位于脊檩（桁）之上，并与之平行。扶脊木的作用是承托脑椽上端，并通过脊椿固定正脊，其断面常制成六边形。——《中国古建筑术语辞典》190页.

⑥ "承椽枋"：古建筑大木作构件名称。承托屋椽椽身的枋木。——《中国古建筑术语辞典》：274页。

⑦ 参见李江《明清甘青建筑研究》.天津大学硕士论文.2007.

⑧ 参见吴葱等.甘肃永登连城雷坛探赜.天津大学学报：社会科学版.2006年3期.

⑨ "采步金"：清式大木作构件名称。歇山建筑特有的构件，它位于歇山山面，距山面檐檩（正心桁）一步架处。它正身似梁、两端似檩。

⑩ 陈耀东.中国藏族建筑.北京：中国建筑工业出版社，2007：27.

⑪ 李永钫.华夏意匠.天津：天津大学出版社，2008：236.

⑫ 马炳坚.中国古建筑木作营造技术.北京：科学出版社，2007：270.

⑬ 王效清.中国古建筑术语辞典.北京：文物出版社，2007：35.

⑭ 一种因地制宜的毛石墙体砌筑工艺。

⑮ 参见唐栩《甘青地区传统建筑工艺特色初探》. 天津大学硕士论文.2004.

⑯ 刘大可.中国古建筑瓦石营法.北京：中国建筑工业出版社，：161.

⑰ "仰瓦屋面"在中国古建筑瓦作中没有此种做法，也没有对其阐述。笔者根据实例对其做法进行对比与研究，发现只有仰瓦灰梗屋面和干槎瓦屋面的做法与此做法有类似之处，所以取其名为"仰瓦屋面"，对其还需考证。

⑱ 木雅·曲吉建才：《藏式建筑的历史发展、种类分析及结构特征》，《建筑史论文集（第11辑）》24页。

⑲ 参见张斗：《藏式佛教建筑研究》51页。

⑳ 月亮枋即一条涂成黑色的横向木枋，上饰一排凸出的白色圆点，每两条枋衔接处以木件联系。

㉑ 张斗.藏式佛教建筑研究[D].：113.

内蒙古古建筑地点及年代索引

名称	类型	地点	建成年代	材料结构	规模	文保等级
大召	藏传佛教建筑	呼和浩特市玉泉区	明万历六年	砖木混合	16座大殿，5座附属建筑	国家级
席力图召	藏传佛教建筑	呼和浩特市玉泉区	明万历十三年	砖木混合	7座大殿，6座附属建筑	国家级
乌素图召	藏传佛教建筑	呼和浩特市回民区	明万历三十四年	砖木混合	4座大殿，5座附属建筑	国家级
百灵庙	藏传佛教建筑	包头市达茂旗百灵庙镇	清康熙四十二年	砖木混合	4座大殿、1座班禅府邸	国家级
梅日更召	藏传佛教建筑	包头市昆都仑区	清康熙十一年	砖木混合	4座大殿、6座附属建筑	自治区级
五当召	藏传佛教建筑	包头市石拐区	清乾隆十四年	石木混合	8座大殿1座活佛府	国家级
昆都仑召	藏传佛教建筑	包头市昆都仑区	清雍正七年	砖木混合	4座大殿、4座附属建筑	自治区级
美岱召	藏传佛教建筑	包头市土默特右旗美岱召镇	明隆庆六年	木结构、砖木混合	4座大殿、5座附属建筑	国家级
准格尔召	藏传佛教建筑	鄂尔多斯市准格尔旗准格尔苏木	明天启三年	木结构、砖木混合	7座大殿、2座附属建筑	国家级
乌审召	藏传佛教建筑	鄂尔多斯市乌审旗乌审召镇	乾隆元年	砖木混合	4座大殿	自治区级
延福寺	藏传佛教建筑	阿拉善左旗巴彦浩特镇	清康熙二十五年	木结构、砖木混合	8座大殿、2座附属建筑	国家级
巴丹吉林庙	藏传佛教建筑	阿拉善右旗巴丹吉林沙漠腹地	清乾隆五十六年	黏土砖木混合	1座大殿、1座佛爷府	国家级
库伦三寺	藏传佛教建筑	通辽市库伦旗库伦镇	清顺治六年	砖木混合	15座大殿、9座附属建筑	国家级
寿因寺	藏传佛教建筑	通辽市库伦旗	清康熙元年	砖木混合	4座大殿、3做附属建筑	国家级
希拉木伦庙	藏传佛教建筑	乌兰察布市四子王旗红格尔苏木	清乾隆二十三年	石木混合	3座大殿、1座附属建筑	自治区级
王府庙	藏传佛教建筑	乌兰察布市四子王旗	清乾隆十三年	砖木混合	2座大殿	国家级
贝子庙	藏传佛教建筑	锡林浩特市	清乾隆八年	木结构	6座大殿	国家级
汇宗寺	藏传佛教建筑	锡林郭勒盟多伦县	清康熙三十年	木结构	4座大殿、3座附属建筑	国家级
梵宗寺	藏传佛教建筑	赤峰市翁牛特旗乌丹镇	清乾隆八年	砖木混合	10座大殿、2座附属建筑	国家级

名称	类型	地点	建成年代	材料结构	规模	文保等级
法轮寺	藏传佛教建筑	赤峰市宁城县大城子镇	清乾隆十年	木结构	10座大殿、4座附属建筑	国家级
阿贵庙	藏传佛教建筑	巴彦淖尔市磴口县沙金套海苏木	嘉庆三年	石木混合	5座大殿、1座附属建筑	自治区级
善岱古庙	藏传佛教建筑	巴彦淖尔市乌拉特后旗	清康熙十五年	砖木混合	4座大殿、3座附属建筑	国家级
财神庙	道教建筑	呼和浩特玉泉区	清初期	砖木结构	占地面积约2410平方米	自治区级
金龙大王庙	道教建筑	丰镇市新城湾乡境内	辽天庆五年	砖木结构	三进院落的建筑群	自治区级
魁星楼	道教建筑	呼和浩特市和林县	明代	砖结构	建筑单体	自治区级
碧霞宫	道教建筑	锡林郭勒盟多伦县	清乾隆四年	砖木结构	建筑群	国家级
牛王庙	汉传佛教建筑	丰镇市	清咸丰二年	砖木结构	建筑群	自治区级
呼和浩特清真大寺	伊斯兰教建筑	呼和浩特市回民区	1693年始建	砖木混合结构	——	国家级
包头清真大寺	伊斯兰教建筑	包头市东河区	1743年始建	砖石木混合结构	——	市级
赤峰清真北大寺	伊斯兰教建筑	赤峰市红山区	1739年始建	砖木混合结构	——	国家级
乌盟隆盛庄清真寺	伊斯兰教建筑	乌盟丰镇县	1751年始建	——	——	国家级
黑城子清真寺	伊斯兰教建筑	阿拉善盟额济纳旗黑城	1227年建	砖土混合结构	——	国家级
呼和浩特天主教堂	天主教建筑	呼和浩特市回民区	1922年	砖石混合结构	——	自治区级
萨拉齐天主教堂	天主教建筑	包头市土默特右旗	1898年	砖石混合结构	——	未定级
三盛公天主教堂	天主教建筑	巴彦淖尔市磴口县	1891年	砖石混合结构	——	自治区级
凉城天主教堂	天主教建筑	乌兰察布市凉城县	1901年	砖石混合结构	——	未定级
林西天主教堂	天主教建筑	赤峰市林西县	1917年	砖石混合结构	——	自治区级
清和硕恪靖公主府	衙署府第	呼和浩特市通道北街	清康熙四十年（1701年）	砖木结构	占地1.8万平方米	国家级

名称	类型	地点	建成年代	材料结构	规模	文保等级
喀喇沁亲王府	衙署府第	赤峰市喀喇沁旗	清康熙十八年（1679 年）	砖木结构	占地 8.6 万平方米	国家级
呼和浩特将军衙署	衙署府第	呼和浩特市新城区新城西街 5 号	清乾隆四年（1739 年）	砖木结构	占地 1.9 万平方米	国家级
阿拉善王府	衙署府第	阿拉善盟巴彦浩特镇	清雍正九年（1731 年）	砖木结构	总建筑面积 2950 平方米	国家级
奈曼王府	衙署府第	通辽市奈曼旗大沁他拉镇王府街	清同治二年（1863 年）	砖木结构	占地 2.25 万平方米	国家级
苏尼特德王府	衙署府第	锡林郭勒盟苏尼特右旗朱日和镇	清同治二年（1863 年）	砖木结构	占地 2.2 平方公里	自治区级
伊金霍洛旗郡王府	衙署府第	伊金霍洛旗阿勒腾席热镇	民国 17 年（1928 年）	砖木结构	占地 0.22 万平方米	自治区级
辽上京南塔	密檐式砖塔	赤峰巴林左旗林东镇城南	辽代初期该塔 21 世纪初曾作修缮	砖石结构	八角七层	国家级
辽上京北塔	密檐式空心砖塔	赤峰巴林左旗林东镇城北	辽代中早期 1990 年抢救维修	砖石结构	六角五层	国家级
赤峰元宝山辽代静安寺塔	覆钵密檐复合式佛塔	赤峰元宝山区	辽道宗咸雍六年（1062 年）在 20 世纪 80 年代末曾作一次抢险性加固	砖石结构	八角两层须弥座、三层密檐	自治区级
赤峰敖汉旗武安州塔	密檐式砖塔	赤峰敖汉旗老哈河边	辽早期	砖石结构	八角十三层，现存十一层	国家级
赤峰敖汉旗五十家子塔	空心密檐式砖塔	赤峰敖汉旗玛尼罕乡五十家子村西	辽金时期元代及近代曾重修	砖石结构	八角十三层	国家级
赤峰宁城辽中京遗址内大明塔	实心密檐式砖塔	赤峰宁城县大明镇辽中京城遗址内	辽重熙四年（1036 年）历代改造修建	砖石结构	八角十三级	国家级
赤峰宁城辽中京遗址内小塔	密檐式佛塔	赤峰宁城县大明镇辽中京城遗址内	金大定三年（1163 年）	砖石结构	八角十三级	国家级
赤峰宁城辽中京遗址内半截塔	密檐式佛塔	赤峰宁城县大明镇辽中京城遗址内	辽道宗清宁三年（1057 年）	砖石结构	仅存塔身第一层，残高约 14 米	国家级
辽庆州释迦如来舍利塔	空心楼阁式仿木构砖塔	赤峰市巴林右旗索布力嘎苏木	辽重熙年间（1047 年）1989 年维修塔	砖石结构	八角七层	国家级
辽代万部华严经塔	空心楼阁式砖塔	呼和浩特市东郊白塔村西南方	辽圣宗时（983—1031 年）近年已大部修复	砖石结构	八角七层	国家级

名称	类型	地点	建成年代	材料结构	规模	文保等级
黑城遗址塔林	覆钵式塔	额济纳旗达来呼布镇东南25公里	西夏 1984年修缮	以砖为主兼用土木、石材		国家级
绿城遗址塔林	覆钵式塔	黑城遗址东南15公里处砾石滩上	西夏	以砖为主兼用土木、石材	残高约4米	国家级
开鲁县佛塔	覆钵式塔	通辽开鲁县	1287—1297年 2006.5—2007.5作塔台本体加固	砖石结构	高17.7米	国家级
金刚座舍利宝塔	金刚宝座塔	呼和浩特市旧城五塔寺西街	清雍正年间 （1723～1735年）近年已大部修复	砖石结构	平面呈凸字形，通高14米	国家级
席力图召喇嘛塔	覆钵式喇嘛塔	呼和浩特市玉泉区石头巷北端	清代乾隆年间近年已大部修复	砖石结构	通高约15米	国家级

注：以上表中古建筑保护等级认定截止到2013年年底。

[1] 内蒙古自治区建筑历史编辑委员会．内蒙古古建筑 [M]．北京：文物出版社，1959.

[2] （美）阿摩斯·拉普卜特．建成环境的意义——非语言表达方法 [M]．黄兰谷等译．北京：中国建筑工业出版社，2003.

[3] 乔吉．内蒙古寺庙 [M]．呼和浩特：内蒙古人民出版社，1994.

[4] 阿斯钢，特·官布扎布．蒙古秘史 [M]．北京：新华出版社，2006.

[5] 陈耀东．中国藏族建筑 [M]．北京：中国建筑工业出版社，2007.

[6] 白化文．汉化佛教与寺院生活 [M]．北京：北京出版社，2003.

[7] 刘敦桢．北平智化寺如来殿调查记 [D]．中国营造学社汇刊．收录于刘敦桢全集.

[8] 张鹏举．内蒙古地域藏传佛教建筑形态研究 [D]．天津：天津大学图书馆收录，2011.

[9] 张鹏举，高旭．内蒙古藏传佛教召庙建筑的一般特征 [J]．武汉：新建筑，2013，1.

[10] 白丽艳，张鹏举．试析文化建筑的空间类型——来自内蒙古藏传佛教建筑群的启示 [J]．哈尔滨：城市建筑，2008，9.

[11] 张鹏举．内蒙古藏传佛教建筑 [M]．北京：中国建筑工业出版社，2012.

[12] 张鹏举，白丽燕．草原·城市·建筑——内蒙古地域建筑古今漫谈 [M]．北京：中国建筑工业出版社，2006.

[13] 《蒙古民族通史》编委会．蒙古民族通史（第一卷）．呼和浩特：内蒙古大学出版社，2002.

[14] 内蒙古文物考古研究所．内蒙古林西县水泉遗址发掘简报．考古，2005，（11）.

[15] 内蒙古赤峰市三座店夏家店下层文化石城遗址．内蒙古文物考古研究所．考古，2007，（7）.

[16] 项春松．辽代历史与考古．呼和浩特：内蒙古人民出版社，1996.

[17] 郭治中，李逸友（内蒙古文物考古研究所阿拉善盟文物工作站）．内蒙古黑城考古发掘纪要．1987.

[18] 内蒙古社科院历史所蒙古族通史编写组．蒙古族通史（上）．北京：民族出版社，1991.

[19] 李逸友．应昌路故城调查记．考古，1956，10.

[20] 张文平．内蒙古元代城址初步研究．[硕士学位论文]．呼和浩特：内蒙古大学，2004（5）.

[21] 许慧君．明代蒙古板升社会探析．铜仁学院学报，2007(5).

[22] 内蒙古社科院历史所蒙古族通史编写组．蒙古通史(中)．北京：民族出版社，1991.

[23] 乌云格日勒．18-20世纪初内蒙古城镇研究．呼和浩特：内蒙古人民出版社，2005.

[24] 刘海源．内蒙古垦务研究（第一辑）．呼和浩特：内蒙古人民出版社．1990.

[25] 孙敬之．内蒙古自治区经济地理：12.

[26] 闫天灵．汉族移民与近代内蒙古社会变迁研究．北京：民族出版社，2004.

[27] 刘爽．清代草原边城——多伦诺尔兴衰及其原因 [硕士学位论文]．呼和浩特：内蒙古师范大学，2007（6）.

[28] 清水河县志编纂委员会．清水河县志 [M]．内蒙古文化出版社，2001.

[29] 刘可栋．试论我国古代的馒头窑 [M]．中国硅酸盐学会．中国古陶瓷论文集．北京：文物出版社，1982.

[30] 杨天娇．呼和浩特城市空间演变研究（1912-1958）．[硕士学位论文]．西安：西安建筑科技大学，2011（3）.

[31] 么红杰，段海龙．清水河县黑矾沟明清古瓷窑址调查．呼和浩特：内蒙古师范大学学报（哲学社会科学版）．2012(3).

[32] 内蒙古文物考古研究所．内蒙古赤峰市二道井子遗址的发掘．考古，曹建恩 孙金松 党郁，2010年，8；p13-26.

[33] 李水城. 区域对比：环境与聚落的演进. 考古与文物，2002，6：33-38.

[34] 张驭寰. 中国城池史. 天津：百花文艺出版社2003：199.

[35] 崔岩勤. 红山文化聚落探析. 赤峰学院学报. 汉文哲学社会科学版，2012，8.

[36] 中国社会科学院考古研究所内蒙古工作队. 赤峰西水泉红山文化遗址. 考古学报，1982，（2）.

[37] 内蒙古文物考古研究所. 巴林左旗友好村二道梁红山文化遗址发掘简报. 内蒙古文物考古文集（第一辑）. 北京：中国大百科全书出版社，1994.

[38] 中国社会科学院考古研究所. 新中国的考古发现和研究（四）. 北方地区的新石器时代的文化. 北京：文物出版社，1984.

[39] 巴林右旗博物馆. 内蒙古巴林右旗那斯台遗址调查. 考古，1987，（6）.

[40] 朝格巴图. 内蒙古巴林右旗查日斯台遗址的调查. 考古，2002，（8）.

[41] 刘国祥. 兴隆沟聚落遗址发掘收获及其意义. 中国社会科学院考古研究所内蒙古第一工作队. 内蒙古赤峰市兴隆沟聚落遗址2002—2003年的发掘. 考古，2004，（7）.

[42] 杨虎. 敖汉西台新石器时代及青铜时代遗址. 中国考古学年鉴（1988年）. 文物出版社，1989.

[43] 邵国田. 敖汉文物精华. 内蒙古文化出版社，2004.

[44] 段天璟，成璟瑭，曹建恩. 红山文化聚落遗址研究的重要发现——2010年赤峰魏家窝铺遗址考古发掘的收获与启示. 吉林大学社会科学学报，2011，（4）.

[45] 邵国田. 概述敖汉旗的红山文化遗址分布. 中国北方古代文化国际学术研讨会论文集. 北京：中国文史出版社，1995.

[46] 中国社会科学院考古研究所内蒙古工作队，内蒙古自治区敖汉旗博物馆. 内蒙古敖汉旗蚌河、老虎山河流域新石器时代遗址调查简报. 考古，2005，（3）.

[47] 赤峰中美联合考古研究项目. 内蒙古东部(赤峰)区域考古调查阶段性报告. 北京：科学出版社，2003.

[48] 陈国庆，张全超. 内蒙古赤峰地区发现红山及夏家店下层文化时期陶窑. 吉林大学社会科学学报，2005，（6）.

[49] 李恭笃，高美璇. 内蒙古敖汉旗四棱山红山文化窑址. 史前研究，1987，（4）.

[50] 内蒙古文物考古研究所. 克什克腾旗南台子遗址发掘简报. 内蒙古文物考古文集（第一辑）. 北京：中国大百科全书出版社，1994.

[51] 内蒙古自治区文物考古研究所. 白音长汗——新石器时代遗址发掘报告. 北京：科学出版社，2004.

[52] 杨虎. 辽西区新石器——铜石并用时代考古学文化序列与分期. 文物，1994，（5）.

[53] 辽史（卷37）. 地理志：438.

[54] 魏孔. 内蒙古辽代城址初步研究. [硕士学位论文]. 呼和浩特：内蒙古师范大学2010，5.

[55] 王明荪. 东北内蒙古地区金代之政区及其城市发展. 史学集刊，2005，7.

[56] 王睿. 辽代都城制度研究. [硕士学位论文]. 济南：山东大学，2009，4.

[57] 王乾. 元上都遗址调查与保护研究 [硕士学位论文]. 呼和浩特：内蒙古师范大学. 2010(5).

[58] 陈同滨，蔡超，余峰，徐新云，李敏. 元上都遗址突出普遍价值的对比分析研究. 中国文化遗产，2012（3）.

[59] 金海，齐木德道尔吉，胡日查，哈斯巴根. 清代蒙古志. 呼和浩特：内蒙古人民出版社，2009.

[60] 王大方，张文芳. 走进元上都. 呼和浩特：内蒙古大学出版社，2005（7）.

[61] 王乾. 元上都遗址调查与保护研究. [硕士学位论文]. 呼和浩特：内蒙古师范大学，2010（05）.

[62] 张威. 1572—1921年呼和浩特城市形态演变分析. 内蒙古社会科学（汉文版），2009(3).

[63] 张威. 喇嘛教对归化城兴建及城市形态演变的影响. 内蒙古社会科学（汉文版），2011(9).

[64] 薄音湖，王雄. 明代蒙古汉籍史料汇编（第2辑）·赵全谳牍 [M]. 呼和浩特：内蒙古大学出版社，2006.

[65] （清）黄可润. 口北三厅志 [M]. 卷5/经费志0.

乾隆二十三年石印本.

[66] 刘海源, 内蒙古垦务研究（第一辑）. 呼和浩特：内蒙古人民出版社，1990.

[67] （俄）阿·马·波兹德涅耶夫. 蒙古及蒙古人. 呼和浩特：内蒙古人民出版社，1983.

[68] 达力扎布. 明代漠南蒙古历史研究. 内蒙古文化出版社，1997.

[69] 李严. 明长城"九边"重镇军事防御性聚落研究. [博士学位论文]. 天津大学，2007，7.

[70] 孟令宏. 包头旧城历史地理研究. [硕士学位论文]. 西安：陕西师范大学，2007，4.

[71] 卢明辉，刘衍坤. 旅蒙商——17世纪至20世纪中原与蒙古地区的贸易关系. 北京：中国商业出版社，1995.

[72] 王艺丹. 旅蒙商与蒙古城市的形成和发展. [硕士学位论文]. 呼和浩特：内蒙古师范大学，2009，4.

[73] 赛纳. 清代内蒙古西部城镇发展——以归绥地区为主. [硕士学位论文]. 呼和浩特：内蒙古大学，2008，5.

[74] 李逸友. 内蒙古历史名城. 呼和浩特：内蒙古人民出版社，1993.

[75] 绥远遣志馆编纂. 绥远通志稿：第二册. 砌. 呼和浩特：内蒙古人民出版社，2007：424.

[76] 德格勒. 内蒙古喇嘛教史. 呼和浩特：内蒙古人民出版社，1997.

[77] 苏德毕力格. 晚清政府对新疆、蒙古和西藏政策研究. 呼和浩特：内蒙古人民出版社，2005.

[78] 冯承钧译. 马可波罗行纪. 上海世纪出版集团，2006.

[79] 王其钧，谢燕. 宗教建筑 [M]. 北京：中国水利水电出版社，2005.

[80] 程画梅. 寻踪太行古寺庙 [M]. 北京：中国摄影出版社，2007.

[81] 金正耀. 中国的道教 [M]. 北京：中国国际广播出版社，1996.

[82] 张映勤. 寺院·宫观·神佛第2版 [M]. 天津：天津社会科学院出版社，1993.

[83] 罗哲文，刘文渊，刘春英. 中国名观 [M]. 天津：百花文艺出版社，2005.

[84] 陈耀庭. 道教礼仪 [M]. 北京：宗教文化出版社，2003.

[85] 冯宝志. 道教与传统文化 [M]. 北京：中华书局出版社，1992.

[86] 张育英. 中国佛道艺术 [M]. 北京：宗教文化出版社，2000.

[87] 段启明，戴晨京，何虎生. 中国佛寺道观 [M]. 北京：北京燕山出版社，1997.

[88] 柴泽俊. 柴泽俊古建筑文集 [M]. 北京：文物出版社，1999.

[89] 杨大禹. 南传上座部佛教建筑及其文化精神 [J]. 建筑师，2007.

[90] 周毅刚. 明清佛山的城市空间形态初探 [J]. 华中建筑，2006.

[91] 戴俭. 禅与禅宗寺院建筑布局研究 [J]. 华中建筑，1996.

[92] 范培松. 中国寺院形制及布局特点 [J]. 考古与文物，2000.

[93] 杨宏烈. 现代宗教建筑的形制流变 [J]. 新建筑，1998.

[94] 吴庆洲. 建筑哲理、意匠与文化 [M]. 北京：中国建筑工业出版社，2005.

[95] 王贵祥. 东西方的建筑空间 [M]. 天津：百花文艺出版社，2006.

[96] 李剑平. 中国古建筑名词图解辞典 [M]. 山西：科学技术出版社，2011.

[97] 陈鹤岁. 汉字中的古代建筑 [M]. 天津：百花文艺出版社，2004.

[98] 陈军民. 孔庙保护与利用国际学术讨论会简述 [J]. 中华文化论坛，1997.

[99] 陈木霖. 漳州文庙大成殿建筑 [J]. 古建园林技术，2000.

[100] 何兆兴. 老牌坊 [M]. 北京：人民美术出版社，2003.

[101] 贺林. 韩城文庙及建筑特点 [J]. 文博，2004.

[102] 胡炜．云南明、清文庙建筑实例探析 [D]．昆明：昆明理工大学，2004．

[103] 王其亨，吴葱，白成军．中国古建筑测绘 [M]．北京：中国建筑工业出版社，2006．

[104] 吴福林．夫子庙史话 [M]．南京：南京出版社，2004．

[105] 萧源锦．孔庙与犍为文庙 [J]．文史杂志，2007．

[106] 杨朝明．游访孔庙孔府孔林·东方的文化圣地 [M]．上海：上海古籍出版社，2004．

[107] 姚明辉．蒙古志 [M]．台北：文海出版社，1966．

[108] 花楞．内蒙古纪要 [M]．北京：北京经纬书局，1916．

[109] （清）张穆撰；张正明，宋举点校．蒙古游牧记 [M]．太原：山西人民出版社1991．

[110] 许闻诗．张北县志 [M]．台湾：成文出版社，1968．

[111] 王者辅原本，黄可润续幕．乾隆宣化府志 [M]．台湾：成文出版社，1968．

[112] 金志节，黄可润．口北三厅志 [M]．台湾：成文出版社，1968．

[113] 麻丽五．丰镇厅志 [M]．台湾：成文出版社，1968．

[114] 海宁．晋政辑要 [M]．台湾：成文出版社，1968．

[115] 贻谷修，高庚恩等．土默特旗志 [M]．清光绪三十四年（1908）刻本

[116] 土默特左旗《土默特志》编纂委员会．土默特志 [M]．台湾：成文出版社，1968．

[117] 傅增湘．绥远通志稿 [M]．呼和浩特：内蒙古人民出版社，2007．

[118] 廖兆骏．绥远志略 [M]．南京：正中书局，1937．

[119] 张鹏一．河套图志 [M]．台湾：成文出版社，1968．

[120] 内蒙古自治区地方志编纂委员会办公室编．内蒙古自治区志·大事记 [M]．呼和浩特：内蒙古出版社，1980．

[121] 内蒙古自治区地方志编纂委员会办公室编．呼和浩特市市志 [M]．呼和浩特：内蒙古出版社，1980．

[122] 绥远省政府编．绥远概况 [M]．绥远：绥远省政府，1936．

[123] 乔吉，马永真主编．内蒙古清真寺 [M]．呼和浩特：内蒙古人民出版社，2003．

[124] 吴建伟主编．中国清真寺综览 [M]．银川：宁夏人民出版社，1995．

[125] 绥远天主教堂内部编印．边疆公教社会事业 [M]．上海：出版普爱堂上智编译馆，1936：22-107．

[126] 绥远省政府编印．归绥县志 [M]．绥远：绥远省政府，1936．

[127] 翁独健主编．中国民族关系史纲要 [M]．北京：中国社会科学出版社，1990．

[128] 周燮番著．中国的基督教 [M]．北京：中国社会科学出版社，1982．

[129] 顾裕禄．中国天主教的过去和现在 [M]．北京：中国社会科学出版社，1989．

[130] 隆德里司铎编译．西湾圣教源流 [M]．呼和浩特：内蒙古出版社，1936．

[131] 李峰．西方殖民者在河套鄂尔多斯等地的罪恶活动 [M]．呼和浩特：内蒙古出版社，1960．

[132] 季理斐译．西北边荒布道记 [M]．呼和浩特：内蒙古出版社，1937．

[133] 内蒙古建筑历史编辑委员会编．内蒙古近代建筑史 [M]．呼和浩特：内蒙古出版社，1959：6-37．

[134] 〔日〕包慕萍，村松伸．1727—1862年呼和浩特（归化城）的城市空间构造——民族史观的近代建筑史研究之一 [A]．中国近代建筑史研究讨论会论文集（一）[C]．北京：中国建筑工业出版社，2000．

[135] 张晓东，李世馨．近代建筑的价值定位——呼和浩特近代建筑调查中的思考 [A]．中国近代建筑史研究讨论会论文集（二）[C]．北京：中国建筑工业出版社，2000．

[136] 〔日〕西山宗雄．澳门圣保罗学院教堂正立面的构成——关于葡萄牙人在亚洲的建筑活动及其建筑样式变化过程的研究 [A]．中国近代建筑史研

究讨论会论文集（一）[C]．北京：中国建筑工业出版社，2000．

[137] 葛立三．中国沿海地带与内陆地区近代建筑发展比较研究 [A]．中国近代建筑史研究讨论会论文集（一）[C]．北京：中国建筑工业出版社，2000．

[138] 高雷．苏州的基督教传播与教堂建筑简史 [A]．中国近代建筑史研究讨论会论文集（二）[C]．北京：中国建筑工业出版社，2000．

[139] 姜光中．救世军及其在北京的中央堂建筑 [A]．中国近代建筑史研究讨论会论文集（二）[C]．北京：中国建筑工业出版社，2000．

[140] 刘先觉．如何继续进行中国近代建筑史的研究 [A]．中国近代建筑史研究讨论会论文集（一）[C]．北京：中国建筑工业出版社，2000．

[141] 李海清．中国近代建筑史研究的新思维 [A]．中国近代建筑史研究讨论会论文集（一）[C]．北京：中国建筑工业出版社，2000．

[142] 张敬辉．归绥市天主教哲学院，1959．

[143] 王学．绥远教区简况，1936．

[144] 三盛公天主教堂．三盛公天主堂简介 [M]．巴彦淖尔：教会内部刊印，1990．

[145] 呼和浩特市文物处．呼和浩特近代建筑调查初编 [M]．1998．

[146] 汪坦，张复合主编．中国近代建筑研究与保护（一）[M]．北京：中国建筑工业出版社，1992．

[147] 汪坦，张复合主编．中国近代建筑研究与保护（二）[M]．北京：中国建筑工业出版社，1992．

[148] 呼和浩特市文物处，呼和浩特文物（一）[M]．1993–1999．

[149] 呼和浩特市文物处，呼和浩特文物（二）[M]．1993–1999．

[150] 呼和浩特市文物处，呼和浩特文物（三）[M]．1993–1999．

[151] 呼和浩特市文物处，呼和浩特文物（四）[M]．1993–1999．

[152] 金启孮．清代蒙古史札记 [M]．呼和浩特：内蒙古人民出版社，2000．

[153] 盖山林．蒙古族文物与考古研究 [M]．沈阳市：辽宁民族出版社，1999．

[154] 中国第五批全国重点文物保护单位完全名单

[155] 中共呼和浩特市委党史资料征集办公室，呼和浩特地方志编修办．呼和浩特史料第四辑 [M]．呼和浩特：呼和浩特地方志编修办，1984．

[156] 文睿华．公主府志 [M]．北京：民族文化宫图书馆，1981．

[157] 王绍周．民族建筑第三卷 [M]．南京：江苏科技出版社，1999．

[158] 阴法鲁，许树安．中国古代文化史1、2册 [M]．北京：北京大学出版社，2004．

[159] 张碧波，董国尧．中国古代北方民族文化史 [M]．哈尔滨：黑龙江人民出版社，2001．

[160] 张驭寰，郭湖生，中国科学院中华古建筑研究社编．中华古建筑 [M]．北京：中国科学技术出版社，1990．

[161] 刘大可，吴承越．清代的王府（上、下）[J]．古建园林技术，1997．

[162] 冯其利．寻访京城清王府 [M]．北京：文化艺术出版社，2006．

[163] 张驭寰，林北钟．内蒙古古建筑 [M]．天津：天津大学出版社，2009．

[164] 刘冰，顾亚丽．草原姻盟——下嫁赤峰的清公主 [M]．呼和浩特：远方出版社，2007．

[165] （日）江上波夫，赵令志译．蒙古高原行纪 [M]．呼和浩特：内蒙古人民出版社，2008．

[166] （宋）彭大雅撰．徐霆疏证．黑鞑事略 [M]．北京：中华书局，1985．

[167] （汉）刘熙撰．释名疏证补 [M]．北京：中华书局，2012．

[168] （汉）司马迁．史记 [M]．长沙：岳麓出版社，1988．

[169] （汉）班固撰．汉书 [M]．北京：中华书局，1991．

[170] （南朝宋）范晔撰．后汉书 [M]．北京：中华书

局，2007.

[171] （梁）萧子显. 南齐书 [M]. 长沙：岳麓出版社，1998.

[172] （唐）魏征，令狐德. 隋书 [M]. 北京：中华书局，1973.

[173] （宋）程大昌. 演繁露 [M]. 北京：中华书局，1991.

[174] （宋）彭大雅. 徐霆疏证. 黑鞑事略 [A]. 内蒙古史志资料选编（第三辑）[C]. 呼和浩特：内蒙古地方志编纂委员会，1985.

[175] （元）李志常. 长春真人西游记 [M]. 党宝海译注. 石家庄：河北人民出版社，2001.

[176] （摩洛哥）白图泰口述，（摩洛哥）朱笛笔录，李光斌译. 异境奇观：伊本·白图泰游记（全译本）[M]. 北京：海洋出版社，2008.

[177] 耿昇、何高济译. 柏朗嘉宾蒙古行纪、鲁布鲁克东行纪 [M]. 北京：中华书局，2002.

[178] 冯承钧译. 马可波罗行纪 [M]. 上海：上海书店出版社，2006.

[179] 巴雅尔校注. 蒙古秘史（上册）[M]. 呼和浩特：内蒙古人民出版社，1981.

[180] 巴雅尔校注. 蒙古秘史（中册）[M]. 呼和浩特：内蒙古人民出版社，1981.

[181] 巴雅尔校注. 蒙古秘史（下册）[M]. 呼和浩特：内蒙古人民出版社，1981.

[182] （民国）吴文藻. 蒙古包 [J]. 社会研究，第74期，1936.

[183] （明）萧大亨. 北虏风俗 [A]. 内蒙古史志资料选编（第三辑）[C]. 呼和浩特：内蒙古地方志编纂委员会，1985.

[184] （日）伊东恒治. 北支蒙疆的住居（日文版）[M]. 东京：弘文堂书房，1943.

[185] （清）西清. 黑龙江外纪 [M]. 哈尔滨：黑龙江人民出版社。1984.

[186] 李少兵. 中国传统营造技艺——蒙古包营造技艺 [M]. （内部资料），2009.

[187] 高·阿日华. 乌珠穆沁蒙古包 [M]. 赤峰：内蒙古科学技术出版社，2000.

[188] （明）叶子奇. 草木子 [M]. 北京：中华书局，1983.

[189] 特·迈达尔等著，楚勒特木等转写. 蒙古包 [M]. 海拉尔：内蒙古文化出版社，1987.

[190] 那·吉日嘎拉. 阿鲁科尔沁民俗志 [M]. 北京：民族出版社，2008.

[191] （波斯）拉施特. 史集（第二卷）[M]. 余大钧等译. 北京：商务印书馆，1997.

[192] 政协东乌珠穆沁旗委员会编. 蒙古包文化 [M]. 赤峰：内蒙古科学技术出版社. 1996.

[193] 钢根其其格，那·布和哈达整理编辑. 阿巴嘎风俗 [M]. 呼和浩特：内蒙古人民出版社，2003.

[194] 何高济译. 海屯行纪；鄂多立克东游录；沙哈鲁遣使中国记 [M]. 北京：中华书局. 2002.

[195] （美）拉普卜特. 宅形与文化 [M]. 常青等译. 北京：中国建筑工业出版社，2007.

[196] 叶新民，齐木德道尔吉. 元上都研究资料选编 [M]. 北京：中央民族大学出版社，2003.

[197] （蒙古）格·夏日布道尔吉. 蒙古包（内部资料）2010

[198] 达·查干编. 苏尼特风俗 [M]. 呼和浩特：内蒙古人民出版社，2012.

[199] 赵迪. 蒙古包营造技艺 [M]. 合肥市：安徽科学技术出版社，2013.

[200] （民国）吴文藻. 蒙古包 [J]. 文化月刊，1934.

[201] 冯承钧译. 马可波罗行纪 [M]. 呼和浩特：内蒙古人民出版社，2008.

[202] 何高济译. 柏朗嘉宾蒙古行纪 [M]. 北京：中华书局，2013.

[203] （清）西清. 黑龙江外纪 [J]. 书品，2004.

[204] 毅松. 走进中国少数民族丛书-达斡尔族 [M]. 沈阳：辽宁民族出版社，2012.

[205] 毛艳，毅松. 达斡尔族——内蒙古莫力达瓦旗哈利村调查 [M]. 昆明：云南大学出版社，2004.

[206] 毛艳. 走进达斡尔族村落 [J]. 今日民族，2004.

[207] 吴依桑. 达斡尔族的村落、庭院及房屋 [J]. 内

蒙古社会科学，1985.

[208] 鄂晓楠，鄂·苏日台. 达斡尔族造型艺术 [M].
呼和浩特：远方出版社，2002.

[209] 常怀生. 哈尔滨建筑艺术 [M]. 哈尔滨：黑龙江
科学技术出版社，1990.

[210] 王铁樵. 百年满洲里 [M]. 呼伦贝尔：内蒙古文
化出版社，2011.

[211] 黄玉媚，李桂文. 三河回民乡木刻楞房解析 [J].
哈尔滨：哈尔滨工业大学学报，2005.

[212] 王为华. 走进中国少数民族丛书-鄂伦春族 [M].
沈阳：辽宁民族出版社，2012.

[213] 黄任远，那晓波. 走进中国少数民族丛书-鄂温
克族 [M]. 沈阳：辽宁民族出版社，2012.

[214] 时春丽. 俄罗斯族生产与生活方式的变迁. 北
京：中央民族大学硕士论文，2005.

[215] 鄂·苏日台. 鄂伦春狩猎民俗与艺术 [M]. 海拉
尔：内蒙古文化出版社，2000.

[216] 额尔古纳右旗史志编纂委员会. 额尔古纳右旗志
[M]. 海拉尔：内蒙古文化出版社，1993.

[217] 罗意，马璐璐，苏闻子. 中国俄罗斯族 [M]. 银
川：宁夏人民出版社，2012.

[218] （英）弗雷泽. 金枝 [M]. 徐育新等译. 北京：
新世纪出版社，2006.

[219] （汉）司马迁. 史记 [M]. 韩兆琦译. 北京：中
华书局，2008.

[220] （明）岷峨山人，译语 [A]. 内蒙古地方志编纂
委员会总编室编印. 内蒙古史志资料选编第三辑
[M]. 1985.

[221] 罗卜桑悫丹. 哈·丹碧扎拉桑批注. 蒙古风俗鉴
[M]. 呼和浩特：内蒙古人民出版社，1981.

[222] （金元）张德辉撰，姚从吾校注. 岭北纪行足本
校注 [EB/OL]. http://wenxian.fanren8.
com/06/15/287.htm，1247/1248.

[223] 王大方. 草原访古 [M]. 呼和浩特市：内蒙古大
学出版社，1998.

[224] 内蒙古地方志编纂委员会. 内蒙古史志资料选编
（第三辑）[M]. 呼和浩特：内蒙古地方志编纂委

员会，1985.

[225] （清）钱良择. 出塞纪略 [M]. 北京：中华书局，
1991.

[226] 金峰. 蒙古资料九种 [M]. 海拉尔：内蒙古文化
出版社，2010.

[227] （德）海西希. 蒙古的宗教 [M]. 阿拉腾巴根译.
呼和浩特：内蒙古人民出版社，1998.

[228] 拉·阿尔门德. 乌珠穆沁敖包祭祀 [M]. 呼和浩
特：内蒙古人民出版社，2004.

[229] （法）古伯察. 鞑靼西藏旅行记 [M]. 耿昇译.
北京：中国藏学出版社，2006.

[230] 崇秀全. 汉式佛塔 [J]. 世界宗教文化，2002.

[231] 扎洛. 菩提树下——藏传佛教文化圈 [M]. 西
宁：青海人民出版社，2000.

[232] （伊朗）志费尼. 世界征服者史（上册）[M]. 何
高济译. 呼和浩特：内蒙古人民出版社，1980.

[233] （蒙古）乌·扎格德苏伦编，金淑英转写. 江格尔
史诗 [M]. 呼和浩特：内蒙古教育出版社，1991.

[234] 宝音特古斯. 克什克腾的山岳寺庙 [M]. 通辽：
内蒙古少年儿童出版社，1997.

[235] （清）会典馆编. 钦定大清会典理藩院 [M]. 北
京：中国藏学出版社，2006.

[236] 金峰. 呼和浩特史蒙古文献资料汇编（第一辑）
[M]. 海拉尔：内蒙古文化出版社，1987.

[237] 金峰. 呼和浩特史蒙古文献资料汇编（第二辑）
[M]. 海拉尔：内蒙古文化出版社，1987.

[238] 金峰. 呼和浩特史蒙古文献资料汇编（第六辑）
[M]. 海拉尔：内蒙古文化出版社，1987.

[239] （蒙古国）格·贡格尔扎布. 蒙古人的智慧知识
传承 [M]. 乌兰巴托. 2001.

[240] 纳·布和哈达. 乌珠穆沁研究 [M]. 海拉尔：内
蒙古文化出版社，2006.

[241] 哈斯朝克图. 乌审敖包文化 [M]. 呼和浩特：内
蒙古人民出版社，2008.

[242] 乌日图那苏图. 敖包祭祀的文化人类学研究 [M].
呼和浩特：内蒙古大学出版社，2012.

[243] 道尔吉桑布. 巴林右旗文史拾贝 [M]. 呼和浩

特：内蒙古教育出版社，2008．

[244] 阿荣高娃．正镶白旗祭祀敖包 [M]．海拉尔：内蒙古文化出版社，2012．

[245] 色仁巴图．鄂温克族民俗文化研究 [M]．海拉尔：内蒙古文化出版社，2008．

[246] 赛音吉日嘎拉．蒙古族祭祀 [M]．北京：民族出版社，2001．

[247] 沙·东西格．正蓝旗敖包文化．内部油印资料．1990．

[248] 达·查干．石器文化 [M]．海拉尔：内蒙古文化出版社，1993．

[249] 乌拉特中旗地方志编纂办公室．乌拉特中旗文史资料（第三辑）[M]．（内部资料），1988．

[250] 呼和浩特市蒙古语文历史学会．蒙古史论文集（第五辑）[M]．呼和浩特：呼和浩特市蒙古语文历史学会，1983．

[251] 讷黑图．新巴尔虎右旗地名志 [M]．海拉尔：内蒙古文化出版社，2011．

[252] （日）滕井明．聚落探访 [M]．宁晶译．北京：中国建筑工业出版社，2003．

[253] 达希彻仁，原阿拉善旗诸巴嘎敖包名称之统计，载阿拉善左旗蒙语委编．巴音森布尔 [J]．1982–1986．总11期

[254] 照·哈斯乌拉．阿巴嘎文人集锦 [M]．呼和浩特：内蒙古人民出版社，2011．

[255] 梁思成．梁思成全集 [M]．北京：中国建筑工业出版社，2001．

[256] 张驭寰．中国古代建筑技术史 [M]．北京：科学出版社，1985．

[257] 中国历史博物馆、内蒙古自治区文化厅．契丹王朝 [M]．北京：中国藏学出版社，2002．

[258] 项春松．辽代历史与考古 [M]．呼和浩特：内蒙古人民出版社，1996．

[259] 罗哲文．中国名塔 [M]．天津：百花文艺出版社，2000．

[260] 杨永生．古建筑游览指南 [M]．北京：中国建筑工业出版社，1986．

[261] 张驭寰．中国塔 [M]．太原：山西人民出版社，2000．

[262] 张驭寰．中国佛塔史 [M]．北京：科学出版社，2005．

[263] 呼和浩特市文化局．呼和浩特市文物古迹便览 [M]．呼和浩特市文化局，1963．

[264] 敦煌文物研究所．莫高窟附近古建筑——成城湾土塔及老君堂慈氏之塔 [M]．酒泉：敦煌文物研究所，1955．

[265] 雷润泽．西夏佛塔 [M]．北京：文物出版社，1995．

[266] 宿白．西夏佛塔的类型 [M]．北京：文物出版社，1995．

[267] 李银霞．西夏佛塔的特点 [J]．绵阳：阿坝师范高等专科学校学报，2008，(4)：55–56．

[268] （元）脱脱．辽史 [M]．北京：中华书局，1966．

[269] 王姗姗．从经幢看辽代佛教发展的时段性特征 [J]．赤峰学院学报，2011，(8)．

[270] 张汉君．辽万部华严经塔建筑构造及结构规制初探 [J]．内蒙古文物考古，1994，(2)：69–74．

[271] 张晓东．辽代砖塔建筑形制初步研究 [D]．吉林：吉林大学，2011．

[272] 谷赞．辽塔研究 [D]．北京：中央美术学院，2013．

[273] 彭菲．辽代佛塔建筑艺术研究 [D]．呼和浩特：内蒙古工业大学，2007．

[274] 袁宝平．开鲁镇元代佛塔 [J]．呼和浩特：内蒙古文物考古，1998，(1)：90–92．

[275] 张国庆．辽代经幢及其宗教功能——以石刻资料为中心 [J]．北方文物，2011，(2)：60–67．

[276] 严禹．呼和浩特慈灯寺金刚座舍利宝塔研究 [D]．呼和浩特：内蒙古工业大学，2012．

[277] 杨鸿勋．辽金密檐塔．中国大百科全书：考古学 [M]．北京：中国大百科全书出版社，1986．

[278] 张驭寰，罗哲文．中国古塔精粹 [M]．北京：科学出版社，1988．

[279] 项春松．浅谈辽式塔的结构与特点 [A]．东北亚

历史与文化 [C]．沈阳：辽沈书社，1992．

[280] 曹昌智．中国美术分类全集 [A]．中国建筑艺术全集（第12卷）．佛教建筑一（北方）[C]．北京：中国建筑工业出版社，2000．

[281] 陈明达．营造法式．大木作制度研究（上、下）[M]．北京：文物出版社，1981．

[282] 中国文物出版社编．中华文物古迹要览 [M]．北京：文物出版社，1989．

[283] 文化部文物局主编．中国名胜词典 [M]．上海：上海辞书出版社，1986．

[284] 王光．辽西古塔寻踪 [M]．北京：学苑出版社，2006．

[285] 陈明达．应县木塔 [M]．北京：文物出版社，2001．

[286] 宿梓枢，邢野．呼和浩特通志．呼和浩特：内蒙古人民出版社 2003．

[287] 内蒙古博物院编制．内蒙古黑城遗址文物保护规划．

[288] 王效清．中国古建筑术语辞典 [M]．北京：文物出版社，2007．

[289] 中国科学院自然科学史研究所．中国古代建筑技术史 [M]．北京：科学出版社，1985．

[290] 李江．明清甘青建筑研究 [D]．天津：天津大学，2007．

[291] 吴葱．甘肃永登连城雷坛探赜 [J]．天津大学学报（社会科学版），2006 ．

[292] 陈耀东．中国藏族建筑 [M]．北京：中国建筑工业出版社，2007．

[293] 李永铧．华夏意匠 [M]．天津：天津大学出版社，2008．

[294] 马炳坚．中国古建筑木作营造技术 [M]．北京：科学出版社，2007．

[295] 唐栩．甘青地区传统建筑工艺特色初探 [D]．天津：天津大学，2004．

[296] 刘大可．中国古建筑瓦石营法 [M]．北京：中国建筑工业出版社，1993．

[297] 木雅·曲吉建才．藏式建筑的历史发展、种类分析及结构特征 [C]．建筑史论文集，1999．

[298] 张斗．藏式佛教建筑研究 [D]．天津：天津大学，1995．

后记

对于内蒙古古建筑，学者们曾有过一定的整理研究，最重要的是由"内蒙古自治区建筑历史编辑委员会"在20世纪50年代所编的《内蒙古古建筑》一书。该书在概说中以历史为线索，简练地总结了各种类型古建筑的特点和分布。虽然该书是一种图说式的丛书，且多以介绍性的描述为主，建筑数量和类型也不够全面，但前人这种创造性的工作值得钦佩，同时书中资料也弥足珍贵，始终是我们了解内蒙古古建筑的基本书籍，对本书的成稿具有重要的参考意义，在此对他们致以敬意。

笔者所编的《内蒙古藏传佛教建筑》对该类型建筑作了较为全面的梳理，成为本书的一个基础，节约了编撰时间，在此对参与该书编写和调研的同仁们表示感谢。

本书的编写是以内蒙古藏传佛教建筑研究的团队和内蒙古工业大学地域建筑研究所的团队为基础，邀请了相关方面的专家学者共同完成，具体编撰分工如下：

张鹏举：大纲和内容的策划、全文的统编和审定、第一章绪论和第三章第一节中呼和浩特地区藏传佛教建筑的编写。

韩瑛：第二章城镇聚落的编写。

白雪：第三章第一节中包头地区藏传佛教建筑和第二节汉传宗教建筑的编写。

方旭艳：第三章中第三节伊斯兰教清真寺建筑、第四节天主教建筑和第三章第一节中乌兰察布地区藏传佛教建筑的编写。

高旭：第四章衙署府第和第三章第一节中阿拉善地区藏传佛教建筑的编写。

额尔德木图：第五章中第一节蒙古包、第六章敖包的编写。

齐卓彦：第五章中第二节其他传统民居和第三章第一节中赤峰、通辽地区藏传佛教建筑的编写。

彭菲：第七章塔幢和第三章第一节中锡林郭勒地区藏传佛教建筑的编写。

李国保：第八章建筑技术与装饰部分的编写。

齐木德道尔吉：第一章绪论中历史与文化部分的编写。

杜鹃：第三章第一节中鄂尔多斯地区藏传佛教建筑和部分文稿的校对和图片整理。

白丽燕：文稿的审阅。

彭致禧：特约审稿

对他们近三年付出的劳动表示感谢。

在本书编写过程中，呼和浩特市文物所的张晓东先生提供了大量的资料，并多次参加编撰讨论，指导编写工作；内蒙古博物院的李少兵先生无私地提供资料并给予指导；各地文物部门的领导和专家在调研过程中给予了帮助；特别是中国建筑工业出版社邀请了彭致禧先生为本书进行全文审稿，指出了许多不足，提出了很好的建议，对书稿的提升起到了关键性的作用，在此一并感谢。

此外，内蒙古大学的齐木德道尔吉教授和内蒙古社科院的乔吉先生给予了具体的指导，审阅了相关章节，也在此表示感谢。

特别说明的是，这项工作得到了内蒙古自治区有关领导和部门的关注。给予了经费的协调和支持，他们是自治区人大常委会副主任郝益东先生、自治区政府副主席王波先生、财政厅厅长张华先生等。有了这种物质保证，才使得这项工作顺利完成。在此，对他们的肯定和支持表示由衷的感谢！

同时，感谢本书顾问委员会的先生们，他们以各种方式对本书撰写工作给予指导和支持。

张鹏举

2015年5月于呼和浩特

作者简介

张鹏举，教授，博士，国家一级注册建筑师。

1963年生人。1985年参加工作时在内蒙古建筑学校任教，1990年起在内蒙古工业大学工作，从事教学、科研、设计以及管理工作至今。

教学方面，主持内蒙古自治区品牌专业、重点学科的建设和专业教学评估工作。

科研方面，主持国家自然科学基金项目、省部级科研项目和内蒙古自治区产业创新人才团队建设等，发表学术论文40多篇，出版《内蒙古藏传佛教建筑》等专著。

设计方面，主持大中型建筑设计100多项，获国家及省部级优秀建筑设计奖项30多项。

管理方面，曾担任内蒙古工业大学建筑设计院院长、内蒙古工业大学建筑学院院长，目前担任内蒙古工大建筑设计有限责任公司董事长、内蒙古工业大学地域建筑研究所所长之职。

其他方面，任《建筑技艺》、《城市 环境 设计》、《西部人居环境学刊》等学术杂志编委和中国建筑学会资深会员、世界华人建筑师协会创会会员等。

曾获得荣誉称号：内蒙古青年科技奖；内蒙古自治区劳动模范；内蒙古自治区十大杰出青年；内蒙古"321"人才工程一层次人选；内蒙古自治区有突出贡献的中青年专家；国务院特殊津贴；中国百名建筑师；内蒙古自治区勘察设计大师。